lonely planet

Provence

& Côte d'Azur

Vaucluse & Luberon S. 178

Bouches-du-Rhône S. 131

Das Var S. 100

Côte d'Azur & Monaco S. 48

Chrissie McClatchie, Michael Frankel, Ashley Parsons

INHALT

Reiseplanung

Reiseziele

Fête du Citron (S. 70), Menton

St-Tropez (S. 104)

Nizza (S. 54)

Praktisches

Storybook

STOCKBYM/SHUTTERSTOCK ©

Parc National du Mercantour (S. 73)

WILLKOMMEN IN DER PROVENCE & AN DER CÔTE D'AZUR

Die Provence und die Côte d'Azur, die uns von Magazincovern und Insta-Posts entgegenlachen – mit weiten Lavendelfeldern und gestreiften Sonnenschirmen vor strahlendblauem Meer –, gibt es wirklich. Aber auch wenig bekannte Skiresorts und abgelegene Alpendörfer mit reicher Tradition gehören zur Region.

Chrissie McClatchie

@chrissie_mcclatchie

Chrissie hat eine französische Mutter und ist in Australien aufgewachsen. Sie hat ihre Ferien oft in Südfrankreich verbracht. Nach ihrem Uni-Abschluss zog sie nach Nizza, wo sie nach wie vor lebt.

Mein Lieblingserlebnis? Ein Wochenende im **Parc National du Mercantour** (S. 73): In weniger als 90 Minuten lasse ich die trubelige Küste hinter mir und spaziere auf einsamen Bergpfaden. Pure Freude!

LIEBLINGSPLÄTZE

Hier schlägt für unsere Autor:innen und Expert:innen das Herz der Provence und der Côte d'Azur.

HEMIS /ALAMY STOCK PHOTO ©

Mein Lieblingserlebnis ist eine Radtour durch die **Monts de Vaucluse** (S. 208). Hier herrscht weniger Verkehr als in anderen Teilen des Luberon und es gibt viele kleine Landstraßen. Ich liebe die malerischen Täler und Hügel, die auf der Strecke liegen. Aber auch die ruhigen Dörfer wie Venasque (S. 208).

Ashley Parsons

@enselle.voyage

Ashley ist Reiseautorin. Derzeit lebt sie in der Provence und in den französischen Alpen. Folge ihr auf ihren Reisen auf dem Pferd, per Rad, zu Fuß oder mit dem Zug.

STEPHANE DEBOVE/SHUTTERSTOCK ©

Mein Lieblingserlebnis ist es, mir zum Mittag in **Les Goudes** (S. 141) Venusmuscheln und ein Glas Wein zu gönnen. Danach folgen ein Spaziergang in der Natur und ein Tauchgang im Mittelmeer.

Michael Frankel

Michael Frankel lebt als freier Autor in Marseille. Er genießt den Moment, wenn er aus einem Hotel tritt und das Abenteuer seinen Lauf nimmt.

FRANKREICH

Châteauneuf-du-Pape

Päpstlichen Wein genießen (S. 188)

Mont Ventoux

Den sagenumwobenen Berg besteigen (S. 196)

Arles

Vom LUMA Arles blenden lassen: außen und innen (S. 161)

Aix-en-Provence

Teil der provenzalischen Kaffeekultur werden (S. 151)

Marseille

Dem Sonnenuntergang in einsamen Buchten entgegensegeln (S. 136)

Rhône
Faucon
Mont Ventoux
Orange
Vacqueyras
Gorges de la Nesque
Sault
Châteauneuf-du-Pape
Carpentras
Banon
Venasque
Col de Murs
Forcalquier
Avignon
Sorgue
Viens
Apt
Coustellet
Calavon
Cereste
Durance
Tarascon
Cavaillon
Montagne de Luberon
Mourre Nègre
Eygalières
Lourmarin
Parc Naturel Régional du Luberon
Parc Naturel Régional des Alpilles
Salon-de-Provence
Durance
Arles
Meyrargues
Rians
St-Martin-de-Crau
St-Cannat
Aigues-Mortes
Mt Ste-Victoire
Parc Naturel Régional de Camargue
Le Sambuc
Aix-en-Provence
Le Tholonet
Trets
Port de Bouc
Étang de Berre
St-Maxim
Stes-Maries-de-la-Mer
Étang de Vaccarès
la-S
Baur
Châteauneuf-les-Martigues
Port St-Louis du Rhône
Golfe du Lion
Carry-le-Rouet
Marseille
Massif de la Ste-Baume
Les Goudes
Mont Puget
Cassis
Ollioul
Port d'Alon
Mittelmeer

0 — 40 km

FRANKREICH
ITALIEN
Moustiers-Ste-Marie
Lavendelfelder in voller Blüte erleben (S. 242)
Monaco
Frische Meeresfrüchte von Monacos letztem Fischer probieren (S. 96)
La Mortice
Lac de Serre-Ponçon
St-Paul-sur-Ubaye
Le Lauzet-Ubaye
Barcelonnette
L'Ubaye
La Tête de la Sestrière
La Foux d'Allos
St-Étienne-de-Tinée
Mont Mounier
Punta Marguareis
Col de Tende
Parc National du Mercantour
Barles
Reserve Geologique de Haute Provence
Blëone
Digne-les-Bains
Thorame-Haute
Col de St-Michel
Guillaumes
Gorges de Daluis
Le Boreon
Mont Bégo
Tende
Annot
Var
Villars-sur-Var
St-Andre-les-Alpes
Gorges de la Vésubie
l'Arpette
Lac de Castillon
FRANKREICH
St-Martin du Var
Menton
Auvestre
Collet Barris
Rougon
Loup
Èze
MONACO
Verdon
Bargème
La Colle Loubière
Nice
Grand Plan de Canjuers
Grasse
St-Laurent-du-Var
Côte d'Azur
Montmeyan
Châteaudouble
Lac de St-Cassien
Antibes
Cannes
Col de la Grange
Mt Vinaigre
Cotignac
Îles de Lérins
Le Muy
Argens
Agay
St-Raphaël
Le Luc
Les Issambres
Nizza
In die Zeit der Belle Époque eintauchen (S. 54)
La Sauvette
Golfe de St-Tropez
Massif des Maures
St-Tropez
Cuers
Collobrières
Côte d'Azur
Domaine du Rayol
Hyères
Bormes-les-Mimosas
Mittelmeer
Port d'Hyères
Porquerolles
Île de Porquerolles
Auf einer reizenden Mittelmeerinsel wandern, radeln oder schwimmen (S. 114)
Bormes-les-Mimosas
Einen blumenreichen Roadtrip im Winter unternehmen (S. 119)

ROT, WEISS & ROSÉ

Die Griechen pflanzten den ersten Wein Frankreichs rund um die neu gegründete Stadt Massalia (Marseille). Sie legten damit den Grundstock für die reiche Weintradition der Provence. Heute sind über 80 % der Produktion Roséweine. Sie fehlen auf keiner Sommerterrasse des Landes. Aber natürlich haben die Weinkeller der Region noch viel mehr zu bieten – von den tiefroten Weinen aus dem Vaucluse bis zu den blass goldenen Weißweinen aus Nizza.

Weingutbesuch

Ruf vorher an, um sicherzugehen, dass dich jemand am Weingut empfängt, vor allem bei kleineren Kellereien. Gebühren für Verkostungen sind üblich.

Kooperativer Geist

Wenn du wenig Zeit hast, aber dennoch die Weine der Region kennenlernen möchtest, solltest du eine Winzergenossenschaft besuchen.

Zeit für Rosé

Probiere den berühmten Rosé der Provence im Maison des Vins de Côtes de Provence in Les-Arcs-sur-Argens.

VON LINKS: MATT MUNRO/LONELY PLANET ©, BARMALINI/SHUTTERSTOCK ©, JAG_CZ/GETTY IMAGES ©

Châteauneuf-du-Pape (S. 188)

BESTE WEINPROBEN

Päpstlicher Weingenuss erwartet dich in ❶ **Châteauneuf-du-Pape** (S. 188). Diese komplexen Rotweine werden mit dem Alter nur noch besser.

Lass dich in Beaumes-de-Venise von der ❷ **Domaine de Ferme St-Martin** (S. 193) betören. Ein Sommelier und ein Hypnotiseur leiten die Verkostungen.

Bewundere die herrlichen Panoramablicke von der ❸ **Domaine des Masques** (S. 158), nur 15 km von Aix-en-Provence entfernt.

Triff die kleine Mönchsgemeinschaft mit einer erstaunlichen Winzertradition auf der ❹ **Île St-Honorat** (S. 80) vor der Küste von Cannes.

Hat sich Coco Chanel wirklich im ❺ **Château de Crémat** (S. 63) in den Hügeln von Nizza für ihr ikonisches Logo inspirieren lasen? Finde es selbst heraus.

Gorges du Verdon (S. 239)

WASSERWELT

Das Mittelmeer ist bildschön. Aber bewundere nicht nur die Aussicht. Es gibt viele Möglichkeiten, die Wasserwelt zu genießen: Lass dich von einem Skipper umherfahren, geh vor einsamen Inseln schnorcheln oder wage tiefere Tauchgänge zu beeindruckenden Schiffswracks.

Wassersaison

Ostern startet die Tauchsaison traditionell und dauert bis Oktober. Im Winter werden die Boote an Land geholt. Die Einheimischen schwimmen aber das ganze Jahr über.

Pointus

Mit den *pointus*, den traditionellen Holzbarken, sind die Fischer von jeher aufs Meer gefahren. Sie sorgen für hübsche Farbtupfer in den Häfen von Marseille bis Menton.

BESTE WASSERAKTIVITÄTEN

Setz die Segel auf der Suche nach Delfinen in ❶ **St-Jean-Cap-Ferrat** (S. 70).

Entspann dich auf einer Jacht oder cruise auf einem Katamaran im ❷ **Golfe de St-Tropez** (S. 104) umher.

Pack deine Schnorchelausrüstung ein, wenn du das ❸ **Écomusée Sous-Marin de Cannes** (S. 81) mit seinen Unterwasserskulpturen besuchst.

Bezwinge die Stromschnellen der ❹ **Gorges du Verdon** (S. 239), des besten Rafting- und Canyoninggebiets der Provence.

Hol die Segel ein und genieße einen Veggie-Brunch an Bord der *Pointu Coco*, die in ❺ **Marseille** (S. 141) ablegt.

URBANES LEBEN

Vom kosmopolitischen Marseille bis zum glitzernden Monaco – die urbanen Zentren der Provence und der Côte d'Azur sind auf jeden Fall einen Besuch wert. In den pulsierenden Städten kannst du innovative Gerichte probieren, Straßenkunst bewundern und auf der schattigen Terrasse eines Cafés Stunden verbringen. Die Städte vereinen das Gestern hervorragend mit dem Morgen.

Das Fürstentum

Monaco (S. 92) ist kleiner als der Central Park in New York City. Mit nur 36 000 Einwohner:innen ist es das zweitkleinste Land der Welt und eines der am dichtesten besiedelten.

Goldene Stunde

Die Terrassentische füllen sich ab 17 Uhr mit Freundesgruppen, die sich am frühen Abend zu einem Aperitif treffen, der *apéro* genannt wird (S. 62).

Selbstgebraut

Eine aufregende Craft-Bier-Szene wächst gerade heran. Probier doch mal ein lokales Getränk mit regionalen Zutaten, etwa mit Zitronen aus Menton (S. 70).

BESTE URBANE ERLEBNISSE

Beginne deinen Tag in ❶ **Nizza** (S. 61) mit gesundem Appetit, denn die Auswahl ist groß: Freu dich auf Leckeres von Lavendelcroissant bis Avocadotoast.

Tauche in einem Terrassencafé in die Kaffeekultur von ❷ **Aix-en-Provence** (S. 153) ein. Die Sonnenbrille ist ein wichtiges Accessoire zum „People Watching".

Auf dem Cours Julien in ❸ **Marseille** (S. 136) bist du von Straßenkunst umgeben. Ein *aperó* bei Sonnenuntergang kann sich gut und gern bis in die Morgenstunden ziehen.

Mach es dir zur Happy Hour in einer charmanten Bar in der Rue des Teinturiers in ❹ **Avignon** (S. 185) gemütlich.

Genieß am Freitagabend in der ❺ **Brasserie de Monaco** (S. 97) an der Hafenfront ein paar Drinks. Probier das Bio-Bier.

KUNST & HANDWERK

Cézanne in Aix-en-Provence, Van Gogh in Arles, Matisse und Chagall in Nizza, Picasso hier, dort und überall ... Das faszinierende Licht der Provence zieht von jeher Kunstschaffende in ihren Bann. Bewundere ihre Werke in Museen, Kapellen und sogar in ihren einstigen Wohnhäusern. Auch eine Fülle kunsthandwerklicher Traditionen erwartet dich, von feiner Keramik über Freiluftgalerien bis zur Verwendung von Naturpigmenten.

Wilde Kunst

Die Route de l'Art Contemporain ist eine Freiluftgalerie durch die prähistorische Réserve Géologique de Haute-Provence, die in Digne-les-Bains beginnt (siehe Foto oben, S. 234).

Sicherer Einsatz

Bevor um 14 Uhr die Glücksspieler:innen loslegen, öffnet das Casino de Monte-Carlo in Monaco seine Pforten für selbstgeführte Touren durch die prächtigen Spielhallen im Stil der Belle Époque (S. 96).

Handgefertigt

Ledersandalen aus St-Tropez, „Savon de Marseille"-Seifen aus Salon-de-Provence und Töpferwaren aus Vallauris sind einige der vielen tollen Souvenirs.

OBEN LINKS: PHOTONATUREPAYSAGE/SHUTTERSTOCK ©, HORIZON IMAGES/MOTION/ALAMY STOCK PHOTO ©, MISTERSTOCKE/SHUTTERSTOCK ©. ARCHITECTURAL WORKS BY FRANK O. GEHRY AND GEHRY PARTNERS, LLP

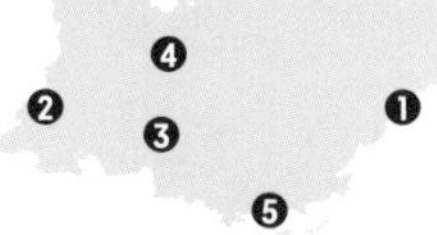

SCHÖNSTE KUNST & BESTES HANDWERK

Wandle auf den Spuren von Pablo Picasso, der das Töpferdorf ❶ **Vallauris** (S. 87) und das Dorf Mougins zu seiner Heimat machte.

Bewundere das beeindruckende ❷ **LUMA Arles** (S. 161) von Frank Gehry schon von Weitem: ein stahlverkleideter Kulturpalast, der inspiriert.

Lass dich von geometrischen Formen in der ❸ **Fondation Vasarely** (S. 156) in Aix-en-Provence täuschen. Sie ist der optischen Kunst gewidmet.

Erkunde die bizarre ockerfarbene Felsenlandschaft des ❹ **Colorado Provençal** (S. 218).

Gesell dich zu den Szeneleuten und betrachte eine aktuelle Ausstellung moderner Kunst in der ❺ **Villa Noailles** (S. 114), genieß dabei den Blick über Hyères.

Calanque d'En-Vau (S. 147)

INSELN & CALANQUES

Mach dich bereit für Barfußabenteuer an feinen Sandstränden und erfrischende Bäder im seichten Wasser. Die Fähren bringen dich zu den sonnenverwöhnten Inseln, die herrlich ruhig sind. Lass dir die wunderbaren *calanques* (Buchten) vor Marseille nicht entgehen.

My Calanques

Lade dir die App My Calanques herunter und erhalte Wanderrouten, Infos zu Flora und Fauna und praktische Tipps.

Müll- & plastikfrei

Auf den Îles de Lérins gibt es keine Mülltonnen. Du musst den Müll mit aufs Festland zurücknehmen. Bring auf die Îles d'Hyères eine Trinkflasche mit.

SCHÖNSTE INSELN & CALANQUES

Sonne dich an den traumhaften Stränden der ❶ **Île de Porquerolles** (S. 115) vor Hyères.

Nimm die Fähre nach Château d'If und ❷ **Îles du Frioul** (S. 142), zwei felsigen Inseln vor Marseille.

Verbringe einen Tag in der abgeschiedenen ❸ **Calanque d'En-Vau** (S. 147).

Fahre mit dem Train de la Côte Bleue entlang der Küste von Marseille zur ❹ **Calanque du Jonquier** (S. 150).

Tausche den Trubel von Cannes gegen die von Pinien gesäumten Wanderwege der ❺ **Îles de Lérins** (S. 80) ein.

DÖRFER IM INLAND

Die Baumeister des Mittelalters verstanden es, für die Ewigkeit zu bauen: Provenzalische Bergdörfer sind Zeugen der jahrhundertelangen Geschichte, denn sie haben Kriegen und Eindringlingen widerstanden. Heute bedrohen lediglich Reisebusse im Sommer den dörflichen Frieden. In den Gemeinden weiter im Hinterland bleibt es dagegen angenehm ruhig.

Gütesiegel

„Les Plus Beaux Villages de France" ist ein Label, das die schönsten Dörfer Frankreichs auszeichnet; es gibt (bisher) 18 in der Provence und an der Côte d'Azur (S. 72).

Bistrot de Pays

Erkunde die ländliche Restaurantszene der Provence. Die Organisation Bistrot de Pays setzt sich für Bistros ein, die lokale Produkte zu günstigen Preisen anbieten (S. 235).

Kein Zutritt

Schwer zugängliche Felsen dienten im frühen Mittelalter den Küstenbewohnern als Rückzugsort, um sich vor den Angriffen der Sarazenen zu schützen.

SCHÖNSTE DÖRFER

Schlemme dich durch ❶ **Saignon** (S. 211), ein entspanntes Dorf hoch über Apt mit einer Vielzahl von Spitzenrestaurants.

Nimm eine Auszeit in ❷ **Cotignac** (S. 123), einem charmanten Dorf in der Provence Verte mit einer aufregenden Gourmet- und Kulturszene.

Erklimme ❸ **Ste-Agnès** (S. 72), das höchstgelegene Küstendorf Europas, wo aus Burgruinen ein Garten emporwächst.

Von ❹ **Moustiers-Ste-Marie** (S. 242) aus kannst du die Lavendelfelder auf dem Plateau de Valensole besuchen und die Keramikwerkstätten besichtigen.

Begib dich mit dem Train des Merveilles auf eine filmreife Strecke von Nizza nach ❺ **Tende** (S. 74), einem Bergdorf in Frankreichs östlichster Ecke.

NATUR RINGSUM

Egal, wo du dich in der Provence und an der Côte d'Azur aufhältst, die Natur ist immer ganz nah. Du kannst entlang der zerklüfteten Küste wandern, dich im glasklaren Meer abkühlen, in den Bergen klettern, dort wilde Tiere beobachten oder mit dem Rad majestätische Gipfel erklimmen. Mittendrin liegt die herrliche Gorges du Verdon, deren steile Kalksteinfelsen aus dem türkisfarbenen Wasser ragen. Hier lassen sich Entspannung und Outdoor-Aktivitäten miteinander verbinden.

Da, ein Tier!

Im Parc National de Mercantour kannst du Murmeltiere, Gämsen und Steinböcke, in den Gorges du Verdon Geier und bei Digne-les-Bains seltene Schmetterlinge beobachten.

Einschränkungen

Um die Unberührtheit der Île de Porquerolles zu bewahren, ist die Besucherzahl von Ende Juni bis Anfang August auf 6000 pro Tag begrenzt (S. 114).

Sternebeobachtung

Manchmal bieten sich tolle Erlebnisse erst nach Einbruch der Dunkelheit. Die geringe Lichtverschmutzung macht die Alpes-de-Haute-Provence zu einem Hotspot für Stern-Fans (S. 234).

Flamingos, Parc Naturel Régional de Camargue (S. 169)

SCHÖNSTE NATURERLEBNISSE

Der ❶ **Mont Ventoux** (S. 196), ein legendenumrankter Berg, steht ganz oben auf der Liste vieler Rad-Fans.

Geh auf Fossiliensuche in der ❷ **Réserve Géologique de Haute-Provence** (S. 234), dem größten geologischen Reservat Europas.

Die ❸ **Gorges du Verdon** (S. 237) laden zum Wandern, Radfahren, Canyoning und Rafting ein.

Genieße nur anderthalb Stunden von Nizza entfernt in ❹ **St-Martin-Vésubie** (S. 74) die frische Bergluft. Erkunde die alpine Tierwelt.

Entschleunige in der ❺ **Camargue** (S. 169), einem riesigen Marschland, in dem rosa Flamingos, schwarze Stiere und wilde Pferde umherstreifen.

BLUMEN & GÄRTEN

Die Provence zeichnet sich durch ihre Blütenpracht aus. Endlos weite, lilafarbene Lavendelfelder prägen die Landschaft. Und zarte Rosen- und Jasminblüten bilden die Basis für die berühmtesten Parfüms der Welt. Sauge die Gerüche der Region auf und genieße die üppigen Plantagen und gepflegten Gärten.

Lavender vs. Lavandin

Echter Lavendel wächst in höheren Lagen, ist ein wenig grauer und eine wichtige Ingredienz für Parfüms. Lavandin ist eine langstielige Hybride, die zum Parfümieren von Haushaltsprodukten verwendet wird.

Frühlingsritual

Die Gärten der Côte d'Azur öffnen ihre Pforten und empfangen Besuchende während des Festival des Jardins de la Côte d'Azur im April, das einen Monat lang dauert.

Die Farbe Lila

Das Bergdorf Tourrettes-sur-Loup verdankt seinen Ruhm den Veilchen. Sie erstrahlen jedes Jahr Anfang März anlässlich der Fête des Violettes (S. 89) in allen möglichen Lila-Tönen.

VON LINKS: STEFANO PISTIS/500PX ©, FILIP FUXA/SHUTTERSTOCK ©, PACK-SHOT/SHUTTERSTOCK ©

SCHÖNSTE BLUMEN UND GÄRTEN

Verpasse nicht die berühmten ❶ **Lavendelfelder** (S. 213) der Provence. Entscheide dich für nachhaltige Farmen.

Begib dich auf die ❷ **Route du Mimosa** (S. 119), eine 130 km lange Route, die im Winter von goldenen Blüten gesäumt wird.

Atme in den ❸ **Jardins du Musée International de la Parfumerie** (S. 88) die bekanntesten Düfte der Welt ein.

Such dir ein friedliches Plätzchen in der ❹ **Roseraie Princesse Grace** (S. 95) in Monaco, einem englischen Garten mit 6000 Rosenbüschen.

Spaziere durch die Gärten der ❺ **Domaine du Rayol** (S. 117), in denen Pflanzen aller trockenen Ökosysteme gedeihen.

BEWEGTE GESCHICHTE

Wo auch immer du hinschaust, stößt du auf Relikte der reichen Geschichte der Provence und der Côte d'Azur – von den frühesten Höhlensiedlungen über imposante römische Arenen, in denen einst Gladiatoren kämpften, bis hin zu gotischen Papstpalästen. Belle-Époque-Architektur und Art-déco-Details sind Zeugnisse der Moderne. Sie erinnern an die Anfänge der französischen Riviera als Urlaubsparadies.

Der Mittagsknall

Nein, das ist kein Hirngespinst. Jeden Tag um die Mittagszeit ertönt in Nizza ein lauter Knall. Früher wurde eine Kanonenkugel abgefeuert, heute ist es ein Feuerwerkskörper (S. 56).

Schon gewusst?

In Marseille „regiert" ein Fußballteam: Olympique de Marseille (OM). Das ist der einzige Verein Frankreichs, der bisher die Champions League gewonnen hat (S. 140).

Auf Spurensuche

Informiere dich über die Geschichte der Auswanderer von Barcelonnette im Musée de la Vallée und in den mexikanischen Villen des Dorfes (S. 244).

Pont St-Bénézet (S. 186)

BESTE GESCHICHTS-ERLEBNISSE

Schlendere durch die Altstadt von ❶ **Nizza** (S. 54). Das UNESCO-Weltkulturerbe versetzt dich in die Zeit, als der Winter als Hochsaison galt.

Begib dich im ❷ **Fürstenpalais von Monaco** (S. 94) auf eine Zeitreise, während du die restaurierten Fresken aus der Renaissance bewunderst.

Versuche, das Rätsel um die 40 000 mysteriösen Felsgravuren aus der Bronzezeit im ❸ **Vallée des Merveilles** (S. 74) zu lösen.

Erlebe das bedeutende römische Erbe von ❹ **Arles** (S. 164) bei einem Stadtspaziergang.

Mach dich mit den Kirchen, Gärten und Abteien vertraut, die von der Zeit zeugen, als die Päpste in ❺ **Avignon** (S. 186) residierten.

AROMEN DER PROVENCE

Ganz gleich, ob du Lust auf kulinarischen Hochgenuss oder auf Streetfood hast, die Küche der Provence und der Côte d'Azur wird deine Geschmacksnerven verzücken. Marseille quillt über vor Gaumenfreuden aus aller Welt und in Nizza interpretieren Köche und Köchinnen die traditionelle Küche neu. An der Küste überwiegen frische, saisonale Aromen, während im Landesinneren die Bergluft nach herzhafteren Speisen verlangt. Für Abwechslung ist reichlich gesorgt. Lass deinen Appetit auf Reisen gehen.

VON LINKS: BARMALINI/SHUTTERSTOCK ©, NEW AFRICA/SHUTTERSTOCK ©, CHRISTIAN MUELLER/SHUTTERSTOCK ©

Schwarzes Gold

Die Trüffelsaison dauert von Mitte November bis Mitte März. Etwa 70 % der französischen Trüffeln kommen aus der Vaucluse. Carpentras gilt als Trüffel-Hauptstadt (S. 190).

Märkte

Die Provence ist berühmt für ihre Märkte. Es gibt zahlreiche stimmungsvolle Wochenmärkte und Spezialitätenmärkte, die ein bestimmtes Produkt der Saison in den Mittelpunkt stellen.

Wer hat die besten Fritten?

Was sagst du? Gibt es die besten *panisse* (Fritten aus Kichererbsenmehl) in Marseille oder Nizza?

Reis aus der Camargue (S. 170)

BESTE KULINARISCHE ERLEBNISSE

Genieße die Aromen einer fast vergessenen Landküche in der ❶ **Auberge St Martin** (S. 76) in La Brigue.

Verblüffe deine Geschmacksnerven: Probiere Vanilleeis mit Aktivkohle von ❷ **Vanille Noire** (S. 139) in Marseille.

Lerne etwas über den Reisanbau in der Camargue in der ❸ **Maison du Riz** (S. 171). Du kannst sogar über Nacht bleiben.

Nach einem langen Skitag wärmt dich ein köstliches ❹ **Fondue de l'Ubaye** (S. 245), bestehend aus drei Käsesorten.

In der ❺ **Pêcherie U Luvassu** (S. 98) gibt's den Fang des Tages vom letzten traditionellen Fischer Monacos, Eric Rinaldi.

STÄDTE & REGIONEN

Entdecke dein Sehnsuchtsziel.

Vaucluse & Luberon

BERGE, WEIN & SONNE

Avignon vereint päpstliche Geschichte und modernes Theater. Gordes ist zu schön, um wahr zu sein – ein Fenster ins Herz der Provinz. Erklimme den Mont Ventoux mit dem Rad oder genieße eine entspannte Tour auf den Landstraßen, die zu duftenden Lavendelfeldern führen. Decke dich auf den Märkten von Carpentras mit frischen Produkten ein und gönn dir eine Weinprobe im Châteauneuf-du-Pape.

S. 178

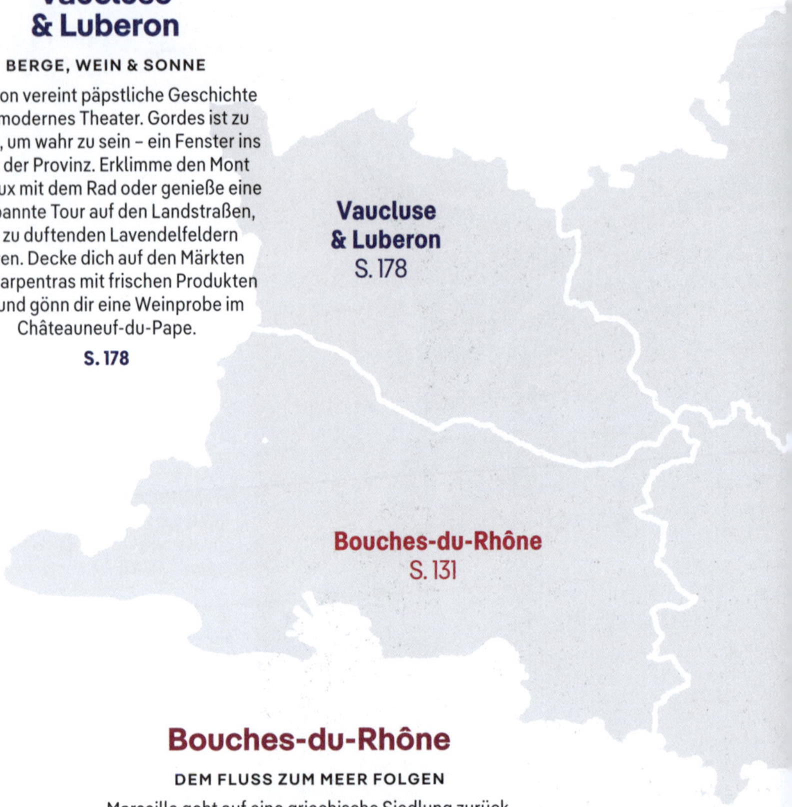

Bouches-du-Rhône

DEM FLUSS ZUM MEER FOLGEN

Marseille geht auf eine griechische Siedlung zurück. Heute ist sie die zweitgrößte Stadt Frankreichs – ein rauer und multikultureller Schmelztiegel. Die Stadt bildet das Tor zu versteckten Calanques (Buchten). Genieße die Kaffeekultur von Aix-en-Provence, entdecke die Feuchtgebiete der Camargue und bewundere die römischen Monumente von Arles. Diese zeitlose Landschaft hat schon Van Gogh und Cézanne inspiriert.

S. 131

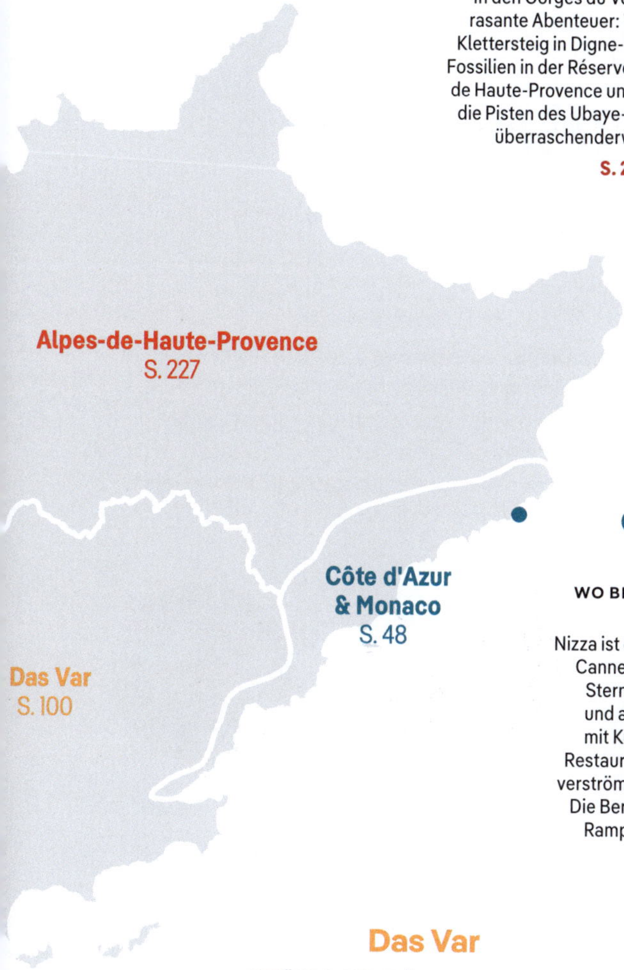

Alpes-de-Haute-Provence

VON ALPENTÄLERN ZU LAVENDELFELDERN

In den Gorges du Verdon erwarten dich rasante Abenteuer: Wage dich auf einen Klettersteig in Digne-les-Bains, suche nach Fossilien in der Réserve Naturelle Géologique de Haute-Provence und düse auf Skiern über die Pisten des Ubaye-Tals. Die Provence ist überraschenderweise auch alpin.

S. 227

Alpes-de-Haute-Provence
S. 227

Côte d'Azur & Monaco
S. 48

Das Var
S. 100

Côte d'Azur & Monaco

WO BERGE AUFS MITTELMEER TREFFEN

Nizza ist eine aufstrebende Großstadt. Cannes und Monaco bieten Fünf-Sterne-Glamour. Mougins, Èze und andere Gemeinden locken mit Künstlerateliers und feinen Restaurants. Die Gärten von Grasse verströmen den Duft der weiten Welt. Die Berglandschaft ist abseits des Rampenlichts einfach herrlich.

S. 48

Das Var

STRÄNDE, BERGDÖRFER UND DAS MEER

Vom schicken Strandclub in St-Tropez bis zum lockeren Surf-Spot auf der Halbinsel Giens – im Département Var gibt es für alle den passenden Strand. Der Roséwein aus dem Landesinneren leuchtet blass-pink. Die Region Provence Verte bietet schmucke Dörfer und natürlich üppig grüne Landschaften.

S. 100

REISEROUTEN

Bergdörfer & Märkte

Dauer: 5 Tage **Distanz:** 105 km

Das Département Vaucluse ist eine provenzalische Region wie aus dem Bilderbuch – mit verträumten Bergdörfern, weitläufigen Weinbergen, quirligen Bauernmärkten und tuckernden „Enten". Die Route führt von Carpentras aus gen Osten nach Reillanne durch antike Städte, lavendelgesäumte Abteien, bizarre, ockerfarbene Landschaften und freskenverzierte Kirchen.

1 CARPENTRAS ⏱1 TAG

Der Roadtrip beginnt mit einem kulinarischen Paukenschlag auf einem schattigen, farbenfrohen Markt von **Carpentras (S. 190)**, wo freitagmorgens je nach Jahreszeit entweder der Duft von Trüffeln oder der von Erdbeeren in der Luft liegt. Verbringe den Nachmittag in den sonnenverwöhnten Weinbergen des Ventoux, nur eine kurze Autofahrt von der Stadt entfernt.

2 L'ISLE-SUR-LA-SORGUE ⏱1 TAG

Kanäle und Kopfsteinpflaster bestimmen das charmante Städtchen **L'Isle-sur-la-Sorgue (S. 202).** *Négo chin* (flache Holzboote) und Wasserräder zeugen von der traditionsreichen Vergangenheit der Stadt. Antiquitätenläden säumen die engen Gassen und ziehen Interessenten aus dem gesamten Land an.

***Abstecher:** Fahre zur Quelle des Flusses Sorgue nahe Fontaine-de-Vaucluse. ⏱5 Std.*

3 GORDES ⏱1 TAG

In Frankreich gibt es unzählige Bilderbuchdörfer. Viele halten **Gordes (S. 206)** für das schönste. Entscheide selbst! Stell dich aber darauf ein, dass du dir im Hochsommer die verwinkelten Gassen mit Busladungen von Tourist:innen teilen musst. Vertritt dir die Beine auf dem 3 km langen Spaziergang zur Abtei Notre-Dame de Sénanque, einem Kloster aus dem 12. Jh., das von Lavendel umgeben ist.

VON LINKS: SALLYSTAP/SHUTTERSTOCK ©, KANUMAN/SHUTTERSTOCK ©, MANFRED GOTTSCHALK/GETTY IMAGES ©

START
1 Carpentras
30 Min.
2 L'Isle-sur-la-Sorgue
Fontaine-de-Vaucluse
30 Min.
30 Min.
3 Gordes
35 Min.
4 Colorado Provençal
20 Min.
5 Saignon
30 Min.
ZIEL
6 Reillanne

St-Marcellin
Seguret
Gorges du Toulourenc
Mont Serein
Mont Ventoux
Méouge
Les Omergues
Curel
Comtat Venaissin
Malaucène
VAUCLUSE
ALPES DE HAUTE-PROVENCE
Vacqueyras
Bédoin
Gorges de la Nesque
Sault
Plateau d'Albion
Villes-sur-Auzon
Monieux
Mazan
Banon
St-Christol
Monts du Vaucluse
Pernes-les-Fontaines
Venasque
Col de Murs
PROVENCE
Simiane-la-Rotonde
St-Saturnin-lès-Apt
Aubenas-les-Alpes
Sorgue
Roussillon
Apt
Cereste
Beaumettes
Coustellet
Calavon
Durance
Cavaillon
Bonnieux
Mourre Nègre
Le Grand Luberon
Parc Naturel Régional du Luberon
Orgon
Montagne de Luberon
La Bastide-des-Jourdans
Cucuron
Saint Martin de la Brasque
Parc Naturel Régional des Alpilles
La Tuillie
Durance
Senas
Cadenet
La Tour d'Aigues
St-Paul-lès-Durance
Pertuis
0 10 km

4

COLORADO PROVENÇAL ⏱ 1 TAG

Um der Hitze zu entgehen, solltest du dich früh auf den Weg zu den **Ockerbrüchen von Rustrel (S. 218)** machen, einer beeindruckenden Felsenlandschaft, die in unterschiedlichen Ockertönen schimmert. Von den 1880er- bis in die 1950er-Jahre wurde hier Ocker abgebaut. Heute bieten zwei familienfreundliche Rundwege ein tolles Erlebnis. Feste Schuhe, Kopfbedeckung, Sonnencreme und Wasser sind unbedingt nötig.

5

SAIGNON ⏱ ½ TAG

In **Saignon (S. 211)**, einem hübschen Dorf oberhalb von Apt mit Blick auf den Luberon und den Mont Ventoux, bekommst du einen Eindruck vom traditionellen provenzalischen Leben. Die beste Aussicht hast du, wenn du zu den Burgruinen und dem Felsen Le Rocher aufsteigst. Danach geht's zur Kirche Notre-Dame de Pitié aus dem 12. Jh. mit verblassten Fresken. Im Dorf kannst du dich mit Picknickvorräten eindecken.

6

REILLANNE ⏱ ½ TAG

Stoße im quirligen Café du Cours im Zentrum von **Reillanne (S. 211)** auf das Ende der Tour an. Der sonntägliche Grand Marché de Reillanne ist einer der besten der Region und verwandelt das ruhige Dorf in einen geschäftigen Marktflecken mit regionalen Produkten. Deck dich mit Olivenöl, frischen Eiern vom Bauernhof, Kichererbsen oder schmackhaften Tomaten ein.

CLAUDIOVIDRI/SHUTTERSTOCK ©

Moustiers-Ste-Marie (S. 242)

REISEROUTEN

Das Dach der Provence

Dauer: 6 Tag **Distanz:** 214 km

Auf ruhigen Straßen dringst du tiefer in die Alpes-de-Haute-Provence vor. Auf der spannenden Fahrt von Banon nach Barcelonnette passierst du sonnenüberflutete Hochebenen voller Lavendel, bewunderst den sternenklaren Nachthimmel, rüstest dich für allerlei Abenteuer und erholst dich später von ihnen in Thermalbädern.

1

BANON ½ TAG

Beginne diese Tour im Landesinneren in **Banon (S. 235),** einem hübschen Bergdorf mit Blick auf Lavendelfelder, das für seinen gleichnamigen Ziegenkäse bekannt ist, der in Kastanienblätter eingewickelt reift. Besorg ihn dir auf dem Markt am Dienstag oder Samstag. Kauf auch Baguette, Tomaten, etwas Wurst und Obst der Saison – *et voilà,* dein Picknick *à la provençale* ist komplett.

2

ST-MICHEL-L'OBSERVATOIRE ½ TAG

Das kleine **St-Michel-l'Observatoire (S. 234)** ist ein Paradies für Astronomie-Fans. Verbringe eine Sommernacht in Gesellschaft erfahrener Astronom:innen im Centre d'Astronomie.

***Abstecher:** Auf dem gut markierten, 13 km langen Rundwanderweg ab Revest-des-Brousses kannst du Raubvögel beobachten. 3 Std.*

3

VALENSOLE 1 TAG

Ende Juni bis Anfang Juli erstrahlt das 800 km² große **Plateau de Valensole (S. 240)** für ein paar Wochen im schönsten Lila der Lavendelblüte – deine Chance für *das* Provence-Foto. Die Lavendelhöfe sind das ganze Jahr über geöffnet und bieten Touren durch die Destillerien, Souvenirshops etc. Und sie erklären den Unterschied zwischen Lavendel und Lavandin.

VON LINKS: BARMALINI/SHUTTERSTOCK ©, RAOUL AXINTE/SHUTTERSTOCK ©, GREENS AND BLUES/SHUTTERSTOCK ©

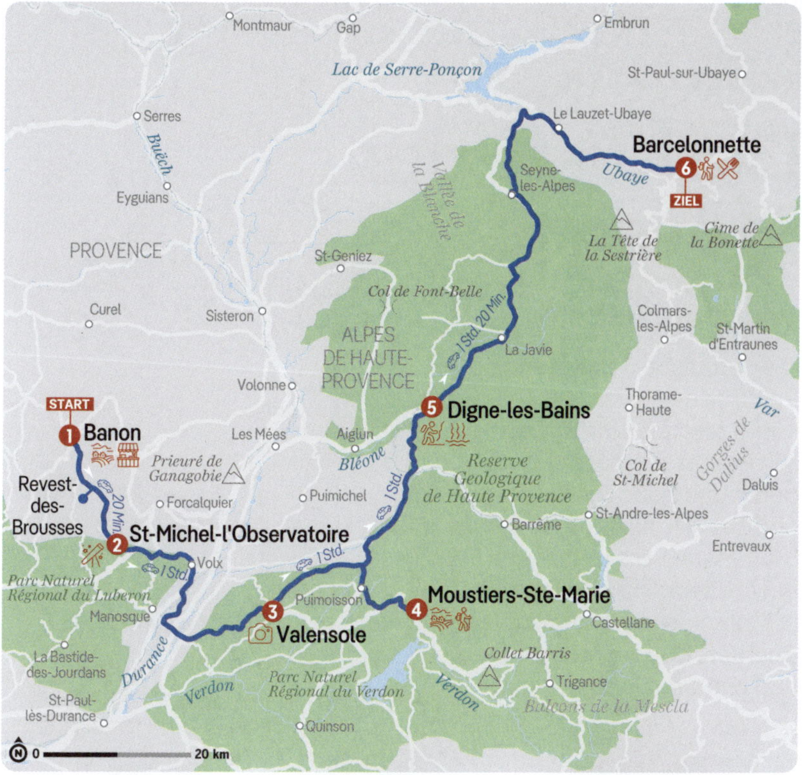

4 MOUSTIERS-STE-MARIE ⏱ 2 TAGE

Das provenzalische Dorf **Moustiers-Ste-Marie (S. 242)** schmiegt sich an die umliegenden Felsen. Nimm dir einen Tag Zeit und schlendere durch die gepflasterten Gassen. Erfahre dabei etwas über die lokale Keramiktradition. Der zweite, actionreiche Tag startet früh in den Gorges du Verdon – mit Wandern, Radfahren, Rafting oder Canyoning.

5 DIGNE-LES-BAINS ⏱ 1 TAG

In **Digne-les-Bains (S. 230)** hast du die Wahl: Entweder entspannst du dich in den berühmten Heilbädern, in denen schon napoleonische Soldaten kurten, oder du bezwingst den Klettersteig, der direkt vor den Toren der Stadt startet. Die Region Alpes-de-Haute-Provence war auch die Heimat der unerschrockenen Reiseschriftstellerin Alexandra David-Néel.

6 BARCELONNETTE ⏱ 1 TAG

Auf dem Weg nach **Barcelonnette (S. 243)** kannst du die dramatische Aussicht auf die Alpen genießen. Die freundliche Gemeinde ist für ihre mexikanischen Villen bekannt. Einheimische bauten sie, nachdem sie als Auswanderer in Mexiko reich geworden waren. Begib dich auf eine Wanderung zu abgelegenen Weilern und beschließe den Tag mit einem zünftigen Käsefondue.

REISEROUTEN

Die Küste der Provence

Dauer: 7 Tage **Distanz:** 314 km

Die natürliche Schönheit und Vielfalt der provenzalischen Küste zeigt sich in ihrer ganzen Pracht auf dieser Route durch das Bouches-du-Rhône und das Var. Auf dem Weg von Stes-Maries-de-la-Mer gen Osten entdeckst du windgepeitschte Marschlandschaften, felsige Buchten, bodenständige Städte und endlose Sandstrände.

1

STES-MARIES-DE-LA-MER 2 TAGE

Beginne in **Stes-Maries-de-la-Mer (S. 172)**, einer Stadt am Meer. Sie ist bekannt für ihre Strände, Eisdielen und Roma-Wallfahrten. Leih dir ein Fahrrad und erkunde die eindrucksvolle Sumpflandschaft der Camargue mit rosa Flamingos und Rinderhütern. Beobachte Raubvögel mit deinem Fernglas im Naturschutzgebiet Parc Ornithologique du Pont de Gau.

Abstecher: *Lege eine Pause in Arles ein, für eine Portion römische Geschichte. 5 Std.*

2

CARRY-LE-ROUET 1 TAG

Der nächste Halt ist die Côte Bleue (Blaue Küste), ein nach Kiefern duftender Küstenabschnitt mit vielen Buchten, Wanderwegen und Roveziegen. In **Carry-Le-Rouet (S. 150)**, einem ruhigen Fischerdorf, kannst du im Rahmen der beliebten „Oursinades" im Februar Seeigel probieren. Kühle dich in den glasklaren Gewässern des Parc Marin de la Côte Bleue, eines geschützten Meeresparks, ab.

3

CASSIS 1 TAG

Mach einen Bogen um Marseille und fahr lieber ins entspannte **Cassis (S. 148).** Das schicke Fischerdorf ist auch das Tor zum majestätischen Parc National des Calanques. Schnüre deine Wanderschuhe und lauf zur Calanque d'En-Vau (Badesachen nicht vergessen). Belohne dich nach deiner Rückkehr auf einer Terrasse mit Blick auf die fotogene Uferpromenade mit einem Glas Weißwein des AOC Cassis, der ersten Weinappellation der Provence.

4

HYÈRES ⏱ 1 TAG

Urlauber:innen passieren **Hyères (S. 113)** auf dem Weg zu den Îles de Porquerolles häufig einfach – und verpassen etwas. Denn die legendäre Villa Noailles ist heute ein hippes Kunstzentrum. Und eine Reihe von coolen Restaurants beleben den Ort. Verpass auf keinen Fall die historische Altstadt, die das moderne Zentrum überragt.

Abstecher: *Lass das Auto stehen und nimm die Fähre ab Hyères zu den Îles de Porquerolles (S. 114). ⏱ 1 Std.*

5

GRIMAUD ⏱ 1 TAG

7 km trennen **Grimaud (S. 109)** und Port Grimaud. Ein Tag reicht aus, um beide zu besuchen. Leuchtende Bougainvilleen verziehen die Fassaden des mittelalterlichen Grimaud hoch über dem Golfe de St-Tropez. Die Lagunenstadt Port Grimaud stammt aus den 1960er-Jahren. Schlendere ein paar Stunden durch das Klein-Venedig der Provence.

Abstecher: *Unternimm einen Tagestrip nach St-Tropez an Bord eines Schiffes von Les Bateaux Verts. ⏱ 1 Std.*

6

ST-RAPHAËL ⏱ 1 TAG

Genieße diese letzte Etappe (im Winter ein Teilstück der duftenden „Route du Mimosa"), die sich an die Küste schmiegt. Sie führt durch das hübsche Ste-Maxime, das lebhafte Wassersportzentrum St-Aygulf und durch Fréjus mit seinen beeindruckenden römischen Ruinen. Fréjus geht in **St-Raphaël (S. 112)** über. Lass dich am Strand der trubeligen Stadt nieder und überleg dir, ob du entlang der Corniche d'Or nach Cannes weiterfahren möchtest.

MANJIK PHOTOGRAPHY/500PX ©

Cannes (S. 77)

REISEROUTEN

Highlights der Côte d'Azur

Dauer: 4 Tage **Distanz**: 97 km

Auf deiner Reise von einem zum anderen Ende der Côte d'Azur reihen sich die Klassiker aneinander. Die Route führt dich von der Filmstadt Cannes ins Landesinnere, wo du das Künstlerflair der Bergdörfer und ihre Gärten genießt, bevor du entlang der Küstenorte weiterfährst – bis nach Menton, nahe der italienischen Grenze.

VON LINKS: ESKYSTUDIO/SHUTTERSTOCK ©, FISHMAN64/SHUTTERSTOCK ©, MICHAEL MAAS/SHUTTERSTOCK ©

1 CANNES ⏱ ½ TAG

Verbringe den Tag mit der Erkundung der wichtigsten Sehenswürdigkeiten des glamourösen **Cannes (S. 77).** Spaziere an der palmengesäumten Croisette entlang und vorbei an den Superjachten im Vieux Port. Halte für einen Snack am überdachten Marché Forville. Weiter geht's nach Le Suquet, dem ältesten Stadtviertel mit seinen farbenfrohen Häusern.

Abstecher: *Entfliehe dem Trubel auf die stillen Îles de Lérins. ⏱ 1 Std.*

2 MOUGINS ⏱ ½ TAG

Die kopfsteingepflasterten, blumenumrankten Gassen von **Vieux Mougins (S. 87)** ziehen Kunstschaffende magisch an. Unweit des Dorfes verbrachte Picasso die letzten zwölf Jahre seines Lebens. Von der Chapelle de Notre-Dame de Vie kannst du einen Blick auf sein Anwesen werfen. Auf einer Terrasse im Herzen des Dorfes genießt du kulinarische Köstlichkeiten.

3 GRASSE ⏱ 1 TAG

Die Altstadt von **Grasse (S. 88)** schmiegt sich unweit von Cannes an einen Hang. Dies ist die Welthauptstadt des Parfüms. Besuche Parfümerien, in denen du deinen eigenen Duft kreierst, verweile in interaktiven Museen und streife durch bezaubernde Gärten, in denen Rosen, Jasmin, Veilchen, Iris und andere wohlriechende Blumen wachsen.

4

VILLEFRANCHE-SUR-MER ⏱ 1 TAG

Kehre zurück an die Küste nach **Villefranche-sur-Mer (S. 68),** einem Fischerdorf in der Nähe von Nizza, das bereits die Titelseiten unzähliger Reisemagazine geschmückt hat. Hier kannst du dich in der Kunst des Flanierens üben: Schlendere einfach durch die Gassen zu den Restaurants am Hafen. Abkühlung versprechen die Gärten der imposanten Citadelle St-Elme.

5

ÈZE ⏱ ½ TAG

An einer Küste voller bezaubernder Orte kann **Èze Village (S. 65)** für sich in Anspruch nehmen das beeindruckendste zu sein. In den Ruinen der alten Burg wachsen heute exotische Kakteen. Das Bergdorf thront wie ein Adlerhorst über dem Mittelmeer – die Aussicht ist unvergleichlich. Vergiss nicht, dein Handy oder deine Kamera voll aufzuladen!

6

MENTON ⏱ ½ TAG

Menton (S. 70) widersetzt sich dem Klischee einer unattraktiven Grenzstadt. Nur wenige Schritte von Italien entfernt erhebt sich die pastellfarbene Altstadt vor dem Mittelmeer. Sie zieht Kreative an – auch Spitzenköche wie den Argentinier Mauro Colagreco. Reserviere einen Tisch in einem seiner drei Restaurants (etwa dem Drei-Sterne-Restaurant Mirazur). Probiere auch die saftigen Zitronen auf einer der Obstplantagen.

BESTE REISEZEIT

Die meisten Leute kommen in den Sommerferien. Viele bevorzugen aber die sonnigen Winter- sowie die warmen Frühlings- und Herbsttage.

Der Winter – heutzutage Nebensaison – galt einst als Hochsaison, vor allem im Var und an der Côte d'Azur, als Aristokrat:innen und Kunstschaffende hierherströmten, um die Neujahrssonne zu genießen. Die Wintermonate sind aber nach wie vor reizvoll: Es locken die Skipisten in den Alpes-de-Haute-Provence und die gelbe Blütenpracht der Mimosen. Der Frühling und der Herbst eignen sich besonders für Bergwanderungen und Radtouren. Und auch in Galerien und Museen herrscht dann kein Gedränge. In den schwülen Sommermonaten scheint dagegen alle Welt in Südfrankreich zu verweilen.

Saisonale Preise

In der Regel sind die Übernachtungspreise im November und Januar am niedrigsten. Um Weihnachten und Neujahr sowie im Februar ziehen sie an und im Juli und August ist es in Südfrankreich am teuersten. In den übrigen Monaten kannst du – abhängig vom Eventkalender – durchaus auf gute Angebote stoßen.

LOCAL TIPP

Les Filles du Verdon kennen die Gorges du Verdon wie ihre Westentasche. *@lesfillesduverdon*

Die Verdonschlucht ist im Hochsommer sehr beliebt. Aber eigentlich hat jede Saison ihren eigenen Reiz. Unser Favorit ist der Frühling, wenn die Natur erwacht. Das ist die beste Zeit zum Joggen, Wandern oder Radfahren – ganz ohne Trubel. Unsere absolute Lieblingsbeschäftigung? Eine traditionelle Partie *Jeu de Paume* (eine Form des Tennis) in Artignosc.

Mistral über einem Lavendelfeld

DER MISTRAL

Um den Mistral, Frankreichs berühmtesten Wind, ranken sich Legenden. Dieser kalte, kräftige Fallwind kann tagelang über das Rhônetal fegen und ist auch an der Küste zu spüren. Er tritt das ganze Jahr über auf, aber am häufigsten im Winter und zu Frühlingsbeginn.

Reisewetter

JANUAR	FEBRUAR	MÄRZ	APRIL	MAI	JUNI
Ø-Temp. Max: **10°C**	Ø-Temp. Max: **11°C**	Ø-Temp. Max: **15°C**	Ø-Temp. Max: **18°C**	Ø-Temp. Max: **22°C**	Ø-Temp. Max: **26.5°C**
Regentage: **5**	Regentage: **4**	Regentage **4**	Regentage: **4**	Regentage: **5**	Regentage: **4**

SCHNEEFALL

Schneegestöber ist an der Küste selten, aber in den Skigebieten der Côte d'Azur und in den Alpes-de-Haute-Provence liegt Anfang Dezember der erste Schnee. Im Januar ist die Schneedecke am üppigsten, im März ist der meiste Schnee bereits geschmolzen.

Feste & Events – frühzeitig planen

Ganz Monaco dreht auf, wenn die Formel 1 in die Stadt rollt. Neben dem legendären **Großen Preis von Monaco** (S. 92) gibt es seit 2015 auch den **Monaco E-Prix** und alle zwei Jahre den **Grand Prix Historique de Monaco**. **Mai**

Internationale Filmstars werfen sich in Schale und schreiten über den roten Teppich des **Festival de Cannes** (S. 77). Die Atmosphäre der berühmten Filmfestspiele zieht jeden in ihren Bann. **Mai**

Avignon verwandelt die Innenhöfe des Papstpalasts sowie Gärten und Kapellen in Bühnen für das jährliche **Festival d'Avignon** (S. 187), ein Theater-, Tanz- und Gesangsfestival. **Juli**

Klassische und hochmoderne Segeljachten aus der ganzen Welt hissen ihre Segel für Regatten im Golf von St-Tropez beim **Voiles de St-Tropez** (S. 107). **September**

Kultur & Tradition – zelebrieren

In Mandelieu-La Napoule dreht sich alles um Mimosen, wenn die gelben Bommeln blühen. Die **Fête du Mimosa** (S. 83) ist ein fünftägiges Fest mit Blumenparaden, Abendunterhaltung und Feuerwerk.
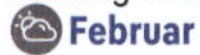 **Februar**

In der Camargue bricht in ein Feuerwerk aus Gesängen und Tänzen aus, wenn sich Angehörige der Roma, Manouches, Sinti und Jenischen zur jährlichen **Pèlerinage des Gitans** (S.172) treffen, um ihrer Patronin zu huldigen. **Mai**

Die **Fête de la Musique** feiert den Sommeranfang in ganz Frankreich musikalisch – von kleinen Straßenkonzerten bis zu großen DJ-Partys. Vor allem in Nizza und Marseille kannst du bis zum Morgengrauen feiern. **Juni**

Bis zu 15 000 Menschen strömen jedes Jahr zum berühmten **Corso de Lavande** (S. 230) in Digne-les-Bains. Der Lavendelkorso zieht mit blumengeschmückten Wagen durch die Stadt. **August**

LOCAL TIPP

Jeany Cronk ist Winzerin und Mitbegründerin von Maison Mirabeau in Cotignac. *@MaisonMirabeau*

Die Nebensaison, wenn weniger los ist, ist perfekt für einen Besuch, vor allem, wenn die Sonne scheint. Im Frühsommer leuchten die Weinberge grün und das Meer ist warm genug zum Schwimmen. Im September ist das Licht wunderschön intensiv und taucht alles in sanfte Farben. Beide Perioden eignen sich für Ausflüge in die Natur und zu den Stränden.

Cotignac (S. 123)

HERBSTSTÜRME

Oktober und November sind die regenreichsten Monate der Region. Es können auch schwere Stürme auftreten. 2020 hat das Sturmtief „Alex" zu Überschwemmungen geführt und erheblichen Schäden in der Côte d'Azur angerichtet. Die Narben sind immer noch sichtbar.

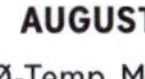

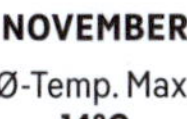

JULI	AUGUST	SEPTEMBER	OKTOBER	NOVEMBER	DEZEMBER
Ø-Temp. Max: **29°C**	Ø-Temp. Max: **29°C**	Ø-Temp. Max: **25°C**	Ø-Temp. Max: **20°C**	Ø-Temp. Max: **14°C**	Ø-Temp. Max: **11°C**
Regentage: **2**	Regentage: **3**	Regentage: **5**	Regentage: **7**	Regentage: **6**	Regentage: **5**

Valensole (S. 240)

BESTENS VORBEREITET AUF DIE PROVENCE & DIE CÔTE D'AZUR

Nützliches zum Vorbereiten und Einstimmen.

Kleidung

Abendgarderobe Pack ein schickes Kleid oder Hemd ein, wenn du in Monaco und Cannes ausgehen willst. Ansonsten ist die Region erfrischend entspannt, was die Kleiderordnung angeht.

Schichten Die Sommernächte an der Küste sind schwül. Im Frühling und Herbst ist es tagsüber sonnig, aber nach Einbruch der Dunkelheit wird es schnell kalt. Halte also eine warme Jacke parat. In den Dörfern der Alpes-de-Haute-Provence ist es immer ein paar Grad kühler, auch im Juli und August.

Schuhe Flip-Flops sind perfekt für Strandtage. Wenn du aber eine Bergwanderung oder eine Radtour planst, sind Turnschuhe oder Wanderschuhe nötig. Die Kieselstrände von Nizza sind bekanntermaßen unbequem; in den Shops an der Promenade des Anglais gibt's Badeschuhe zu kaufen.

Hüte Bei 300 Sonnentagen im Jahr ist eine Kopfbedeckung von Vorteil.

Etikette

La bise ist der französische Begrüßungskuss, eine wichtige Geste, meist ein Luftkuss auf die Wange. Die Anzahl der Küsse variiert; in der Provence werden zwei Küsse ausgetauscht.

Auf neue Freundschaften stößt du an, indem du deinem Gegenüber tief in die Augen schaust und ***Santé!*** rufst.

Der **Mittelfinger** gilt in Frankreich als äußerst beleidigend.

LESEN

Mein Jahr in der Provence (Peter Mayle; 1989) Mayles humorvoller Bericht über den Umzug in die Provence ist der Stoff, aus dem die Träume sind.

Der Mann, der Bäume pflanzte (Jean Giono; 1953) Eine kraftvolle Geschichte des in Manosque geborenen Giono über einen Schäfer, der die Kargheit bekämpfen will.

The French Riviera (Ted Jones; 2004) Eine Lesereise entlang der Côte d'Azur – aus der Sicht der Autorinnen und Autoren, die sie zu ihrer Heimat gemacht haben.

Der Graf von Monte Christo (Alexandre Dumas; 1844) Der berühmte Racheroman um den Seemann Dantès spielt im Gefängnis Château d'If auf der gleichnamigen Insel.

Sprechen

Am zweitbeliebtesten Reiseziel im meistbesuchten Land der Welt ist die Wahrscheinlichkeit groß, dass die Einheimischen besser Englisch können als du Französisch. Das heißt aber nicht, dass deine Bemühungen, mit ein paar Grundkenntnissen zu glänzen, unbemerkt bleiben. Allerdings hat die Region einen eigenen Dialekt. Besonders um Marseille wirst du den typisch provenzalischen Dialekt hören. Eine Besonderheit: Wörtern, die auf *ain* enden, z. B. *pain* (Brot) und *demain* (morgen), wird am Ende ein „ng" angehängt.

Hier ist ein Mini-Wörterbuch, das dir den Einstieg erleichtert:

Bonjour (boh·schur) bedeutet ,Guten Tag'.

Bonsoir (boh·swah) bedeutet ,Guten Abend' und wird ab 18 Uhr verwendet.

Au revoir (o·rewoar) bedeutet ,Auf Wiedersehen', ist aber sehr formell. Das zunehmend verbreitete *ciao* ist zwangloser.

A bientôt (ah bje·toh) bedeutet ,bis bald', auch wenn bald nächste Woche ist.

Ça va? (sa wa) bedeutet ,Wie geht's?', worauf du genauso antwortest.

S'il vous plaît (sil wuh plä) heißt ,bitte'.

Merci (mär·ßi) heißt ,danke'.

De rien (dö ria) bedeutet ,gern geschehen'.

Je m'appelle ... (schö ma·päl ...) bedeutet ,Mein Name ist ...'.

Parlez-vous allemand? (par·leh·wu sallmoh) So fragst du ,Sprechen Sie Deutsch?'

Je ne comprends pas (schö nö kom·proh pa) bedeutet ,Ich verstehe nicht'.

Excusez-moi (exküseh·moa) bedeutet ,Entschuldigung'. Du nutzt es, wenn du jemand angerempelt hast oder wenn du jemand angehalten hast, um nach dem Weg zu fragen.

ANSCHAUEN

Der Ruhm meines Vaters (1990, siehe Foto) Basierend auf dem zweiteiligen Coming-of-Age-Klassiker von Marcel Pagnol.

Cool Waves – Brice de Nice (2005) Surfer sucht die perfekte Welle; eine erfolgreiche Komödie.

Marseille (2016) Gérard Depardieu spielt die Hauptrolle in diesem Polit-Drama, einer Netflix-Serie.

Der Gendarm von St-Tropez (1964) Slapstick-Klassiker mit Louis de Funès, im dem er als Polizist gegen Nudisten vorgeht.

Über den Dächern von Nizza (1955) Der Film brachte Grace Kelly nach Monaco, wo sie Fürst Rainier III. kennenlernte.

ANHÖREN

Riviera Radio Englischsprachiger Radiosender an der Côte d'Azur auf FM 106.5, der zwischen Menton und St-Tropez zu hören ist.

Mon Paradis (Christoph Maé; 2007) Maé stammt aus Carpentras. Sein Gitarrenpop ist der perfekte Sommer-Soundtrack.

La Solitude (Léo Ferré; 1971) Der gefeierte monegassische Singer-Songwriter vereint Melodie und Melancholie.

13'Organisé (Jul; 2020) Das Album führt 50 Rapper aus Marseille zusammen; die Lead-Single *Bande Organisée* brach französische Streaming-Rekorde.

BARMALINI/SHUTTERSTOCK ©

Käse aus Banon (S. 235)

ESSEN WIE DIE LOCALS

Frische heimische Zutaten voller Aroma: In der provenzalischen Küche schmeckt man bei jedem Bissen die Sonne.

Der Küche der Provence merkt man an, dass sie am Schnittpunkt zweier großer Esskulturen entstanden ist. Die Zutaten nordfranzösischer Gerichte wie etwa Butter oder Sahne fehlen gänzlich, an ihre Stelle treten Olivenöl und Wildkräuter, die man eher mit Italien verbindet. Auch die berühmte Focaccia und die vielen Snacks aus Kichererbsen stammen aus dem Nachbarland – kein Wunder in der heutigen Zeit mit ihren offenen Grenzen.

Aromatische Nahrungsmittel, die in der trockenen mediterranen Erde gedeihen, wie etwa Paprika, Zucchini, Blattgemüse und Auberginen bilden die Grundlage zahlreicher regionaler Spezialitäten. Sie werden mit kleinen Küstenfischen oder – seltener – mit Fleisch serviert. Eintöpfe und Suppen, in denen billiges Fleisch oder knochige Fische stundenlang weich gekocht werden, sind kulinarische Klassiker. Dem wirst du zustimmen, nachdem du in Marseille deine erste Bouillabaisse genossen hast. Im Kern handelt es sich hier um einfache, frische und heimische Gerichte im besten Sinne. Heute schmecken sie allen.

Die heimische Vorratskammer

Schaut man in die Schränke provenzalischer Küchen, so stößt man zunächst auf das Olivenöl, das höchstwahrscheinlich aus heimischen Oliven gepresst wurde und vom Wochenmarkt stammt. Eine weitere wichtige Zutat ist das grobkörnige Salz aus der Camargue, das man zum Kochen benutzt oder über Tomatenscheiben streut. Irgendwo im Regal stehen sicher auch ein oder zwei Gläser mit Tapenade, einem Brotauf-

Beste provenzalische Gerichte

AÏOLI
Knoblauchmayonnaise, die zu zahlreichen Speisen gereicht wird

ARTISCHOKEN À LA BARIGOULE
Artischockeneintopf, als Hauptspeise oder als Beilage

DAUBE
Lange gekochtes Rinderragout, das oft mit Polenta serviert wird

RAVIOLIS NIÇOIS
Frische Pasta, gefüllt mit *daube* und Mangoldgemüse

strich aus klein gehackten Oliven oder anderen Zutaten wie etwa Kichererbsen oder Anchovis. Im Kühlschrank liegen frische *raviolis niçois* (mit Rindfleischfüllung) für eine schnelle und schmackhafte Mahlzeit, und eine hübsche Obstschale aus Keramik quillt über von Zitronen aus dem Garten.

Vegetarisch, vegan und glutenfrei

Zwei der wichtigsten Streetfood-Snacks der Provence, nämlich die Socca und die Panisse, bestehen aus wenig mehr aus Wasser, Olivenöl, Salz und Kichererbsenmehl. Sie eignen sich somit auch für Menschen, die sich vegetarisch, vegan oder glutenfrei ernähren. Doch dass sie aus wenigen Zutaten bestehen, heißt nicht, dass sie nach nichts schmecken – das wirst du merken, wenn du das erste Mal eine knusprige Socca oder einige Panisses probierst, die den Pommes frites so ähnlich sind. Die Kichererbse hat sich an den Boden hier an der Küste gewöhnt und diese günstige, aber nahrhafte Hülsenfrucht kommt in zahlreichen Suppen und Salaten vor. Ein anderes heimisches Gericht ist die Ratatouille – eine leckerer Eintopf aus aromatischem Sommergemüse.

Fleisch und Käse

In der kulinarischen Tradition der Provence kommen zwei Klassiker der französischen Küche nicht vor: Rindfleisch und Käse aus Kuhmilch. Das liegt daran, dass auf den hiesigen Bergweiden Schafe und Ziegen die wichtigsten Nutztiere sind. Lammfleisch aus Sisteron in den Alpes-de-Haute-Provence ist in ganz Frankreich für seine Qualität bekannt und aus der Milch der Brigasca-Schafe im Vallée de la Roya werden hervorragende Molkereiprodukte hergestellt. Der berühmteste Käse der Region stammt aus dem kleinen Dorf Banon und ist unter dem gleichen Namen bekannt. Dieser cremige Ziegenkäse wird in einer Verpackung aus weichen Kastanienblättern verkauft.

FOOD- & WEINFESTIVALS

Fête du Citron (S. 70) Mit prächtigen Festwagen aus Zitrusfrüchten feiert Menton seine saftigen Zitronen im Rahmen eines Volksfests im Februar.

Oursinade (S. 150) Genieße frische Seeigel direkt am Wasser an den ersten drei Sonntagen im Februar in Carry-le-Rouet an der Côte Bleue nahe Marseille.

Fête des Vendanges (S. 109) Stoße am ersten Septemberwochenende beim Weinfestival in Ste-Maxime auf den neuen Rosé an.

Fête du Fromage (S. 236) Im Mai findet inmitten von Lavendelfeldern im Dorf Banon ein Fest zu Ehren des gleichnamigen Ziegenkäses statt, der in Kastanienblätter verpackt ist.

Fête de la Châtaigne (S. 126) An den drei letzten Sonntagen im Oktober duftet es in Collobrières, der Kastanienhauptstadt der Provence, nach frisch gerösteten Maronen und zu trinken gibt es Kastanienlikör.

Socca (S. 40)

Fête du Citron (S. 70), Menton

BOUILLABAISSE
Rostrote Fischsuppe und die Spezialität von Marseille

SOUPE AU PISTOU
Gemüsesuppe mit würzigen Zutaten

LES PETITS FARCIS NIÇOIS
Buntes Gemüse vom Markt, gefüllt mit Minze und Kräutern

SÜGELI
Muschelförmige Nudeln, die zum immateriellen Welterbe Frankreichs gehören

Lokale Spezialitäten

Streetfood und Snacks

Pissaladière Pizza mit karamellisierten Zwiebeln, Oliven und Anchovis
Socca Dünner, im Holzofen gebackener Kichererbsen-Pfannkuchen aus Nizza
Panisse Kleine Stäbchen aus Kichererbsenmehl, außen knusprig, innen weich
Pizza moitié-moitié Halb Anchovis, halb Emmentaler Käse – ein Muss in Marseille
Barbajuan Frittierte Teigtaschen, Nationalgericht in Monaco

Süße Sünden

Tarte Tropézienne In zwei Hälften geteilte Brioche mit Füllung aus zweierlei Creme und Topping aus Zuckerperlen
Tourte aux Blettes Sucrée Herzhaftes Mangoldgemüse in süßer Tarte
Nougat Weiches Honig-Mandel-Konfekt aus Sault
Tarte des Alpes Riemchentorte mit Marmeladenfüllung; schmeckt nach Kindheit
Calissons d'Aix Ovales Mandel-Frucht-Konfekt aus Aix-en-Provence

Gewagtes

Saucisson de Taureau Stierwurst aus der Camargue

Pissaladière

Pieds Paquets Langsam gekochter Eintopf aus Kutteln und Lammfüßen
Merda di Can Vergiss den Namen – in Nizza bekommst du einen Teller mit frischen grünen Gnocchi

Lokale Liköre

Genepi Feuriger Kräuterlikör, mit dem einem in den Bergen warm wird
L'Orangeraie Pikanter Likör aus echt monegassischen Bitterorangen
Pastis Der Anislikör aus der Provence ist ein weltweiter Exportschlager
Liqueur de Lavande Der für die Provence so typische Lavendel in der Flasche

GESCHMACKS-ERLEBNISSE

Auberge de la Fenière (S. 221) Nadia Sammuts wunderbarer Landgasthof im Lubéron ist das weltweit erste glutenfreie Restaurant, das mit einem Michelin-Stern ausgezeichnet wurde.
Ceto (S. 67) Das im Luxushotel Maybourne Riviera hoch über Monaco gelegene Ceto zeugt von der Liebe des gefeierten argentinischen Küchenchefs Mauro Colagreco zum Mittelmeer.
La Chassagnette (S. 162) Sterneküche mitten in der Camargue: Dieses Farm-to-table-Restaurant steht für provenzalische Perfektion.
La Petite Plage St-Tropez (S. 106) Austern, Kaviar und Champagner-Cocktails am Jachthafen. Typisch St-Tropez.
Villa Morelia (S. 243) Großartiges Restaurant im Herzen des Vallée de l'Ubaye. Hier gibt es Haute Cuisine direkt vom Markt.

SAISONALE KÜCHE

FRÜHLING

Zum Gemüse aus der Provence gehören Spargel, Bohnen und Mangold. Achte auf die verräterischen lila Spitzen der Violet-de-Provence-Artischocken, die als die besten gelten. Zu Ostern gibt es bei vielen Familien Lamm aus Sisteron.

SOMMER

Auf den Märkten sieht man nichts als Rot, Gelb und Orange, denn sie quellen über von Erdbeeren, Zuckermelonen und Tomaten. Auch findet man Paprikaschoten, Zucchini und Auberginen für eine klassische Ratatouille.

HERBST

Esskastanien brutzeln über offenem Feuer. Kürbisse in allen Farben sprießen aus dem Boden. Probiere Steinpilze aus dem Lubéron. Und jetzt werden auch die Oliven geerntet und zu neuem Öl gepresst.

WINTER

Jetzt gibt es Trüffeln im Lubéron, Seeigel in Marseille und Zitronen in Menton. Das üppige Aroma von Daube erfüllt die kalte Luft. Weihnachten wird mit Austern, Foie gras und 13 Desserts gefeiert!

Calissons d'Aix-en-Provence

VOLKER RAUCH/SHUTTERSTOCK ©

Wanderung im Verdon Gorge (S. 238)

OUTDOOR-ERLEBNISSE

Wanderungen in majestätischen Gebirgen, Radtouren entlang von Lavendelfeldern und Erholung am glitzernden Meer: In der Provence und an der Côte d'Azur spielt sich das meiste im Freien ab.

Wo die Alpen sich mit dem Mittelmeer vereinen, haben Outdoor-Fans jeder Erfahrungsstufe die Qual der Wahl. Dank des milden Klimas kannst du zu jeder Jahreszeit wandern und Rad fahren. Im Winter erwachen die beschaulichen Skigebiete der Alpes-de-Haute-Provence mit dem ersten Schneefall zum Leben. Im Frühling beginnt dann die Wassersport-Saison – mit Rafting und Canyoning in der Verdonschlucht oder gemütlichem Badespaß an der Côte d'Azur.

Radfahren

Die Provence mit ihren legendären Pässen – etwa dem Col de la Madone de Gorbio, dem Col de la Bonette und natürlich denen am heiligen Mont Ventoux – ist das Trainingsgebiet für die weltweit besten Rennradfahrer:innen. Du musst aber für eine Radtour mit vielen Aussichten nicht olympiareif sein: Die ruhigeren Nebenstraßen des Luberon und der Provence Verte schlängeln sich vorbei an duftenden Feldern und hübschen Dörfern wie aus dem Bilderbuch. Die TransVerdon ist dagegen eine klassische Mountainbike-Strecke in Frankreich. Und im Sommer verwandeln sich die Skipisten hinter Nizza und in den Alpes-de-Haute-Provence in schattige Off-Road-Strecken.

Rennräder *(vélo de route)*, Mountainbikes *(VTT, vélo tout-terrain)* und E-Bikes können in der ganzen Region gemietet werden. Neben den örtlichen Fremdenverkehrsbüros, in denen du Karten und Reiseführer be-

Nervenkitzel & Wasserspaß

KLETTERN
Die hohen **Kalksteinfelsen von Buoux** (S. 210) im Luberon sind ein beliebtes Ziel für Kletter-Fans.

CANYONING
Hüpf, rutsch und seil dich ab in die Schluchten und Wasserfälle der **Gorges du Verdon** (S. 238) und der **Gorges du Loup** (S. 90).

KITESURFEN
Für Kite-Fans bietet der wilde, windgepeitschte **Strand von Beauduc** (S. 167) ideale Bedingungen.

FAMILIEN-ABENTEUER

Schwing dich in den Sattel für ein Reitabenteuer durch die Feuchtgebiete und über die Strände der **Camargue** (S. 168) auf der Suche nach Flamingos.

Schwimme mit farbenfrohen Fischen durch die Unterwassergärten der **Domaine du Rayol** (S. 117) auf einer geführten Tour.

Werde Teil einer Wildtierdokumentation im **Parc Ornithologique du Pont de Gau** (S. 175) in der Camargue.

Begegne niedlichen Murmeltieren und prächtigen Gämsen während du von St-Martin-Vésubie in den **Parc National du Mercantour** (S. 73) wanderst.

Bezwinge den Klettersteig Via Ferrata du Rocher de Neuf Heures (S. 232) bei Digne-les-Bains. Du bist an Seilen und Leitern gesichert.

Wandere mit Schneeschuhen durch die verschneiten Wälder von **Le Sauze** (S. 245) im Ubaye-Tal.

kommst, haben sich auch Fahrradcafés *(cafés vélo)* etabliert, in denen du dich mit anderen Rad-Fans über die Routen austauschen und dich für Touren anmelden kannst. Sie bieten auch richtig guten Kaffee.

Wandern

Die Postkartenlandschaft der Region mit hohen Bergen, schwindelerregenden Schluchten und felsigen Küsten ist ein wahrer Genuss für Wanderfreudige. Neben ausgedehnten Bergwanderungen gibt es GR-Fernwanderwege (Grande Randonnée), kurze, aber steile Küstenpfade und flache Inselwege, die sich durch duftende Pinienwälder schlängeln. Selbst in den größeren Städten, ist ein *sentier balisé* (markierter Pfad) nie weit weg; das örtliche Fremdenverkehrsamt gibt Karten aus und weist auf geeignete Wanderwege hin.

Eine gute Vorbereitung ist unerlässlich: Wanderschuhe, Wasser, Kopfbedeckung und Sonnenschutzmittel sind Pflicht. Telefonempfang ist nicht garantiert. Die beliebtesten Wanderwege sind im Sommer sehr sonnig und stark frequentiert – wegen der hohen Waldbrandgefahr können einige Pfade gesperrt sein. Im Frühling und Herbst herrschen ideale Temperaturen und Bedingungen.

EISBRECHER

Für weitere alpine Aktivitäten siehe Seite 247

Isola 2000 (S. 75)

Skifahren

Das Ubaye-Tal gilt als Geheimtipp mit recht hoher Schneesicherheit. Pra Loup (1600 m) ist mit 180 Pistenkilometern das größte Skigebiet des Tals und bietet auch Schneeschuh- und Langlaufloipen. Die Station ist mit Foux d'Allos (1800 m) verbunden.

Es gibt wenig Gegenden, in denen du morgens schwimmen und mittags auf der Piste stehen kannst. Die Côte d'Azur ist eine davon. Das nächste Skigebiet ist nur 1½ Stunden von Nizza entfernt. Vom Gipfel der Isola 2000 (2610 m) schaust du bis hinunter zum Mittelmeer.

RAFTING
Die Stromschnellen der **Verdunschlucht** (S. 239) und des Flusses **Ubaye** (S. 244) versprechen Nervenkitzel und Spaß – jedes Mal aufs Neue.

TAUCHEN
Für Tauch-Fans sind die Schiffswracks *Grec* und *Donator* vor der **l'Île de Porquerolles** (S.114) ein absolutes Highlight.

SCHWIMMEN
Die **Monacos Plage du Solarium** (S. 99) ist zwar aus Beton, aber dieser sonnige Badeplatz an der Hafenmole ist absolut einzigartig.

SEGELN
Lerne Segeln auf einem coolen Katamaran im **Golfe de St-Tropez** (S. 104). Im September heuerst du dann für die Voiles de St-Tropez an.

ACTION AREAS

Die besten Outdoor-Erlebnisse in der Provence & an der Côte d'Azur.

Wandern

1. Calanque d'En-Vau (S. 146)
2. Gorges du Verdon (S. 238)
3. Moustiers-Ste-Marie (S. 242)
4. Réserve Naturelle de la Plaine des Maures (S. 111)
5. Île de Porquerolles (S. 114)
6. Sentier Nietzsche (S. 64)
7. Gordes (S. 206)

Radfahren

1. Ste-Maries-de-la-Mer (S. 173)
2. Gorges du Verdon (S. 237)
3. Ubaye Valley (S. 246)
4. Île de Porquerolles (S. 114)
5. Cotignac (S. 123)
6. Mont Ventoux (S. 198, 200)
7. Coustellet (S. 216)

Bootstouren

1. St-Jean-Cap-Ferrat (S. 70)
2. Parc National des Calanques (S. 146)
3. Vieux Port, Marseille (S. 141)
4. St-Tropez (S. 104)
5. Ubaye-Tal (S. 244)

Nationalparks
1 Parc National de Port-Cros (S. 116)
2 Parc National des Calanques (S. 146)
3 Mont Ventoux (S. 196)
4 Gorges du Verdon (S. 237)
5 Réserve Géologique de Haute-Provence (S. 234)
6 Parc National du Mercantour (S. 244)
7 Parc Naturel Régional des Préalpes d'Azur (S. 90)
Schnorcheln/Tauchen
1 Parc Marin Côte Bleue (S. 150)
2 Ste-Maxime (S. 108)
3 Île de Porquerolles (S. 114)
4 Îles des Lérins (S. 81)
5 Domaine du Rayol (S. 117)
FRANKREICH
ITALIEN
La Mortice
Lac de Serre-Ponçon
St-Paul-sur-Ubaye
Le Lauzet-Ubaye
Barcelonnette
L'Ubaye
La Tête de la Sestrière
St-Étienne-de-Tinée
La Foux d'Allos
Barles
Reserve Geologique de Haute Provence
Mont Mounier
Parc National du Mercantour
Col de Tende
Punta Marguareis
Bléone
Guillaumes
Le Boreon
Tende
Thorame-Haute
Col de St-Michel
Mont Bégo
Digne-les-Bains
Gorges de Dalùis
Annot
Var
Villars-sur-Var
l'Arpette
St-Andre-les-Alpes
FRANKREICH
Gorges de la Vésubie
Lac de Castillon
Auvestre
St-Martin du Var
Menton
Rougon
Loup
Collet Barris
La Colle Loubière
Èze
MONACO
Nice
Verdon
Bargème
Grand Plan de Canjuers
Grasse
St-Laurent-du-Var
Côte d'Azur
Montmeyan
Châteaudouble
Lac de St-Cassien
Cannes
Antibes
Col de la Grange
Mt Vinaigre
Cotignac
Îles de Lérins
Le Muy
Argens
Agay
St-Raphaël
Le Luc
Les Issambres
La Sauvette
Golfe de St-Tropez
Massif des Maures
St-Tropez
Cuers
Collobrières
Domaine du Rayol
Côte d'Azur
Hyères
Bormes-les-Mimosas
Port d'Hyères
Mittelmeer
Porquerolles
Parc national de Port-Cros

PROVENCE & CÔTE D'AZUR

REISEZIELE

In jeder Region starten wir vom perfekten Standort aus, um die Umgebung zu erkunden. Unsere Autor:innen und Expert:innen teilen ihre einzigartigen Erlebnisse, Tipps, Hintergründe und Empfehlungen.

Ausblick von Èze Village (S. 67)

Côte d'Azur & Monaco

WO DIE ALPEN AUFS MITTELMEER TREFFEN

Eine weltberühmte Küste, bezaubernde Bergdörfer und ein reizvolles Hinterland: Die Côte d'Azur und Monaco sind zeitlos schick, doch es gibt auch Überraschungen.

Wie wichtig ist ein Name? 1887 machte der französische Schriftsteller Stéphen Liégard eine Reise entlang Frankreichs östlicher Mittelmeerküste und notierte seine Erlebnisse im Buch *La Côte d'Azur*. Nur wenige Jahre zuvor hatte man dort höchstens einen Zwischenhalt auf dem Weg nach Italien eingelegt, aber das änderte sich mit der neuen Bahnlinie: Sie brachte Besucher:innen aus dem Norden, denen der Arzt die Wintersonne an der Küste verschrieben hatte. Bald schon folgten Aristokratie, Künstler:innen sowie gekrönte Häupter. Und sie flanierten in ihren schicksten Kleidern auf den Seepromenaden und zeigten sich in den edlen Casinos. Liégards Côte d'Azur umfasste das große Gebiet von Marseille bis Genua, doch der Name für die Küste war geprägt.

Bis heute ist nicht eindeutig definiert, wo sie anfängt und aufhört – mal reicht die Côte d'Azur bis St-Tropez, mal bis Hyères. Der Küstenstreifen von Cannes bis Menton und die äußeren Grenzen der Alpes-Maritimes gehören aber auf jeden Fall dazu. Ebenso das fürstliche Monaco.

Die Côte d'Azur lockt mit einer attraktiven Mischung aus Sonne, Meer, Kultur, Essen und Wein. Und die grünen Berge im Hinterland ziehen Outdoorfans an.

Oben: Casino de Monte-Carlo (S. 96); rechts: Villefranche-sur-Mer (S. 68)

DIE HAUPTREGIONEN

NIZZA
Strände, Architektur und eine aufstrebende Foodie-Szene.
S. 54

CANNES
Coole Festivals und erfrischend ruhige Ecken.
S. 77

MONACO
Kleiner Ort mit großem Glamour.
S. 92

SJOEMAN/GETTY IMAGES ©

Erste Orientierung

Ganz im Südosten Frankreichs liegen die quirligen Küstenferienorte, im Hinterland die vielen hübschen Dörfer. Dahinter breiten sich große Nationalparks in bergiger Landschaft aus.

Cannes, S. 77

Durch viele große Events ist in Cannes das ganze Jahr über etwas los. Viertel wie Le Suquet und Marché Forville sind etwas ruhiger.

BUS

Billig und flächendeckend, die Zou!-Buslinien verbinden Cannes und Nizza mit den kleineren Orten an der Küste und im Hinterland, sie brauchen allerdings etwas länger als der Zug, wenn beide dieselbe Strecke bedienen.

Nizza, S. 54

Die Hauptstadt der Côte d'Azur ist mit ihren farbenprächtigen Straßenzügen der Belle Époque Teil des UNESCO-Weltkulturerbes; und gerade werden Foodies auf die Küche der Stadt aufmerksam.

Monaco, S. 92

Ein Fürstenpalast und ein glitzerndes Casino am Hafen voller Jachten – das winzige Fürstentum hat es in sich.

AUTO

Autofahren in Nizza, Cannes und Monaco ist stressig. Aber es ist das beste Mittel, um die Côte d'Azur jenseits dieser vollen Städte zu entdecken.

ZUG

Die Panoramabahnlinie TER Sud Provence Alpes-Côte-d'Azur verbindet die Hauptorte an der Küste zwischen Cannes und Menton (inkl. Monaco) und ist die schnellere Alternative zum Auto. Eine Bahnlinie führt von Grasse zur Küste.

Perfekte Tage

Genieß Strand und Kultur an der Küste und unternimm Ausflüge zu hübsch gelegenen Dörfern. Im Hinterland der Côte d'Azur kannst du dich beim Wandern entspannen und Tiere beobachten.

SVETLANASF/SHUTTERSTOCK ©

Vielle Ville (S. 57), Nizza

Wochenende

- Nimm **Nizza** als Basis (S. 54) und lass die Stadt bei einem langen Brunch im **Marinette** (S. 61) auf dich wirken. Schlendere dann durch **Vieux Nice** (S. 57).
- Fahr mit dem Bus ums Kap zum charmanten Fischerdorf **Villefranche-sur-Mer** (S. 68) und spaziere durch die Gassen hinunter zur schimmernden Bucht.
- Zurück nach Nizza zum ***apéro*** (S. 58, 62), dann ein Abendessen in einem der Restaurants, die die **Niçoise cuisine** (S. 60) neu interpretieren.
- Fahr nach einem Morgenspaziergang auf der Prom mit dem Zug ins zweitkleinste Land der Welt, nach **Monaco** (S. 92).

Beste Reisezeit

Die Winter an der Côte d'Azur sind sonnig und mild, in der Sommerhitze erfrischt die Meeresbrise.

JANUAR

Die Route du Mimosa bei Mandelieu-La-Napoule erblüht. Nur eine Stunde von Cannes entfernt herrscht Ski-Hochsaison.

FEBRUAR

Ein Winterfestival jagt das andere, darunter **Carnaval de Nice** und **Fête du Citron** (S. 70) in Menton.

MAI

Im Mai ist viel los: Feiertage, **Filmfestspiele von Cannes** und der **Große Preis von Monaco.**

VON LINKS NACH RECHTS: MARINA VN/SHUTTERSTOCK ©, MICHELLE SILKE/SHUTTERSTOCK ©, FEATUREFLASH/SHUTTERSTOCK ©

Fünf Tage

- Gönn dir in Nizza ein **Frühstück** (S. 60) und erfahre mehr über den Status der Stadt als **UNESCO-Weltkulturerbe** (S. 54).

- Wenn du ein paar Tage Zeit hast, kannst du nach **Menton** (S. 70) fahren, in die Stadt der Zitronen an der Grenze zu Italien. Oder du wanderst rund um **Ste-Agnès** (S. 72), das höchstgelegene Küstendorf in Europa und besuchst dabei weitere hübsche **Bergdörfer** (S. 73).

- Steh früh auf, um mit dem **Train des Merveilles** (S. 74) einen Tagesausflug an die alpine Côte d'Azur zu unternehmen. Mit dem Zug kommst du auch schnell ins glamouröse **Cannes** (S. 77) und ins kunstvolle **Antibes** (S. 86).

Länger als eine Woche

- Nach ein paar Tagen in Nizza und Monaco geht's nach Cannes, wo Hollywoodstars vor dem berühmten **Palais des Festivals et des Congrès** (S. 77) ihre Handabdrücke hinterlassen haben.

- Nimm die Fähre für einen Tagesausflug zur **Île Ste-Marguerite** (S. 80), einer nach Pinien duftenden Oase vor der Küste.

- Begib dich mit frisch zubereiteten *fleurs de courgettes* vom **Marché Forville** (S. 81) auf **Picassos** Spuren (S. 87).

- Häng noch ein oder zwei Nächte in der Parfümstadt **Grasse** (S. 88) an, vor deren Toren die **Gorges du Loup** (S. 90) liegt.

JUNI

Sommersonnenwende mit Stil: **La Fête de la Musique** wird in ganz Frankreich gefeiert, aber besonders in Nizza.

JULI

An jedem Wochenende ist draußen etwas los: Feuerwerk, Musik, Kino. Die Region ist proppenvoll.

SEPTEMBER

Die letzten Sommertage sind traumhaft zum Wandern und Radeln im Hinterland.

DEZEMBER

Erste Schneeflocken und Glühwein auf Weihnachtsmärkten, vor allem in Nizza, Antibes und Monaco.

Nizza

UNTERWEGS VOR ORT

Vergiss das Auto in Nizza. Im Zentrum ist das Autofahren zunehmend frustrierend und unberechenbar. Die Hauptsehenswürdigkeiten kannst du zu Fuß entdecken. Die Fahrscheine für Straßenbahn und Bus von Ligne d'Azur sind papierlos (1,70 € einfache Fahrt). Man muss zuerst für 2 € eine Transportkarte, La Carte, an einem Automaten oder Schalter kaufen. Der Bahnhof Nice St-Augustin am Flughafen wird zum Drehkreuz, ist aber noch im Aufbau, Busabfahrtszeiten lieber doppelt kontrollieren.

TOP TIPP

Wenn du mit wenig Gepäck am Flughafen ankommst, solltest du die 6 km bis zum Zentrum über die Promenade des Anglais zu Fuß gehen. Die breite Strandpromenade ist eine tolle Einführung in Nizzas sonnigen Lebensstil. Es gibt auch einen Radweg – besorge dir am besten am Flughafen ein Leih-E-Bike.

In den letzten zehn Jahren wurde Nizza, die Hauptstadt der Côte d'Azur, umgestaltet, hat ein intelligentes Straßenbahnnetz erhalten, der städtische Raum wurde aufgewertet und neue Hotels gebaut – und die Veränderungen scheinen im selben Tempo weiterzugehen. Wundere dich also nicht, wenn einige vertraute Gebäude von deinem letzten Besuch jetzt wegen Renovierung geschlossen sind oder sogar abgerissen wurden – in Frankreichs fünftgrößter Stadt weicht der Beton dem Grün.

„Winterurlaubsstadt an der Riviera" – der Status als UNESCO-Weltkulturerbe verleiht Nizza neues Renommee und neuen Schwung. Sie lebt nicht mehr allein vom Image ihrer Strände, Palmen und Sonne. Eine spannende Foodszene setzt auf lokale Produkte und traditionelle Küche, es gibt coole Weinbars und Boutiquen in trendigen Vierteln wie Port und Libération. Bei einem Besuch heute erkennt man, dass Nizza endlich auf dem Weg ist, seinem Spitznamen alle Ehre zu machen: Nizza la Bella.

Nizzas Geschichte

Ein UNESCO-Weltkulturerbe

Bevor die Côte d'Azur zum Sommerurlaubsziel wurde, fanden es König:innen, Politiker:innen, Aristokrat:innen und Künstler:innen aus England, Nordeuropa und Russland chic, dort zu überwintern. Das reiche Vermächtnis dieser winterlichen Hochsaison (1760–1940) zeigt sich immer noch an gut 800 Gebäuden der Stadt. Heute gehört Nizza als Winterurlaubsstadt an der Riviera zum UNESCO-Weltkulturerbe. Um dieses Erbe zu erkunden, ist die **Mission Nice Patrimoine Mondial** mit ihren großen Informationsschildern am Eingang zum Vieux Nice ein perfekter Ausgangspunkt. Die Tour des Centre du Patrimoine (When Nizza Invented the Riviera, 1,5 Std., engl.) führt von dort zu mehreren Sehenswürdigkeiten rund um die **Opéra de Nice** aus dem 19. Jh. Dein Guide hat auch die Schlüssel zu Les Ponchettes, einer Reihe von kleinen Geschäften und Lagerhäusern, die früher die Promenade von Nizza bildeten und heute für die Öffentlichkeit geschlossen sind.

HIGHLIGHTS
1 Castel Plage
2 Colline du Château
3 MAMAC
4 Musée Massena
5 Musée National Marc Chagall
6 Opéra de Nice
7 Plage Publique de l'Opéra

AKTIVITÄTEN & TOUREN
8 La Boulisterie Club
9 Promenade des Anglais

ESSEN
10 21 Paysans
11 Banh Mei
12 Boulangerie roy Le Capitole
13 Chez Acchiardo
14 Chez Davia
15 Chez René Socca
16 Comme un Dimanche
17 D'Aqui
18 Fournil Zelienska
19 Gare Du Sud
20 La Maioun
21 La Merenda
22 La Réserve and Le Club Nautique de Nice
23 La Table Alziari
24 Le Safari
25 Marinette
26 Onice

AUSGEHEN & FEIERN
27 Babel Babel
28 Blast
29 La Civette du Cours
30 La Plage Amour
31 Le Café de Chineurs
32 Le Garibaldi
33 Rue Bonaparte
34 Seen by Olivier

SHOPPEN
35 Caves Caprioglio
36 Cours Saleya
37 Les Puces de Nice
38 Marché de la Libération
39 Nice Étoile

INFORMATION
40 Centre du Patrimoine
41 Mission Nice Patrimoine Mondial

TRANSPORT
42 Chemin de Fer de Provence

DER KNALL AM MITTAG

Der Kanonenschuss um Mittag lässt die meisten Besucher:innen in Nizza beim ersten Mal zusammenzucken. Die laute Tradition wurde im 19. Jh. von dem überwinternden Briten Thomas Coventry eingeführt.

Die Kanone wurde inzwischen von einem kleinen farblosen Feuerwerkskörper ersetzt, der bei jedem Wetter in einem verschlossenen Innenhof beim jüdischen Friedhof auf dem **Colline du Château** abgeschossen wird – entweder von Philippe oder Kelly Arnello, Vater und Tochter sind ausgebildete Pyrotechniker.

Für die Stadtbewohner:innen ist der Knall das Signal für die Mittagspause. Es gibt nur einen Tag, an dem es nicht knallt: am 1. April.

Mit einer interaktiven Karte (patrimoinemondial.nice.fr) kann man die Stadt und ihre Sehenswürdigkeiten auf eigene Faust erkunden. Über Klicks auf die einzelnen Viertel erhält man Hintergrundinformationen. Details des Art déco und Verzierungen aus der Belle Époque finden sich fast in jeder Straße, gehören heute jedoch meist zu Privatwohnungen und können nur von außen bewundert werden. Ausnahmen bilden Restaurants wie das **La Réserve** und **Le Club Nautique de Nice** im Hafen. In stilvollem Ambiente bietet La Réserve feine Gerichte mit einer dementsprechenden Rechnung, im Le Club Nautique sind Speisekarte und Preise moderater. Beide liegen direkt am Wasser.

Villa Massena, in einem schattigen Garten nur eine Straße vom Strand entfernt, ist ein perfektes Beispiel für die Architektur der Ära. Heute befindet sich darin das **Musée Massena,** ein Museum zu Nizzas Geschichte. Der gesamte **Colline du Château** – früher mal Stadt und heute ein Waldstück zwischen Vieux Nice und Port Lympia – ist ebenfalls eine UNESCO-Sehenswürdigkeit. Steig die Treppe hoch (oder nimm den Aufzug) und genieß ein 360-Grad-Panorama von Stadt und Meer.

Kunst entdecken

Skulpturen am Meer

Die **Promenade des Anglais** (oder die Prom, wie die Einheimischen sie nennen), die sich vom Flughafen bis zum Hafen erstreckt, ist das pulsierende Herz der Stadt. Die Flaniermeile direkt oberhalb des Strands ist beliebt bei Spaziergänger:innen, Eltern mit Kinderwagen, Teenagern auf Rollerblades, Radler:innen, Jogger:innen und allen anderen. Sie ist auch eine Art Freilichtmuseum, es lohnt sich, die Statuen und Skulpturen unter den Palmen genau zu betrachten. Fang im Osten an, vor der Kurve nach Port Lympia, und zwar mit einem Selfie auf dem Kai Rauba Capeu bei der Installation **#ILoveNice.** Halte auf dem Weg nach Westen gegenüber der Opéra de Nice Ausschau nach einer **Kopie der Freiheitsstatue,** die hier gerade mal 1,3 m groß ist. Was folgt, ist nicht zu übersehen: eine Gruppe hoher Metallstäbe namens **9 Lignes Obliques,** die ebenso viele Kritiker hat wie Fans. Das nächste Kunstwerk, **La Chaise Bleue de SAB,** ist eine Hommage an die blauen Stühle auf der Prom. Die Holzstühle, die seit den 1950er-Jahren dort stehen, sind zu einem der Symbole für die Stadt geworden. Etwas weiter, gegenüber vom Palais de la Méditerranée, wurde 2022 das schlichte Monument **L'Ange de la Baie** errichtet, in Erinnerung an die 86 Opfer des Terrorattentats vom 14. Juli 2016.

KUNST IN NIZZA

Cimiez
In diesem hügeligen Ortsteil befinden sich das Musée Matisse und das Musée National Marc Chagall.

MAMAC
Europäische und amerikanische Avantgardekunst von den 1950er-Jahren bis heute. Eine Renovierung ist geplant.

Les Puces de Nice
An den Wänden dieses kleinen Antikmarkts am Hafen explodiert Street-Art geradezu.

VIEUX NICE ZU FUSS

Der abwechslungsreiche Spaziergang durch Nizzas charmante Altstadt beginnt vor der warmen, gelben Fassade von 1 **Nicolas Alziari,** einem lokalen Olivenproduzenten, dessen auffällige blaue Dosen auf den Tischen der Top-Restaurants der Region stehen. Die Straßen rund um die 2 **Opéra de Nice** aus dem 19. Jh. beherbergen einige Spezialitätenläden, in denen man lokale Souvenirs finden kann, darunter auch der niedliche Süßigkeitenladen 3 **Maison Auer,** in dem dieselbe Familie seit über 200 Jahren Schokolade herstellt. Weiter geht's geradeaus zum 4 **Cours Saleya,** dem lebendigen Corso der Stadt voller Restaurants, dem Markt für Obst, Gemüse und Blumen (Dienstag bis Sonntag) und einem Antiquitätenmarkt (Montag). Hier ließ sich Henri Matisse inspirieren, der von 1921 bis 1938 im 5 **Palais Caïs de Pierlas** am östlichen Ende sein Atelier hatte. Jetzt links abbiegen, um tief in die geschäftigen, labyrinthischen Gassen einzutauchen, vorbei am 6 **Centre du Patrimoine,** bei dessen Führungen man hinter die Kulissen der Stadt blickt. In der Rue Doite backt 7 **Chez Thérésa** seit 1925 *socca* (Kichererbsenpfannkuchen) im Holzofen (es gibt sie auch an einem Stand auf dem Markt Cours Saleya). Man merkt kaum den leichten Anstieg zum 8 **Palais Lascaris,** einem Herrenhaus aus dem 17. Jh. voller Fresken und einem wundervoll erhaltenen Beispiel barocker Architektur, das heute als Museum dient. An der nächsten Ecke wartet – etwas versteckt – eine Lektion in Geschichte. Die schwere 9 **Kanonenkugel** an der Wand wurde von den Türken bei der Belagerung Nizzas 1543 abgeschossen. Die Stadt konnte die Truppen abwehren, in der Lokalgeschichte wurde eine Waschfrau namens Catherine Ségurane zur Heldin. Nach einem kurzen Aufstieg findest du an der 10 **Place St-Augustin** eine Plakette ihr zu Ehren.

NIZZA: MORGENS, MITTAGS UND ABENDS

Die Autorin und Heilpraktikerin **Kalice Brun** aus Nizza beschreibt ihren perfekten Tag:

Morgens
Die beste Art, den Tag zu beginnen, ist ein Sprung ins Meer beim **Club Nautique de Nice.** Toller Blick über die Baie des Anges. Und mit Sprungturm.

Mittags
La Maioun an der Place Garibaldi und **La Table Alziari** in Vieux Nice bieten Hausmannskost, die mich an meine Kindheit erinnert.

Abends
Meist gehe ich für einen *apéro* in die Altstadt zu **Banh Mei,** einer super Adresse für Fusionsküche. Oder für ein intimes Dinner ins **Onice,** wo die neue Generation die mediterrane Küche und den Geschmack von Nizza neu interpretiert!

Die coolste Straße der Stadt

Bars, Restaurants und die queere Szene

Ein Gentrifizierungsprogramm von der Place Garibaldi bis zum Hafen hat aus der **Rue Bonaparte** Nizzas hippes LGBTQIA+-Viertel gemacht. Der erste Schritt der Veränderung war die Eröffnung von **Malabar Station** (Nr. 10), einer Gay Bar, in der jeder für einen Drink auf der Terrasse willkommen ist. Als dann aus dem Elektroladen daneben die **Comptoir Central Electrique** wurde, eine Bar im Bohemien-Stil mit kahlen Wänden und unterschiedlichen Stühlen, war der coole Stadtteil etabliert. Er erhielt schon bald den Spitznamen Petit Marais, nach dem berühmten Pariser Schwulenviertel. Ein Teil der Straße ist blau gestrichen wie der Castro District in San Francisco. Die Strecke zwischen Place Garibaldi und Place du Pin ist heute Fußgängerzone. Anlässlich der Sommersonnenwende (21. Juni) und der jährlichen **Fête de la Musique** gibt es ein ausgelassenes Straßenfest, das bis in die frühen Morgenstunden andauert. An den restlichen 364 Tagen ist die Atmosphäre immer freundlich und einladend.

Die unterschiedlichsten Leute brunchen im **Clay** (Nr. 3), genießen mediterranes Streetfood im **Kalōs** (Nr. 11), das den Geldbeutel schont, oder treffen sich mit Freunden bei netten

ÜBERNACHTEN IN NIZZA

Hostel Villa Saint Exupéry Beach
Schlafsäle und Einzelzimmer, eine riesige Bar und ein fröhlicher Partyvibe. **€**

Arome Hôtel
Das sichere, zentral gelegene Hotel eines franko-italienischen Paars ist bei alleinreisenden Frauen beliebt. **€€**

Hôtel St-Paul
Dieses kircheneigene Hotel gegenüber vom Hafendamm bietet die günstigsten Zimmer mit Meerblick. **€€**

Promenade des Anglais (S. 56)

Gerichten im **Café Paulette** (Nr. 15). Direkt um die Ecke, 5 rue Boyer, liegt **21 Paysans,** ein Delikatessenladen, der auf Lokales spezialisiert ist, wie z. B. den goldgelben Pastis de Nice.

Ein spannendes Viertel

Entdeckungstour

Gare Thiers war mal die inoffizielle Grenze für Tourist:innen und alles weiter nördlich war uninteressant. Heute jedoch bist du in Libé, wie die Coolen das Viertel Libération direkt oberhalb von Nizzas Hauptbahnhof nennen, sofort im Trubel. Der **Marché de la Libération** (Dienstag bis Sonntag) auf der Place du Général de Gaulle gilt schon lange als bester Markt der Stadt – weil er zu jeder Jahreszeit die Städter versorgt. **Gare du Sud,** der alte Bahnhof am Platz, wurde vor Kurzem zur mediterranen Markthalle umgewidmet. Hier findet man Fischhändler, Streetfood aus aller Welt und Boutiquen. Im **l'Altra Casa** gibt es den besten Aperol Spritz der Stadt und das **Kiosk Tintin** ist beliebt für sein leckeres *pan bagnat* (Salade Niçoise in einem Sandwich). Mit über einem Dutzend Bieren vom Fass ist der **Beer District** etwas für Hopfenfans wie auch das Bier aus Kichererbsen, das Markenzeichen der städtischen Brauerei **La Brasserie Artisanale de Nice.** Hinter

LGBTQIA+

Jameson Farn, der den LGBTQIA+-Reiseblog *Gay French Riviera* betreibt, kennt sich in Nizzas Szene aus. *gayfrenchriviera.com*

Die LGBTQIA+-Gemeinde an der Côte d'Azur wächst weiter, wobei Nizza als das Zentrum gilt. Das ganze Jahr über gibt es etwas zu sehen und zu erleben.

Im Sommer sind es die vielen Freiluftevents wie die **Dolly Parties** und **Pink Parade** (Pride).

Lou Queernaval findet im Winter parallel zum **Carnaval de Nice** statt.

Die Côte d'Azur bietet für jeden etwas: Outdooraktivitäten, internationales Business-Netzwerken, Luxusshopping oder auch Clubs, Saunas, Cabarets und Cruising-Bar ...

ÜBERNACHTEN IN NIZZA

Hôtel La Perouse
Dieses hübsche Hotel an der Colline du Château mit einem verborgenen Pool ist eines der besten in Nizza. **€€€**

Hôtel Amour
Megahippes Hotel in spannendem Boho-Schick mit der angesagtesten Hotelbar weit und breit. **€€€**

Le Negresco
Die Grande Dame unter Nizzas Hotels, jedes Zimmer ist ein Kunstwerk. Spa und Strandclub sind neu. **€€€**

dem Gare du Sud, vom Bahnhof der **Chemins des Fer de Provence,** startet der **Train de Pignes,** eine charmante Bahnlinie, die am Var entlang nach Digne-les-Bains führt.

ALS BOULE COOL WURDE

Boule (oder *pétanque,* wie es auch genannt wird) galt lange als Spiel für alte Männer. Doch das ist es nicht. Wenn du an einer Boule-Bahn *(boules court)* vorbeikommst, kannst du Leute aller Altersklassen beim typisch französischen Nachmittagsspiel beobachten.

Um im Dunkeln zu spielen – und festzustellen, wie cool Boule inzwischen ist –, plane einen Abend im **La Boulisterie Club** ein, einer Kneipe und Hallen-Boule-Bahn in einer luftigen, umgebauten Garage in der Rue Lascaris am Hafen. Hier gibt's auch die wichtigen Zutaten zum Spiel wie eiskalten Rosé aus der Provence und *panisse.*

Das Team der Kneipe steckt auch hinter einem beliebten Hipsterladen für Boule und Kleidung im Einkaufszentrum **Nice Étoile.**

Kulinarische Renaissance

Mehr als nur Salade Niçoise

Nizzas Streetfoodkultur basiert auf dem bunten Gemüse und den Hülsenfrüchten, die auf den kargen, trockenen Böden an der mediterranen Küste wachsen. In Art und Geschmack ist sie näher an Italien als an der Küche Nordfrankreichs mit ihren schweren Soßen. Die Schlange vorm **Chez René Socca** sieht man schon, bevor man überhaupt den Eingang entdeckt: Diese günstige und fröhliche Institution in Vieux Nice ist ein klassischer Straßenimbiss in Nizza. Der neue Laden **D'Aqui** am Hafen hat sich mit kleinen *barbajuans* (frittierte Ravioli und monegassisches Nationalgericht) zum Mitnehmen oder zum Direktverzehr einen Namen gemacht. Wenn du am Eingang eines Restaurants den stolzen Cuisine-Nissarde-Aufkleber entdeckst, kannst du sicher sein, dass du traditionelle Küche bekommst: Zu den ewigen Lieblingen gehören das **Chez Acchiardo** und das **Safari** in Vieux Nice und das **Lou Balico** knapp außerhalb.

Neben den traditionellen Adressen gibt es eine junge Generation von Trendköch:innen, die die lokalen Gerichte neu variieren und aufwerten. Gegenüber vom Strand Les Ponchettes streut **Babel Babel** hausgemachten Za'atar als raffiniertes Detail über *panisse* und serviert sie als glutenfreie Alternative zu Pommes frites. Um einen der 24 Plätze im rustikalen **La Merenda** zu erwischen, wo eine langsam gegarte *daube* (Rinderragout) mit knuspriger und doch cremiger *panisse* serviert wird, musst du vorher über ihre Social-Media-Seiten reservieren. Man muss auch reservieren, um die tollen Interpretationen von Pierre Altobelli von Klassikern wie *soupe au pistou,* Salade Niçoise und Ratatouille im gemütlichen Bistro **Chez Davia** zu genießen.

Die beste Mahlzeit des Tages

Frühstück und Brunch

In Nizza entwickelt sich eine spannende Frühstücksszene: Bäcker bringen Qualität und ungewöhnliche Zutaten in unscheinbare Viertelbäckereien, um die Klassiker Baguette und Croissant aufzupeppen. In der **Boulangerie Roy le Capitole** braucht Frederic Roy drei Tage, um seine reinen Buttercroissants zuzubereiten, aber sein handgemachtes Gebäck kostet keinen Cent mehr als in anderen Bäckereien. Er ist auch der

EINKAUFEN IN NIZZA

Avenue Jean Médécin
Nizzas Einkaufsstraße für klassische Lieblingsstücke. Besuche auch das Einkaufscenter Nice Étoile.

Carré d'Or
Nizzas Modefans pilgern in diese schicke Gegend, wo kleine Boutiquen Markenware aus Paris anbieten.

Vieux Nice
Zwischen Magneten und Schlüsselanhängern findest du auch einzigartige, handgemachte Schätze.

Seeigel, Restaurant Babel Babel

einzige Bäcker in Frankreich (soweit er weiß), der zarte Lavendel-Croissants backt – du musst früh kommen, denn sie sind schnell ausverkauft. In Vieux Nice bringt die frühere polnische Historikerin und jetzige Bäckerin Domenika Zelienska in ihrem Laden **Fournil Zelienska** lang vergessene lokale Aromen zurück wie die *pétanielle noire de Nice*. Ihre Tartines sind nicht nur ideal für ein Frühstück am Strand, sondern ihre Brote sind, wie sie sagt, auch besser für die Verdauung und die Umwelt.

Und auch die Brunchlokale müssen sich nicht verstecken: In der megacoolen Rue Lascaris am Hafen haben die Besitzer von **Comme un Dimanche** Kulinarisches aus ihren drei Jahren in Down Under mit nach Hause gebracht und servieren jetzt australische Leckereien wie Avocadotoast und Bacon-and-Eggs-Brötchen, aber mit französischem Touch. Die Brunch-Speisekarte empfiehlt zwei bis drei Gerichte pro Person, aber sie können ganz schön satt machen, beginn also mit einem und sieh dann weiter. Wenn du lieber etwas Süßes willst, bis 11 Uhr gibt's im **Marinette** nur Pfannkuchen, Müsli und Cookies. Die Gerichte, die fast zu schön zum Aufessen sind, genießt man auf einer hellen Dachterrasse, jenseits der Menge in Vieux Nice.

WÖRTERBUCH DER NIÇOISE CUISINE

Socca Ein dünner (glutenfreier und veganer) Pfannkuchen aus Kichererbsenmehl, frisch aus dem Holzofen.

Pan Bagnat Dieses im örtlichen Dialekt „nasse Brot" ist ein Nizzasalat-Sandwich.

Les Petits Farcis Typisches Gemüse der Region – Zucchini, Paprika, Zwiebeln –, gefüllt mit Fleisch.

Pissaladière Focaccia mit karamellisierten Zwiebeln und Anchovis.

Beignets de Fleurs de Courgettes Wer hätte gedacht, dass Zucchiniblüten im Teigmantel so gut schmecken?

Panisse Diese dickere Version der *socca* ist harte Konkurrenz für Pommes.

Tourte de Blette Sucrée Süßes Gebäck, gefüllt mit Mangold.

Merda de Can Grüne Gnocchi (auch auf Mangoldbasis), die überraschend lecker sind.

SCHWIMMEN IN NIZZA

Coco Beach
Verrat den Einheimischen nicht, dass wir diesen ruhigen Badeplatz an den Felsen hinterm Hafen entdeckt haben.

Castel Plage
Der älteste Privatstrand Nizzas ist queerfreundlich und kriegt die letzten Sonnenstrahlen des Tages ab.

Plage Publique de l'Opéra
Beliebter öffentlicher Kiesstrand. Spiele tagsüber Volleyball oder picknicke abends mit Freunden.

Happy Hour

Sundowner in der Stadt

Um 17 Uhr finden sich die Bewohner Nizzas in der Abendsonne auf der nächsten Terrasse zum *apéro* ein, wie der Aperitif vor dem Abendessen hier heißt. Diese Angewohnheit übernimmt man schnell. Auf beliebten Plätzen wie der Place Garibaldi ist immer viel los: Das wunderschöne altmodische Karussell und geschickt platzierte Tische machen das **Le Garibaldi** vor allem bei Familien beliebt. Um die Ecke, am Beginn der Rue Bonaparte, ziehen der Boho Vibe und die Tapas des **Le Café de Chineurs** hippe Gäste an. Am **Cours Saleya** in Vieux Nice kannst du bei eiskaltem Rosé oder Bier Leute beobachten, am besten in einem der vielen Cafés und Restaurants am östlichen Ende. Nimm Platz im **La Civette de Cours,** wenn du das klassisch französische Ambiente magst, oder im **Blast,** wenn du mehr Lust auf eine lebendige amerikanische Bar-Atmosphäre hast.

Für viele gibt es nichts Schöneres als einen Apéro am Strand. Der beste Weinladen, um dafür eine kühle Flasche zu kaufen, ist die **Caves Caprioglio.** Eine schickere und teurere Alternative für einen Drink sind im Sommer private Strände wie **La Plage Amour,** dort gibt es Party und Tanz bis in die Nacht hinein. Rooftop-Bars wie **Seen by Olivier** verlangen Spitzenpreise für die einzigartigen Cocktails mit Panoramablick auf Berge und Meer.

BESTE WEINBARS IN NIZZA

Rouge
Dieser heiße neue Laden in Port Lympia serviert stylische, moderne Tapas und dazu Bioweine direkt vom Erzeuger.

Cave de la Tour
Cooler Jazz aus den 1940er-Jahren als Soundtrack, eine Einrichtung, die sich seit damals kaum verändert hat, und Wein aus Nizza.

La Part des Anges
Eine der ersten Weinbars der Stadt und 2020 zur besten in Frankreich gewählt. Eine Schatzgrube für Natur- und Bioweine.

Fanfan & Loulou
Naturweine mit Käse und Wurstwaren aus der Auvergne in einem 1970er-Jahre-Retroladen.

La Civette de Cours

EIS ESSEN IN NIZZA

Fenocchio
Tolle Geschmacksrichtungen wie Tomate-Basilikum, Lavendel und Olive in Vieux Nice, Place Rossetti. €

Oui, Jelato
In Vieux Nice, bleibt für ein zweites Dessert lange geöffnet. Eiskekse sind eine doppelte Sünde. €

Arlequin Gelati
Kleine Eisdiele, gilt vielen als die beste der Stadt. Innovative Kombinationen. €

Feine Weine aus Nizza

Verborgene Weinberge

Zwischen den provenzalischen Villen im Westen Nizzas liegen neun kleine Weinberge, die den Bellet AOC bilden. Diese winzige Weinlage – bloß 50 ha Reben –, eine der kleinsten in Frankreich, ist auch die einzige in einer Stadt. Zwei der hier angebauten Rebsorten – Folle Noire und Braquet – wachsen nirgendwo sonst auf der Welt. Es gibt keine großen Weingüter wie anderswo und viele Weine haben eher einen „Vin de Garage"-Charakter. Wie die charmante **Domaine de la Source,** wo die Geschwister Eric und Carine Dalmasso im Hinterhof ihres Familienhauses Wein produzieren und im Schatten der Olivenbäume ausschenken. Die beiden größten Produzenten bieten einen spannenden Einblick in die Stadtgeschichte und eine umfassende Führung: **Château de Bellet** ist der älteste der Bellet-Weinberge. Die Führungen starten in einer kleinen privaten Kapelle, die die Barone von Bellet 1873 gebaut haben.

Am **Château de Crémat,** einer hoch aufragenden, terracottafarbenen pseudomittelalterlichen Festung von 1906, erfährt man, dass die Initialen, zwei ineinander verschlungene Cs, angeblich Coco Chanel inspiriert haben, die in den wilden Zwanzigern glamouröse Abende auf der Terrasse verbracht hat. Ob das stimmt oder nicht, es ist auf jeden Fall eine schöne Geschichte für die anderthalbstündige Tour. Das Anwesen wurde frisch renoviert und ist mit Museumsstücken aus Chanels privater Suite im Pariser Ritz eingerichtet. Die Führung endet mit einer Weinprobe, die auch die Weine der benachbarten **Domaine de Toasc** umfasst.

Werktagsrestaurants

Kulinarische Erlebnisse unter der Woche

Dass einige der beliebtesten Restaurants in Nizza nur von Montag bis Freitag geöffnet sind, ist wohl ein Beweis ihres Erfolgs. Daran solltest du denken, wenn du dir die kulinarischen Highlights normalerweise für samstags aufhebst. **Chez Acchiardo** und **Chez Palmyre** in Vieux Nice gehören zu diesen Werktagslokalen und sind beliebt wegen ihrer klassischen Bistro-Atmosphäre. Ein paar Straßen weiter liegt **Lavomatique,** ein recht neues Lokal, das schnell eine Fangemeinde gewonnen hat und köstliche Sharing Plates bietet, die traditionelle Kochregeln auf den Kopf stellen. Dazu gibt es Bioweine. Im Viertel Carré d'Or befindet sich **Le Canon,** ein unscheinbares Lokal, das regional kocht.

LIVEMUSIK IN NIZZA

Did Kwo ist Gitarrist und Songwriter aus Nizza, der in den Bars und Restaurants spielt. Hier seine Lieblingsläden für Livemusik in Nizza:

Wayne's Bar
In diesem spaßigen English Pub in Vieux Nice spielen Coverbands beliebte Partysongs, bis die Leute auf den Tischen tanzen.

Shapko
Ein toller Laden für spät nachts in Vieux Nice mit Jazz, Soul, R&B und Blues. Das Publikum ist altersgemischt.

La Cave Romagnan
Diese Weinbar beim Gare Thiers ist ideal für Jazz am frühen Samstagabend.

La Zommé
Ein Underground-Lokal in Libération mit einem bunten Programm. Auf ihren Social-Media-Seiten erfährst du, was läuft.

LIVESPORT IN NIZZA

Ma Nolan's
Wenn große Spiele anstehen, ist dieser quirlige Irish Pub mit zwei Lokalen in Vieux Nice und Port Lympia schnell voll. €

Van Diemen's
Diese entspannte australische Bar am Cours Saleya hat zwei Terrassen und elf Fernseher. €

Waka Bar
Weniger Bildschirme, aber eine unschlagbare Lage gegenüber dem Strand und bei Anpfiff Partystimmung. €

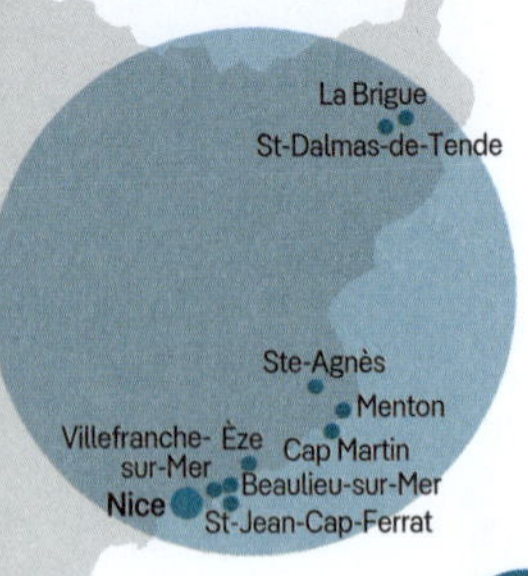

Rund um Nizza

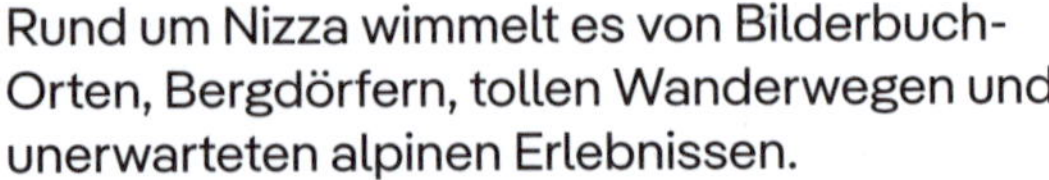

Rund um Nizza wimmelt es von Bilderbuch-Orten, Bergdörfern, tollen Wanderwegen und unerwarteten alpinen Erlebnissen.

Man muss nicht lange fahren, um die Großstadt weit hinter sich zu lassen. Schon in Villefranche-sur-Mer, einem hübschen Fischerdorf, das im Osten an Nizza klebt, verlangsamt sich das Tempo. Das Trio der Corniches, die beeindruckenden Küstenstraßen, führt auf unterschiedlichen Höhen von Nizza bis Monaco durch Belle-Époque-Küstenorte, vorbei an Bergdörfern und grünen Wanderwegen. Im italienisch anmutenden Menton, dem letzten Ort vor der Grenze, treffen sie wieder aufeinander. Auch das Hinterland von Nizza ist im Aufwind. Und die dramatische Voralpenlandschaft des Parc National du Mercantour inspiriert immer mehr Köche zu kulinarischen Höhenflügen.

UNTERWEGS VOR ORT

Wenn der Zug pünktlich fährt, ist die TER-Sud-Linie ab Nizza mit Stopps an der Küste die schnellste und bietet ein tolles Panorama entlang der Côte d'Azur. Der Zou!-Bus 607 nimmt dieselben Kurven an der Küste zwischen Nizza und Monaco, ist aber etwas langsamer. Beide können morgens und abends durch Pendler:innen übervoll sein.

Eine Buslinie verbindet St-Martin-Vésubie mit Nizza; für Küstendörfer wie Ste-Agnes ist Menton die Basis. Um die erhabene Berglandschaft an der Côte d'Azur zu erkunden, braucht man etwas Eigenes, ob Auto oder Fahrrad, bleibt dir überlassen.

Küstenwege und erhabene Weitblicke

Die drei Corniches durchwandern

Man kann die drei Corniches befahren oder sie zu Fuß erklimmen. Es gibt viele ausgeschilderte Wanderwege durch die Hügel hinter Villefranche-sur-Mer, Beaulieu-sur-Mer und Èze (die herausragende Website von **Randoxygène** und Hefte in den Touristeninformationen vor Ort bieten Routenvorschläge auf Französisch), als bester gilt der **Nietzsche-Pfad,** der Èze-bord-de-Mer und Èze Village verbindet. Er ist nach dem Philosophen Friedrich Nietzsche benannt, der dort beim Spazierengehen Inspiration für den dritten Teil von *Also sprach Zarathustra* fand. Du kannst den 2,1 km langen Weg von oben nach unten wandern, üblicherweise beginnt man jedoch an der Basse Corniche. Der gut ausgeschilder-

LENUSH/SHUTTERSTOCK ©

Èze Village (S. 66)

te felsige Weg windet sich durch mediterranes Gehölz von der Küste steil hinauf und man wähnt sich weit weg von der Zivilisation. Nach ungefähr einer Stunde erreichst du das mittelalterliche Dorf **Èze Village** auf der Moyenne Corniche. Die meisten stoppen hier, um dieses Juwel der Riviera zu besichtigen, und machen sich dann auf den Rückweg. Wenn du sportlich unterwegs bist, kannst du bis zum **Fort de la Revère** weiter hinaufsteigen. Die Festung von 1870 thront hoch über der Grande Corniche und ist ein toller Picknickort und Naturreservat. Der als **Fuont Roussa** ausgeschilderte Weg beginnt in der Av. de la Marne, 200 m hinter dem Eingang zur Parfümerie Fragonard. Der Aufstieg vorbei an duftenden Pinien und Wildblumen ist zwar steil, belohnt dich aber mit einigen der besten Aussichten an der Côte d'Azur. Nach ungefähr 30 Minuten erreichst du die Grand Corniche, nach weiteren 15 Minuten die Festung, je nachdem, wie oft du für Fotos stehen bleibst. Auf diesem Plateau kreuzen sich Dutzende Wanderwege, falls du noch Energie hast; folge ansonsten den Schildern nach unten.

FAHRRADCLUB

Für ernsthafte Radfans sind die Bergpässe hinter Nizza ein Muss. *Cafés vélos* – also Fahrradcafés – eröffnen gerade überall. Dort gibt es nicht nur Kaffee, sondern auch Kontakt zu anderen Radbegeisterten und organisierte Fahrten.

Das **Café du Cycliste** im Hafen ist das erste Fahrradcafé. Fahr bei einer wöchentlichen Gruppentour mit oder mach dich allein auf einen Weg, der im Café beginnt und ins Hinterland führt. Mit Straßenrad- und Gravelbike-Verleih.

In Vieux Nice organisiert **Service Course** Gruppenfahrten am Wochenende – sieh dir das Programm vorher auf der Website an. Die Samstagstour ist länger als die am Sonntag. Die Teilnahme mit eigenem Rad ist gratis. Man kann auch Straßenräder mieten.

TOP TIPP

Auf die Zeit achten: Restaurants haben mittags strikte Öffnungszeiten, meist von 12 bis 14.30 Uhr.

PICKNICK ENTLANG DER DREI CORNICHES

Jardin de l'Olivaie
Sogar im Hochsommer fühlt sich dieser schattige Olivenhain in Beaulieu-sur-Mer wie dein Privatgarten an.

Plateau de St-Michel
Komm früh, um im hoch gelegenen Villefranche-sur-Mer einen Picknicktisch mit Weitblick zu erwischen.

La Pinède
Eine ruhige Picknickecke unter Pinien in La Turbie, kurz vor Tête du Chien, mit tollem Panoramablick auf Monaco.

AUTOTOUR

Fahrt auf den drei Corniches

Die drei Corniches (Küstenstraßen) schmiegen sich an die Klippen zwischen Nizza und Monaco. Nach jeder Kurve bietet sich ein neuer grandioser Blick aufs Mittelmeer. Zum Glück gibt es viele Aussichtspunkte, an denen du halten kannst. Man kann die Strecke zwar ohne Stopp in weniger als einer Stunde fahren, aber dann würden einem die vielen Kleinode an der Côte d'Azur entgehen.

1 Mont Boron

Los geht's an Nizzas bewaldetem Ostrand, dem Parc Forestier de Mont Boron. Dieser Stadtwald ist bei Wanderfreudigen sehr beliebt. Halte beim Fort du Mont Alban aus dem 16. Jh. für einen Ausblick auf die Bucht von Villefranche-sur-Mer – ein Vorgeschmack auf die restliche Strecke.

Die Strecke: Diese recht ebenen 5 km der Basse Corniche führen nah an der Küste entlang. Fotostopp am Aussichtspunkt Mémorial Princesse Grace am Anfang von Villefranche-sur-Mer.

2 Villefranche-sur-Mer

Die Zitadelle Saint Elme von Villefranche-sur-Mer erhebt sich über dem Eingang des kleinen Hafens. Lass dich von den dicken Mauern nicht abschrecken: Drinnen liegt ein charmanter Skulpturengarten in der milden Mittelmeerbrise.

Die Strecke: Nach 1 km auf der unteren Straße links auf die Av. Leopold II abbiegen, eine schmale Straße, die sich zur Moyenne Corniche hinaufwindet. Genieß dann die 5 km lange Panoramastraße nach Èze.

Roquebrune-Cap-Martin (S. 67)

3 Èze Village

Parken kann hier schwierig sein, aber es lohnt sich absolut: Èze, das sich fast 500 m über dem Meer an die Felsen schmiegt, ist ein Kleinod an der Côte d'Azur. Die engen, mittelalterlichen Gassen führen alle zu einem Ort, dem Jardin Exotique d'Èze, einem heiteren Garten auf mehreren Ebenen, wo Kakteen in den Ruinen des alten Châteaus wachsen.

Die Strecke: Kurz hinter dem Dorf nach links auf die Route de la Turbie abbiegen, um noch weiter hinaufzukommen. Oben auf die Grande Corniche fahren und La Turbie erscheint hinter der ersten Kurve.

4 La Turbie

La Turbie liegt so hoch, dass oft eine Wolke das Dorf umhüllt. Bei klarem Wetter kann man vom Aussichtspunkt Tête du Chien drei Länder sehen: Frankreich, Monaco und Italien. Die Trophée d'Auguste, ein Siegesmonument für den römischen Kaiser Augustus, ist nicht zu übersehen. Noch besser: Die buttrigen Croissants in Ma Première Boulangerie gehören zu den besten der Region.

Die Strecke: Auf der Grande Corniche bleiben, die sich 5 km um Monaco windet.

5 Roquebrune-Cap-Martin

Der Anblick des komplett gläsernen Maybourne Riviera ist überwältigend. In der obersten Etage dieses protzigen Luxushotels, kurz vor der Abzweigung ins Dorf Roquebrune, befindet sich Ceto, der mediterran-inspirierte Tempel des berühmten Chefkochs Mauro Colagreco. Genieß Fisch aus einer Salzfelsenhöhle und einen Wein, der unter Wasser gereift ist. Auf der Terrasse hat man das Gefühl, ins Meer zu fallen.

DARUM LIEBE ICH VILLEFRANCHE-SUR-MER

Als die Netflix-Erfolgsserie *Emily in Paris* in der zweiten Staffel an die Côte d'Azur kam, wurden viele Szenen, die in St-Tropez spielen, tatsächlich in Villefranche-sur-Mer gedreht.

Für Einheimische wie mich bestätigte es nur, was wir schon wussten: Unser buntes Küstendorf überstrahlt seine glamourösen Nachbarn.

Die natürliche Schönheit der tiefen Bucht und die pastellfarbenen Gebäude, die kaskadenförmig zum Meer abfallen, ergeben eine der klassischen Szenen der Côte d'Azur. Aber die Atmosphäre ist lockerer, kein Jetset, kein glitzerndes Nachtleben, keine Designerläden, an der Theke und in den Läden nur Einheimische, die inzwischen Freunde sind.

Hübsche Gassen und entspanntes Leben

Unterwegs in Villefranche-sur-Mer

Das bezaubernde Villefranche-sur-Mer beginnt am östlichen Rand von Nizza, ist aber vom Trubel der Großstadt weit entfernt. Hier herrscht Dorfleben, die Einheimischen tauschen mittwochs und samstags auf dem Markt Neuigkeiten aus oder spielen im Schatten der hohen Mauern der **Citadelle Ste-Elme** aus dem 16. Jh. Pétanque. In der Fußgängerzone der Altstadt von Villefranche wirst du zum Flaneur, der völlig entspannt schlendert. Beginne in der Rue Volti und Rue Baronde Brès. Hier haben die Anwohner:innen ihre pastellfarbenen Fassaden zu hübschen Straßengärten gemacht – eine Fotokulisse für Social Media. Treppen, die hinunter ans Meer führen, rahmen den Blick aufs glitzernde Wasser. Die Rue de Poilu direkt davor ist voller Restaurants und kleiner, nach Lavendel duftender Läden, die fließende Kleider und Strohhüte verkaufen. Eine Straße weiter befindet sich die **Rue Obscure,** eine 130 m lange überdachte Gasse, die einen düsteren Blick in die mittelalterliche Vergangenheit des Dorfs gewährt. Zur Mittagspause geht's an den Kai: Die glatten weißen Tischdecken bei **La Mère Germaine** stehen für ein klassisches, edles Essen (zu entsprechenden Preisen). Einheimische ziehen **Lou Bantry** mit Cuisine Niçoise vor. Jean Cocteaus originelle Pinselstriche bedecken die Wände und Decken der **Chapelle St-Pierre** und erzählen von Villefranches Fischertradition – ein Muss! Die Rooftop-Bar **Achill's** nebenan zieht nachts die coolen Leute an.

Wer wird Milliardär?

Märchenvilla mit verzaubertem Garten

Zwischen den Buchten von Villefranche-sur-Mer und Beaulieu-sur-Mer ragt **St-Jean-Cap-Ferrat** ins Meer und seine Alleen bieten den perfekten Schutz für die luxuriösen Anwesen. Hohe Wände und verschlossene Tore verbergen die meisten der Multimillionen-Villen. Doch einer der größten architektonischen Schätze der Halbinsel, die **Villa Ephrussi de Rothschild,** ist auch eine der schönsten Sehenswürdigkeiten an der gesamten Küste. Betritt man die verschnörkelte, rosa-weiße Belle-Époque-Villa, die für die Baroness Béatrice Ephrussi de Rothschild erbaut und 1912 vollendet wurde, wird man in eine Zeit versetzt, zu der Louis-seize-Möbel und Fragonard-Gemälde in Mode waren. Plane viel Zeit für die neun Themengärten ein, die sich um die Villa ausbreiten, eine zauberhafte Landschaft mit geschwungenen Steintreppen, Rosen

ESSEN UND SCHLAFEN IN VILLEFRANCHE-SUR-MER

La Regence
Günstiges Hotel im Stadtzentrum mit netten Zimmern im provenzalischen Stil und familiärem Flair. €

Hôtel de la Darse
Schlichtes, aber schickes Zwei-Sterne-Hotel am Wasser im ruhigen Hafenviertel. Zimmer mit Meerblick. €€

Le Serre
Dieses Restaurant unter Bogengängen abseits der Touristenpfade in der Altstadt hat tolle Pizzas. €

bewachsenen Pergolen und sogar einem Musikbrunnen. Der Blick aufs Meer ist von jeder Stelle atemberaubend.

Belle Époque in Beaulieu-sur-Mer

Ein aristokratisches Herrenhaus

Beaulieu-sur-Mer mit seinen prachtvollen Häusern aus der Jahrhundertwende, inklusive rosiger Engelchen und anderer Verzierungen, ist heute bei reichen Ausländern noch genauso beliebt wie Ende des 19. Jhs., als adelige Russ:innen und Brit:innen unter der milden Riviera-Sonne überwinterten. Man sieht sie beim Kaffee oder Champagner trinkend in den Cafés rund um die **Place du Général de Gaulle.** Im nahen **Office du Tourisme** gibt es einen Stadtplan von Beaulieu in der Belle Époque, mit dem du allein die Architektur der Ära entdecken kannst. In Zukunft soll es auch eine Führung geben. Es gibt mehr als ein Dutzend Stationen. Manche, wie die **Résidence Eiffel** (erbaut in den 1880ern, bis 1977 im Besitz der Familie von Gustave Eiffel), sind luxuriöse Privatresidenzen, die man nur von außen bewundern kann. Andere sind Staatseigentum und fürs Publikum geöffnet. In der **Villa Kérylos** an der Baie des Fourmis taucht man in die Antike ein,

ANASTASIA KRUTIKOVA/SHUTTERSTOCK ©

Villa Ephrussi de Rothschild (S. 68)

FOODTRUCKS UND STRANDSTÄNDE

Diese lockeren Freiluftimbisse mit tollem Blick und vernünftigen Preisen bieten kulinarische Highlights. Nur im Sommer geöffnet.

La Voile Bleue
Ein einfacher Stand am Strand in Villefranche-sur-Mer mit einem der besten *pan bagnat* an der Küste. Dazu eiskalter Rosé. **€**

Le Cabanon
Zwischen all den Villen steht dieser schlichte Kiosk mit Strand-Vibes direkt am Küstenweg in St-Jean-Cap-Ferrat. **€**

Food'eze
Hoch auf der Moyenne Corniche vor Èze parkt dieser Foodtruck, dessen Spezialität Hamburger und ein sensationeller Meerblick sind. Nebenan parken. **€**

ESSEN IN BEAULIEU-SUR-MER

Rotisserie Sandwicherie
Winziger Imbiss, wo Grillhähnchenstücke mit Bratkartoffeln in ein Baguette gepackt werden. **€**

La Maison de la Sauce by Pignatelle
Hier geht's um frische Zutaten und leckere Soßen. Tolle Terrasse. **€€**

Tennis Club
Das Clubrestaurant erlaubt auch Nichtmitglieder. Geniale Salate, Pasta und Fleischgerichte zu super Preisen. **€**

DAS MEER SEHEN

Es gibt Unmengen von Bootsverleihern und Touranbietern hinter Nizza, aber nur mit einem kann man in der Replik eines hölzernen mediterranen Handelsschiffs bis zu 35 km vor der Küste segeln – und gleichzeitig dabei helfen, das Meer zu schützen.

Seit über dreißig Jahren kämpft die lokale Organisation **SOS Grand Bleu** für den Schutz von Delfinen und Walen im Mittelmeer. 2005 haben sie die 23 m lange Segeljacht *Santo Sospir* erworben. Für 65 € pro Person kann man auf dem wunderschönen Schiff einen Tagesausflug mit einer Gruppe machen (maximal 20 Passagiere) und nach den majestätischen Tieren Ausschau halten.

Pack dein Picknick, Sonnenbrille und -creme, Hut und Badekleidung ein. April bis November.

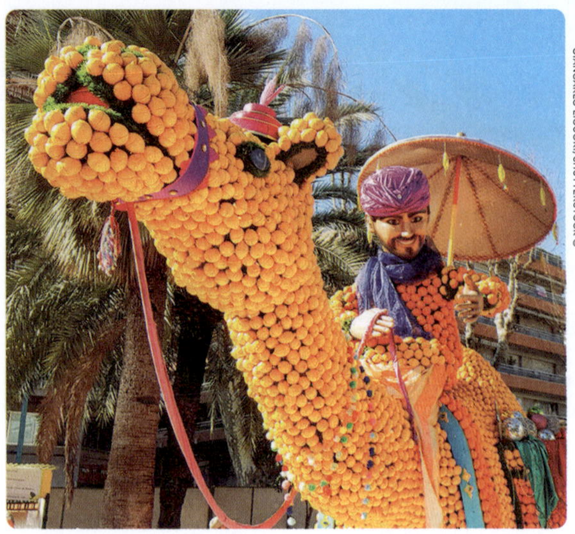

Fête du Citron, Menton

sie ist ein genauer Nachbau eines griechischen Anwesens aus dem 2. Jh. v. Chr. voller Mosaiken. In der Nähe liegen auch **La Rotonde** und das **Casino de Beaulieu,** beide weiß und voller Verzierungen. Schau dir zum Abschluss die goldglänzende Gordon Bennett Bar im Fünf-Sterne-Hotel **La Réserve de Beaulieu** an, wo Gäste wie Walt Disney und Clark Gable mit einem Wasserflugzeug anreisten.

Die Stadt der Zitronen

Zitrusfrüchte in Menton

Das Mikroklima in **Menton,** wo die Berge aufs Meer treffen, ist etwas Besonderes: Diese letzte französische Ecke vor Italien ist der nördlichste Punkt der Welt, an dem noch Zitronen wachsen. Historisch waren sie eine Hauptsäule der städtischen Wirtschaft, doch aus verschiedenen Gründen hat die Produktion in den letzten Jahren nachgelassen. Zum Glück erfährt sie gerade eine Renaissance und die *Citron de Menton* wird wieder für ihr süßes Aroma und ihre beeindruckende Größe gefeiert. Während der jährlichen **Fête du Citron** im Februar leuchten die Straßen am Meer in allen Schattierungen von Gelb und Orange. Für die bunten Straßenparaden mit Wagen aus Zitronen und extravaganten Tänzer:innen braucht man ein Ticket, aber es kostet gar nichts, die gigan-

STRÄNDE RUND UM NIZZA

Baia Bella
Der erste CO_2-neutrale Privatstrand Frankreichs in Beaulieu-sur-Mer. Solarpaneele und Wasserrecycling.

Plage Paloma
Dieser legendäre Privatstrand in St-Jean-Cap-Ferrat ist filmreif und ein beliebtes Filmset.

La Réserve de Mala
Unter steilen Klippen verborgener Strand weit weg von den Menschenmassen. Dieses Privileg hat seinen Preis.

tischen Zitronenskulpturen im **Jardins Biovès** zu bewundern, die jedes Jahr ein anderes Thema haben. Nur während der zwei Wochen des Festivals ist **Casetta,** Mentons städtischer Garten, bei Führungen für das Publikum geöffnet. Reserviere Karten im **Office du Tourisme.**

Etwas informativer ist ein Besuch bei einem Zitronenbauern. Hoch oben hinter dem Friedhof öffnet **Maison Gannac** Frühaufstehern um 9 Uhr seine Türen für eine Führung durch ihre Gewächshäuser und Haine. Man erfährt von unterschiedlichen Arten von Zitronen, von fingerdünnen Limetten bis zur runzligen Bergamotte und bekommt sogar noch Tipps, wie sich die Pflanzen auch zu Hause wohlfühlen. Die einstündige Führung endet mit einer Verkostung. Ein Besuch auf **La Ferme des Citrons** muss vorher gebucht werden (entweder auf Instagram oder im Laden Au Pays du Citron, 22 rue St-Michel). Die Führung beginnt an einem zentralen Treffpunkt in Menton, wo ein Geländewagen wartet, um dich den kurzen, aber steilen Weg zum Bauernhof zu fahren. Nach einer einstündigen Führung durch Olivenhaine, unter Avocado- und natürlich Unmengen von Zitronenbäumen kannst du dich auf der sonnigen Terrasse mit schattigem Spielplatz und den schönsten Weitblicken über die Natur entspannen. Ein leckeres Picknick zum Mittag ist im Preis enthalten, eine Flasche lokales Bier mit Zitrone (La Mentounasc) und andere Getränke kosten allerdings extra. Die Führung gibt es auch auf Englisch.

Le Corbusiers Château

Außergewöhnliches Haus am Meer

Le Corbusier nannte es sein Château an der Côte d'Azur: eine 14 m^2 kleine Holzhütte am Meer in **Cap Martin. Le Cabanon,** heute UNESCO-Weltkulturerbe, ist das einzige Gebäude, das der Schweizer Architekt für sich selbst entworfen hat. Es wurde 1952 als sein Sommerhaus gebaut, direkt neben die **Villa E-1027,** die von seinen Freunden, der irischen Innenarchitektin Eileen Gray und dem rumänischen Architekten Jean Badovici, entworfen wurde. Die Villa von 1929 ist ein frühes Beispiel für modernistische Architektur. Mit Badovicis Tod 1956 begann ein turbulentes Kapitel in der Geschichte des Anwesens. Viele der extra entworfenen Einrichtungsgegenstände von Gray wurden herausgerissen und versteigert, um dann überall auf der Welt in Museen aufzutauchen. Heute steht die Villa unter Denkmalschutz. Sie wurde nach Grays Plänen sorgfältig restauriert, bis hin zur originalgetreuen Nachbildung der Türklinken. Das Ensemble vor Ort – inklusive **Étoile de Mer,** der benachbarten Bar von Thomas Rebutat mit ihren fünf Ferienwohnungen von Le Corbusier – heißt heute **Cap**

IN MAUROS MENTON ESSEN

Nach der Eröffnung des **Mirazur,** eines Drei-Sterne-Lokals bloß Schritte von der italienschen Grenze entfernt, hat der berühmte argentinische Koch Mauro Colagreco sein Reich stetig erweitert. Die gute Nachricht ist, dass man für sein Essen nicht mehr unbedingt ein Vermögen ausgeben muss.

Gegenüber dem Mirazur liegt **Casa Fuego,** mit argentinischem Grill und der beste Ort für ein Date an der Riviera. Am gerade aufgefrischten Strand Les Sablettes liegt **Pecora Negra,** seine familienfreundliche Pizzeria. Und in der Fußgängerzone, die parallel zur Küste verläuft, befindet sich seine **Biobäckerei Mitron,** wo seltene und vergessene Aromen zurück ins Backhaus kommen.

ESSEN IN MENTON

Ferdinand
Tolle Rumcocktails, Livemusik und eine klasse Atmosphäre, direkt gegenüber Les Sablettes. **€**

L'Endroit
Einheimische beteuern, es sei der beste Ort für entspannte Drinks und lange Abendessen; Livemusik an Wochenenden. **€**

Les Enfants Terribles
Trotz des Namens sind Kinder in diesem familienfreundlichen Fischrestaurant in Menton sehr willkommen. **€€**

MENTONS GÄRTEN

Menton gilt als grüne Lunge der Côte d'Azur und glänzt mit herausragenden Gärten.

Jardin Botanique et Exotique du Val Rahmeh
Über 1700 Spezies blühen direkt hinterm Strand in diesem 120 Jahre alten, terrassierten Garten, der für den britischen General Sir Percy Radcliffe entworfen wurde.

Jardin Serre de la Madone
Teiche, Pergolen und viele Statuen dekorieren diesen charmanten Garten an der Straße nach Gorbio. Der Anglo-Amerikaner Laurence Johnston begann 1924, hier Pflanzen zu setzen, die er auf seinen Weltreisen gesammelt hatte.

Jardin Fontana Rosa
Bunte Fliesen verleihen diesem spanisch anmutenden Garten, der Vincente Blasco-Ibañez gehörte, ein besonderes Flair. Nur mit Führung zu besichtigen.

Moderne. Täglich um 10 und 14 Uhr startet eine zweistündige Führung durch die vier Gebäude an einem Hangar am Bahnhof Gare Cap-Martin-Roquebrune. Komm 15 Minuten früher, um dir dort noch die informative Ausstellung anzusehen. Buche rechtzeitig und achte auf die Sprache für die Führung. Le Corbusier erlitt 1965 einen Herzinfarkt, als er vor den Felsen im Meer schwamm, und ist im mittelalterlichen Dorf **Roquebrune,** 300 m über seinem geliebten „Château", beerdigt.

Das höchste Dorf Europas

Mittelalterliches Ste-Agnès

Ste-Agnès klammert sich an eine Felswand 800 m über Menton, nennt sich das höchste Küstendorf Europas und gehört zu *Les Plus Beaux Villages*. Alle Straßen hierher sind schmal und kurvenreich, besonders wenn man von La Turbie über den Bergpass **La Col de La Madone de Gorbio** kommt, eine der legendären Radstrecken an der Küste. Zehn Minuten bergauf durch die hübschen Gassen des malerischen Dorfs und du stehst vor der ersten Siedlung. Vom Château aus dem 10. Jh. sind nur noch Ruinen übrig, aber eine Freiwilligenorganisation pflegt den Ort leidenschaftlich und hat hinter den Mauern einen kleinen, aber bunten, mittelalterlichen Garten angelegt. Handgeschriebene Schilder führen durch Reben, Kräuter und Wildblumen. Das Panorama ist überwältigend – die Sattelschlepper auf der vollen A8 sind nur noch winzige Punkte –, wer Höhenangst hat, fühlt sich hier vielleicht etwas unwohl, besonders oben auf der baufälligen Ruine mit dem 360-Grad-Rundblick. Ähnlich wie Èze, aber ohne Glanz und Menschenmassen – und genau das macht den Charme aus. Bemerkenswert ist die in den Fels gebaute militärische Festung der Maginot-Linie. Sie reicht bis weit unter das Dorf. Geführte Touren des **Fort de la Ligne Maginot** nur auf Französisch.

Auf die Gipfel

Wildtiere und Dörfer im Hinterland

Die Küste und das blaue Meer mögen im Rampenlicht stehen, aber die spektakuläre Bergregion im Landesinneren macht über 80 % der Alpes-Maritimes aus, des französischen Départements, in dem die Côte d'Azur liegt. Eine Stunde von Nizza entfernt und in 1000 m Höhe liegt **St-Martin-Vésubie,** das wegen der grünen Umgebung und den hübschen Holzchalets den Spitznamen La Suisse Niçoise trägt. 2020 traf der Sturm Alex das **Vallée de la Vésubie** und das **Vallée de la Roya,** Häuser und Brücken wurden weggespült, Menschen starben. Die Narben sind immer noch zu sehen, aber die Gemeinde zeigt

WANDERN RUND UM NIZZA

Promenade Maurice Rouvier
Ebener, asphaltierter Weg, 1,3 km lang, zwischen Beaulieu-sur-Mer und St-Jean-Cap-Ferrat; barrierefrei.

Sentier de Cap d'Ail
Ein beliebter, 5 km langer Weg von der Plage Marquet im Westen Monacos zur verborgenen Plage Mala.

Le Tour du Cap-Ferrat
Felsiger, 4,8 km langer Weg um Cap-Ferrat, führt an einem Leuchtturm, Buchten und dem Grand-Hôtel vorbei.

Gorbio

beim Wiederaufbau die typische Zähigkeit der Bergbewohner:innen. Im Dorfzentrum liegt **Vésubia Mountain Park,** ein Multimillionen-Indoorabenteuer- und Sportzentrum, in dem Kinder und Erwachsene an Wänden klettern, sich zum Canyoning bereit machen oder einen Abenteuerparcours auf dem Dach bewältigen können. Wenn du eine Pause brauchst, kannst du erforschen, ob es das Quellwasser der Vésubie ist, das das örtliche Bier der **Brasserie du Comté** so erfrischend macht: Das Schankhaus wurde nach dem Sturm komplett neu erbaut, es steht jetzt etwas außerhalb des Dorfs.

In den Sommermonaten gibt es Führungen und Bierproben, die direkt oder durch das **Office de Tourisme de St-Martin-Vésubie** gebucht werden können. Außerdem kann man in einem Laden vor Ort Bier und mehr kaufen, dort gibt es auch ein paar der beliebtesten Biere vom Fass. Das Dorf ist zudem ein guter Ausgangspunkt für verschiedene Wanderwege im **Parc National de Mercantour,** einem schönen Nationalpark, der sich über 679 km² von der Côte d'Azur bis in die Haute Provence erstreckt. Mit den freundlichen, englischsprachigen Guides vom **Bureau des Guides Vésubie Mercantour** entdeckst du die besten Bergpfade, um den majestätischen Gämsen und den pfeifenden Murmeltieren näherzukommen.

BERGDÖRFER

Gorbio ist ein klassisch schönes provenzalisches Bergdorf ohne Touristenbusse, aber mit einer 300 Jahre alten Ulme auf dem Hauptplatz.

Castillon
Das skurrile Künstlerdorf wurde nach Zerstörung durch ein Erdbeben und den Krieg in den 1950er-Jahren an einem anderen Ort komplett neu aufgebaut. Ein Kletterparadies.

Castellar
In diesem Bergdorf im italienischen Stil hinter Menton gibt's sonntagmorgens einen lokalen Markt. Eine Spezialität dort sind *barbajuans.*

Peillon
Das halbe Abenteuer ist der Weg nach Peillon auf einer gewundenen Bergstraße. Für ein Mittagessen im Auberge de la Madone vorher reservieren.

ESSEN RUND UM MENTON

Le Righi
Der Blick von der Terrasse hier ist vielleicht der beste aller Restaurants an der Côte d'Azur. €

l'harTmonie
Dieses Bistrot de pays in Castillon bietet Menschen mit Handicap Arbeit und kocht regional. €

Le Beauséjour
Ein Esszimmer wie aus einem französischen Country-Magazin, mit Blick auf Gorbios geliebte Ulme. €€

DIE TÄLER DER VÉSUBIE

Welche Vésubie-Wanderung soll's sein? **Guillaume Mathurin** vom Bureau des Guides Vésubie Mercantour (bureau-guides-vesubie-mercantour.fr) empfiehlt ein paar:

Salèse
Für sanfte Spaziergänge unter Lärchen, die zum Nachdenken und Entspannen einladen.

Boréon
Familienfreundlich bietet der majestätische Cougourde-Gipfel alles, von Erfrischung an einem Wildbach oder Alpensee bis zu den verrücktesten Klettertouren.

Madone de Fenestre
Einen Katzensprung von Italien entfernt führt dieser Wanderweg zu den Herrschern der Region: Gämsen, Steinböcken und Murmeltieren.

Gordolasque
Das Besondere ist hier die alpine Atmosphäre mit den vielen Gletscherseen. Es ist das Tor zum **Vallée des Merveilles** und seinen bronzezeitlichen Petroglyphen.

Zug der Wunder

Magische Fahrt durch die Alpen

Der reguläre Pendlerzug, der Nizza und die Bergorte im Vallée de Roya verbindet, heißt **Train des Merveilles,** und das aus gutem Grund. Die Bahnlinie verläuft bis zur italienischen Grenze und führt durch die tiefen Schluchten, Pinienwälder und vorbei an rauschenden Wasserfällen des Hinterlandes der Côte d'Azur. Die 1928 fertiggestellte Bahnstrecke verband einmal Nizza mit Italien, aber heute fahren die französischen Züge nur bis **Tende,** einem Dorf in 800 m Höhe im östlichsten Winkel Frankreichs (hier kann man auf Trenitalia umsteigen). Zu den Meisterleistungen der Ingenieurskunst, die diese Strecke möglich machen, gehören schwindelerregende Viadukte, viele Tunnel (darunter der zweitlängste des Landes) und Spiraltunnel. Von Juni bis September gibt es im Zug

ÜBERNACHTEN UND ESSEN IN DER VÉSUBIE

Le St Mart'
Diese Weinbar samt Bistro abseits des Hauptplatzes serviert alle Klassiker in Perfektion. €

Relais de Merveilles
Gemütliche Herberge mit Schlafsälen und Doppelzimmern am Beginn der Gordolasque (Ende April–Okt.). €

Pure Montagne
Dieses piekfeine neue Resort bringt etwas alpinen Glamour nach St-Martin-Vésubie und ist perfekt für Familien. €€€

ab 9.08 Uhr tolle Erläuterungen zu Route und Baugeschichte auf Französisch und Englisch ohne Zusatzkosten (im April und Oktober nur an Wochenenden). Man erreicht Tende um 11.30 Uhr, nachmittags fahren zwei Züge zurück nach Nizza. Zeit genug, um durch das Dorf zu spazieren, das in Form eines Amphitheaters am Berg klebt.

Die barocke Fassade des **Collégiale Notre-Dame de l'Assomption** ist weithin sichtbar. Man erreicht die Stiftskirche durch ein enges Straßengewirr. Schau dir auf jeden Fall das **Musée des Merveilles** gegenüber vom Bahnhof an, seine großen Schautafeln und Artefakte zeigen die Geschichte der prähistorischen Felsritzungen im Vallée des Merveilles. Weitere Haltestellen entlang der Strecke sind **Breil-sur-Roya** (mit einem tollen Transportmuseum), das **Ecomusée du Train des Merveilles, St-Dalmas-de-Tende** (der Ausgangspunkt für **Casterino** und das Vallée des Merveilles) und **La Brigue.**

TIMSAXON/GETTY IMAGES ©

Tende

DAS TAL DER WUNDER

Thibaud Duffey (carambaam@yahoo.fr) ist ein Bergführer aus Saorge, der regelmäßig Wanderungen in die Vallées des Merveilles und de Fontanalba leitet.

Hoch oben im **Parc National de Mercantour** gibt es zwei geheimnisvolle Gletschertäler mit vielen kristallklaren Seen und über 40 000 Felszeichnungen aus dem Neolithikum und der Bronzezeit. Von Ende Mai bis Anfang Oktober kann man von den Parkplätzen Les Mesches oder Casterino in zwei bis vier Stunden die Gravuren erreichen. Am besten schläft man vor Ort in den nahe gelegenen Schutzhütten **Merveilles** oder **Fontanalbe.** Nimm den Train des Merveilles (von Nizza) oder Bus 25 (von Menton) nach St-Dalmas-de-Tende, von wo Bus 23 nach Les Mesches und Casterino fährt (viermal täglich).

SKIFAHREN IN DER GEGEND

Auron
Viel alpiner Charme und eine lebendige Après-Ski-Szene nur anderthalb Stunden von Nizza entfernt.

Isola 2000
Gut: Tolle Abfahrten mit Blick aufs Mittelmeer vom Gipfel. Schlecht: einfallslose 1970er-Architektur.

Valberg
Das erste Skigebiet an der Côte d'Azur und beliebt für ein Skiwochenende von Nizza aus.

Vergessene Küche, wiederentdeckt

Rückkehr der Traditionen

Vor Jahrhunderten trieben die Hirtengemeinschaften aus dem hohen **Vallée de Roya** ihre Herden von Brigasque-Schafen im Herbst von den Bergen an die Küste und im Frühling wieder zurück auf die Bergwiesen. Durch diese Wanderwirtschaft entwickelte sich eine besondere Küche. Wegen ihrer farblosen Hauptzutaten Mehl, Kartoffeln, Lauch und Milchprodukte, wurde sie ***cucina bianca*** genannt, einfache Mahlzeiten, die die Schäfer und ihre Familien vor allem satt machen sollten. Die Wanderwirtschaft ist inzwischen ausgestorben, aber in der **Auberge St-Martin** in **La Brigue** kocht der Besitzer und Koch Patrick Teisseire die *cucina bianca* wieder.

Komm zum Mittagessen – oder bleib über Nacht in einem der neun einfachen und günstigen Zimmer – und koste Spezialitäten wie *sügeli*, eine muschelförmige Nudel, die auf der französischen Liste des immateriellen Kulturerbes steht, und *brousse*, einen scharfen Frischkäse vom Brigasque-Schaf. Teisseire bietet nach Voranmeldung auch Kochkurse an. Schau dir unbedingt auch die **Sanctuaire Notre-Dame-des-Fontaines** an, eine Kirche aus dem 15. Jh., die wegen der detaillierten Fresken, die im Inneren jeden Zentimeter bedecken, die Sixtinische Kapelle der Südalpen genannt wird. Die Kirche liegt 4 km von La Brigue entfernt.

Sanctuaire Notre-Dame-des-Fontaines

WEITERE HIGHLIGHTS IM HINTERLAND

Roure
In diesem Dorf im Hinterland erwartet man keinen hoch gelegenen botanischen Garten, aber das Arboretum Marcel Kroenlein ist einen Umweg wert. Bleib und iss danach in der Auberge Lo Robur.

Gorges du Cians
trägt wegen der tiefroten Felsen den Spitznamen Colorado Niçois, diese schwindelerregende Schlucht ist großartig für einen Autoausflug.

La Colmiane
Ein Paradies für alpine Sommeraktivitäten, wie die längste Zipline Frankreichs, eine Sommerrodelbahn, Klettersteige und Gleitschirmflüge.

Valdeblore
Hippe Pariser kommen in dieses verschlafene Mercantour-Dorf für lange Gourmetwochenenden in der Auberge de la Roche.

Cannes

In Cannes finden nicht nur jedes Jahr die Internationalen Filmfestspiele – das weltweit bekannteste Branchenevent – statt, der Veranstaltungskalender ist auch in der restlichen Zeit übervoll. Die Stadt präsentiert sich ständig im globalen Party-Outfit und drängt dabei lokale Traditionen und Besonderheiten in den Hintergrund.

Doch trotz des ersten Eindrucks – meist Superjachten, die sich in der Bucht drängeln, und Luxusautos, die in zweiter Reihe vor den Designerboutiquen auf der Croisette parken – hat Cannes eine unverändert provenzalische Seele, wovon die bunten Holzfischerboote im Hafen oder die ausgebackenen Zucchiniblüten auf dem Marché de Forville zeugen. Und da heute das gefeiert wird, was einen Ort einzigartig macht, leuchtet genau das umso heller und macht Cannes so unverwechselbar.

Festivalfieber

Der rote Teppich von Cannes

Jedes Jahr im Mai rollt Cannes beim **Festival de Cannes** den roten Teppich für Unmengen von Stars aus. Das **Palais des Festivals et des Congrès** am Hafen ist das Epizentrum. Filmfans bewerben sich schon Monate vorher auf festival-cannes.com darum, für die Kinos akkreditiert zu werden. Falls du bereit bist, stundenlang in Abendkleidung vor dem Palais zu warten, erwischst du vielleicht jemanden, der eine Kinokarte abgibt, weil er selbst nicht kann. Mit einem Schild, auf dem steht, was du sehen willst, hast du mehr Glück. Während des Festivals ist nach Sonnenuntergang jeder beim **Cinéma de la Plage** willkommen, dem Open-Air-Kino am Strand Macé. Meist werden Klassiker gezeigt, ab und zu mal eine Weltpremiere, und vielleicht sitzt du neben jemandem vom Film. Für gute Plätze früh kommen!

Aber auch im Rest des Jahres verblasst der Glanz kaum. Vor dem Palais des Festivals et des Congrès und am **Chemin des Étoiles** sind die Handabdrücke von über 400 Stars in Stahl verewigt. Termine für Führungen im Palais werden sechs Wochen vorher vom **Office du Tourisme** (das praktischerweise im Gebäude untergebracht ist) bekannt gegeben, je nach Veranstaltungsprogramm. Die anderthalbstündigen Führungen gewähren einen Blick hinter die Kulissen eines der legendärsten Orte des Kinos.

UNTERWEGS VOR ORT

Palm Bus A verbindet Cannes und Mandelieu-La-Napoule, mehrere Abfahrten pro Stunde; nach Vallauris fährt Bus 9. Die Zou!-Buslinien 663 und 664 fahren am Square Stephan Vahanian in Cannes ab und durch Mougins, allerdings musst du von der Bushaltestelle Qui Vend Bon bis zum Dorf noch 1 km laufen.

Mit dem Zug dauert es nur eine halbe Stunde von Cannes nach Grasse. Von Cannes nach Westen ist der Zug auch die beste Option für Antibes. Zur Gorges du Loup und darüber hinaus empfiehlt sich ein eigenes Auto.

TOP TIPP

Auf die Zeit achten: Restaurants haben mittags strikte Öffnungszeiten, meist von 12 bis 14.30 Uhr.

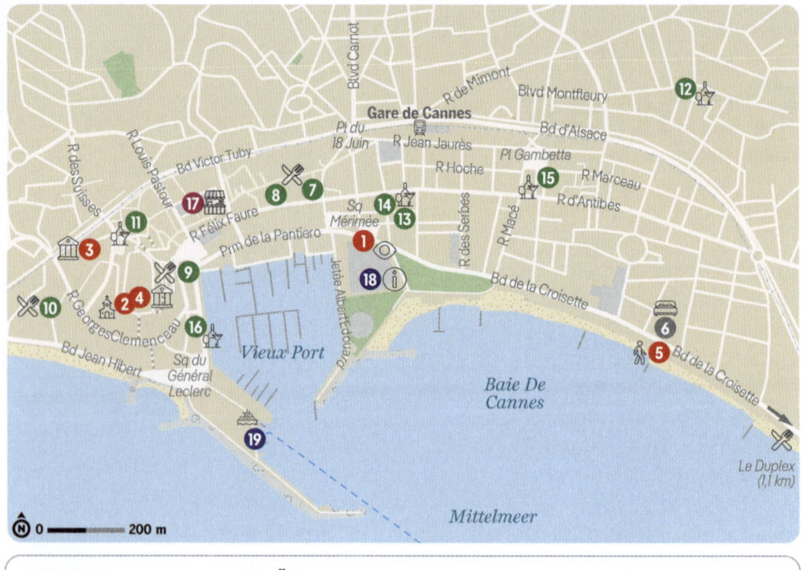

HIGHLIGHTS
1 Chemin des Étoiles
2 Église Notre-Dame de l'Esperance
3 Le Suquet des Artistes
4 Musée des Explorations du Monde

AKTIVITÄTEN & TOUREN
5 La Croisette (Privatstrände)

SCHLAFEN
6 Carlton Cannes

ESSEN
7 L'Ardoise
8 Le Pompom
9 Pizza Cresci
10 Restaurant Bella

AUSGEHEN & FEIERN
11 Charly's Wine Bar
12 Le Hive
13 Le Roof at Five Seas Hotel
14 Ma Nolan's
15 Morrison's Pub
16 The Quays

SHOPPEN
17 Marché de Forville

INFORMATION
18 Palais des Festivals et des Congrès

TRANSPORT
19 Quai Des Iles

Ein Dorf in der Stadt

Kunst und Aussichtspunkte

Le Suquet, Gipfel auf Provenzalisch, ist Cannes ältestes Viertel und mit seinem schläfrigen Charme sehr entspannt. Wenn man durch die ruhigen Straßen am westlichen Ende des Vieux Port schlendert, sind die Massen, die großen Namen und der Glamour von La Croisette weit weg, stattdessen findet man bunte Häuschen mit blumengeschmückten Balkonen und historische Sehenswürdigkeiten wie die mittelalterliche Burg der Mönche von der Îles de Lérins. Diese beherbergt heute das **Musée des Explorations du Monde** und Schätze aus der ganzen Welt. Vom Museum hast du einen atemberaubenden Blick

UNTERKÜNFTE IN CANNES

Hôtel de Provence
In dieser grünen Oase mitten in Cannes fängt der frühe Vogel den Wurm. Nimm Zimmer 12, 14 oder 15. **€€**

Hôtel Le Mistral
Die Freundlichkeit des Besitzers Jean-Michel und der Preis machen altmodisches Dekor wett. **€€**

Centre International de Séjour Îles de Lérins
Einfache Schlafsäle, aber die Kulisse ist toll im Fort Royal auf der Île Ste-Marguerite. **€**

WANDMALEREIEN AUF DER SPUR

Das erste Wandgemälde rechts vom Gare de Cannes, an der Place du 18 Juin, ist leicht zu finden. Es trägt den Namen 1 **Le 7ème Art** und ist der passende Start für eine Tour zu Wandbildern mit dem Thema, das die Französinnen und Franzosen die siebte Kunst nennen: dem Kino. Sieh dir die Figuren genauer an. Kommen sie dir bekannt vor? Das nächste Kunstwerk, an der linken Wand von 3 bd. Victor Tuby, ist weniger leicht zu finden. Der Weg über den Bd. de la Ferrage ist nicht der schönste und verläuft parallel zu einer der meistbefahrenen Straßen von Cannes, aber es gibt einen Fußweg, der genauso schnell hinab wie hinauf führt. Hier ist der draufgängerische 2 **Gérard Philipe** dargestellt, ein Schauspieler aus Cannes. 250 m weiter, an Hausnummer 29 derselben Straße, dreht 3 **Buster Keaton** an der Wand einen Film. Direkt daneben, 7 rue des Suisses, zeigt 4 **L'Envers du Décor** einen Blick hinter die Kulissen eines Filmsets. Der Panoramablick auf das Massif de l'Esterel ist von hier aus ebenfalls spektakulär. Den Verkehr lässt man hinter sich, wenn man Le Suquet betritt, die ruhige, fußgängerfreundliche Altstadt von Cannes. An der Place du Suquet, dem Hauptplatz des Viertels, fällt der Blick auf das 5 **Hôtel de la Plage,** das an den französichen Regisseur Jacques Tati erinnert, der so beliebte Filme wie *Die Ferien de Monsieur Hulot* gedreht hat. Das Trompe-l'oeil-Bild 6 **Le Barbarella** befindet sich an der westlichen Seitenwand des gegenüberliegenden Hauses. Von hier ist es nicht weit durch die von Restaurants gesäumten Rues du Suquet und St-Antoine zum meistfotografierten Wandbild an der Place Cornut-Gentille: dem 7 **Cinéma Cannes** mit vielen Hollywoodlegenden.

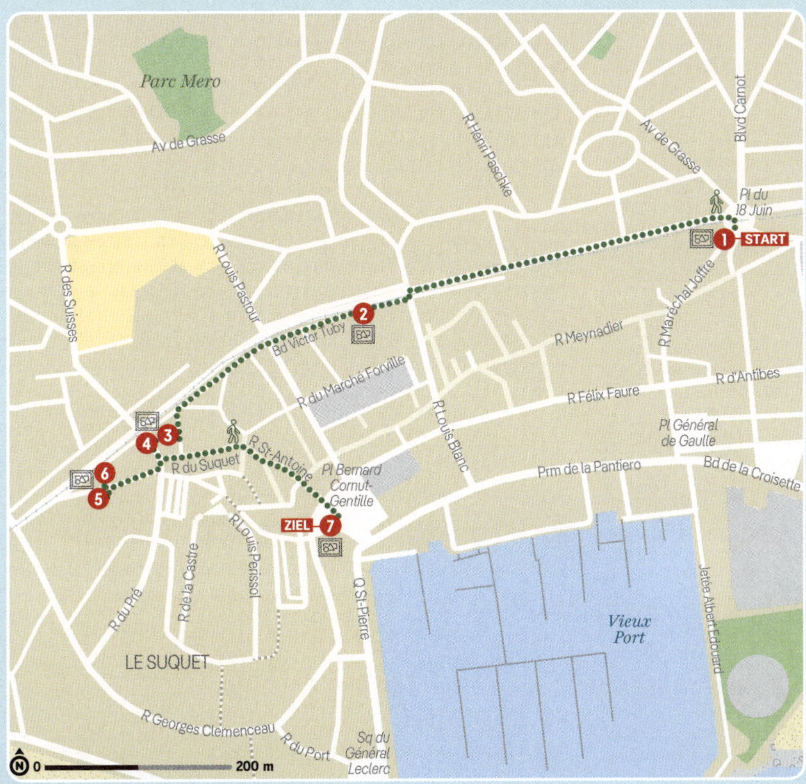

SANDPLATZ-LEGENDEN

Der Legende nach wurde Sandplatztennis in den 1880er-Jahren in Cannes erfunden, als die zweimaligen Wimbledon-Sieger, die Renshaw-Zwillinge, feststellten, dass Rasenplätze der Hitze der Côte d'Azur nicht gewachsen waren. Sie nahmen Terracottastaub von Töpfern aus dem nahen Vallauris und bedeckten den Platz mit diesem neuen Material.

Und schon gab es einen neuen Tennisplatzbelag. Das ist wohl nur eine nette Geschichte, aber fest steht, dass das Carlton Cannes, das kultige Belle-Époque-Hotel an der Croisette, 1926 auf diesem Boden das Spiel des Jahrhunderts ausrichtete: das zwischen Suzanne Lenglen (Fr) und Helen Wills (USA). (Zur Info: Lenglen gewann). Das feine Terrakottapulver befindet sich mit anderen Erinnerungsstücken an der Rezeption unter Glas.

auf die Bucht. Noch besser ist er aber von den Festungsmauern vor der **Église Notre-Dame de l'Esprance** aus dem 17. Jh. direkt um die Ecke. Am Fuß des Hügels befindet sich in einer niedrigen Halle, die früher einmal das städtische Leichenschauhaus war, **Le Suquet des Artistes.** Ein kleiner, aber avantgardistischer Ausstellungsraum, der lokale Künstler:innen präsentiert, vier der bekanntesten haben Ateliers vor Ort.

KUNST IN AKTION

Man kann auch in den Gassen von **Antibes** die Straßengravuren von Olivia Paroldi sehen, einer der Künstlerinnen aus Le Suquet des Artistes (S. 79).

Flucht auf die Inseln

Geschichte, Natur und heiliger Wein

Wenn man mitten in der Menschenmasse auf **La Croisette** steckt, kann man sich kaum vorstellen, dass es in Cannes einen Ort gibt, an dem die Hektik des Geschäftslebens von süßem Pinienduft und vom sanften Rauschen der Wellen verdrängt wird. Schau aufs Meer hinaus und du wirst zwei Inseln vor der Küste entdecken: die Îles de Lérins. Die größere, **Île Ste-Marguerite,** liegt näher an der Küste, die kleinere **Île St-Honorat** dahinter. Die Fähren brauchen ungefähr 20 Minuten und fahren am **Quai des Îles** am westlichen Ende des Hafens ab. Leider gibt es keine Fähre zwischen den Inseln. Will man beide besichtigen, ist eine Rückkehr nach Cannes nötig. Egal für welche du dich entscheidest: Badesachen und Sonnencreme sind super wichtig.

Auf beiden Inseln gibt es viele Wanderwege und verborgene Buchten zum Schwimmen, ansonsten sind sie sehr unterschiedlich. Die heitere Île St-Honorat ist im Privatbesitz einer Gemeinschaft von Mönchen. 25 arbeiten und beten jenseits neugieriger Blicke, und auch wenn große Teile der **Abbaye Notre-Dame de Lérins** aus dem 19. Jh. nicht fürs Publikum geöffnet sind, der Besuch der Kirche und die Teilnahme an der Messe sind erlaubt. Für den schattigen Rundweg unter Eukalyptusbäumen rund um die Insel braucht man ungefähr eine Stunde. Anders als auf der größeren Nachbarin gedeiht im Boden von St-Honorat Wein. Einmal im Monat kannst du bei einer kurzen Führung durch die Weinberge und der Probe zweier Weine erfahren, wieso. Tickets für diese **Journée Vignes-Vins** müssen im Voraus gebucht werden (cannes-ilesdelerins.com), die Rückfahrt mit der Fähre ist im Preis enthalten. Den heiligen Wein kannst du auch in La Tonnelle, dem einzigen Restaurant der Insel, kosten. Achtung: Das Strand-

ESSEN IN CANNES

Le Pompom
Täglich wechselnde Karte mit kreativen Gerichten. Bunte Zutaten und ansprechende Präsentation. **€€**

Pizza Cresci
Legendäres Lokal, wird für seine Holzofen-Pizzas geliebt, die über den Teller reichen. **€**

L'Ardoise
An Werktagen kommen Arbeiter:innen. Regionale Küche zu unschlagbaren Preisen. **€**

St-Honarat, Îles de Lerins

lokal verlangt Preise wie ein Sternelokal und man muss reservieren (drinnen gibt es auch eine Snackbar für Panini und Getränke zum Mitnehmen).

Im Vergleich dazu ist auf der Île Ste-Marguerite mehr los, und das nicht nur, weil sie zum **Fort Royal** aus dem 17. Jh. gehört, in dem der geheimnisvolle Mann mit der eisernen Maske auf Anweisung von König Ludwig XIV. eingesperrt war. Seine Zelle ist heute zu besichtigen, wenn man das **Musée du Masque de Fer et du Fort Royal** besucht, wo man auch etwas über die strategische Bedeutung der Insel erfährt. Am Wochenende kommen viele Familien und Gruppen aus Cannes, um zu picknicken und im flachen Wasser zu schwimmen. Die Wanderwege unter Zedern, die die 3,2 km lange Insel durchziehen, sind viel weniger besucht. Es gibt zwei überteuerte Restaurants und zwei Kioske, die Sandwiches und kühle Getränke verkaufen, und von dort startet man zum **Écomusée Sous-Marin de Cannes.**

UNTERWASSER-MUSEUM

In 3 bis 5 m Tiefe vor der Südküste der Île Ste-Marguerite befindet sich eine Unterwassergalerie mit Meeresbodenskulpturen von Jason de Caires Taylor.

Die sechs versunkenen Statuen des **Écomusée Sous-Marin de Cannes** sind 2 m hoch und zeigen Gesichter von Stadtbewohnern.

Der bekannte britische Unterwasserbildhauer hat ihre Profile aus pH-neutralem Unterwasserbeton geformt, einem rauen Material, auf dem sich marines Leben ansiedeln kann.

Die Kunst befindet sich zwischen 84 und 132 m vor der Küste und ist von der Insel gratis zu erreichen. Maske und Schnorchel mitbringen.

Einkaufen wie die Einheimischen

Die Markthalle von Cannes

Vergiss den Supermarkt und mach dich stattdessen auf den Weg zum **Marché Forville,** hinter Le Vieux Port. Cannes Markthalle, die dienstags bis sonntags von 7.30 bis 13 Uhr geöffnet ist, quillt über von saftigen Früchten, prallem Gemüse und Ständen, die Essen aus der ganzen Welt anbieten. Sai-

AUSGEHEN IN CANNES

Ma Nolan's
Nizzas beliebtester Irish Pub mit traditionellem Konzept auch in Cannes. Gute Laune und Pubsnacks.

The Quays
Dieser freundliche Irish Pub am Hafen ist eine Institution in Cannes, mit kaltem Bier, Happy Hours und Livesport.

Morrison's Pub
Rock dein Wochenende mit Livebands bis in den Morgen oder geh dienstags beim Open Mic auf die Bühne.

MEIN PERFEKTER TAG IN CANNES

Carolyn Paul
@Ablacarolyn ist eine Bloggerin aus Cannes. Hier ihre Lieblingsorte:

Frühstück im Le Duplex
Der Publikumsliebling gegenüber der Plage du Mouré Rouge hat einen entspannten kalifornischen Vibe. Genieß beim morgendlichen Kaffee und einem Müsli oder Croissant den Blick aufs Mittelmeer.

Mittagessen auf der Île St-Honorat
Eine Ruheoase, wo man sich an der wilden Schönheit berauschen kann. Direkt an der Anlegestelle liegt das einzige Restaurant der Insel – La Tonnelle, eine echte Institution in Cannes.

Abendessen im Restaurant Bella von Eyal Shani
Diese Dachterrasse ist eine der schönsten in Cannes. Gönn dir bei Sonnenuntergang einen Cocktail und mediterrane Gerichte aus regionalem Gemüse.

sonalität ist entscheidend, füll deinen Einkaufskorb je nach Jahreszeit mit roten Erdbeeren aus dem nahen Carros oder duftenden Trüffeln, die im benachbarten Var erschnüffelt wurden. Von März bis Ende Oktober kann man in der **Rotisserie du Marché** zusehen, wie Zucchiniblüten in Teig ausgebacken werden *(beignets des fleurs de courgettes)* – kauf sofort ein halbes Dutzend, denn frisch frittiert und noch warm und knusprig schmecken sie am besten. Bei **Soupe Poisson Forville** hat Alexandre Serre die Nobelküche (darunter Monacos Fünf-Sterne-Hôtel Hermitage) gegen einen Stand beim Carré des Pêcheurs getauscht und kocht schon vor Sonnenaufgang riesige Töpfe voller *soupe de poissons* (Fischeintopf; die *bouillabaisse* muss vorbestellt werden). Außen knusprig, innen cremig, *panisse* – entweder *au nature* (einfach) oder mit Aromen wie Trüffeln, Kräuter der Provence und grünen Oliven – sind die Spezialität bei **Socca'nnes.** Montags wimmelt es hier beim wöchentlichen Flohmarkt **Marché de Brocante** von Kuriositäten.

Cannes Greeters

Unterwegs in der Nachbarschaft

Nur 20 Minuten Fußweg östlich des Zentrums von Cannes liegt auf einem Hügel das Viertel **Californie,** eine der exklusivsten Adressen der Stadt, seit Mitte des 19. Jhs. die ersten prächtigen Villen gebaut wurden. Auf dem Weg vom Meer über die Av. de la Favorite hinauf gerät man ins Schwitzen. „Deswegen kommen die Einheimischen nicht hierher", scherzt Simone Revel, eine von Cannes Greeters. Du kannst allein durch Californie spazieren, aber ein Guide wie Revel kann mit Anekdoten aufwarten, die man nicht bei einer Googlesuche findet. Zum Beispiel, dass die prächtige **Villa Wenden** (heute Villa Le Rouve), erbaut für die Großherzogin Anastasia von Mecklenburg-Schwerin, eine Enkelin von Zar Nikolas I. von Russland, als erste in Cannes ans Stromnetz angeschlossen wurde. Oder dass Queen Victoria die **Chapelle St-Georges** in Erinnerung an ihren Sohn, den Duke of Albany, der 1884 mit 30 Jahren in Cannes starb, ausschließlich mit aus England importierten Materialien erbauen ließ. „Drinnen gibt es überhaupt nichts aus Frankreich", sagt Revel lachend. Das Greeter-Netzwerk – einheimische Freiwillige, die anderen ihre Stadt zeigen – existiert in ganz Frankreich. Revel ist eine von zehn in Cannes. Die zwei bis drei Stunden, die du mit deinem Greeter verbringst, eröffnen dir eine ganz neue Perspektive auf die Stadt – von wenig begangenen Naturpfaden am Stadtrand bis hin zur Croisette. Siehe: cannesgreeters.com.

AUSGEHEN IN CANNES

Charly's Wine Bar
In diese Weinbar in Le Suquet sollte man schick gekleidet gehen, es kommt vor, dass in der Bar getanzt wird.

Le Hive
In der unkonventionellen Nachbarschaftskneipe gibt es auch nerdige Spieleabende.

Le Roof at Five Seas Hotel
Die Zeit reicht nur für eine Dachterrasse in Cannes? Dann sollte es dieses Strandrestaurant mit Loungebar sein.

Rund um Cannes

Mach Cannes zum Sprungbrett für Ausflüge in Dörfer, die in einem Licht baden, das schon Generationen von Künstlern inspiriert hat.

Die Küstenstraßen aus Cannes führen entweder zum nach Mimosen duftenden Mandelieu-La Napoule, aus dem früher diese gelben Blumen in die entferntesten Ecken Europas exportiert wurden, oder nach Antibes und Juan-les-Pins, benachbarte Ferienorte, in denen im Sommer Jazz erklingt. Die Pinien bestandene Landschaft dieses Küstenabschnitts zieht seit Langem Künstler an, was in unglaublich schönen Dörfern wie Mougins, wo Picasso seine letzten Jahre verbrachte, sichtbar ist. Dahinter erhebt sich Grasse, dessen Blumenparfüms weltweit verkauft wurden, und die benachbarten Landschaften der Gorges du Loup und der Voralpen sind einfach fantastisch.

Ein Festival der Winterblüte

Mimosenblüte

Von Januar bis März versinkt die Strecke von Bormes-les-Mimosas im Var bis Grasse in duftenden, gelben Wolken der Mimosenblüten, einer Pflanze, die angeblich in den Koffern überwinternder Briten aus Australien an die Côte d'Azur gekommen ist. Die Route du Mimosa, eine 130 km lange Touristenroute, führt über Küstenstraßen und durchs Inland. **Mandelieu-La Napoule,** der Ferienort am westlichen Ende des Baie de Cannes, gilt als Hauptstadt der Mimosen. Zu den Events während der Blütezeit gehört im Februar die **Fête du Mimosa,** ein fünf Tage andauerndes Fest mit Blumenparaden, Abendveranstaltungen, Feuerwerk und Partystimmung.

MIT DEM RAD AUF DEN COL DE VENCE

Der olympische Sprinter und Personal Trainer **Marc Raquil** nimmt uns mit auf den Gipfel des Col de Vence, eine der klassischen und schönsten Radtouren an der Côte d'Azur. Die breite Straße schlängelt sich den Berg hinter Vence hoch. Hier ist der Ausblick großartig und Autos sieht man nur von Weitem.

Champions nutzen den Aufstieg als Training, der Rest von uns hat einfach Spaß.

Vom Brunnen mitten in Vence, der als inoffizieller Startpunkt dient, bis zum Schild auf dem Gipfel sind es 10 km. Der Streckenrekord beträgt 25 Min., Raquils Bestzeit sind 37 Min.

TOP TIPP

Örtliche Touristenbüros *(offices de tourisme)* lohnen einen Umweg, weil sie immer viele Aktivitäten im Angebot haben.

FAHRT DURCHS ESTÉREL-GEBIRGE

Diese Fahrt entlang der Corniche d'Or, der Goldküste, ist ein Klassiker der Côte d'Azur. Sie beginnt am 1 **Château de la Napoule,** einer mittelalterlichen Festung am Wasser, die zu einer fantastischen Villa inmitten von 6 ha gepflegten Gärten in Mandelieu-La-Napoule umgebaut wurde. Sie ist heute eine Kunststiftung und für die Öffentlichkeit zugänglich. Plane eine Stunde dafür ein, bevor es weiter nach Westen geht. Ab hier erstrahlen die Straßen als Teil der Route du Mimosa (S. 119) goldgelb. Je nach Verkehr erreicht man den hübschen Strand von Théoule-sur-Mer in wenigen Minuten. Der weiche Sand der öffentlichen 2 **Plage du Suveret** ermuntert zum erfrischenden Bad. Oder du fährst weiter um die Haarnadelkurve nach 3 **Pointe de l'Aguille,** einer einsamen Bucht mit flachem Wasser und einem weiten Blick zurück zu den Îles de Lérins (S. 80) und voraus zum Cap d'Antibes. Die Landschaft verändert sich, wenn man nun ins Massif de l'Esterel fährt, den östlichen Rand der Alpes-Maritimes. Auf den nächsten 20 km folgt die Straße, wie auch die Bahngleise, den Windungen der zerklüfteten Küste und roten Felsen, die sich kaskadenförmig ins Meer stürzen. Findest du auch, dass das locker verstreute Wohnviertel 4 **Le Trayas** mit seinen Häusern an glitzernden *calanques* (kleine Buchten) das schönste der Côte d'Azur ist? Viele Buchten sind nur mit dem Boot zu erreichen, manche auch vom Land, wie die geschützte 5 **Calanque de Maubois** mit ihrer steilen Treppe. Die Straße führt bis nach St-Raphaël (S. 112), doch viele schaffen es nicht weiter als bis nach 6 **Agay** mit seinem Strand voller Cafés und Wassersportmöglichkeiten.

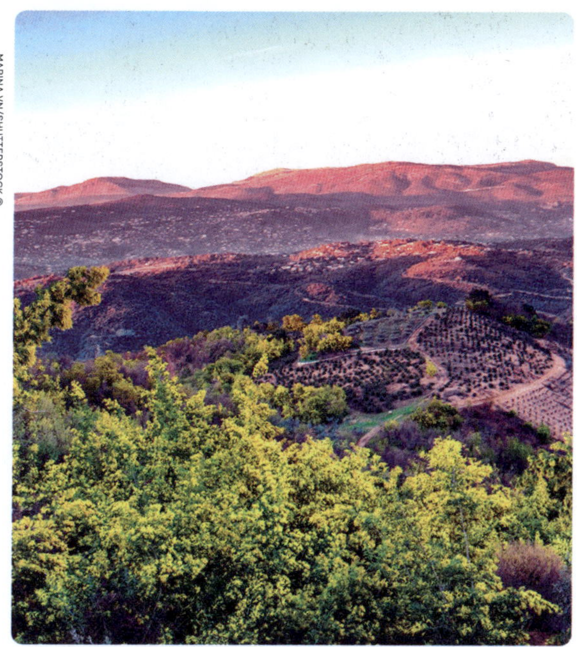

Massif de Tanneron

Du kannst auch mit qualifizierten Guides wie Maddy Poloméni (maddypolomeni.com) zu Wanderungen ins Massif de Tanneron aufbrechen, das als größter Mimosenwald Europas gilt. Im historischen Ort **Le Capitou** wurden zu Anfang des 20. Jh. die geschnittenen Mimosenblüten vorsichtig in Körbe verpackt, um auf dem Landweg zu den Blumenmärkten von London und Moskau exportiert zu werden. Im **Parc Emmanuelle de Marande** taucht man tief in die Geschichte der Mimosen als Handelsprodukt ein. Zwischen den dort angebauten über 100 Sorten aus der ganzen Welt gibt es informative Schautafeln, außerdem einen Kinderspielplatz. Heute findet man in den Ausläufern des Massif de Tanneron in Pégomas, nördlich von Mandelieu-La Napoule, noch ein paar wenige *mimosistes,* Mimosenbäuerinnen und -bauern. In **Colline des Mimosas** kann man große Sträuße frisch geschnittener Blumen erstehen oder mehr über die bewährte Technik erfahren, bei der die Blütenknospen in heißen, feuchten Räumen, den sogenannten Forceries, zum Öffnen gebracht werden.

ZÄRTLICH IST DIE NACHT

Vor hundert Jahren wollte die Elite der Welt hier wohnen. Das grüne Cap d'Antibes – mit seinen Multimillionen-Villen und dem großartigen 5 km langen Küstenpfad **Sentier de Tirepoil** – war der Spielplatz der Lost Generation, US-amerikanischer Autoren wie Ernest Hemingway und F. Scott Fitzgerald.

Sie vertrödelten ihre Tage an der **Plage de la Garoupe,** heute ein halb privater, halb öffentlicher Strand.

Das legendäre Fünf-Sterne-Haus **Hôtel du Cap Eden Roc,** in Fitzgeralds *Zärtlich ist die Nacht* als Hôtel des Étrangers verewigt, war ebenfalls beliebt. Fitzgerald schrieb den Roman tatsächlich in einer Villa am Meer in Juan-les-Pins, am anderen Ende der Halbinsel, die zu einem anderen Fünf-Sterne-Hotel wurde: dem **Hôtel Belles Rives.** In der Bar Fitzgerald im Erdgeschoss dieses Art-déco-Kleinods gibt es noch einige Originalmöbel.

ÜBERNACHTEN UND SNACKEN IN MANDELIEU-LA NAPOULE

Hôtel Casarose
Dieses lockere Hotel bringt kalifornische Vibes und buntes Dekor an die Côte d'Azur. Ein Instagram-Liebling. **€€**

La Boutique de l'Oasis
An der Pâtisserietheke dieses Nobelrestaurants kann man einfach und günstig die Kreationen des Chefs kosten. **€**

Louise Glaces Mandelieu-La Napoule
Während der Blüte im Winter ist Mimoseneis eine Spezialität. **€**

RUNDWEG IN ST-PAUL-DE-VENCE

40 Autominuten nordöstlich von Cannes liegt St-Paul-de-Vence, ein unfassbar hübsches Bergdorf, das im Sommer Ziel vieler Touristenbusse ist. Du umgehst die Massen, indem du dem **Sentier des Fortifications Henri Layet** folgst, einem Rundgang am Fuße des Festungswalls, der von der Geschichte des Dorfs als militärischem Bollwerk und wichtigem Agrarland zeugt.

Schau nach unten auf die ordentlich aufgereihten Weinreben. Die städtische Parzelle wird von der **Domaine des Claus** bestellt, einem biodynamischen Weingut im nahen Tourrettes-sur-Loup. Der Weg endet am südlichen Teil der dicken, mittelalterlichen Mauer.

Von dort kannst du zurück ins Dorf gehen – aber erweise vorher noch **Marc Chagall** die Ehre, der auf dem örtlichen Friedhof beerdigt ist.

PHILIP LEE HARVEY/LONELY PLANET ©

Vallauris

Street-Art in Antibes

Frisches Leben in einer alten Stadt

Beim jährlichen Coul'Heures d'Automne Festival in **Antibes,** 20 Minuten Autofahrt östlich von Cannes, verwandeln sich kahle Wände und Garagentore in ausdrucksstarke Leinwände von Street-Art-Künstler:innen aus der ganzen Welt. Die Kunstwerke bleiben danach als feste Installationen bestehen. Einige kann man bei einem Spaziergang durch **Vieil Antibes** sehen, sie bringen einen modernen Touch in diesen von Künstler:innen wie Pablo Picasso so geliebten Küstenort. Gegenüber dem Grande Roue, Antibes Riesenrad, scheinen die Personen auf Willianns *Le Jazz des Cigales* bereit, aus dem Bild zu springen. Zwei Blocks weiter im Norden, an der Ecke von Bd. d'Aguillon und Rue Lacan, bedeckt das beeindruckende *Le Jardin d'Eden* von Monkeybird die gesamte Rückwand des Kinokomplexes Cineplanet und fasziniert mit seinen klaren, geometrischen Details. Wenn du auf der Rue Lacan weiter geradeaus gehst, entdeckst du über dem Supermarkt Utile ein Bild von Wanjah aus Nizza, auf dem ein Baby mit dem Wort Love gefüttert wird. Der Weg zu den Werken der lokalen Künstlerin Olivia Paroldi führt tief in die Hintergassen von Antibes zu einer zarten Gravur auf einem hölzernen Ga-

AUSGEHEN IN ANTIBES

Absinthe Bar
Schlürfe eine „grüne Fee" in dieser düsteren Kellerbar, einer Institution in Antibes. Livemusik. €

Le Bam Éphémère
Diese sommerliche Pop-up-Bar bei der Statue Le Nomade ist ein echter Hingucker. €

Drinker's Club
Hier trinken die Jachtfans coole Cocktails und kaltes Bier nahe der Festung in Vieil Antibes. €

ragentor in der Rue Paul Bourgarel. Gegenüber vom Office du Tourisme hat Astro eine Wand des Restaurants Chez Victoire in ein modernes Trompe-l'oeil-Bild verwandelt. In der Touristeninformation kannst du nach einer Karte fragen, aber manche Werke sind nicht genau eingezeichnet.

Auf Picassos Spuren

Krieg und Frieden in Antibes

Pablo Picasso war schon über 60, als er sich an der Côte d'Azur niederließ, doch sein Leben war alles, nur kein Ruhestand, wie seine vielen Werke aus dieser Zeit beweisen. Beginne am **Musée Picasso** in Antibes im beeindruckenden Château Grimaldi aus dem 14. Jh., in dem Picasso 1946 sein Atelier einrichtete.

20 Minuten landeinwärts erreicht man **Vallauris,** ein Name, der so sehr mit Keramik verbunden ist, dass sogar die Straßenschilder kleine Kunstwerke sind. Picasso lebte hier von 1948 bis 1955 und war sehr produktiv, er brannte ungefähr 4000 Keramiken und spielte mit verschiedenen Techniken. Diese Kunst steht im Mittelpunkt des **Château-Musée,** das eigentlich drei Museen in einem beherbergt: Musée National Picasso „La Guerre et la Paix", Musée Magnelli und Musée de la Céramique. Der unbestrittene Höhepunkt ist die kleine Kapelle aus dem 12. Jh., in der Picasso mit unverwechselbaren, farbenfrohen Pinselstrichen die Geschichte von Krieg und Frieden erzählt. Draußen, auf der Place Paul Isnad, steht *L'Homme au Mouton*, die Bronzestatue eines Mannes mit Schaf, die er der Stadt geschenkt hat. Es gibt hübschere Orte an der Côte d'Azur, aber Vallauris lohnt einen Stopp, um durch Töpfereien zu bummeln, besonders an der Av. Georges Clemenceau.

Nach einer kurzen Zeit in Vauvenargues bei Aix-en-Provence (wo er begraben ist) kehrte Picasso an die Côte d'Azur zurück und ließ sich 1961 in **Mougins** nieder, 15 Minuten Autofahrt von Vallauris entfernt. Das alte Bergdorf ist ein Traum für Fotograf:innen, die typisch provenzalische Szenen suchen. Am Eingang begrüßt dich die imposante Skulptur **Tête de Picasso.** Dieser sonnige Ort ist immer noch voller Kunst (und Gastronomie). Picasso hat die letzten zwölf Jahre seines Lebens hier verbracht und starb 1973 in seinem Zuhause, einem riesigen, 800 m² großen Bauernhaus namens **Notre Dame de Vie.** Es befindet sich jetzt in Privatbesitz, aber man kann von der **Chapelle de Notre-Dame de Vie** nebenan hinüberschauen. In der friedlichen Kapelle aus dem 12. Jh., eingerahmt von Säulenzypressen und einem Olivenhain, wird eine kleine Sammlung von Schwarz-Weiß-Fotos von Picasso gezeigt. Die Straße ist auf den letzten hundert Metern asphaltiert, aber

BESTE TAUCHSPOTS

Alex Diamond, seit 2005 in Südfrankreich PADI-Kursleiter und freiberuflicher Lehrer über seine Lieblingstauchspots an der Côte d'Azur:

Anfänger
La Lauve vor Cap d'Antibes ist ein magischer Ort für eine erste Taucherfahrung. Die Felsformationen sind wunderschön und direkt unter der Oberfläche liegt ein flaches Plateau, in dem es von Leben wimmelt.

Fortgeschrittene
Dromadaire und L'Enfer de Dante vor La Fourmigue im Golfe Juan. Spektakuläre Felsformationen und Unterwasserklippen mit Zackenbarschen, Barrakudas, Zahnbrassen und Gärten der Gorgonen.

Erfahrene
Die Wracks *Grec* und *Donator* vor der Île de Porquerolles sind etwas ganz Besonderes. Die Schiffe liegen 40 m tief und der Meeresboden ist fantastisch – voller marinem Leben!

SCHLAFEN UND ESSEN IN MOUGINS

La Lune de Mougins
Mit Pool, Spa, Tennisplatz, Restaurant und Spielecke glänzt dieses geräumige Drei-Sterne-Haus. **€€**

Brasserie de la Méditerranée
Essen in stylischer Umgebung. Die Snackbar serviert mittags Kleinigkeiten. **€€**

La Cave de Mougins
Schicke Weinbar am Ortseingang mit einer sonnigen Terrasse; Snacks und Tapas. **€€**

schmal. Im Juli wird der Ort jedes Jahr zur stimmungsvollen Bühne des **Mougins Festival de Musique.**

PARFÜMGÄRTEN

Jardins du Musée International de la Parfumerie
Ein Besuch im zauberhaften Garten des Musée International de la Parfumerie lohnt den 20-minütigen Umweg nach Mouans-Sartoux. In diesem Tastgarten wachsen die größten Parfümpflanzen der Welt: besonders hübsch im Frühling, wenn die Rose de Mai in voller Blüte steht.

Domaine du Mas de l'Olivine
Audrey und Thierry Bortolini haben den terrassierten Garten des Familiensitzes in Peymeinade in eine überbordende Vielfalt aus Rosen und Lavendel, Veilchen, Duftminze und anderen Parfümpflanzen verwandelt. Aus diesen wertvollen Pflanzen werden dann verschiedene duftende Süßigkeiten, von Lollis bis Marmelade. Besuch und Bonbon-Workshops weit im Voraus buchen.

Die Düfte von Grasse

Parfümhersteller und -museen

Grasses Status als Welthauptstadt des Parfüms wurde 2018 zementiert, als die Parfümherstellung zum immateriellen Kulturerbe der Menschheit wurde. Drei Parfümhäuser dominieren diese weitläufige Stadt in den Hügeln von Cannes. Mit ihrer historischen Fabrik am Eingang zur Altstadt ist **Fragonard** am sichtbarsten. Die kostenlose 20-minütige Tour durch die Fabrikhalle zeigt originale Extraktions- und Destillationsgeräte, in den beiden oberen Stockwerken befinden sich ein schöner Laden und ein kleines Parfümmuseum. Entspannte zehn Minuten Fußweg entfernt liegt am Bd. Victor Hugo das kirschrote Landhaus **Molinard** mit einer von Gustave Eiffel entworfenen Dachkonstruktion. Auf dem Weg aus der Stadt bietet die Fabrik **Gallimard** ein echtes Highlight in Grasse: Werde selbst zum Parfümeur. In allen drei Parfumhäusern kann man online Workshops von 20 Minuten bis zu einer Stunde buchen. Molinard etwa liegt mitten in der Stadt und ist bequem zu Fuß zu erreichen. In einem hohen, einfarbig gekachelten Raum kannst du dort aus Dutzenden Kopf-, Herz-

Eine Flasche individuell gefertigtes Parfüm, Galimard

ESSEN UND TRINKEN IN ST-PAUL-DE-VENCE

La Cave de St-Paul
Mehrstöckiger, stimmungsvoller historischer Keller mit lokalem Wein. €€

Café de la Place
Französische Bistro mit Blick auf die Boule-Bahn ist ideal, um Leute zu beobachten. €€

Le Tilleul
Eine schattige Terrasse und frische Aromen laden zum ausgedehnten Mittag auf der Festungsmauer. €€

und Basisnoten deinen ganz eigenen Duft mischen. Für Kinder zwischen vier und acht Jahren gibt es *Petit Parfumeur* als Einführung in die Wunderwelt der Düfte.

Die spannenden Museen hier sollte man auch nicht links liegen lassen. Das **Musée International de la Parfumerie** ist Pflicht, auch wenn du kein Parfümfan bist. Dreitausend Jahre Parfümgeschichte werden abwechslungsreich präsentiert: zum Sehen, Hören, Riechen und sogar Anfassen. Die interaktiven Elemente gefallen vor allem Kindern. Auch Fragonards Museen lohnen einen Umweg. In einem ehemaligen *Hôtel particulier* (einem Privatanwesen) am Beginn der Rue Jean Ossola zeigt das **Musée Provençal du Costume et du Bijou** traditionelle provenzalische Trachten und Schmuck. Ein paar Meter weiter, in einem anderen prunkvollen, ehemaligen Privatstadthaus, ehrt das **Musée Jean-Honoré Fragonard** den Maler Fragonard (1732–1806) aus Grasse – zu seinen Lebzeiten haben die Themen seiner Werke die französische Gesellschaft noch schockiert.

Malerische Dörfer am Fluss Loup

Genüsse in spektakulärer Landschaft

Der Loup fließt von der Hochebene über Cannes bis hinunter zum Mittelmeer und wirkt am dramatischsten nordöstlich von Grasse, wo er sich durch eine Landschaft voller steil abfallender Felsen, Bergdörfer, erfrischender Wasserfälle und dichter Wälder schlängelt. Die Gegend heißt **Gorges du Loup.** Der Loup (auf Deutsch Wolf) leiht einer Reihe hübscher Dörfer seinen Namen. Das erste ist das sonnige **Le Bar-sur-Loup,** in dem der Anbau von Bitterorangen eine lange Tradition hat (die jeden Ostermontag mit der **Fête de l'Oranger** gefeiert wird).

Im Dorf beginnt auch der **Chemin du Paradis,** ein sportlicher Wanderweg von anderthalb Stunden auf einem alten Maultierpfad, bis nach Gourdon. Der nächste Wolf, **Le Pont du Loup,** ist eher ein Weiler als ein Dorf, aber das Craft-Bier der **Bacho-Brauerei** zieht Leute von Nizza und noch weiter weg an. Diese stimmungsvolle Kleinbrauerei liegt auf einer Terrasse mit Orangenbäumen, beleuchtet von Lichterketten, und ist der ideale Ort für einen ruhigen Drink oder eine Partynacht – je nach Stimmung. Mit **Tourrettes-sur-Loup,** dem Veilchendorf, wird das Hinterland der Côte d'Azur langsam zu einem Ziel für Foodies. Die gehobene Küche von Raphaël Grima hat sich inzwischen herumgesprochen, man muss also einen Tisch im **Spelt** reservieren. Zu den typischen Gerichten gehört ein göttliches Dinkelrisotto mit Hummer in handgemachten Olivenholzschüsseln. Lass noch Platz für eine Kugel Veilcheneis zum Dessert bei **Tom's Glacier.**

CANYONING IN DER GORGES DU LOUP

Lionel Richard ist ein Kletter- und Canyoningführer beim Bureau des Guides LesGeckos (lesgeckos.eu) in Courmes. Hier erklärt er, warum die Gorges du Loup ein Paradis für Outdoorsport ist.

Le Pont du Loup ist der Ausgangspunkt für großartige Abenteuer beim Wandern, Schwimmen, Klettern und Canyoning. Die meisten Kletterfelsen sind für erfahrene Kletterer, doch **Belvédère** bei Gourdon eignet sich auch für Anfänger. Canyoning ist im Sommer unsere Lieblingsaktivität. Bei Halbtagsausflügen starten wir am Fuß des **Wasserfalls Courmes** und seilen uns in die Schlucht ab, es folgen viele Sprünge und Rutschen – an einem Punkt geht's aus 8 m ins Wasser! Unsere Halbtagstouren dauern ungefähr drei Stunden und ab acht Jahren kann man mitmachen.

ESSEN IN GRASSE

L'Arrosoir
Ein kreatives, familiengeführtes Lokal in Grasse, das durch seine leckere Hausmannskost viele Fans gewonnen hat. €

Café des Musées
Tageskarte mit Quiches, Salaten, Croque-Monsieur u.v.m. Beliebtes und günstig gelegenes Café. €

Les Delicatesses de Grasse
Teils Restaurant, teils Feinkostladen an der Place aux Aires. Probierplatten mit Käse, Wurst und Tapenade. €

DIE FLORA DER VORALPEN

Beth-Jane Marshall hat einen kleinen botanischen Garten im Herzen der Voralpen angelegt: den **Jardin Botanique de la Flore des Alpes-Maritimes.** *jbam.fr*

Die Flora der Alpes-Maritimes ist wirklich unglaublich. Die Übergangszone zwischen den Alpen und dem Mittelmeerbecken ist ein Biodiversitäts-Hotspot, der über 60 % der gesamten Flora Frankreichs enthält. Ungefähr 3300 Spezies findet man allein in dieser Gegend. Wegen der einzigartigen geografischen Lage, der Höhe, der Geologie und des Klimas gibt es hier viele Arten, die sonst nirgendwo wachsen.

Erodium rodiei und *Campanula albicans* z. B. sind zwei wunderschöne Pflanzen, die es nur in den Préalpes d'Azur gibt.

Voralpenpanorama

Auf zur wilden Seite der Côte d'Azur

Fahr auf der D6 an **Le Pont du Loup** vorbei und schon bald bietet die kurvige Straße einen ersten Ausblick auf die mürrischen Berggesichter des **Parc Naturel Régional des Préalpes d'Azur.** Der Nationalpark erstreckt sich im Inland über fast 900 km² – eine wahrhaft natürliche Terrasse mit Blick auf die Küste. Der 50 km lange Rundweg ist besonders reizvoll, da er die vielen Highlights der Region verbindet. Das erste interessante Dorf ist **Gréolières** (800 m) mit einem lebhaften Markt am Samstagmorgen, auf dem Gärtner und Imker der Region ihre Produkte anbieten. Weiter geht's auf der Route Gréolières bergauf, die zeitweise dicht am Rand steiler Felsen entlangführt, bis sich das mit Wildblumen bedeckte Plateau vor einem öffnet. Die ebene Strecke auf der RD2 teilt man sich jetzt mit Fahrrädern, Motorrädern und ab und an einem rasenden Sportwagen. **Gréolières les Neiges** ist ein kleiner, familienfreundlicher Skiort, der während der Skisaison bei Einheimischen besonders beliebt ist.

Am Kreisverkehr, direkt nach der Einfahrt zum **Réserve Biologique des Monts d'Azur,** geht's nach Süden zurück auf die D5 Richtung Caussols und über den Bergpass **Col de Castellaras** (1248 m), von wo aus man ins tiefe Tal hinabschaut. Die Straße führt über den Bergrücken und bietet weitere atemberaubende Aussichten, bevor sie in der Nähe der kleinen Gemeinde Caussols, laut örtlicher Folklore ein ideales Terrain für UFO-Landungen, wieder flach wird.

Das Mittelmeer ist schon zu sehen, wenn du dich auf die gewundene Abfahrt nach **Gourdon** machst, einem Wehrdorf hoch über der **Gorges du Loup.** Kurz vor Gourdon startet linker Hand von einem Schotterparkplatz ein kurzer Wanderweg zum **Plateau de Cavillore.** Er sieht steil aus, doch die Serpentinen zum Gipfel sind relativ sanft, weshalb er besonders bei Familien beliebt ist. Wegen des herrlichen Panoramas lohnt sich der Stopp, bevor man nach Gourdon hineinfährt. Von Cannes nach Gréolières braucht man mindestens eine Stunde.

ÜBERNACHTEN IN DER GORGES DU LOUP

Hôtel Particulier des Jasmins
Rustikale, romantische Zimmer im Haus eines Parfümeurs. Weiter Talblick. **€€**

Auberge Les Gorges du Loup
Günstig, mit provenzalischem Charme. Tierfreundlich und beliebt bei Motorradfahrern. **€**

Auberge de Tourrettes
Nobles Boutiquehotel mit Pool und zehn eleganten Zimmern, manche mit Meerblick. **€€€**

In die Wildnis

Bisons, Wildschweine und Natur

1993 erkämpfte der Tierarzt Dr. Patrice Longour die **Réserve Biologique des Monts d'Azur,** um seine Vision umzusetzen: vom Aussterben bedrohte Säugetiere wie Wisente, Przewalski-Pferde und Elche auszuwildern. Das 700 ha große Gebiet befindet sich direkt hinter der Abbiegung nach Greolières-les-Neiges in Thorenc, eine gute Stunde Autofahrt nördlich von Cannes. Beim Besuch wird dir schnell klar, dass die Zäune vor allem die Menschen aus- und nicht die Tiere einsperren. Man erreicht das weitläufige Naturreservat entweder zu Fuß (zwei Stunden) oder in einer Pferdekutsche (75 Min.), jeweils geführt von einem qualifizierten Guide, der sowohl den dreibeinigen Wildschweineber aufspüren als auch beurteilen kann, wie weit man sich der majestätischen Herde von 50 Wisenten nähern darf. Die Gebäude am Eingang gehörten einst zu einem kleinen Weiler – heute gibt es einen Kiosk mit warmen Getränken und Crêpes, einen Spielplatz, ein kleines Freilichtmuseum und ein Restaurant mit Bioprodukten. Bleib länger und buche eines der Glamping-Zelte (nur von Mai bis Oktober), schlafe unter dem Sternenhimmel oder reserviere ein Zimmer in einer der gut ausgestatteten Öko-Lodges, die ganzjährig geöffnet und besonders gemütlich sind, wenn es im Winter geschneit hat. Ein besonderes Erlebnis ist ein Besuch während der im September beginnenden Brunftzeit.

Gourdon

HIGHLIGHTS DER ROUTE NAPOLÉON

Pascal Brochiero, Geschäftsführer des Fremdenverkehrsamts von Grasse, nennt seine Lieblingsorte der Route Napoléon.

Am 1. März 1815 floh Napoléon von der Insel Elba und landete in Golfe-Juan, um nach Paris zu marschieren und Frankreich kurzzeitig wiederzuerobern.

Die mythische Route Napoléon folgt seinem Weg von der Côte d'Azur durch die Alpen. Napoléon kam durch Cannes und **Grasse** und hielt in **St-Vallier de Thiey,** heute steht dort eine Napoleonsäule. Dann marschierte er weiter nach **Escragnolles,** um dessen grandiose Berglage zu bewundern. In **Séranon** steht immer noch die **Bastide du Broundet,** wo er eine Nacht verbrachte.

ESSEN IN DEN VORALPEN

La Vieille Auberge
Hübsches Restaurant in Gréolières, das im Schatten von Bäumen klassische Gerichte serviert. **€**

Les 3 Vallées
Nettes Mittagslokal an der Route Napoléon in Seranon. Einfaches Parken und üppige Bistrogerichte. **€**

Restaurant Les Chasseurs
Pizzas und eine sonnige Terrasse mit Panoramablick bietet dieses Familienrestaurant in Andon. **€**

Monaco

Monaco entwickelt sich ständig weiter. Kräne sind daher genauso häufig wie Superjachten und Sportwagen – das Fürstentum dehnt sich nach oben und zum Meer hin aus, um jeden Zentimeter der knappen Fläche zu nutzen. Nirgendwo sonst an der Côte d'Azur fühlt es sich so zugebaut an, auch wenn Gärten 20 % von Monaco ausmachen. Das Fürstentum mit Prinz Albert II. an der Spitze hat jedoch anspruchsvolle Ziele – bis 2050 will es klimaneutral sein.

„Grüner Glamour" wird Monacos Nachhaltigkeitsstrategie mit einem Hauch Luxus genannt – das neueste Kapitel in der Hollywood-Geschichte des zweitkleinsten Landes der Welt, dessen Ruf auf einem prächtigen Casino der Belle Époque und der Hochzeit des Grimaldifürsten mit einer Leinwandprinzessin basiert. Der Glanz ist immer noch allgegenwärtig. Bereichert durch traditionelle Erlebnisse und Aromen offenbart sich die vielschichtige, wahre Identität und Kultur Monacos.

UNTERWEGS VOR ORT

Am besten geht man in Monaco zu Fuß, nichts ist mehr als eine Stunde voneinander entfernt, es kann jedoch sehr steil werden. Spar dir den Atem und nimm statt der Treppen einen der 79 öffentlichen Aufzüge oder eine der 35 Rolltreppen. Die Compagnie Autobus de Monaco betreibt sechs Buslinien, die in alle Ecken des Fürstentums fahren; Fahrschein gibt's an Bord. MonaBike ist Monacos toller E-Bikeverleih; registrier dich vorher in der Monapass-App. Mit dem Auto sollte man die Stoßzeiten vermeiden. Öffentliche Parkplätze sind schnell voll und können tagsüber teuer sein, gegen Abend werden sie deutlich billiger.

TOP TIPP

Lade dir vor der Ankunft die Monapass-App herunter, um Tickets für örtliche Busse und Sehenswürdigkeiten zu reservieren, etwa für das Ozeanografische Museum und den Fürstenpalast, um den E-Bikeverleih MonaBike freizuschalten und fürs Parken zu zahlen.

Motorsport im Mai

Schnelle Wagen, drei Rennen

Im Mai liebt man Monaco oder man hasst es, je nachdem, ob man etwas damit anfangen kann, wenn Autos im Kreis fahren. Die meisten Einwohner:innen verlassen dann die Stadt, wenn die Formel 1 losgeht. Für Fans gibt es jedoch keinen besseren Ort. Tickets für die vier Renntage sind ca. sechs Monate vorher auf der Website des **Automobile Club de Monaco** erhältlich. Für das Training am Donnerstag kann man für 30 € einen Sitzplatz bekommen, aber selbst für die billigsten Plätze musst du für den Renntag am Sonntag mit dreistelligen Summen rechnen. Es lohnt sich aber, auch ohne Ticket an dem Wochenende nach Monaco zu kommen. Der Motorenlärm hallt von den Gebäuden wider und die Aufregung steigt mit jedem Fahrer, der die Fanzone auf der Place d'Armes betritt. Viele Restaurants zeigen das Rennen live, sodass man nichts verpasst. Ansonsten ist es fast unmöglich, das Rennen gratis zu verfolgen, es sei denn, du fährst mit einem kräfti-

HIGHLIGHT
1 Casino de Monte Carlo

SEHENSWERTES
2 Automobile Club de Monaco
3 Cathédrale de Monaco
4 Jardin aux Canards
5 Jardin Exotique
6 Jardins St-Martin
7 Musée d'Anthropologie Préhistorique de Monaco
8 Musée Océanographique de Monaco
9 Palais Princier de Monaco
10 Parc Princesse Antoinette
11 Plage des Pêcheurs
12 Plage du Larvotto
13 Princess Grace Irish Library
14 Roseraie Princesse Grace
15 Villa Paloma
16 Villa Sauber

AKTIVITÄTEN, KURSE & TOUREN
17 Académie Monégasque de la Mer
18 Solarium
19 Stade Nautique Rainier III

ESSEN
20 Beef Bar
21 Cantinetta Antinori
22 Marché de la Condamine
23 Pecherie U Luvassu
24 U Luvassu

AUSGEHEN & FEIERN
25 Bar Américain
26 Brasserie de Monaco
27 Coya

UNTERHALTUNG
28 Stade Louis II

SHOPPEN
29 La Distillerie de Monaco
30 La Maison du Limoncello

IN DEN RESTLICHEN ELF MONATEN ...

Du bist nicht im Mai in Monaco? Die Startplätze und die Pole Position sind auf der Straße vor der 17 bd. Albert Ier am Port Hercules markiert.

In Nummer 23 befindet sich der **Automobile Club de Monaco,** (nur für Mitglieder); wirf einen Blick auf die Erinnerungsstücke im Schaufenster. In der Straße dahinter (Rue Grimaldi) gibt es einen schicken Souvenirladen.

Der prächtige Fahrzeugpark von Fürst Rainier III., die **Collection de Voitures de SAS le Prince de Monaco,** befindet sich jetzt in der Route de la Piscine am Port Hercules. Dazu gehören die Pferdekutsche, mit der er Grace Kelly den Hof machte, sowie eine ganze Etage mit Rallyeautos.

Ein Schild markiert die berühmte Haarnadelkurve vor dem **Fairmont Monte-Carlo** bei der Place du Casino.

CRISTIANO BARNI/SHUTTERSTOCK ©

Monaco Grand Prix, Monte Carlo

gen Feldstecher zur Moyenne Corniche in **Beausoleil,** dem französischen Ort direkt oberhalb von Monaco. Eine kürzere Version des berühmten Rennens hat inzwischen ebenfalls einen festen Platz im Mai: der **Monaco E-Prix.** Tickets dafür kosten 30 €, egal ob Steh- oder Sitzplatz. Wenn dir Oldtimer mehr liegen: Wie wäre es mit dem **Grand Prix Historique de Monaco.** Der findet alle zwei Jahre zwei Wochen vor dem Formel-1-Rennen statt (als Nächstes 2024 und 2026). Dann kämpfen die Champions von einst um die Trophäen – und um das Recht zu prahlen. Tickets über den Automobile Club de Monaco ab 50 €.

Verborgene Renaissance-Fresken

Auf Tour im Fürstenpalast

Seit dem späten 13. Jh. herrschen die Grimaldis vom **Palais Princier de Monaco** oder Le Rocher, wie die Einheimischen ihn nennen, hoch oben in Monaco-Ville über das Fürstentum. Da er die offizielle Residenz der Fürstenfamilie ist, sind nur die **Grands Appartements,** die Staatsgemächer, für das Publikum geöffnet – und das auch nur von April bis Oktober für Besichtigungen auf eigene Faust mit einem Audioguide

ÜBERNACHTEN IN MONACO

Hôtel de France
Das günstigste Hotel in Monaco mit 26 gut ausgestatteten Zimmern und hohen Decken; kein Aufzug. **€€**

Columbus Hôtel
Dieses stilvolle Drei-Sterne-Hotel in Fontvieille überzeugt mit einem Pool und einer großartigen Aussicht. **€€€**

Hôtel Miramar
Boutiquehotel am Port Hercules mit schicker nautischer Deko und einer coolen Rooftop-Bar. **€€€**

(außer am Wochenende der Formel 1 Ende Mai). Die Räume haben immer noch zeremonielle Funktion und zeigen die Vorliebe für schwere Vorhänge, ausladende Blattgoldvertäfelung und schöne Kunst.

Ein Highlight der Besichtigung sind die mehr als 600 m² Fresken aus der Renaissance mit antiken Figuren wie Herkules, Odysseus und Europa. Die Malereien waren jahrhundertelang unter vielen Farbschichten verborgen. Wände und Decken wurden und werden immer noch mit umweltfreundlichen Lösungen restauriert und in ihren Originalzustand zurückversetzt. Plane deinen Besuch so, dass du die tägliche Wachablösung um 11.55 Uhr siehst.

Auf den Spuren von Grazia Patrizia

Hollywood im Fürstentum

Als Grace Kelly 1955 bei einem Fototermin Fürst Rainier III. von Monaco im Palais Princier de Monaco traf, begann ein Märchen, das die gesamte Welt verzauberte. Vierzig Jahre nach ihrem Tod ist das Golden Girl aus Philadelphia, das zur mediterranen Prinzessin wurde, immer noch präsent. Lass das **Palais Princier de Monaco** hinter dir und stürze dich in das charmante Gassengewirr von **Monaco-Ville.** In der **Princess Grace Irish Library,** in der heute wertvolle Ausgaben irischer Literatur und irisch-amerikanischer Noten aufbewahrt werden, kannst du die Bücher ihrer Privatbibliothek betrachten. An Regentagen ist die große Kinderspielecke eine ideale Zuflucht vor dem Regen. Die vielleicht wichtigste Pilgerstätte liegt direkt um die Ecke: Im Chor der **Cathédrale de Monaco** befindet sich das Grab der Fürstin direkt neben dem des Fürsten.

Im Viertel Fontvieille wacht eine Statue von Grace über die **Roseraie Princesse Grace,** einen heiteren englischen Garten, in dem im Frühling 6000 Rosenbüsche blühen. 1960 hat die Fürstin das berühmte rot-weiße Trikot des AS Monaco entworfen. Dessen Stadion, das **Stade Louis II.** ist zwischen Juni und Oktober im Rahmen von Führungen zu besichtigen. Die Av. Princesse Grace am anderen Ende von Monaco ist eine der exklusivsten Adressen für Luxusapartments mit Blick auf den Strand Larvotto. Auf halbem Weg nach unten, auf der Place Josephine Baker, steht der Skulpturenbrunnen **Hommage à la Princesse Grace.** Die Lage ist kein Zufall. Die beiden Frauen waren enge Freundinnen. Grace half Baker, einer US-amerikanischen Tänzerin und Bürgerrechtlerin, dabei, sich im Fürstentum niederzulassen.

WO ICH IN MONACO AUSGEHE

Philip Culazzo hat 2017 die erste Destillerie Monacos gegründet. Hier seine Lieblingsorte zum Ausgehen. *@distillerie-demonaco*

Die Grande Dame der Bars in Monaco ist die **Bar Américain** im Hôtel de Paris, mit ihrem altmodischen Charme, toller Livemusik und umwerfenden Barleuten, die wirklich jeden Cocktail mixen. Auf der Karte steht unser Paradedrink, La Condamine, benannt nach unserer Destillerie in Monaco. Für Nachteulen sind **Coya** und das neue **Maona** spannende Läden mit sehr guten Barkeepern, aber ich sitze genauso gern auf der **Place d'Armes** unter einem Johannisbrotbaum mit einem erfrischenden Sundowner.

ESSEN IN MONACO

Les Perles de Monte-Carlo
In diesem früheren Meeresforschungsinstitut in Fontvieille werden Austern gezüchtet und dann serviert. €€

Le Petit Bar de Monaco
Französisches Bistro in Monacos ältestem Viertel. Probier das Mittagsgericht des Tages. €

Sexy Tacos
Feurige mexikanische Küche und spritzige Margaritas: angesagteste Adresse am Strand von Larvotto. €€

BESTE MUSEEN IN MONACO

Musée Océanographique de Monaco
Dieses mehrstöckige Meereskundemuseum von Weltrang beherbergt ein Aquarium und bietet großflächige Multimediashows. Ein toller Ausflug für Kinder.

Nouveau Musée National de Monaco – Villa Sauber
Zwei anregende Ausstellungen pro Jahr rücken eine der wenigen noch existierenden Belle-Époque-Villen Monacos in den Mittelpunkt.

Nouveau Musée National de Monaco – Villa Paloma
Das gleiche Prinzip wie in der Villa Sauber, hoch oben in der Nähe des Jardin Exotique.

Musée d'Anthropologie Préhistorique de Monaco
Dieses, dem Jardin Exotique verbundene kleine, aber informative Museum zeigt prähistorische Schätze aus Ausgrabungen im Fürstentum.

Ein Kronjuwel

Ein Casino und ein Kunstwerk

Dieses Wunderwerk der Belle Époque, das in den 1860er-Jahren eröffnet wurde, machte das Fürstentum bekannt. Fun Fact: Monegassen dürfen im **Casino de Monte-Carlo** nicht spielen. Für alle anderen Nationalitäten beginnt das Glücksspiel um 14 Uhr. Man muss mindestens 18 Jahre alt sein und sich ausweisen können. Es gibt einen strikten Dresscode: elegant, keine Shorts, Sportkleidung oder Flipflops. Vormittags (10 bis 13 Uhr; letzter Einlass um 12.15 Uhr) kannst du dir die verschnörkelten *salons privés* mit Blattgold und Marmor bei einer Besichtigung ohne Führung anschauen, ohne einen einzigen Cent zu riskieren. Nimm dir Zeit, die aufwendigen Details in den zehn Räumen, die geöffnet sind, zu betrachten. Sogar die Beschläge und Einbauten sind Kunstwerke.

In der Salle Europe, dem ältesten Casinoraum, drehen sich Roulettes unter acht glitzernden Kronleuchtern aus böhmischem Glas, die jeweils 150 kg wiegen. Die Salle Blanche, eine private Loge, glänzt mit Mosaiken und Karyatiden. Salle Médecin im Empirestil, in dem früher die High Roller geschützt vor neugierigen Blicken spielten, ist auch in zwei Bondfilmen zu sehen, *Golden Eye* und *Sag niemals nie*.

Zu einem klassischen kulinarischen Erlebnis in Monaco gehört der Besuch des **Le Train Bleu.** Das Restaurant mitten im Casino ist einem Speisewagen nachempfunden und erinnert mit den weißen Tischdecken und den Holztäfelungen an das goldene Zeitalter des Reisens. Donnerstags bis sonntags nur zum Abendessen geöffnet. Für die feinen italienischen Gerichte ist man die 40 € schnell los, die man ausgeben muss, um den Casino-Eintritt von 18 € zurückerstattet zu bekommen.

Drinks made in Monaco

Der Geschmack der Region

Bis in die Mitte des 19. Jhs. war die Landwirtschaft das Rückgrat der monegassischen Wirtschaft, dann gaben die Grimaldis 95 % ihres Bodens an Frankreich ab – die 600 Bitterorangenbäume an den Boulevards des Fürstentums zeugen noch von jener Zeit (vor allem an der Rue Grimaldi hinter Port Hercules). Aus den herben Früchten macht **La Distillerie de Monaco** den kräftigen Orangenlikör L'Orangeraie. Seit ihrer Eröffnung 2020 an der Rue de la Turbie hinter La Marché de La Condamine sind zwei weitere typisch monegassische Spirituosen hinzugekommen: Carruba, ein üppiger, samtiger Schokoladenlikör, hergestellt aus den Früchten von Monacos Nationalbaum, dem Johannisbrotbaum, und Gin aux Agru-

BIER TRINKEN IN MONACO

La Rascasse
Legendäre Bar im Hafen an der gleichnamigen F-1-Kurve. Entspannte Happy Hours, laute Partys in der Nacht.

Slammers Monaco
Kleine Kneipe mit großen Bildschirmen für Sport; gute Atmosphäre, v. a. beim Grand Prix.

Gerhard's Café
Dieser freundliche, alteingesessene Pub in Fontvieilles Kneipen- und Restaurantstraße lohnt sich.

mes aus sieben Zitrusfrüchten. Buche im Voraus eine Besichtigung der kleinen Destillerie.

Oben auf Le Rocher kannst du zusehen, wie leuchtend gelber Limoncello im **La Maison du Limoncello** in Flaschen abgefüllt wird. Es gibt auch Liköre aus Limette, Mandarine, Grapefruit und Bitterorange – koste gern alle, um deinen Favoriten zu finden. Biertrinker sollten sich die **Brasserie de Monaco** merken. Die Mikrobrauerei in der Restaurantmeile am Hafen schenkt Bio-Helles und Weizenbier aus, die vor Ort in einem glänzenden Brauhaus gebraut werden, dazu gibt es typisches Kneipenessen. Happy Hour von 18 bis 20 Uhr, nach Feierabend brummt der Laden.

SCHÖNSTE GÄRTEN IN MONACO

Parc Princesse Antoinette
Bei Familien beliebt, mit Tischtennis, Minigolf, Streichelzoo und viel Schatten.

Jardin Exotique
Nach einer Renovierung soll dieser magische Sukkulenten- und Kakteengarten, der an einer Klippe hängt, 2024 wiedereröffnen.

Jardins St-Martin
In Monacos erstem öffentlichen Park am Südrand von Le Rocher spendet der Nationalbaum, der Johannisbrotbaum, Schatten.

Jardin aux Canards
Enten lieben den Brunnen in der Mitte dieser Grünanlage neben dem Roseraie Princesse Grace. Für Kinderwagen und Rollstühle geeignet.

Mittagessen wie die Einheimischen

Großer Markt auf kleinem Platz

Trotz des glamourösen Image muss man sich nicht verschulden, um in Monaco gut zu essen. Das Zentrum günstiger und freundlicher Lokale ist der lebhafte **Marché de la Condamine** auf der Place d'Armes. Dieser quirlige Platz liegt direkt hinter Port Hercules im Viertel Condamine und bietet morgens fri-

HORIZON IMAGES/MOTION/ALAMY STOCK PHOTO ©

Casino de Monte-Carlo

WEIN TRINKEN IN MONACO

Supernature
Trendige Weinbar, eine willkommene Abwechslung in Monacos manchmal etwas biederen Szene.

Les Grands Chais Monégasques
Für Wein-Fans ein magischer Laden in einer Seitengasse beim Hafen.

Lounge Solaire
Dieser funkelnde Pop-up-Champagnertruck in Monte Carlo bietet authentischen Monaco-Glamour.

DER LETZTE FISCHER

Es gab mal ein Dutzend Fischerfamilien in Monaco, deren Holzboote im Hafen neben den ersten Jachten lagen. Heute ist Eric Rinaldi als letzter Fischer von Monaco bekannt und seine beiden Glasfaserboote am Quai Hirondelle bilden einen krassen Kontrast zu den glänzenden Jachten.

Wie schon sein Vater, Groß- und Urgroßvater fährt Rinaldi morgens raus aufs Meer und fängt nah am Ufer kleinere Fische wie Rotbarbe, Seebrasse und Skorpionsfisch und weiter draußen große wie Schwert- und Thunfisch.

Rinaldis Fang wird frisch oder vor deinen Augen zubereitet bei **Pêcherie U Luvassu** verkauft, dem Fischgeschäft und -restaurant hinter seinem Liegeplatz, an dem er beteiligt ist.

sche Blumen und buntes Obst und Gemüse. In der Markthalle wird's voll, wenn die Angestellten aus den nahen Büros zum Mittagessen kommen, aber sie öffnet schon zum Frühstück.

Solltest du morgens eine Ladung Koffein brauchen, dann ist **Le Comptoir** mit richtig gutem italienischem Kaffee was für dich (die Focaccia ist auch lecker, besonders frisch aus dem Ofen). Wenn du morgens eher Süßes magst, dann kannst du im Ableger der Biobäckerei Mitron des gefeierten argentinischen Chefkochs Mauro Colagreco seine bekannte *tarte au citron* (Zitronentarte) probieren, ohne nach Menton fahren zu müssen. Zum Mittagessen ist **La Maison des Pâtes** aus gutem Grund voll, nämlich wegen der frischen Tagliatelle und Ravioli – lass dich nicht von der Schlange abschrecken, das Warten lohnt sich. Regionales Streetfood gibt es auch: Die *socca* und *pissaladière* bei **Chez Roger** sind so berühmt, dass kaum etwas anderes verkauft wird. Zu **A Roca** geht man für *Barbajuans*, leckere frittierte Ravioli, die als das Nationalgericht des Fürstentums gelten. Viele der Stände schließen nach dem Mittagessen, aber manche haben abends noch geöffnet wie die **Bar Le Zinc,** wo es das wohl billigste Glas Wein in Monaco gibt (2 €).

Stade Nautique Rainier III

KAFFEE UND TEE IN MONACO

Costadora Social Coffee Monaco
Espresso, Chemex, V60-Filter, French Press: gibt's alles in diesem Café.

Mada One
Auf dieser noblen Terrasse beim Casino einen Latte Macchiato trinken – Monaco-Glamour für kleines Geld.

Le Teashop
Hübsches Café am Bd. des Moulins, mit über hundert Tees und vielen verwandten Schätzen.

Stadtstrände

Schwimmen im Pool und im Meer

Bei Monaco denkt man nicht unbedingt an Strandurlaub, aber das Fürstentum hat ein Händchen dafür, Raum den Bedürfnissen anzupassen, also pack Badesachen ein, auch wenn du nur für einen Tag herkommst. An der **Plage du Larvotto,** dem Strandabschnitt östlich von Port Hercules, der zuletzt stark modernisiert wurde, bräunt man neben Einheimischen. Schon immer beliebt sind die Sonnenliegen von **La Note Bleue,** einem Privatstrand und Restaurant (Livemusik an Sommerwochenenden), aber es gibt auch genügend öffentliche Strände, wo du gratis dein Handtuch ausbreiten kannst. Von Mai bis Oktober verleiht die **Académie Monégasque de la Mer** SUPs.

Generationen von monegassischen Kindern haben im **Stade Nautique Rainier III** an der Route de la Piscine schwimmen gelernt. Dieses Freibad mit olympischem Schwimmbecken, Sprungtürmen und Rutschen liegt zwischen den Luxusjachten im Port Hercules. Der Eintritt für einen Tag ist vergleichsweise billig (12 € für Nicht-Monegassen). Weitere 6 € für eine Sonnenliege und einen Sonnenschirm sind sinnvoll investiert, weil es kaum Schatten gibt.

An der betonierten Außenmauer an der Westseite des Hafens, hinter dem Kreuzfahrtterminal, hat sich ein ungewöhnlicher Ort zum Schwimmen etabliert. Die breite Treppe, die nur Solarium genannt wird, ist idealer Ausgangspunkt, um sich an heißen Tagen abzukühlen. Seit es das Restaurant und die Bar Maliza Mar mit Sonnenliegen gibt, kann man sich dort den ganzen Tag aufhalten. Aber denk daran: Das Wasser dort ist tief und unbewacht. In der Nähe von der **Promenade des Pêcheurs** am Fuße des Felsens, führen Stufen hinunter zur **Plage des Pêcheurs,** einem verborgenen, sichelförmigen Kiesstrand, der sich an die Klippen schmiegt und bei Ebbe und ruhiger See traumhaft ist.

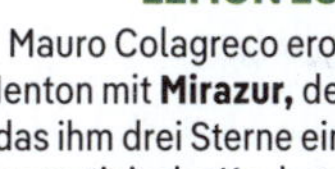

LEMON LOVE

Mauro Colagreco eroberte zuerst Menton mit **Mirazur,** dem Restaurant, das ihm drei Sterne einbrachte. Der argentinische Koch erweiterte sein Reich in Menton mit **Casa Fuego** und **Les Sablettes** (S. 71), ohne Michelin-Sterne.

MITTAGSTISCH

Obwohl sie an den meisten anderen Orten immer noch teuer wären, sind die anspruchsvollen Restaurants in Monaco, die abends unverschämt viel kosten, zu Mittag deutlich billiger. Hier bekommst du Essen für ca. 30 €:

Song Qi
Cooles Shanghaier Art-déco und ein Menü aus zwei Vorspeisen, dem Tagesgericht, Reis und einem Glas Wein. **€€**

Beef Bar
Legendärer Laden für Fleischesser in Fontvieille mit Vorspeise, Tatar mit Pommes frites und einem Glas Wein. **€€**

Cantinetta Antinori
Antipasti, ein Hauptgang und ein Glas toskanischer Wein in diesem Larvotto-Außenposten des klassischen, Florentiner Restaurants. **€€**

EINKAUFEN IN MONACO

One Monte-Carlo
Hochwertige Designermarken in Luxusboutiquen rund um das Casino.

Metropole Shopping Monte-Carlo
Mit poliertem Marmor und prächtigen Kronleuchtern, perfekt für Schaufensterbummel.

La Condamine
Auf der Rue Grimaldi finden sich kleine Boutiquen neben großen Namen und Souvenirläden.

Var

STRÄNDE, WÄLDER & BERGDÖRFER

Traumhafte Strände und Inseln, abgelegene Klöster und ein Hinterland mit unvergesslichen Dörfern – dies ist die abwechslungsreichste Gegend der Provence.

Glamour und Eleganz am Golf von St-Tropez, familienfreundliche Strände bei Hyères und mittelalterliche Städte im Hinterland – das Var hat viel zu bieten.

Lust auf Glamour? Dann ab nach St-Tropez zu den feinen Stränden, Cocktails und Hotels – und zu den Superjachten. Hier säumen aber nicht nur Luxusboutiquen die Straßen, sondern auch kleine Kunstläden. Lass die großen Marken links liegen und achte stattdessen auf erstklassige Handwerkskunst. Erhole dich danach in mediterranen Gärten. Im Winter darfst du die prächtige Mimosenblüte nicht verpassen.

Dir steht eher der Sinn nach einer entspannteren Szenerie? Dann erkunde die Presqu'île de Giens (Halbinsel Giens) oder eine der „Goldenen Inseln" – Porquerolles, Levant und Port-Cros. Hier kannst du radeln, schnorcheln oder wandern. Ein Tag in der wenig beachteten Stadt Hyères gefällt sicher jenen, die an der Côte d'Azur schon alles gesehen haben. Und urige Dörfer wie Cotignac schließt man auch schnell ins Herz.

Für Gourmets ist die Küste der Hotspot für Meeresfrüchte und Cocktails. Im Hinterland solltest du dagegen herzhafte provenzalische Gerichte probieren, etwa Eintöpfe und gefülltes Gemüse. Aber lass ein bisschen Platz für eine Kugel Kastanieneis. Und stoße am Ende des Tages mit einem Glas Rosé auf den Sonnenuntergang an.

Oben: Radfahrende in Hyères (S. 113); rechts: St-Tropez (S. 104)

DIE HAUPTREGIONEN

ST-TROPEZ
Hauptstadt der Eleganz und des Glamour.
S. 104

HYÈRES
Unterschätzte mittelalterliche Stadt mit tollen Inseln.
S. 113

PROVENCE VERTE
Hochgelegene Dörfer im Landesinneren und Roséwein.
S.121

TRABANTOS/SHUTTERSTOCK ©

Erste Orientierung

In den Küstenstädten kommst du ohne Auto am besten klar, im Hinterland dagegen ist es nützlich. Der wichtigste Bahnhof liegt in Hyères, kleinere in St-Tropez und Ste-Maxime.

Provence Verte, S. 121
In den grünen Weinbergen und Bergdörfern entfliehst du den Massen und der Hitze.

Hyères, S. 113
Alles, was eine Stadt an der Côte d'Azur ausmacht, nur ohne Hektik oder Glamour, dafür mit Inseln.

St-Tropez, S. 104
Das Zentrum heißer Sommernächte, die traumhafte französische Riviera.

AUTO
Pro: Unkompliziert durchs Hinterland düsen. Kontra: Die Küstenstraße ist ständig verstopft und Parken in den Küstenorten unfassbar teuer.

BOOT
Besteige eine Fähre am Golf von St-Tropez und schipper hin und her zwischen Ste-Maxime, Grimaud und St-Tropez. Hauptanbieter ist Les Bateaux Verts (bateauxverts.com).

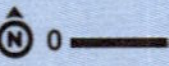

Reserve Geologique de Haute Provence
Bargème
Comps-sur-Artuby
Artuby
La Colle Loubière
St-Paul de Vence
Montferrat
Bargemon
Fayence
Ampus
Lac de St-Cassien
Callas
Bagnols-en-Forêt
Barjols
Sillans-la-Cascade
Salernes
Col de la Grange
Gorges de Pennafort
Cotignac
Mt Vinaigre
Châteauvert
Provence Verte
Les Nourradons
Correns
Carcès
Les Arcs-sur-Argens
Puget-sur-Argens
St-Maximin-la-Ste-Baume
Argens
Le Thoronet
Agay
Cabasse
St-Raphaël
Rougiers
Brignoles
Le Cannet des Maures
La Garde Freinet
Les Issambres
Côte d'Azur
La St-Baume
Gonfaron
Aubagne
Carnoules
St-Maxime
Mittelmeer
La Sauvette
Mont Puget
La Moutte
Cuers
St-Tropez
Plage des Salins
Cassis
Pierrefeu-du-Var
Collobrières
La Cadière d'Azur
Gassin
Plage de Pampelonne
Col de Babaou
La Môle
Mont Faron
Bormes-les-Mimosas
Toulon
Hyères
Port Miramar
Le Lavandou
Le Pradet
L'Almanarre
Cabasson
Les Oursinières
Port d'Hyères
Presqu'île de Giens
Île du Levant
La Tour Fondue
Île de Port-Cros
Mittelmeer
Îles de Porquerolles
Parc national de Port-Cros

St-Tropez von der Zitadelle aus (S. 106)

Perfekte Tage

Überlade deine Reisepläne nicht. Komm lieber noch einmal wieder. Hier sind Tipps für entspannte Tage.

Wochenende in St-Tropez

- Verbring den Morgen auf einem Katamaran im Golf (S. 104) und kehre zum Mittagessen zurück in einen Club am Strand von **Pampelonne** (S. 107).

- Geh aus und tanze bis zum Morgengrauen in einem der **Clubs** von St-Tropez (S. 108).

- Hol den Schlaf auf einer Liege in einem Strandclub nach. Anschließend geht's auf **Souvenirjagd** (S. 106) durch die Boutiquen und dann ab nach Hause.

Vier Tage im Hinterland

- Übernachte inmitten der Natur in **Montrieux-le-Vieux** (S. 125), wo du durch nahezu unberührte Wälder wandern kannst.

- Finde deinen Lieblingsrosé bei einer **Weinprobe** (S. 122) und schlafe zu Füßen der Tuffsteinfelsen von Cotignac.

- Radle morgens über Feldwege nach **Barjols** (S. 123) und zurück.

- Entdecke die eiszeitlichen Grotten im nahen **Villecroze** (S. 122), bevor es wieder an die Küste geht.

Saisonale Highlights

FRÜHLING
Die Mimosen blühen im Januar und Februar. Auf zum **Mimosenfest** (S. 120) in Bormes-les-Mimosas!

SOMMER
Der Frühsommer eignet sich zum Schnorcheln vor der Île de Porquerolles. Für die Hochsaison musst du frühzeitig buchen.

HERBST
Les Voiles de St-Tropez (S. 107) findet zehn Tage lang statt; bestaune die Jachten im Hafen und in Aktion.

WINTER
Die Tage sind kurz, aber es ist die beste Zeit, für eine Radtour durch das Var – ruhige Straßen, nette Menschen und milde Temperaturen.

St-Tropez

St-Tropez ist das beliebteste Reiseziel an der französischen Rivieria. Du kannst im Golf segeln, in glamourösen Restaurants speisen, dich auf einer Liege sonnen und bis zum Morgengrauen tanzen. Aber halte auch Ausschau nach Kunst, Festivals und Design. Im Norden des Golfs liegt das beschauliche Ste-Maxime, ideal für Familien und alle, die keine Unsummen für einen Cocktail bezahlen wollen. Oder fahre nach Grimaud, das zwischen den beiden Orten liegt – es ist klein und eignet sich perfekt für einen Tag abseits des Strandes. In St-Tropez ist viel los, es ist schrill und im Sommer überfüllt. Doch das sollte dich nicht davon abhalten, dich zu amüsieren, deine Tage mit Aktivitäten zu füllen und nette Einheimische und Weltreisende zu treffen.

UNTERWEGS VOR ORT

Auf der Küstenstraße zwischen St-Tropez, Grimaud und Ste-Maxime staut es sich schon morgens und in der Hochsaison sehr häufig, was frustierend ist. Shuttleboote sind nicht unbedingt schneller, aber versprechen eine entspanntere Atmosphäre.

Aufs offene Meer hinaus

Mit einem Skipper Segel setzen

Vergiss die Schnellboote und nimm stattdessen einen Katamaran, der im Golf von St-Tropez übers Meer gleitet. Segel-Fans beginnen ihren Tag ganz früh und machen sich auf den Weg zu den atemberaubenden *calanques* (Buchten) von Cap Taillât.

Die **Crew von Gael und Brunos** (sport-decouverte.com; nur auf Französisch) bietet weit mehr als nur einen gemütlichen Törn: Packe bei den Manövern mit an und genieße unterwegs eine Kajak-, SUP- oder Schnorcheltour. Vielleicht begegnest du sogar einigen Meeresbewohnern: etwa Lippfischen, Seebrassen, Seesternen oder sogar Seepferdchen und Zackenbarschen. Keine Lust auf Abenteuer? Dann legt dich in das Katamarannetz und lass zwischen dem Blau des Himmels und dem Blau des Meeres die Seele baumeln. Es gibt Halbtags- (55 € pro Person) und Ganztagstouren (95 € pro Person).

Wenn der Tag zur Nacht wird

Sonnenuntergänge an der Küste

Der Sonnenuntergang in St-Tropez markiert den Moment, wenn der entspannte Strandtag sich verabschiedet und Platz macht für die wilde Partynacht. Die schönsten Plätze für einen Sundowner sind aber schnell vergeben. Die **Plage de Gigaro** in La Croix Valmer (17 km südlich von St-Tropez) ist ohne Zweifel der schönste.

In der Stadt eignet sich die **Plage de la Bouillabaisse** für einen Drink bei Sonnenuntergang. Genieß die Hafenatmosphäre, bevor du dich fürs Abendessen zurechtmachst. Die Strandbars sind normalerweise ziemlich voll. Wenn du also nicht schon den Tag in einer Strandbar verbracht hast, wirst du wohl keinen Platz ergattern.

Etwas Abenteuerlustigere packen sich Verpflegung ein und wandern zum **Leuchtturm Cap Camarat** am Rand der Halbinsel.

TOP TIPP

Keine Lust auf Party bis zum Morgengrauen? Dann ist die Zeit von Ende Mai bis Juni ideal für einen Besuch, weil dann die meisten Strandclubs tagsüber geöffnet sind, aber dort weniger Trubel herrscht. Lass am besten das Auto stehen. Parkplätze kosten ein Vermögen und die Staus in der Stadt sind legendär.

Eleganz und Stil

Einkaufsbummel in St-Tropez

Die meisten Luxusmarken unterhalten eine Boutique in den schmalen Gassen von St-Tropez. Zwischen den großen Namen verstecken sich auch ein paar interessante kleine Läden. Wie Capri und Menorca hat auch St-Tropez eine eigene Sandale,

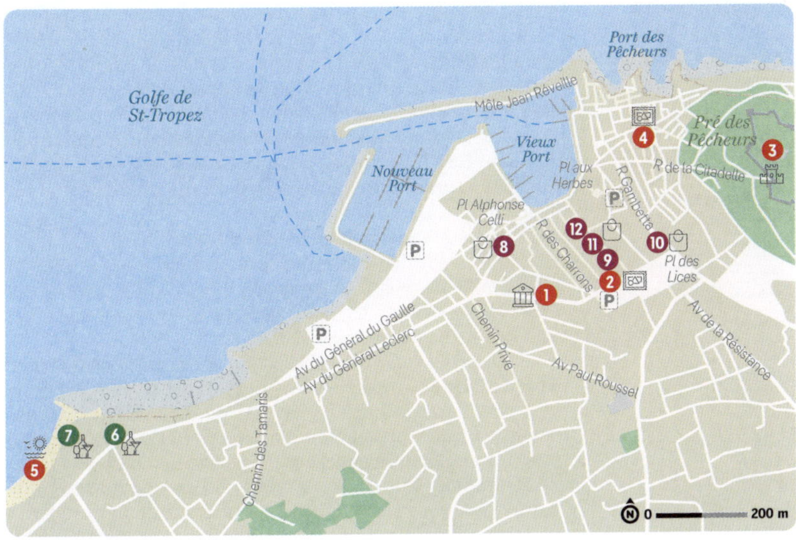

SEHENSWERTES
1 Bel-Air Fine Art Gallery
2 Fondation Linda et Guy Pieters
3 La Citadelle
4 La Vielle Mer
5 Plage de la Bouillabaisse

AUSGEHEN & FEIERN
6 Hôtel Cheval Blanc
7 Pearl Beach St-Tropez

SHOPPEN
8 Be-Store
9 La Cabane d'Anoé
10 Les Galeries Tropéziennes
11 Marinette Décoration
12 Rondini Sandals

LIVEMUSIK IN LA CITADELLE

Die Strandclubs engagieren feste DJs oder Gast-DJs, die den ganzen Sommer über für Stimmung sorgen. Und es gibt auch Clubs für diejenigen, die die ganze Nacht durchtanzen wollen. Musikfans sollten während ihres Aufenthalts unbedingt nachsehen, was gerade in **La Citadelle** los ist.

Die 1602 zur Verteidigung gegen die Spanier erbaute Festung thront auf einem Hügel im Osten der Stadt. Die Aussicht ist fantastisch. Auf dem Gelände spazieren Pfaue umher. Der Kerker beherbergt heute das großartige **Musée de l'Histoire Maritime.** Und auf der Open-Air-Bühne finden das ganze Jahr über Konzerte und kleine Festivals statt.

LINE HOLTERMANN-JUGE/SHUTTERSTOCK ©

Klassisches Segelboot, St-Tropez

genannt Tropeziennes. Seit über 90 Jahren stellt das Familienunternehmen **Rondini** hochwertige Ledersandalen in St-Tropez her. Ihr Topmodell, die Römersandale, ist sowohl in einer flachen als auch in einer fesselhohen Version erhältlich.

Die willst deine Kinder auch schick einkleiden? Die exquisite **La Cabane d'Anoé** bietet für Eltern und Kinder die Gelegenheit – mit einer großen Auswahl an Topmarken, darunter Louis Louise. Willst du lieber dein Zuhause verschönern? Dann bist du bei **Marinette Décoration** an der richtigen Adresse. Das Unternehmen ist auf schicke und inspirierende Einrichtungskonzepte spezialisiert, die moderne und traditionelle Elemente kombinieren.

Vor allem Männer sollten bei **Be-Store** reinschauen. In der Boutique dreht sich alles um Shorts jeglicher Art. Die Baumwollbeinkleider von Loïc Berthets gibt es nicht nur als Cargo- oder Golfshorts, sondern in einer großen Auswahl an Farben und Schnitten sowie in allen Größen.

Schnäppchenjäger:innen besuchen am besten **Les Galeries Tropéziennes.** Dieser bazarartige Laden ist seit 1903 eine feste Größe mit gleichbleibender Qualität in der Stadt. Es gibt einerseits ganz normale Gebrauchsgegenstände (Kurzwaren, Stoffe, Bürsten, Tischdecken) und andererseits typische St-Tropez-Accessoires (Badekleidung, Espadrilles, Kaschmirpullis, Strohhüte und Geschirr).

WO DIE SCHICKERIA SPEIST

La Petite Plage St-Tropez
Erfrischende Häppchen, eine Austernbar und Kaviar. Und das sind nur die Vorspeisen. €€€

La Sauvageonne
Entspannter Dschungelschick: Bar und Restaurant, samt Pianobar; lokaler Besitzer. €€€

Zetta
Pizzen, große Salate und Gourmetdesserts in hübscher Atmosphäre. Ein Schnäppchen in der Stadt. €€

Kultur tanken

Galerien in St-Tropez

Willst du nicht nur faulenzen? Als Kunst-Fan findest du hier sicher genug Inspiration. Die **Fondation Linda et Guy Pieters** (kostenlos) ist eine der renommiertesten zeitgenössischen Kunstsammlungen der Côte d'Azur; sie befindet sich in zentraler Lage, direkt bei der Place des Lices. Weiter geht's in der **Bel-Air Fine Art Galerie,** die zu einer der führenden Galeriengruppen für zeitgenössische Kunst in Europa gehört. Die Kunstwerke treffen den Geschmack von St-Tropez und spiegeln gleichzeitig die Trends der internationalen Kunstszene wider.

Wenn du lieber maritimes Flair suchst, dann schlendere zur **Villa La Vieille Mer.** Sie steckt voller nautischer Antiquitäten: Schiffslaternen, Steuerräder, Teleskope, Schiffsuhren und vieles mehr.

Das **Musée de l'Annonciade** präsentiert eine beeindruckende Sammlung moderner Kunst in einer elegant umgebauten Kapelle aus dem 16. Jh., ein Schwerpunkt liegt auf dem Pointillismus von Paul Signac.

Segeln mit Prestige

Die schönsten Schiffe im Mittelmeer

Im Spätsommer kehrt der Wind zurück und damit eines der größten Jacht- und Segelfestivals an der Küste: **Les Voiles de St-Tropez** nimmt den Golf und den Hafen Ende September zehn Tage in Beschlag. Die Regatta kannst du vom Wasser aus beobachten, auf einem der Boote von **Les Bateaux Verts.** Die große Hafenausfahrt am Morgen ist auch spannend. Wenn du ein bisschen Ahnung vom Segeln hast, suchst du auf **Vogavecmoi** (vogavecmoi.com) nach einem Kapitän oder einer Kapitänin, der oder die dich mit an Bord nimmt. So verfolgst du die Regatta aus nächster Nähe.

Zehen im Sand

Leitfaden für die Beach-Clubs-Szene

Die erste Strandbar öffnete in St-Tropez in den 1950er-Jahren. Damals arbeitete die 22-jährige Brigitte Bardot hier an einem Film. Die Schilderungen der Filmcrew über eine Bar am Strand verbreiteten sich in der Kunstszene von Paris rasant.

Die **Plage de Pampelonne** ist heute der berühmteste Strand und hat die größte Auswahl an Clubs. Er ist ein Muss für Leute, die das erste Mal in St-Tropez sind. Und alle anderen kehren gern wieder zurück. An den meisten Stränden gibt es öffentliche Bereiche, so auch am Pampelonne. An diesem Strand

DARUM LIEBE ICH ST-TROPEZ

Ashley Parsons,
Lonely Planet-Autorin

Nicht alle mögen das Bling-Bling von St-Tropez, aber wenn du dem Ort eine Chance gibt, wirst du merken, wie freundlich die Leute sind und welchen zeitlosen Stil und raffinierten Geschmack sie haben.

Ich liebe St-Tropez im Frühling und im Herbst. Da plaudere ich gern mit den Angestellten im Café de Paris.

In der Nebensaison, wenn es weniger heiß ist, schlendere ich von Café zu Café, werfe unterwegs einen Blick in die Geschäfte und gönne mir eine berühmte *Tarte Tropézienne.*

WOCHENENDMÄRKTE UM ST-TROPEZ

Freitag
Ste-Maxime ganzjährig; Le Rayol (Küstenort im Westen) April bis September.

Samstag
St-Tropez und Cogolin (im Landesinnern) ganzjährig.

Sonntag
Port Grimaud, La Garde-Freinet (im Landesinneren) und Ramatuelle (südlich von St-Tropez) ganzjährig.

FAMILIENFREUNDLICHE STRÄNDE

St-Tropez ist berühmt für seine Partys und für Luxusurlaub. Familienfreundliche Strandclubs findest du eher in **Ste-Maxime,** auf der **Presqu'île de Giens** (S. 115) oder in **Nizza** (S. 61).

geht's jedoch ums Sehen und Gesehenwerden. Reserviere dir also eine Liege inklusive Lunch in einem der Clubs, die die Promenade säumen und deren Sonnenschirme hübsch in Reih und Glied am Strand stehen. Hier erwartet dich der „heißeste Sommer Europas" – mit Genuss, Glamour und Entspannung.

Für die authentische Pampelonne-Atmosphäre empfiehlt sich **La Réserve à la Plage,** ein Club im Bohème-Schick und mit kunstvoll gemixten Cocktails und einer Boutique.

Cabane Bambou ist der beste Club für Frühaufsteher:innen, es gibt Frühstück und eine Liege ab 29 €.

Du suchst nach etwas mehr Ruhe, aber willst nicht auf Luxus verzichten? Dann ist **La Cabane Méditerranée** am Rand der Plage d'Héraclée (Liegen ab 24 €) das Richtige. Etwas weiter von St-Tropez entfernt ist der Strand wilder als der von Pampelonne. Der Club liegt versteckt an einem Felsen.

Wenn du nicht in Pampelonne übernachtest, nimmst du am besten ein Taxi, um in diese exklusive Gegend zu gelangen. Es gibt aber auch einen lokalen Bus (Linie 3), der vom Busbahnhof von St-Tropez aus nach Pampelonne fährt.

ST-TROPEZ: UNBEZAHLBAR?

In Saint-Tropez tummelt sich der Jetset. Deshalb kann ein Besuch ins Geld gehen, selbst für die ganz Sparsamen. Den Glamour zahlst du überall mit. Hotels in der Stadt gibt es ab etwa 200 € pro Nacht, Liegen im Strandclub kosten 50 € bis 150 € (und in einigen musst du zu Mittag oder zu Abend essen). Wenn du Geld sparen willst, verzichte auf eine Liege am Strand Pampelonne. Sichere dir dafür so früh wie möglich einen Platz an einem öffentlichen Strand. Und reserviere einen Tisch im Bistro **Le Sporting** – Pizza gibt's dort schon für 11 €.

Ste-Maxime mit Stil

Strände, Promenaden und Häfen

Ste-Maxime liegt gegenüber von St-Tropez, am anderen Ende der Bucht. Die Stadt bietet lange, weiße Sandstrände – ideal für einen Tag am Meer mit Familie und Freunden. Anders als bei den Strandclubs von St-Tropez herrscht in Ste-Maxime eine ruhigere Atmosphäre. Es ist das Topziel für alle, die dem Trubel entfliehen wollen und Entspannung suchen.

Der Privatstrand **Barco Beach** hat eine spezielle Kinderecke, die den ganzen Sommer über für Unterhaltung sorgt – perfekt für Eltern, die organisierte Kinderbespaßung mögen. Für Naturfans ist die **Plage de la Madrague** ein Muss. Hier kannst du beim Schnorcheln die Unterwasserwelt bewundern.

Der lange Küstenstreifen eignet sich für ausgedehnte Spaziergänge. Schlendere beispielsweise am Abend entlang der Pinien gesäumten **Promenade Aymeric Simon Lorière** in der Nähe des Hafens. Hier findet mittwochs der Antiquitätenmarkt statt und an Sommerabenden gibt es meist Livemusik.

Im **Hafen von Ste-Maxime** liegen über 800 Boote – von Segel- und Fischerbooten bis zu Motorbooten und Megajachten, und auch mal eine Jolle. Hier ist immer etwas los. Im Sommer lädt etwa das **Théâtre de la Mer** fast täglich zu kostenlo-

CLUBS NACH DEM STRANDCLUB

Le Piaf St-Tropez
In dem schicken Lokal dominiert die Farbe Rot. Es vereint Restaurant, Cocktailbar und Club.

L'Esquinade
Der Gay-Club in St-Tropez, direkt beim Hafen. Der letzte Stopp für Clubgänger und bis zum Morgengrauen voll.

Club le Gaïo
Seit 1958 strömen die Stars zum Tanzen hierher. Peruanisch-japanische Fusionsküche; bis 6 Uhr geöffnet.

sen Musik- und Theateraufführungen ein. Zwischen Ste-Maxime und St-Tropez pendeln Shuttleboote von Bateaux Verts (bateauxverts.com; 15 Min.).

Venedig der Côte d'Azur

Fototour

Wenn du ein paar schöne Fotos schießen und St-Tropez mal entfliehen willst, solltest du zunächst nach **Port Grimaud** fahren. Der moderne Freizeithafen liegt zwischen St-Tropez und Ste-Maxime und wird durch hohe Wälle von der viel befahrenen N98 abgeschirmt. Die kleinen Fußgängerbrücken und die Kaianlagen voller Motorboote sind sehr fotogen.

7 km weiter im Hinterland liegt **Grimaud,** ein mittelalterliches Bergdorf, das von den mit Weinbergen, Olivenhainen, Eichen und Buchen bedeckten Ausläufern des Massif des Maures umgeben ist. Im Frühling bietet das Blütenmeer der **Rue de la Treille** ein reizendes Fotomotiv. Zauberhaft in die Natur eingebettet liegt die **Pont des Fées** (Feenbrücke), Teil eines ehemaligen Aquädukts. Bei einem gemütlichen Spaziergang kannst du die umliegende Natur bewundern.

Kulinarisch zu empfehlen ist **Chez Jeff et Ju,** ein freundliches Tapasrestaurant im historischen Zentrum von Grimaud. Wenn du Lust auf etwas Süßes hast, hol dir ein Eis bei **J'aime les Glaces**.

JUERGEN WACKENHUT/SHUTTERSTOCK ©

Ste-Maxime

BESTE GÜNSTIGE LOKALE IN STE-MAXIME

La Maison Bleue
Das berühmte Restaurant hat zwar einen neuen Besitzer, bleibt aber dem Bewährten treu. Genieße die gemütlichen Sitzgelegenheiten und die kreative Küche, wie Oktopus mit Chorizo oder provenzalische Aioli. **€€**

Le Carillon
Italienische und französisch inspirierte maritime Küche in der Nähe der Kirche. Das Preis-Leistungs-Verhältnis der Pizzen, Grillgerichte und Tagesgerichte ist mehr als gut. **€€**

La Casa Mia
Entspanntes Familienrestaurant mit hausgemachter Brasserie-Küche: große Salate, Tagesgerichte wie Moules Frites, gefüllter Tintenfisch und Tartar – zu unschlagbaren Preisen. **€**

FEIERLICHKEITEN IN ST-TROPEZ

Fête des Vendanges
Jedes Jahr wird Anfang September die Traubenernte gefeiert.

Fête de la Libération
Am 15. August 1945 wurde Ste-Maxime befreit, das wird gefeiert. Genieße das Feuerwerk über dem Golf.

Fête du Vélo
Dieses erst 2022 initiierte Fahrradfestival findet Anfang April statt.

Grimaud erwacht im Sommer zum Leben, wenn Straßenkünstler:innen aus der ganzen Welt für ein Open-Air-Festival anreisen. Vielleicht entdeckst du sogar ein paar bekannte Namen. Die ausgelassene Stimmung setzt sich im August mit **Les Grimaldines** fort, einem Festival für Weltmusik und Straßentheater.

Bus 887 verbindet St-Tropez mit Grimaud. Port Grimaud erreichst du am einfachsten mit der Fähre.

LANDSCHILDKRÖTEN

Die Griechische Landschildkröte *(Testudo hermanni hermanni)* ist eine gefährdete Art, hauptsächlich in Italien, Sardinien und Korsika verbreitet. Ein paar Exemplare leben noch im Var – vor allem in Grimaud.

Am Rande des Dorfs, in der Nähe der Pont des Fées, könntest du sie entdecken. Die Schildkröte ist recht klein – zwischen 7 cm und 18 cm lang –, aber durch das auffällige schwarz-gelbe Muster auf dem Panzer leicht zu erkennen (wenn sie sich nicht im Gebüsch versteckt).

Im Schildkrötenzentrum **Village des Tortues** in Carnoules, ungefähr eine halbe Stunde landeinwärts gelegen, erfährst du mehr über die Landschildkröte.

Pont des Fées, Grimaud (S. 109)

ÜBERNACHTEN IN ST-TROPEZ

Lily of the Valley
Bekanntes Fünf-Sterne-Hotel mit einem neuen Strandclub, exklusiv und intim. **€€€**

Lou Pinet
Entspanntes Hotel mit Vintage-Schick einige Zimmer haben Privatgärten; Spa in einer Höhle. **€€€**

La Bastide d'Antoine
Etwas günstigeres Hotel in St-Tropez mit stylischen Zimmern, Suiten und Villen. **€€€**

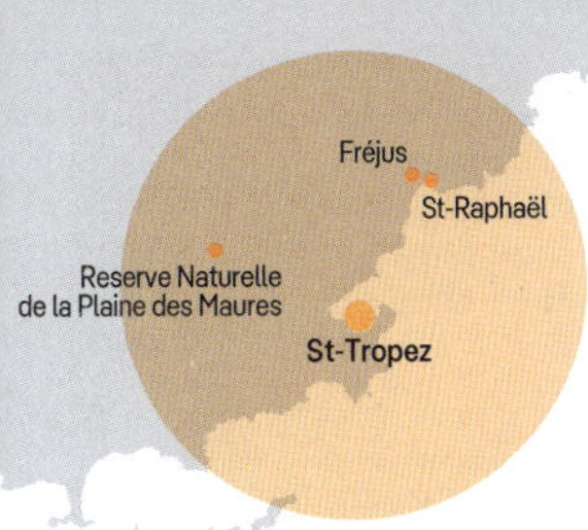

Rund um St-Tropez

Erkunde im Landesinneren ein Naturschutzgebiet oder besuche die erschwinglicheren Städte Fréjus oder St-Raphaël.

Nördlich von St-Tropez liegt die Réserve Naturelle de la Plaine des Maures. Hier kannst du dir auf endlosen Wanderwegen frischen Wind um die Nase wehen lassen. Im Osten von St-Tropez verläuft die Küste weiter in Richtung Antibes und Nizza. Abenteuerlustige Reisende begeben sich an diesem Küstenabschnitt auf die Suche nach der perfekten Felsenbucht zum Baden. St-Raphaël und Fréjus verströmen eine entspannte Atmosphäre, sind erschwinglich und somit auch für Familien geeignet.

Paradies vor der Tür

Unterwegs im Naturreservat

Auf der Suche nach einer einfachen Outdooraktivität für die ganze Familie? Dann begib dich auf den 12,6 km langen Rundweg der **Réserve Naturelle de la Plaine des Maures.** Während der Wanderung durch das Reservat, vorbei an Pinien, Korkeichen und Macchia, haltet ihr Ausschau nach den hier lebenden Tieren: Wildschweinen, Füchsen, Rehen und vielen Vogelarten.

Unterwegs hast du auch die Chance, nistende Zugvögel am unberührten See **Lac des Escarcets** zu beobachten. Der See ist von Schilf umgeben und damit ein Lebensraum für zahlreiche Wasservögel.

UNTERWEGS VOR ORT

Es gibt keine richtige Grenze zwischen Fréjus und St-Raphaël. Die jeweiligen Zentren lassen sich gut zu Fuß erkunden. Für weiter entfernte Touren ist ein Auto die einfachste Option. Die Parkplatzsuche kostet jedoch viel Zeit und günstig ist das Parken auch nicht.

TOP TIPP

Für einen Zwischenstopp auf dem Weg von Nizza nach St-Tropez bieten sich Fréjus und St-Raphaël mit einigen guten Unterkünften an.

Lebendige Küstenorte

Städtische Strände

Fréjus und St-Raphaël liegen weiter östlich an der Riviera. Sie sind vielleicht nicht so berühmt und glamourös wie St-Tropez, verfügen aber beide über einen einzigartigen Charme und einige Sehenswürdigkeiten.

Die Kleinstadt **Fréjus,** die in römischer Zeit unter dem Namen Forum Julii eine wichtige Provinzstadt in der Narbonensis war, besitzt viele römische Ruinen, darunter ein Amphitheater und ein Aquädukt. Im mittelalterlichen Zentrum mit engen Gassen und pittoresken Häusern liegt zudem die sehenswerte gotische Kathedrale **Cloître de la Cathédrale de Fréjus.**

Die **Plage de St-Aygulf** ist ein beliebter Strand zum Schwimmen und Sonnenbaden, während der **Plage de Port-Fréjus** mit seinem ruhigen Wasser und sandigem Ufer eine entspanntere Atmosphäre bietet.

St-Raphaël ist dagegen moderner und besitzt eine lebendige Strandszene. Der lange Sandstrand eignet sich perfekt zum Schwimmen, Sonnenbaden und für Wassersport. Im quirligen Hafen befinden sich viele Restaurants und Läden.

ROOFTOP-RESTAURANTS

Le Baïa
Verbringe einen Abend im Hafen von St-Raphaël auf den drei Ebenen des Lokals mit Bar, Restaurant und Club auf dem Dach (im Sommer). Die asiatisch-mediterrane Fusionsküche ist lecker und leicht. **€€**

Le Touring
Das Le Touring ist der Inbegriff der noblen französischen Riviera und mit seinem schicken Ambiente und dem Dachrestaurant ein Ruhepunkt im quirligen Zentrum von St-Raphaël . **€€€**

Seventh Heaven
Das Dachrestaurant mit Bar befindet sich im vierten Stock eines Hauses in Fréjus. Es bietet einen Blick über den Port St-Raphaël bis nach St-Tropez. Abendessen, Bar und Musik bis 2 Uhr. **€€**

Cloître de la Cathédrale de Fréjus

Hyères

Westlich von St-Tropez liegt Hyères, ein Küstenort mit langer Geschichte, zeitgenössischen Galerien und einer spannenden Strandszene. Schau dir unbedingt die mittelalterliche Burg an, die ein spektakuläres Panorama bietet.

Nur eine kurze Fährfahrt von Hyères entfernt liegt die Île de Porquerolles, ein Paradies für Outdoor-Fans. Leih dir ein Rad und erkunde die Strände und Buchten. Auf der nahen Île de Port-Cros findest du einige der besten Wanderwege der Region mit tollen Ausblicken aufs Mittelmeer und die umliegenden Inseln.

Hyères und seine Umgebung bieten zahlreiche Campingmöglichkeiten, darunter viele altbewährte Plätze direkt am Meer.

UNTERWEGS VOR ORT

Innerhalb von Hyères und zu den Stränden empfehlen sich die Busse von Mistral. Linie 67 verbindet die Stadtmitte mit der Presqu'île de Giens (Halbinsel Giens). Zwischen den Küstenorten fahren die Busse von Zou! und auch Züge.

Ein Tag in der Stadt

Zu Fuß durch Hyères

Hyères ist über 2400 Jahre alt, was sich in der Altstadt widerspiegelt. Starte also mit der Erkundung in der pittoresken ***vieille ville*** (Altstadt). Los geht's an der Westseite der Place Georges Clemenceau am Stadttor **Porte Massillon** aus dem 13. Jh. Über die kopfsteingepflasterte Rue Massillon gelangst du gen Westen zur Rue des Porches mit ihren polierten Gehwegplatten und schattigen Arkaden. Schlendere einfach weiter durch die engen Gassen.

Im Anschluss daran folgt die Besichtigung des **Château d'Hyères,** das auf dem Hügel Castéou liegt und dessen Geschichte bis ins 10. Jh. zurückreicht. Spaziere dann zum **Castel Ste-Claire,** einem großartigen Anwesen auf den Fundamenten eines alten Klosters. Der angrenzende gleichnamige Park ist ein bemerkenswerter, 6500 km^2 großer Garten voller Blumen und tropischer Vegetation.

Feinschmecker:innen sollten in **L'Enoteca** zu Mittag essen, einem gehobenen Restaurant in der Altstadt, das von einem engagierten Paar geführt wird. Die Küche ist modern, authentisch und großzügig.

TOP TIPP

Wenn du die Île de Porquerolles besuchen möchtest, solltest du früh buchen, weil nur 6000 Besucher:innen pro Tag auf der Insel erlaubt sind. Auch um eine Unterkunft musst du dich in der Hochsaison rechtzeitig kümmern.

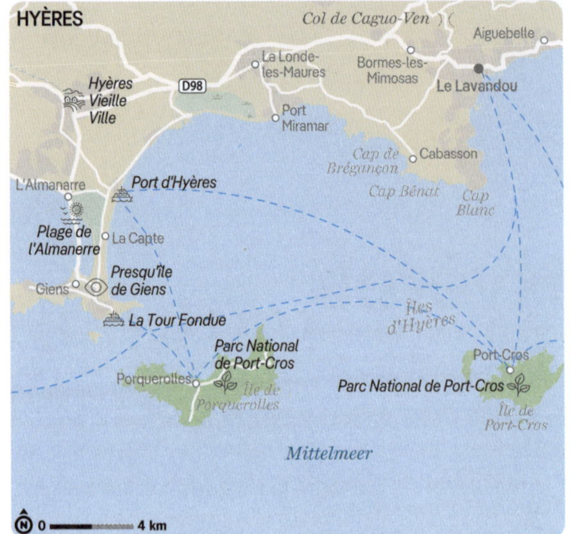

KÜNSTLERISCHE INSPIRATION

Hyères bietet alles, was einen Urlaub in Südfrankreich ausmacht. Und die Stadt ist nicht so überlaufen. Für manche Reisende ist die Tatsache, dass die Verlockungen der angesagten Städte „unerreichbar" sind, umso attraktiver. Seit Generationen kommen Kreative hierher, um zu arbeiten.

Joseph Conrad erwähnt die Halbinsel etwa in seinem letzten Werk *Der Freibeuter.* F. Scott Fitzgerald hat hier *Den großen Gatsby* korrigiert. Robert Louis Stevenson wiederum schrieb 1884 mehrere seiner Romane im Grand Hôtel des Îles d'Or, darunter die Romanze *Prinz Otto.* Vielleicht ist dies der richtige Ort für einen Schreiburlaub?

Weiter geht's zur großbürgerlichen **Villa Noailles.** Dieses bedeutende Zeugnis moderner Architektur entwarf Robert Malet-Stevens 1923. In dem kubistischen Labyrinth aus Beton und Glas wechseln sich neben einer ständigen Sammlung Ausstellungen moderner Kunst ab.

Den Tag kannst du in der Weinbar **Vinoterre Happy** mit leichten Tapas, Biowein und guten Vibes beschließen.

Paradiesisch: Île de Porquerolles

Radtour mit Badepause

Die **Île de Porquerolles** liegt nah am Festland und ist bei Familien und Naturbegeisterten beliebt. Da die Insel nur zu Fuß oder mit dem Fahrrad erkundet werden kann, solltest du zum Fährticket auch ein Rad buchen, mit dem du die entferntesten Strände der Insel müheloser und schneller erreichst. Besuche etwa die **Calanque de l'Oustaou-de-Diou** und bleibe ein paar Stunden in der Bucht. Auf dem Rückweg kannst du einen Abstecher zu den schwarzen Stränden ganz im Osten der Insel unternehmen.

Eine Flasche Rosé der **Domaine d'Île,** von einem der drei Weingüter der Insel, eignet sich übrigens hervorragend als Souvenir.

ESSEN UND TRINKEN IN HYÈRES

Vola Café
Seit Langem eine feste Größe im Stadtzentrum, mit hübschen blauen Fensterläden und einer grünen Terrasse.

Vinoterre Happy
Weinbar mit einer guten Auswahl an Bioweinen, regionalen Weinen und Tapas.

Au Fil de L'eau
Raffiniertes Fischrestaurant, gute tagesfrische Auswahl wie Wolfsbarsch, Brasse oder Plattfisch. Reservieren.

Französische Begriffe treffen oft den Nagel auf den Kopf, so heißt Schnorcheln: *randonnée palmée*, also Wandern mit Flossen. Vor der Küste der Insel Porquerolles lassen sich ein paar Stunden mit solchen „Unterwasserwanderungen" verbringen. Die **Calanque de Brégançonnet** ist ein leicht zugänglicher Ort, falls du allein schnorcheln willst. Ansonsten bietet **Ileo Porquerolles** (ileo-porquerolles.fr) geführte Touren in das empfindliche Ökosystem für 65 € pro Person. Zu den am häufigsten vorkommenden Fischarten gehören Schleimfischartige, Schnauzenbrassen und Wolfsbarsche.

Ganzjährig verkehren Fähren (20 Min.) von **TLV** (tlv- tvm.com) ab dem Wehrturm **La Tour Fondue** am Südende der Halbinsel Giens zur Île de Porquerolles.

Manche Wanderwege auf der Insel können wegen Brandgefahr in der Hochsaison geschlossen sein.

Windsurfen bis Waten

Strandtage auf der Presqu'île de Giens

Die **Presqu'île de Giens** (Halbinsel Giens) liegt im Süden von Hyères, gegenüber der Île de Porquerolles. Auf der Halbinsel befinden sich großartige Strände und historische Salinen, in denen früher Meersalz gewonnen wurde. Obwohl sie nicht mehr genutzt werden, lohnt es sich, dort entlangzuspazieren und dabei Vögel zu beobachten, darunter pinkfarbene Flamingos auf Futtersuche.

Wenn Wind- oder Kitesurfen dein Ding ist, dann solltest du zur **Plage de l'Almanerre** an der Westküste fahren. Trotz des flachen Wassers ist Schwimmen nur in ausgewiesenen Bereichen erlaubt.

Die **Plage du Pradeau,** nahe der Ferse der Halbinsel, ist ebenfalls empfehlenswert. Er ist windgeschützt und nur zu Fuß oder per Boot zu erreichen, im Sommer sind Motorboote verboten.

Handiplage Plage de la Bergerie an der Ostküste ist ein herausragendes Beispiel für inklusiven Tourismus. Der barrierefreie Strand ist entsprechend ausgestattet mit Strandrollstühlen, Einstiegshilfen und behindertengerechten Sanitäranlagen. Ein Team von ausgebildeten Freiwilligen unterstützt Menschen mit Behinderung.

CAMPING AN DER KÜSTE

Camping à la Ferme le Pradeau
Dieser kleine Campingplatz hat direkten Zugang zum Strand und vernünftige Preise. Restaurants sind fußläufig zu erreichen. Gut gelegen für Strandausflüge auf die Halbinsel Giens. **€**

Camping Bernard
Im Schatten von Eukalyptusbäumen und direkt am Strand liegt dieser kleine Campingplatz. Auf seiner Boulesbahn lernst du sicher französische Urlauber:innen kennen. Auf dem Platz gibt es ein Restaurant. **€**

Camping les Moulières
Ein Vier-Sterne-Platz in Küstennähe, der der Versuchung widersteht, Caravane und Wohnmobile möglichst eng aneinander zu stellen. Es gibt ein paar hübsch eingerichtete Glampingzelte mit Küchenzeile. **€€**

BESTE STRÄNDE AUF DER ÎLE DE PORQUEROLLES

Calanque de l'Oustaou-de-Diou
Kleine, felsige Bucht auf der Südseite der Insel, toll für kurze Schnorcheltouren.

Plage d'Argent
Der Strand in der Nähe vom Hafen ist bei Familien mit kleinen Kindern beliebt.

La Plage Notre-Dame
Der größte Strand der Insel liegt an der Nordwestküste, 30 Minuten Fußweg vom Hafen entfernt.

WANDERN AUF DER UNBERÜHRTEN ÎLE DE PORT-CROS

Der Parc National de Port-Cros ist der kleinste französische Nationalpark. Der folgende 14 km lange Wanderweg führt im Uhrzeigersinn um die Insel. Er beginnt am Fort du Moulin und endet am Hafen von Port-Cros. Die TLV-Fähre (tlv-tvm.com) bringt dich vom Port d'Hyères oder La Tour Fondue hierher, die Fahrt dauert eine Stunde.

Die Tour startet mit einem Besuch des ❶ **Fort du Moulin,** einer Festung aus dem 18. Jh., die den Hafen überblickt. Von hier hast du eine tolle Aussicht. An der ❷ **Plage de la Palud** kannst du abtauchen und einem Schnorchelpfad folgen. Er besteht aus sechs Stationen, die die Biodiversität der Region vorstellen. Die Ausrüstung vermietet Sun Plongée im Hafen.

Der Wanderweg verläuft nun an der Nordseite der Insel entlang der Felsenklippen, umweht von einer erfrischenden Meeresbrise und mit schönen Ausblicken aufs Mittelmeer. Nach ungefähr 5 km erreichst du die ❸ **Plage de Port-Man** in einer ruhigen Bucht, wo du eine Pause einlegen und schwimmen kannst. Einen kurzen Abstecher wert ist das ❹ **Fort de Port Man,** das zur Kontrolle der Wasserwege zwischen Port-Cros und der Île du Levant errichtet wurde.

Der Weg verläuft dann nach Süden und kommt am ❺ **Fortin de la Vigie** vorbei, das auf dem höchsten Punkt der Insel steht. Die Wanderung endet im Hafen von Port-Cros. Bevor du die letzte Etappe antrittst, solltest du einige Zeit am beliebtesten Strand der Insel verbringen, der ❻ **Plage du Sud.** Der breite Sandstrand und das flache Wasser sind traumhaft. Nimm ein Picknick und Trinkwasser vom Festland mit.

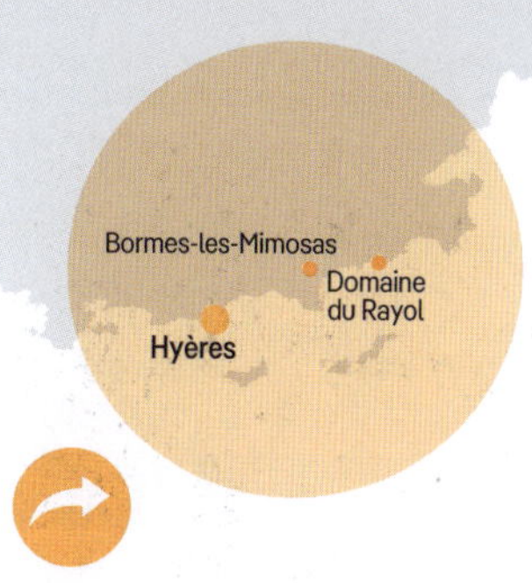

Rund um Hyères

Die Mimosen sind deine Wegbegleiter auf der Erkundungstour entlang der Côte d'Azur.

Die französische Riviera ist für luxuriöse Ferienorte entlang der Küste bekannt. Aber ein bisschen Flowerpower im Urlaub kann auch nicht schaden. Die Gärten und die winterliche Mimosenblüte der Region sind beeindruckend.

Der Garten Domaine du Rayol präsentiert Landschaften aus Gegenden der Welt, die unter ähnlichen klimatischen Bedingungen gedeihen wie mediterrane Pflanzen. Es gibt viele verschiedene Spezies, beispielsweise aus Chile, China oder Australien.

Ein Besuch von Bormes-les-Mimosas zur Mimosenblüte im Winter ist ein Highlight. Die Route du Mimosa verbindet Bormes-les-Mimosas und St-Raphaël und gibt Einblick in das reiche Kulturerbe der Region.

UNTERWEGS VOR ORT

Busse von Zou! fahren nach St-Tropez, Hyères und Toulon. Einen TGV-Bahnhof gibt es in Hyères und Toulon. Ein Auto kann praktisch sein, aber an der Küste reicht auch ein E-Bike.

Mediterrane Gärten der Welt

Eine botanische Weltreise

Die 1910 gegründete **Domaine du Rayol** ist ein Naturschutzgebiet und ein einzigartiger botanischer Garten, wo Pflanzen aus allen der mediterranen Klimazone ähnelnden Gegenden der Welt wachsen. Deshalb gibt es hier zahlreiche Sukkulenten und Kakteen sowie duftende Kräuter und Sträucher. Staune über Mimosen im chilenischen und über Eukalyptus im australischen Garten. Die dichte Flora erstreckt sich den Hügel hinunter bis zum Meer. Besonders schön blüht alles im April und Mai, aber auch zu anderen Jahreszeiten ist der Garten immer einen Besuch wert. Zur Anlage gehört auch ein Unterwasserpfad, der im Sommer für Besuchende ab acht Jahren geöffnet ist.

TOP TIPP

Dieser Teil der Küste ist ein Geheimtipp für den Winter. Wenn die Mimosen blühen, vergisst du, dass es Februar ist.

LOKALE KÖSTLICHKEITEN

Marion Laperche ist die Gründerin von Lemon Story. Sie baut seltene Zitrusfrüchte in Südfrankreich an und verwandelt sie in göttliche Marmeladen und in Schnaps. *@lemonstory*

Ich liebe den Sommer wegen der Wärme, dem Meer, der *bouillabaisse* (Fischsuppe) und der Tomaten. Im Winter, wenn die Zitrusfrüchte reif sind, habe ich viel zu tun. Im Frühling treiben die Knospen aus und fangen an zu blühen. Das beobachte ich gern.

Wenn du vor Ort bist, solltest du dir folgende Produkte nicht entgegen lassen: Feigen aus Solliès (erhältlich im September und Oktober), Fisch vom Hafen in Niel, Olivenöl der Domaine du Moulin und Wein vom Clos Cibonne in Pradet.

Rayol-Canadel-Sur-Mer (S. 117)

Hier gibt es zahlreiche Aktivitäten, die man am besten im Voraus bucht, darunter sind Kinder-Workshops, Yogakurse, Ausstellungen und Open-Air-Konzerte. Die Gärtner:innen bieten auch Touren an.

Der Garten liegt entlang der Corniche des Maures. Im Juli und August verkehrt ein kostenloser Shuttlebus aus der nahe gelegenen Stadt Rayol-Canadel-Sur-Mer.

Auch der **Parc Gonzalez** in Bormes-les-Mimosas ist zu empfehlen. Dieser botanische Garten versammelt seit 2004 vor allem Pflanzen aus der Südsee.

Der **Jardin Emmanuel Lopez** in Porquerolles präsentiert Pflanzen aus aller Welt, die an das mediterrane Klima angepasst sind. Zahlreiche Palmenarten findest du hier.

PARADIESISCH SPEISEN

Le Café des Jardiniers
Das Café in der Domaine du Rayol ist Grund genug, den Garten zu besuchen. Probiere die Thymianlimonade. **€€**

L'Estagnol
Im Stil einer *guinguette* (Taverne) serviert das Lokal in Bormes Gerichte aus dem Holzofen und lokalen Fisch. **€**

Le Jardin Restaurant
Verborgen in einem kühlen Garten in Bormes-les-Mimosas mit einen Schwerpunkt auf essbaren Blumen. **€€€**

IM E-AUTO AUF DER ROUTE DU MIMOSA

Die Route du Mimosa führt entlang der Côte d'Azur von Bormes-les-Mimosas nach St-Raphaël. Diese Panoramastraße bereist du am besten mit einem E-Auto im Winter. In Bormes-les-Mimosas kannst du einen E-Fiat bei Carrefour (location.carrefour.fr) mieten. In den Dörfern stehen meist ein oder zwei öffentliche Ladestationen zur Verfügung.

Die Reise beginnt im charmanten Dorf **1 Bormes-les-Mimosas,** das für seine Mimosenbäume berühmt ist. In der örtlichen Gärtnerei wachsen fast hundert Mimosenarten. Sie ist damit die größte der Region. Bevor es weiter nach Westen geht, unternimm einen Abstecher zum **2 Fort de Brégançon,** der Sommerresidenz des französischen Präsidenten. Sie liegt auf einer kleinen Insel und ist über einen Damm mit dem Festland verbunden. Danach folgt der **3 Col du Canadel,** ein Pass mit schöner Aussicht. Der Blick reicht bis zu den drei Inseln vor Hyères. Nach ungefähr 42 km halte in **4 Ste-Maxime** für einen Imbiss. Probiere eine Mimosen-Madeleine bei Chez Taste Gourmet, einer lokalen Bäckerei. Der delikate Geschmack der Mimosenblüte verleiht dieser klassischen französischen Leckerei eine einzigartige Note.

Das letzte Etappenziel im Var ist **5 St-Raphaël,** 59 km vom Startpunkt entfernt. Hier kannst du in der **6 Calanque d'Anthéor** am Rande des Estérel wandern.

Wenn die Zeit es zulässt, verlängerst du die Route nach Mandelieu-la-Napoule (108 km), Tanneron (112 km), Pégomas (115 km) oder Grasse (130 km).

GEMÜTLICHE UNTERKÜNFTE BEI BORMES-LES-MIMOSAS

Hôtel le Bailli de Suffren
Außergewöhnlich elegantes Hotel direkt am Strand von Rayol. Vintage-Charme, große Zimmer, ein privater Pool und gehobener Service. **€€€**

La Villa Thalassa
Gemütliches und ruhiges B&B mit drei Zimmern und einem niedlichen Holz-Wohnwagen. Es gibt einen Pool mit Aussicht und eine Terrasse, auf der du den Sonnenuntergang beobachten kannst. **€€**

Hostellerie du Cigalou
Die Herberge liegt unschlagbar zentral in Bormes-les-Mimosas und verfügt über 20 komfortable und preiswerte Zimmer. **€€**

Hôtel California
Im nahe gelegenen Le Lavandou bietet dieses altehrwürdige Hotel saubere Zimmer und alles, was Reisende mit kleinem Budget brauchen. **€**

Land der Mimosen

Das Blumendorf aus dem 12. Jahrhundert

Bormes-les-Mimosas, 20 km östlich von Hyères, ist nach den zahlreichen Mimosen benannt, die hier wachsen und ein Wahrzeichen der Region sind. Zu sehen sind über hundert unterschiedliche Mimosenarten, die zwischen Januar und März blühen und die umliegende Landschaft in ein strahlendes Gelb hüllen.

Die Beziehung der Stadt zur Mimose begann im 19. Jh., als die Blume aus Australien eingeführt wurde. Die auch als Goldakazie bekannte Pflanze wurde bei den Einheimischen schnell beliebt und in der ganzen Region großflächig angebaut. Heute verfeinern viele lokale Unternehmen ihre Produkte mit Mimosen, etwa Parfüms, Seifen und Kerzen.

Vielleicht liegt es an den lieblichen Mimosen oder an der luftigen Brise, die festgefahrene Konzepte einfach wegweht, jedenfalls scheinen die Künstler:innen von Bormes-les-Mimosas besonders kreativ zu sein. Deshalb findet sich hier sicher ein nettes Souvenir: Schöne und elegante Hüte für jeden Anlass von der Hutmacherin Clémence Grisot stehen bei **Les Bibis du Midi** zur Wahl. Der Glasbläser Stéphane Marchioni betreibt das Glasschmuckgeschäft **A l'En Verre.** Handgemachte Seifen, Kerzen und andere Naturprodukte gibt es bei **Savonnerie de Bormes** auf der Hauptmeile.

Im Februar feiert Bormes les Mimosas die gelben Blüten und ihre Bedeutung für den Ort beim **Mimosenfest.** Gäste können Touren durch die Mimosenhaine unternehmen und etwas über die Geschichte und den Anbau der Pflanze erfahren.

MARINA VN/SHUTTERSTOCK ©

Bormes-les-Mimosas

Provence Verte

Die Provence Verte, die grüne Provence, ist für sanfte Hügel und idyllische Bergdörfer bekannt. Diese Region im Hinterland von Hyères, ist ein Paradies für Naturliebhaber:innen und ein Rückzugsort von der trubeligen Küste. In den engen Gassen der Dörfer Bargème, Tourtour Châteaudouble, Cotignac und Barjols kannst du den Alltag vergangener Zeiten nachempfinden. Feldwege verbinden diese Gemeinden miteinander und Urlauber:innen, vor allem mit kleinen Kindern, werden es zu schätzen wissen, abseits der Hauptstraßen radeln zu können.

Heutzutage assoziieren viele die Region nicht nur mit der Farbe Grün, sondern auch mit Rosé. Denn hier entstehen exzellente Roséweine. Wegen des angenehmen mediterranen Klimas – heiße Sommer und milde Winter – kann die Provence Verte das ganze Jahr über bereist werden.

UNTERWEGS VOR ORT

Mit einem Mietwagen reist du am unkompliziertesten. Aber wenn du ein paar Tage in einem Dorf bleibst, ist das E-Bike die umweltfreundlichere Variante. Der Verleih kostet ab 35 € pro Tag.

Villages de Caractère

Burgen, Kirchen und Höhlen

Fünfzehn Dörfer im Var tragen den Titel *village de caractère*. Diese besonderen Dörfer mit Charakter sind einen Abstecher wert.

Bargème, gegründet im 9. Jh., liegt von allen Dörfern der Region Var am höchsten. Sein Labyrinth mittelalterlicher Straßen macht es zu einem charmanten Reiseziel. Du solltest unbedingt die Burgruine aus dem 13. Jh. besichtigen, von dort hast du einen spektakulären Blick über die Landschaft. Eine ähnlich hübsche Aussicht bietet **Fayence** über eine ruhige Ebene.

Am Fluss Nartuby liegt **Châteaudouble.** Es „klebt“ an den Felsen der **Gorges de la Nartuby.** Die Schlucht ist bei Wanderfans beliebt. Im Ort sind die Kirche aus dem 12. Jh.

TOP TIPP

Wenn du daran denkst, eine Villa im Landesinneren zu buchen und jeden Tag an die Küste zu fahren, überlege es dir noch einmal, denn du wirst häufig im Stau feststecken. Am besten verbringst du ein paar Tage am Strand und buchst dann ein paar Tage im Landesinneren.

SEHENSWERTES
1 Bargème
2 Château Nestuby
3 Châteaudouble
4 Commanderie de Peyrassol
5 Cotignac
6 Domaine Rabiega
7 Entrecasteaux
8 Fayence
9 Tourtour

AKTIVITÄTEN, KURSE & TOUREN
10 Villecroze

SONNENUNTERGANG IN TOURTOUR

Die schönsten Sonnenuntergänge im Hinterland des Var erlebst du auf dem zentralen Platz von **Tourtour.** Das bernsteinfarbene „Dorf im Himmel" liegt auf einem Hügel mit Blick auf die umliegende Landschaft. Das Zentrum des mittelalterlichen Ortes ist eine Fußgängerzone. Die kopfsteingepflasterten Gassen sind voller Galerien und Shops. Dies ist auch ein entspanntes Ziel für Familien.

In Tourtour solltest du unbedingt bei **La Table** vorbeischauen, einem urigen Café im Zentrum. Der Barista zaubert einen fluffigen Cappuccino zum Schnäppchenpreis und serviert erfrischende Drinks.

und die Burgruine sehenswert. **Entrecasteaux** ist für sein imposantes Schloss aus dem 16. Jh. bekannt, das über die Stadt wacht. Seine französischen Ziergärten sind Grund genug für einen Zwischenstopp. Früher sorgten hier ein Aquädukt und mit ihm verbundene Kanäle und Brunnen für die Bewässerung.

Um die ca. 700 000 Jahre alten Grotten von **Villecroze** ranken sich viele Legenden, die du vor Ort erforschen kannst. Ein kleiner Park führt zum Eingang der Grotten und zu einem kleinen Wasserfall.

Ein Tag voller Rosé

Weinbergstour

Den besten Roséweine der Provence findest du im Hinterland. Es gibt 300 Weingüter, die Auswahl ist also überwältigend. Wie wäre es für den Anfang mit den folgenden Tipps?

Geschichte, Kunst, Gastfreundschaft und guter Wein treffen in der **Commanderie de Peyrassol** aufeinander. Das im 12. Jh. vom Templerorden gegründete Gut ist heute biozertifiziert und ein beliebtes Ausflugsziel. Probiere einen Le Clos Peyrassol Rosé 2022. Verweile nach einer Tour über das Weingut für ein leichtes Mittagessen im **Le Bistrot de Lou.** Im Sommer ist die musikalische Cocktailstunde am Donnerstagabend ein Genuss.

Ein Rosé aus dem Var ist überall in der Provence ein fester Bestandteil des Mittagessens. Man schmeckt förmlich den felsigen Lehmboden, auf dem der Wein gedeiht, und die Meeresbrise und den Mistral, die ihn umwehen. Probiere den Wein der **Domaine Rabiega** in einem Weiler außerhalb von Draginuan. Dazu schmeckt eine in Bier marinierte Taube – ein besonderes, überraschend raffiniertes Gericht.

RADTOUR VON COTIGNAC NACH BARJOLS UND ZURÜCK

Diese 41 km lange Radtour durch das Hinterland des Var ist für alle Niveaustufen geeignet. Beginne den Tag in 1 **Cotignac,** das am Fuße eines Tuffsteinfelsen liegt, wo schon in der Bronzezeit Menschen siedelten. Bobby von Coti's Bike verleiht E-Bikes und klassische Räder. Erklimme zuerst den Felsen und bewundere die zahlreichen Höhlen. Danach folgst du der Route de Sillans aus dem Ort hinaus. Nach wenigen Minuten fährst du kurz auf der D13, bevor du links zum Clos de Meya abbiegst.

Der Kiesweg führt an einem grünen Hügel entlang und durch einen üppigen Wald: Diese Landschaft verleiht der Region ihren Namen: Provence Verte (grüne Provence). Nach 9 km stehst du direkt unter der Felsformation 2 **Gros Bessillon.** Die nächsten 10 km vergehen wie im Flug, weil es bis nach 3 **Barjols** bergab geht. Im 19. Jh. war Barjols fürs Ledergerben und für seine Brunnen bekannt. Gönn dir eine Mittagspause im Zentrum im Bistrot Popote et Tambouille.

Setzte deine Tour auf der Route Brignoles fort. Nach dem Dorf 4 **Châteauvert** führt der Weg zur 5 **Plage du Vallon Sourn,** wo du umgeben von Felsen ein erfrischendes Bad im Fluss Argens nehmen kannst.

Das nächste Ziel ist 6 **Correns,** das sich stolz „das erste Biodorf Frankreichs" nennt. Auf dem Hauptplatz kannst du eine Limonade oder, falls es schon früher Abend ist, etwas Alkoholisches im Le Petit Correnssois genießen.

Hebe dir etwas Energie für den Heimweg auf; jetzt geht's auf dem Kiesweg weiter durch Wald, Weiden und Weinberge entlang des Vieux Chemin de Cotignac.

Falls du in Cotignac übernachtest, empfiehlt sich ein Abendessen im Jardin Secret, das auf frischeste Zutaten der Saison setzt.

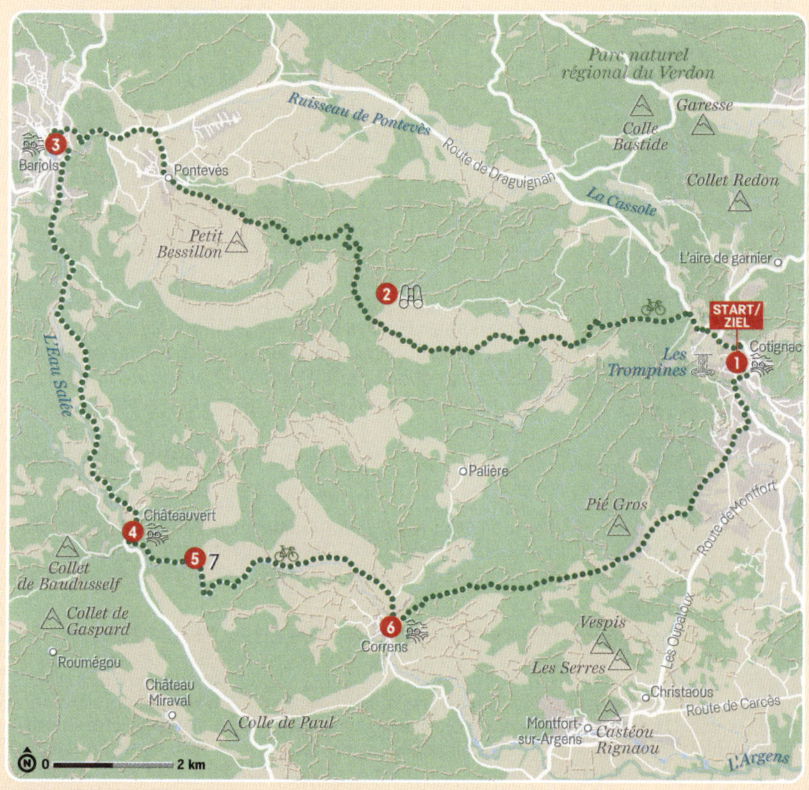

AUF DEM WEINGUT ESSEN

Chez Gavoty
Besuche im Sommer donnerstags die Domaine Gavoty zur Cocktailstunde: Es gibt Musik, Tapas und Weinproben. Das Gut liegt direkt an der A8, südlich von Cotignac. **€**

La Table de St-Roux
Der Küchenchef nutzt saisonale Produkte und serviert seine Kreationen im schicken Speisesaal oder auf der schattigen Terrasse des Château St-Roux. Das Lokal liegt in der Nähe der Kreuzung von A57 und A8. **€€**

Le Patriarche
In Château Ste-Croix gibt's direkt neben den Weinbergen Millefeuille aus Entenleber mit Trüffeln und Spargelravioli oder Desserts mit Erdbeeren und Eisenkraut. Südlich von Cotignac gelegen. **€€**

PAGE FREDERIQUE/SHUTTERSTOCK ©

Grottes de Villecroze (S. 122)

Falls du in einer Gruppe oder als Familie unterwegs bist, dann reserviere eine *visite ludique*, also einen „spielerischen Besuch" im **Château Nestuby** für gerade mal 17 €. Die Besuchenden lernen bei verschiedenen Aktivitäten das Weingut und seine Weine kennen und aktivieren dabei ihre fünf Sinne.

Weinbaugenossenschaften sind seit Langem in der landwirtschaftlichen Tradition der Region verankert und finden sich überall im Var. Diese Winzerinnen und Winzer müssen sich an strenge Anbaustandards halten.

ÜBERNACHTEN IN DER PROVENCE VERTE

Hotel La Falaise
Ein helles, sauberes und großes Hotel in einem gelben Gebäude in Cotignac. **€€**

La Petite Nice
Altmodisches Luxus-Dekor und charmanter Garten zu einem guten Preis in Barjols. **€€**

Camping de Correns Le Grand Jardin
Bei Correns liegt dieser familienfreundliche Campingplatz mit Zugang zum Fluss. **€**

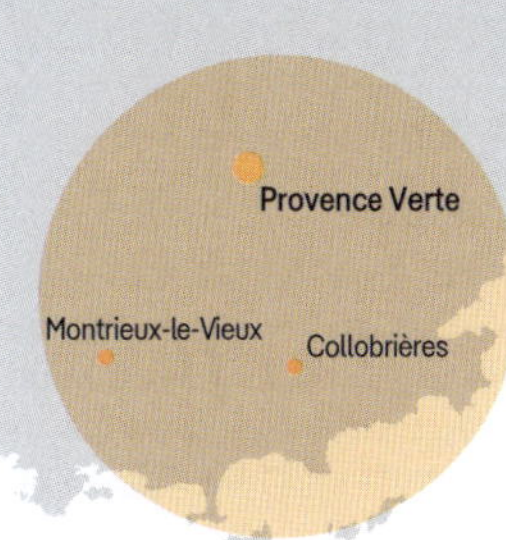

Rund um Provence Verte

Entdecke Kastanienwälder, Kartäusermönche und Märkte im Herzen des Var.

Das Massif des Maures und das Massif de la Ste-Baume bilden eine natürliche Grenze zwischen der Küste und dem sonnendurchfluteten Hinterland des Var. Die Gebirgszüge umgeben unberührte Landschaften mit Kastanien- und Korkeichenwäldern und dem Regionalen Naturpark Ste-Baume, der von Flüssen durchzogen ist. Hier soll der Legende nach Maria Magdalena ihre letzten Tage verbracht haben. Die Menschen der Region sind genauso widerstandsfähig wie die Pflanzen – Resilienz ist das Schlagwort im Herzen des Var.

UNTERWEGS VOR ORT

In dieser Region brauchst du ein Auto. Wenn du durch das Massif des Maures fahren willst, dann besser einen Mittelklassewagen, denn die Straßen können holprig sein.

TOP TIPP

Die Region ist ideal zum Entspannen und Wandern. Die meisten Restaurants und Bars haben einen hohen Standard, allerdings gibt es nur wenige Lokale.

Eine Nacht in einem Ökodorf

Auszeit im Naturpark

In der Region um **Montrieux-le-Vieux,** ca. 30 Minunten südlich von Brignoles, leben seit Jahrhunderten religiöse Gemeinschaften. Das ehemalige Anwesen von Kartäusermönchen Montrieux le Hameau (früher Domaine de Montrieux) wurde vor ein paar Jahren von einer Investorengruppe gekauft, die sozio-ökologisch agiert, und eine umfangreiche Restauration sowie den Bau eines *eco-lieu* (Ökodorfs) plant. Man kann bereits eine Nacht in einem der pastellfarbenen

B&Bs oder im kleinen Hotel (montrieux.org/le-hameau) buchen. In dem luftigen Speisesaal mit olivgrünem Dekor startest du bei einem leckeren Frühstück und dem Blick in den Garten in den Morgen. Ein Experte hilft dabei, den Garten mit regionalen Pflanzen anzulegen und nachhaltig zu pflegen.

Im Sommer dient eine Terrasse am Fluss als kleine *guinguette* (Taverne) mit Freiluftbar und -restaurant. Lokale Biere und Limonade sind beliebt und die Köche verarbeiten so viele Produkte aus ihrem Garten wie möglich. In der Klosterkapelle kann man heiraten. Aufgrund der tollen Akustik sind hier spontane musikalische Einlagen nicht ungewöhnlich. Der schöne Ort für einen Familienurlaub wartet mit vielen Überraschungen und Projekten auf. Nimm dir eine Auszeit von der Küste und erlebe eine starke Öko-Gemeinschaft.

WESTLICHES VAR

Der weniger frequentierte Teil der Küste zwischen La Ciotat und Toulon wird oft zugunsten berühmterer Ziele übersehen – ein Grund hinzufahren.

Für Strandfans ist **Bandol** eine nette Überraschung. Er ist im Vergleich zu den Orten im Osten weniger voll und im Hinterland locken die Wanderwege des **Parc Naturel Régional de la Ste-Baume.**

Le Castellet, gegründet im 12. Jh., besitzt eine wunderschöne romanische Kirche und ist für die Test- und Rennstrecke Circuit Paul Ricard berühmt. Im Geschäft **L'Insolite le Castellet** findest du eine riesige Auswahl an außergewöhnlichen Accessoires, Deko-Artikel, Möbeln und Andenken.

Wo die Zeit stillsteht

Maronenverkostung im Massif des Maures

Das Dorf **Collobrières** liegt etwa eine Stunde mit dem Bus von St-Tropez, Hyères und Brignoles in der Provence Verte entfernt.

Donnerstag- und Sonntagmorgen findet im Stadtzentrum einer der besten provenzalischen Märkte der Region statt. Probiere unbedingt die regionalen Spezialitäten: Maroneneis, *marrons glacés* (kandierte Maronen) und *crème de marron* (Maronenmus). An drei Sonntagen im Oktober steht die Esskastanie im Mittelpunkt der Fêtes de la Châtaigne.

In der Nähe der Gemeinde liegt das Kloster **Monastère Notre-Dame de Clémence de la Verne** auf einem Bergvorsprung, umgeben von Wald. Das Kloster kann auf eine lange und bewegte Geschichte zurückblicken. Es soll auf den Fundamenten eines heidnischen Tempels entstanden sein, der der altrömischen Göttin Laverna gewidmet gewesen sein soll, der Beschützerin der Diebe. 1170 von Kartäusern gegründet und unterhalten, wurde das Kloster durch die Jahrhunderte mehrfach zerstört und wiederaufgebaut. Kreuzgang und Kapellen gehen alle zurück auf das 15. bis 18. Jh.

Von Collobrières kannst du zum Kloster durch Kastanienwälder und über Wiesen wandern. Der Eintritt kostet

KLOSTERBESUCH

Falls du ein aktives Kloster besuchen möchtest, solltest du die Abbaye Notre-Dame de Sénanque bei **Gordes** (S. 206) wählen, die für ihre Lavendelfelder berühmt ist, oder das **Monastère Notre-Dame de Clémence de La Verne** (S. 128) im nahen Maures-Massiv.

Rechts: Abbaye Notre-Dame de Sénanque

WANDERN IM MASSIF DE LA STE-BAUME

Gorges du Caramy
Ein 8 km langer Rundweg an der kleinen Schlucht. Besonders schön im Herbst.

L'Abîme de Maramoye
Leichte, 5 km lange Wanderung zu einer Schlucht mit freier Sicht, geeignet für alle Niveaustufen.

Trou Zéro
Von der Bastide Blanche zum Felsen am Trou Zéro (Nullkilometerstein). 11 km lang und mit zahlreichen Ruinen.

EYESTRAVELLING/SHUTTERSTOCK ©

BESTE LOKALE IM MASSIV DES MAURES

La Petite Fontaine
Im Schatten der Platanen serviert dieses Dorfgasthaus in Collobrières geschmortes Rindfleisch oder Knoblauchhuhn. Zum Nachtisch gibt's natürlich das berühmte Kastanieneis. **€€**

La Ferme de Peïgros
Die neuen Besitzer Carole und Zete betreiben dieses Lokal mit viel Herzblut. Probiere die hausgemachte Pasta mit Kaninchenragout. Die Kaninchen züchten sie selbst. **€€**

L'Auberge du Lac
Frische Forellen und herzhafte saisonale Gerichte gibt es nahe Carnoules. **€€**

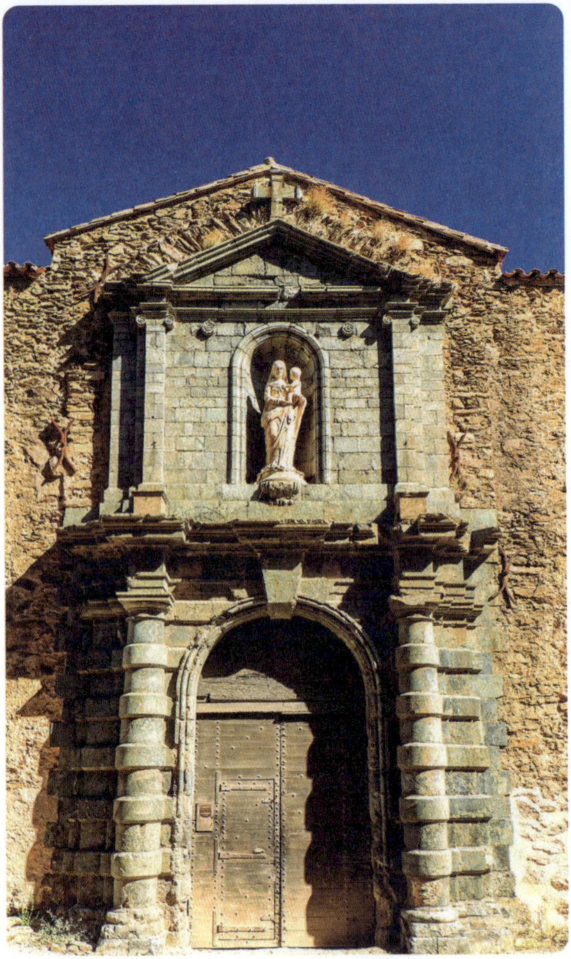

Monastère Notre-Dame de Clémence de la Verne

7 € pro Person. Ställe, Keller, Ölpresse und Bäckerei sind für Besuchende geöffnet, das Innere des Klosters jedoch nicht. Die Ordensgemeinschaft lebt zum Teil von den Einnahmen ihres Ladens (sonntags geschlossen). Dort gibt es beispielsweise Maronen und Honig zu kaufen.

WANDERUNG DURCH DIE AIGUILLES DE VALBELLE

Der Wanderweg beginnt 1 km südlich von Méounes-les-Montrieux beim neuen Kloster und führt durch den Wald. Es ist ein ausgeschilderter, 14 km langer Rundweg, der an den beeindruckenden Kalksteinformationen der Aiguilles de Valbelle, von denen manche über 15 m hoch sind, vorbeiführt. Am besten parkst du an der D202.

Auf dem Weg zum 1 **Chartreuse de Montrieux** merkst du schnell, dass das ein besonderer Ort ist, auch wenn die Mönche das Kloster für die Öffentlichkeit geschlossen haben, weil über die Jahre mehr Besuchende vor der Tür standen, als sie verkraften konnten. Gehe rechts am Kloster vorbei und den Hügel hinauf.

Vom 12. Jh. bis zur Französischen Revolution war der 2 **Wald von Morières-Montrieux** im Besitz verschiedener Religionsgemeinschaften, wodurch er recht intakt ist und eine hohe Biodiversität aufweist. Heute ist er ein öffentlicher Wald und steht unter Schutz. Nach ca. 4,3 km (auf die gelben Schilder achten) auf dem Rundweg links abbiegen. Die häufigsten Bäume hier sind Eichen, Ahorn und Ebereschen. Der hier lebende Uhu wird erst nachts aktiv.

Der Weg macht eine Kurve und auf der Südseite kommt das beeindruckende Naturdenkmal 3 **Aiguilles de Valbelle** zum Vorschein. Nimm dir einen Moment Zeit, um die Aussicht auf die Felsvorsprünge zu bewundern und ein paar Fotos zu machen.

Wandere dann unterhalb der Aiguilles de Valbelle zurück zum Kloster und zu deinem Parkplatz.

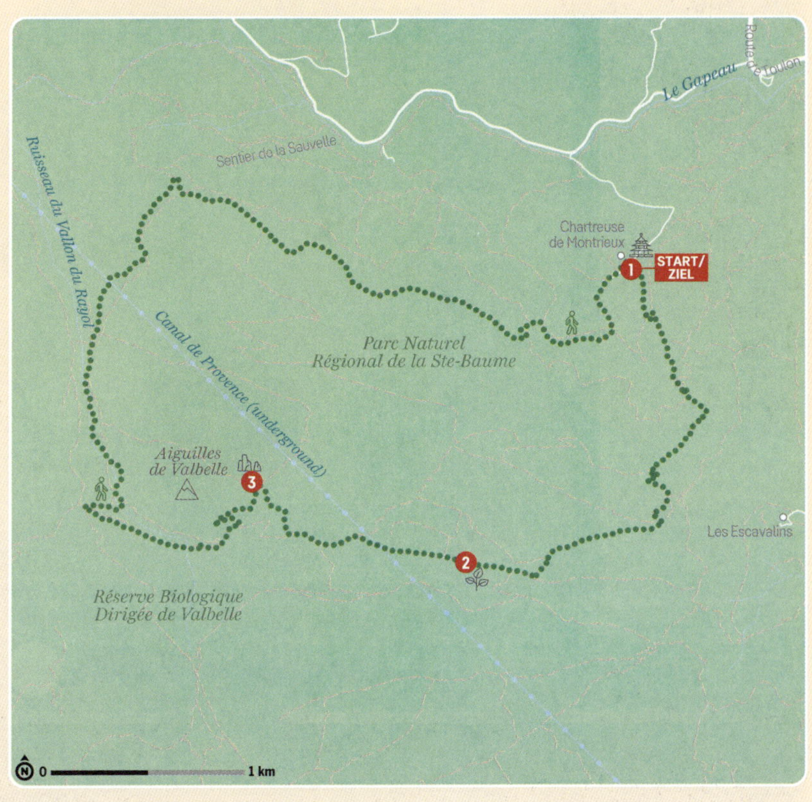

Bouches-du-Rhône

DEN FLUSS ENTLANG ZUM MEER

Diese Region besticht durch quirliges Stadtleben und das sanfte Rauschen des Mittelmeers.

Wer in das berühmte Licht dieser Region eintaucht, versteht, warum Künstler:innen sich von ihm seit Jahrhunderten magnetisch angezogen fühlen und hier über sich selbst hinauswachsen. In diesem Landstrich, quasi dem Inbegriff des Frühlings, schufen Cézanne und Van Gogh ihre Meisterwerke des Postimpressionismus.

Wenn der Mistral durch das Rhônetal bis hinunter zum Meer fegt, lässt er auf seinem Weg die Fensterläden klappern und gibt den Himmel für schier endlosen Sonnenschein frei. Er schafft nicht nur ein einladendes Klima für Reisende, sondern auch eine ideale Basis für die Landwirtschaft. Du solltest alles probieren, was hier wächst und gedeiht.

Das pulsierende Herz der Region ist Marseille, die zweitgrößte Stadt Frankreichs und ein kultureller Hotspot. Die Stadt umgibt ein mit Pinien bewachsenes Küstengebirge, durchzogen von schönen Buchten *(calanques)*. Das Landesinnere glänzt durch die bedeutenden römischen Städte Aix-en-Provence und Arles. Und an der Mündung *(bouche)* der Rhône liegt das Feuchtgebiet der Camargue, das Zehntausende Zugvögel beherbergt. Hier kannst du dich unterwegs auf den Landstraßen in der Natur verlieren oder dich im Sand räkeln und dabei dem Gesang der Zikaden zuhören. Die Bouches-du-Rhône sind wie eine sanfte Mittelmeerwelle, auf der du dich einfach treiben lassen kannst.

Oben: Blaureiher, Parc Ornithologique de Pont de Gau (S. 175)
Links: Calanque de Port-Miou (S. 148)

DIE HAUPTREGIONEN

MARSEILLE
Kosmopolitisches Getümmel und unberührte Strände.
S. 136

AIX-EN-PROVENCE
Elegantes Herz der Provence.
S. 151

ARLES
Römische Ruinen und moderne Kunst.
S. 161

STES-MARIES-DE-LA-MER
Dorf zwischen Meer und Camargue.
S. 173

Erste Orientierung

Das Département Bouches-du-Rhône ist per Flugzeug, Auto, Bahn und Schiff gut mit dem übrigen Frankreich und dem Mittelmeerraum verbunden. Zwar kommst du auch ohne Auto zurecht, aber für ländliche Gegenden ist es optimal.

Arles, S. 161
Die gut erhaltene, gemütliche Stadt, deren Geschichte bis zu den Römern zurückreicht. Beim Essen, Trinken und Ausgehen zeigt sich das ungezähmte Lebensgefühl der Camargue.

Stes-Maries-de-la-Mer, S. 173
Das winzige Fischerdorf erwacht im Frühling und Sommer zum Leben. Jeden Mai findet hier eine spektakuläre Parade statt.

ZUG

Sowohl Marseille als auch Aix sind über den TGV mit Paris, Lyon und Avignon verbunden. Regionalzüge fahren Richtung Westen (nach Montpellier) und Osten (nach Nizza und Italien). Eine spektakuläre Aussicht bietet die Strecke Richtung Westen entlang der Côte Bleue.

AUTO

Autofahren macht in der Region Spaß, aber Parken kann ein Problem sein – vor allem in Marseille und Aix. Für die Erkundung der kleinen Dörfer, abgelegenen Weinberge oder der Camargue empfiehlt sich ein Auto.

BUS

Das Busunternehmen lepilote.com operiert flächendeckend. Die Verbindungen sind preisgünstig und verkehren regelmäßig. Auch der Flughafen Marseille wird angefahren.

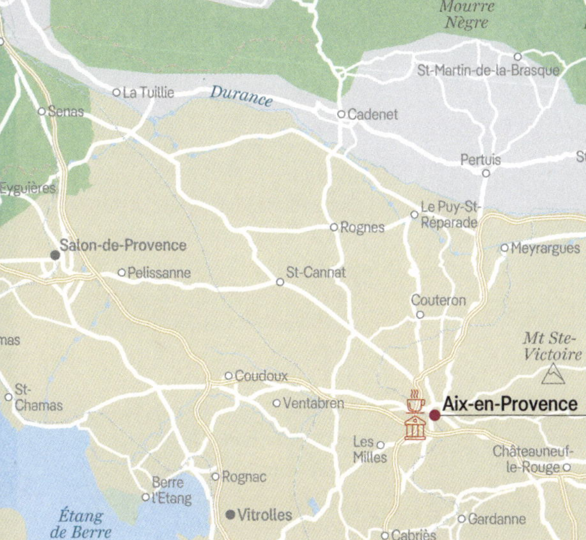

Aix-en-Provence, S. 151

Das Herz der Provence ist ein Ort von raffinierter Eleganz: Springbrunnen, enge Gassen, erstklassige Shopping-Möglichkeiten und viel Grün.

Marignane
Martigues
Châteauneuf-les-Martigues
L'Estaque
Calanque de Niolon
Port de Redonne
Rade de Marseille
Carry-le-Rouet
Marseille
Aubagne
Île Ratonneau
Île Pomègues
Parc National des Calanques
La Pointe-Rouge
Mont Puget
Les Goudes
Sormiou
Cassis
Mittelmeer
Île Calseraigne

Marseille, S. 136

Eine hochmoderne Stadt im Wandel für eine neue Generation. Sie ist geschichtsträchtig und unterhaltsam. In der Umgebung locken unberührte Küstenabschnitte.

Perfekte Tage

Am besten erkundest du die Region von einer Basis aus: Marseille bietet sich an für das Stadtleben und die Calanques, Aix für die typisch ländliche Provence oder Arles für Kunst, römische Ruinen und die Camargue.

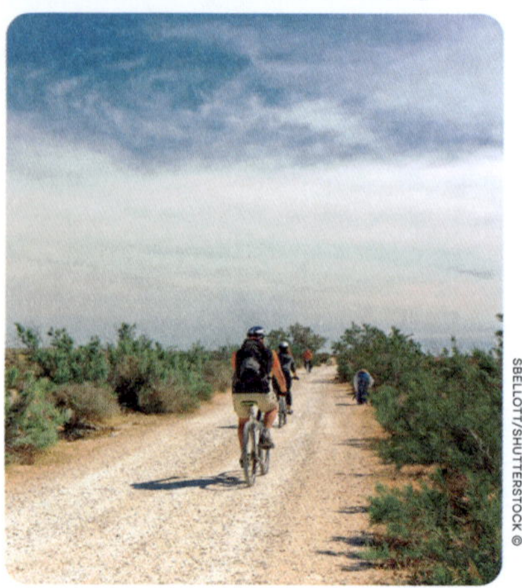

SBELLOTT/SHUTTERSTOCK ©

Radfahren in der Camargue (S. 173)

Wenig Zeit

- Beschränke dich auf einen Ort, wenn du nur einen oder zwei Tage Zeit hast: **Marseille** (S. 136) ist ein dynamischer Schmelztiegel der Kulturen mit einer sehr speziellen Sicht auf das moderne französische Leben. Die Küste liegt vor der Tür.

- Das wohlhabende **Aix-en-Provence** (S. 151) ist eher das Gegenteil: elegante Architektur und anspruchsvolle Kultur, umgeben von gut laufenden Bauernhöfen, unabhängigen Weingütern und hübschen Bergdörfern.

- Wenn dir der Sinn nach mehr Kunst und gut erhaltenen römischen Ruinen steht, ist die Stadt **Arles** (S. 161) an der Rhône ideal. Von dort kannst du die herrlich wilden Feuchtgebiete der **Camargue** (S. 174) erkunden.

Reisezeit

Die Winter sind meist mild, doch der Mistral kann dies schnell ändern. Frühling und Herbst sind traumhaft, der Sommer ist heiß und die Gegend überfüllt.

MÄRZ

Am dritten Wochenende im März bringt der **Carneval de La Plaine** (S. 138) Freude und Protest nach Marseille.

APRIL

Mit der ersten Frühlingsernte treffen die lokalen Produkte auf den Märkten der Region ein.

MAI

Die Roma, Manouches, Tziganes und Gitans strömen am 24. Mai zum Abschluss ihrer Wallfahrt nach Stes-Maries-de-la-Mer (S. 172).

VON LINKS: GERARD BOTTINO/SHUTTERSTOCK ©, EMILY MARIE WILSON/SHUTTERSTOCK ©, FRANCESCO DE MARCO/SHUTTERSTOCK ©

Ein langes Wochenende in Marseille

- Nach einem Frühstück im **Hôtel Bellevue** (S. 139) am Hafen nimmst du die Fähre zum **Château d'If** oder zu den **Îles du Frioul** (S. 142).

- Abends gehst du zum **Cours Julien** (S. 136), dem Zentrum des sozialen Lebens, und isst im **Bambino** (S. 144) im Viertel Camas.

- Am nächsten Morgen flanierst du durch das Altstadtviertel **Le Panier** (S. 139). Iss im **Chalet du Pharo** (S. 140) zu Mittag, bevor du am Nachmittag die Panoramastraße **Corniche-Kennedy** (S. 140) erkundest.

- Am dritten Tag segelst du nach **Les Goudes** (S. 141), unternimmst eine Kajaktour zu den **Calanques** (S. 147) oder genießt eine Zugfahrt entlang der **Côte Bleue** (S. 149).

Mehr Zeit

- In Aix-en-Provence besuchst du drei **Museen** (S. 151), fährst in die malerischen **Weinberge** (S. 158) oder erklimmst Cézannes „Muse", die **Montagne Ste-Victoire** (S. 157).

- Im nahen Arles spazierst du zwischen **römischen Ruinen** (S. 164), danach besuchst die **Fondation Van Gogh** (S. 161) oder die hochmoderne Galerie **LUMA Arles** (S. 161).

- Ein Tagesausflug in die **Alpilles** (S. 171) verbindet Dorfleben mit tollen Wanderungen.

- Von hier aus geht's in die Camargue, wo du **reiten** (S. 168), **Vögel beobachten** (S. 175) und zu den Stränden (S. 166) des Rhônedeltas wandern kannst. Ein letzter Stopp in **Stes-Maries-de-la-Mer** (S. 172) ist ideal für Radtouren und Sonnenbäder an der Küste.

JUNI
Die beste Zeit des Jahres für Weinproben in der Provence: noch keine Ferien, niedrigere Flugpreise und erträgliche Temperaturen.

JULI
Les Rencontres d'Arles (S. 161) ist ein international bekanntes alljährliches Fotofestival, mit Events in der ganzen Stadt.

AUGUST
Besonders heiß und besonders turbulent: In Marseille sind Ferien. Die Städter genießen einen ausschweifenden Sommer.

SEPTEMBER
Besuche Mouriès in Les Alpilles zum **Green Olive Festival** am dritten Septemberwochenende.

Marseille

Marseille

Marseille ist besonders. Die zweitgrößte Stadt Frankreichs begegnet dir wie ein angetrunkener Freund – freudvoll und überschwänglich. Marseille schwelgt in seinem Status als Frankreichs Underdog. In den verborgenen Ecken der Stadt steckt eine Schönheit, die sich nicht auf einem Foto einfangen lässt: ein urbanes Gewirr mit grünen Flecken hier und da. Das muss man einfach live erleben. Die 600 v. Chr. von den Griechen gegründete Hafenstadt blickt auf einen steten Zustrom von Einwanderern zurück. Und so leben in Marseille, unweit von Norditalien und Katalonien, heute Menschen aus Nordafrika genauso wie eine große korsische Gemeinschaft.

Der Großraum Marseille ist in 16 *arrondissements* (Bezirke) unterteilt, die oft in den Adressen angegeben werden. Die Hauptstraße der Stadt, La Canebière, erstreckt sich vom Vieux Port Richtung Osten bis zum Bahnhof. Etwas bergauf liegt das Viertel Le Panier, der älteste Teil der Stadt.

UNTERWEGS VOR ORT

Marseille verfügt über zwei Metrolinien (Métro 1 und 2), zwei Tramlinien (gelb und grün) und ein gut ausgebautes Busnetz. Fahrkarten sind an Automaten an den Haltestellen und in den Bussen erhältlich. Generell lässt sich Marseille aber auch wunderbar zu Fuß erkunden.

Von April bis September kannst du per Schiffspendelverkehr vom Vieux Port selbst die äußersten Winkel von L'Estaque und Pointe Rouge erreichen.

E-Bikes kannst du dir bei EasyMove und E.Bike Tours leihen. Die Straßen sind allerdings nicht besonders radfreundlich.

TOP TIPP

In Marseille scherzen wir gern. Das nennt sich *t'emboucaner.* Wenn dich also jemand in seinen Scherz einbezieht, solltest du das nicht zu ernst nehmen, sondern als Willkommensgruß sehen. – JC, Geschäftsführer von Le Trois Quarts

Auf einen Drink mit Einheimischen

Cours Julien und La Plaine

Früher oder später landest du sicher für ein Kaltgetränk am **Cours Julien.** Der Begriff Fußgängerzone ist kaum deckungsgleich mit der bohêmen Atmosphäre. Tag und Nacht sind die Bars und Restaurants hier geöffnet, Straßenkunst belebt den Ort. Flaniere durch die engen Seitengassen, in denen sich Buchläden, Galerien und Tattoo-Studios aneinanderreihen. Der quirlige, lang gestreckte Hauptplatz lädt zu einer ausgiebigen Nacht ein. Du wirst einen Mikrokosmos der Stadt vorfinden.

Der weitläufige Place Jean-Jaurès, auch bekannt als **La Plaine,** ist ebenfalls von Bars und Restaurants umringt. Viele Jahre lang galt er als Aktionsfeld für linken Aktivismus und alternative Kunst. Vor der Pandemie wurde er für Erneuerungsarbeiten gesperrt und 2021 wiedereröffnet. Einige meinen, der Platz sei nun zu clean, ohne Ecken und Kanten. Allerdings profitiert die Skateboard-Community: Es gibt lange,

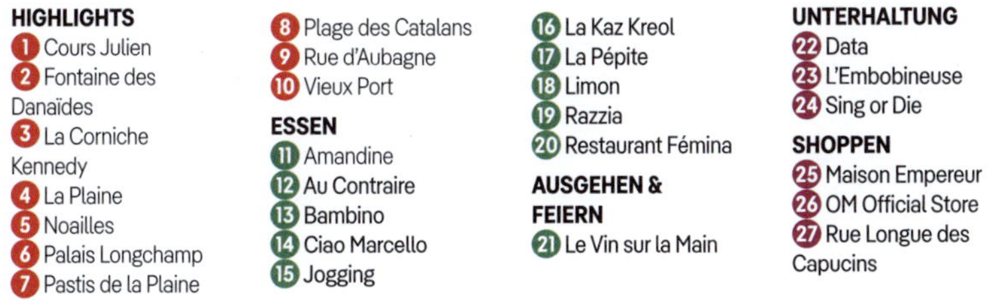

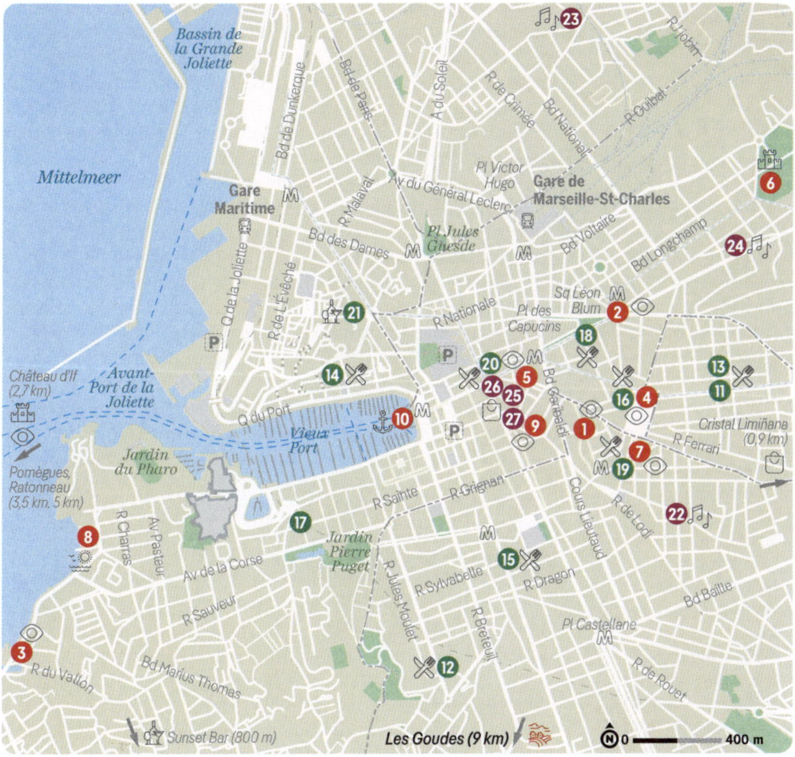

HIGHLIGHTS
1 Cours Julien
2 Fontaine des Danaïdes
3 La Corniche Kennedy
4 La Plaine
5 Noailles
6 Palais Longchamp
7 Pastis de la Plaine
8 Plage des Catalans
9 Rue d'Aubagne
10 Vieux Port

ESSEN
11 Amandine
12 Au Contraire
13 Bambino
14 Ciao Marcello
15 Jogging
16 La Kaz Kreol
17 La Pépite
18 Limon
19 Razzia
20 Restaurant Fémina

AUSGEHEN & FEIERN
21 Le Vin sur la Main

UNTERHALTUNG
22 Data
23 L'Embobineuse
24 Sing or Die

SHOPPEN
25 Maison Empereur
26 OM Official Store
27 Rue Longue des Capucins

glatte Bahnen und keinerlei Beschränkungen. In den Frühlings- und Sommermonaten ist auf dem Platz Tag und Nacht etwas los. Einheimische verweilen bis in die frühen Morgenstunden in den Bars oder in den öffentlichen Sitzbereichen unter den Bäumen. La Plaine liegt nur zehn Gehminuten östlich des Cours Julien.

Kulinarische Reise für den Gaumen

Afrikanisches Essen in Noailles

In Marseille leben die ärmeren Teile der Bevölkerung im Stadtzentrum und nicht in den Außenbezirken – genauso wie in

DER KARNEVAL VON LA PLAINE

Jedes dritte Wochenende im März findet auf dem Place Jean-Jaurès der rauschende Carnaval de La Plaine statt. Eine explosive, aber fröhliche Angelegenheit, bei der sich der Platz mit Samba-Beats und Gesängen zu einer großen Party füllt. Dies ist im Wesentlichen ein antikapitalistischer Protest, der seine Wurzeln im Heidentum hat.

Für den Kampf gegen die Gentrifizierung tragen die Bewohner:innen des Viertels themenbezogene Kostüme. Sie tanzen, feiern und zünden die Abbilder ihrer politischen Gegner:innen an.

Mach dich darauf gefasst, mit Mehl und Beleidigungen überschüttet zu werden, wenn du nicht „antikapitalistisch aussiehst". Wenn doch, ist ebenfalls Vorsicht geboten, denn die Veranstaltung gipfelt immer in einer Konfrontation mit der französischen Bereitschaftspolizei.

Neapel beispielsweise. Das afrikanisch dominierte Viertel **Noailles** liegt nur wenige Minuten vom Vieux Port entfernt. Auch in dieser Gemeinde ist der Marktplatz, der **Marché des Capucins,** der Hauptanlaufpunkt. Setz dich vor das Café Prinder, das seit 1925 starken Kaffee serviert, und lass die Energie des Platzes auf dich wirken. An den Obst- und Gemüseständen sprechen die Einheimischen, die sich hier mit Lebensmitteln eindecken, sowohl Französisch als auch Arabisch.

Die **Rue d'Aubagne** ist die Hauptverkehrsader des Viertels. Sie führt vom Cours Julien hinunter, vorbei an dem Ort, an dem sich 2018 eine schreckliche Tragödie ereignete, als zwei Gebäude einstürzten und acht Bewohner:innen dabei ums Leben kamen. Das Ereignis ist im Viertel noch immer präsent.

Die enge **Rue Longue des Capucins** gleicht einem nordafrikanischen Souk: Pyramidenförmig aufgetürmte Gewürze, Halal-Metzgereien, frischer Fisch auf Eis und der Duft von gegrillten Hähnchen bringen die Sinne in Schwung. Probiere unbedingt *pastilla* (nordafrikanische Pasteten, vegetarisch oder mit Huhn) und *kesra* (ein rundes Grießbrot, das heiß serviert wird). Dazu trinkst du den westafrikanischen Bissap-Saft (eine Art Hibiskus). Achte in der Enge auf deine Wertsachen.

Wunderbare Subkultur

Musikszene von Marseille

Marseilles Nachtleben hat nichts mit der üblichen Clubkultur anderer europäischer Großstädte zu tun. Die Szene ist alternativ und besteht vor allem aus aufgeschlossenen Studierenden.

Im Sommer verbringen die Marseiller viel Zeit im Freien. Die Leute sitzen bis in die Nacht hinein draußen, trinken und rauchen. An das Stimmengewirr muss man sich erst gewöhnen. Wenn du auf Karaoke stehst, bist du bei **Sing or Die** genau richtig. Die Schottin Jackie und Lionel betreiben den heißen, schweißtreibenden und lauten Kult-Laden. Wer hier singt, trifft auf eine tobende Menge.

Das **Data** fühlt sich eher wie ein Wohnzimmer als ein Club an. Die Bands spielen im vorderen Raum. Die Gäste stehen im Innenhof, rauchen und essen die Prix-libre-Snacks (du zahlst, was du als angemessen empfindest). Der Sound ist Avantgarde, Drumcomputer in einer bizarren Kulisse. Auf Facebook stehen die Termine.

Das **L'Embobineuse** ist eine Institution für Underground-Musik im Viertel Belle de Mai. In diesem Club im Stil der 1990er-Jahre – mit dunklen Wänden und klebrigen Böden – treten Künstler:innen aus aller Welt auf. Wenn du durchmachen willst, zieh weiter ins **L'Art Haché** nahe dem La Plaine (Sa und So 1–6 Uhr).

ESSEN RUND UM COURS JULIEN

Chez Gilda
Hier isst du gebratene Meeresfrüchte und trinkst Weißwein mit heimischen Skater:innen. **€€**

Limmat
Der perfekte Ort zum Mittagessen: mediterrane Küche mit toller Aussicht . **€€**

Caterine
Gute französische Küche in einem kantinenähnlichen Ambiente. **€€**

LE PANIER ZU FUSS

Der Hafen Vieux Port ist mit seinen Booten und Bars das Zentrum von Marseille und ein echtes Postkartenmotiv. Dein Weg durch das reizvolle Viertel Le Panier beginnt am Quai du Port unterhalb des historischen 1 **Hôtel Bellevue.** Von dort stadtauswärts biegst du an der 2 **Passage Pentecontore** rechts ab und nimmst die Treppe durch den Bogen nach oben. Der Blick auf den Hafen und die Basilika Notre Dame de la Garde in der Ferne ist ein perfektes Fotomotiv. Probier ein Eis von 3 **Vanille Noire,** das für sein schwarzes Vanilleeis mit Aktivkohle bekannt ist.

Nicht weit davon liegt der steile Treppenkorridor der 4 **Rue Beauregard** und der Rue des Moulins, der mit Straßenkunst geschmückt ist. Er führt zum 5 **Place des Moulins** (Platz der Windmühlen), wo sich einst Windmühlen befanden. Heute findest du hier zu jeder Jahreszeit Entspannung. Wenn du der 6 **Rue des Muettes** und der 7 **Rue du Refuge** folgst, kommst du ins Herz von Le Panier. Das älteste Viertel Marseilles, das ursprünglich von Griechen besiedelt wurde, besteht aus engen Gassen und historischen Gebäuden.

Entlang de 8 **Rue des Pistoles** und der 9 **Rue du Petit Puits** gelangst du über die Rue Antoine Becker zur 10 **Cathédrale de la Major.** Es lohnt, den Spaziergang (ca. 1 Std. vom Startpunkt) mit dem Sonnenuntergang abzustimmen, denn dann bietet der Platz einen herrlichen Anblick. Unten am 11 **Bd. Jacques Saade** gibt es einige Tapasbars. Durch die Rue Four de Chapitre in die Rue de l'Évêché eröffnet sich ein Labyrinth aus unabhängigen Geschäften, Cafés und Restaurants. Alternativ lässt du dich am belebten 12 **Place de Lenche** nieder.

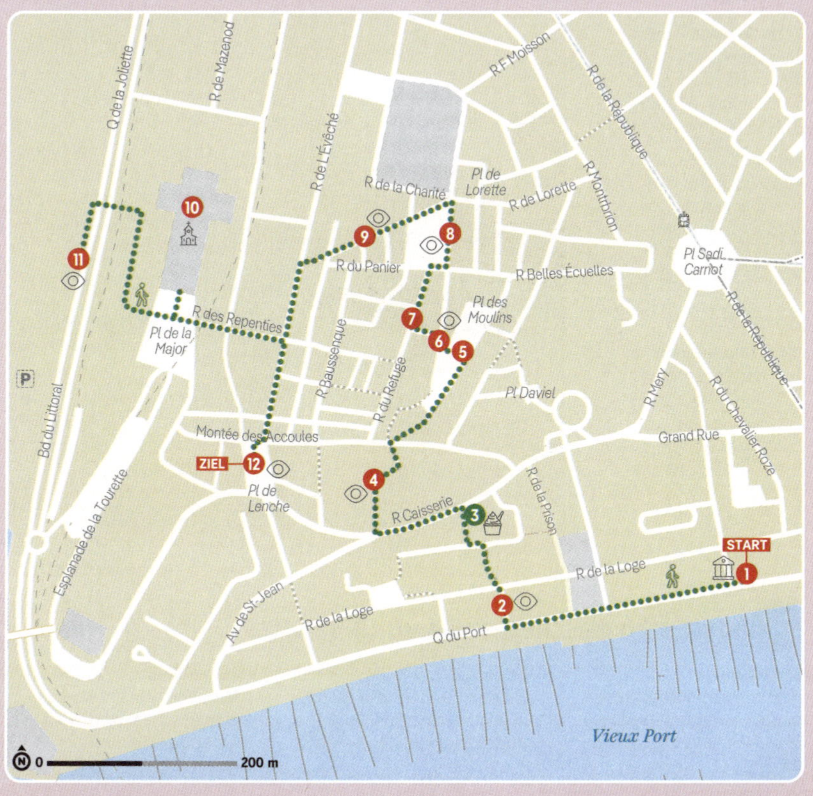

Romantische Aussichten an der Corniche

Sonnenstrahlen am Strand

Romantischer wird es jenseits der Altstadt auf der **Corniche Kennedy,** die sich entlang der Küste nach Osten schlängelt. Hier erliegen viele dem Charme von Marseille zum ersten Mal. Die raue Energie des Mittelmeers, der endlose Sonnenschein und die spektakuläre Schönheit der Küste faszinieren. Leg auf dem Weg zum Strand einen ersten Zwischenstopp im **Parc du Pharo** ein, schau den Booten beim Auslaufen aus dem Hafen zu oder gönn dir einen Brunch im **Le Chalet du Pharo.**

Als Nächstes kommst du an der quirligen **Plage des Catalans** und dem ursprünglichen Fischerdorf **Vallons des Auffes** vorbei, wo sich Restaurants aneinanderreihen. Die Straße macht einen Linksknick, hier folgst du dem Weg zum **Port de Malmousque** – einem idyllischen Jachthafen. Von dort aus stechen die Einheimischen in See.

LOCAL TIPP FÜR NOAILLES

Sadia Chellah wurde in Algerien geboren und besitzt die **Le Bar du Peuple** (30 bd. de Garibaldi) Sie liebt ihr Viertel: „Noailles ist der Ort, an dem Menschen ankommen. Ich finde es toll, dass wir jetzt Blumenläden im Viertel haben und erste Touristen hierherkommen." Sie verrät uns ihre Lieblingsplätze:

OM Official Store
In dieser Stadt gibt es nur eine Mannschaft: Olympique de Marseille. Hier gibt es die Ausstattung.

Maison Empereur
1827 gegründet, ist dieser Eisenwarenladen einer der ältesten in Frankreich. Er fühlt sich an wie in ein Museum.

Restaurant Fémina
Abgesehen von meinem, gibt es hier den besten Couscous der Welt.

VLASYUK INNA/SHUTTERSTOCK ©

Plage des Catalans

BESTE AFRIKANISCHE RESTAURANTS IN NOAILLES

Chez Yassine
Nüchternes tunesisches Restaurant, mittags aus gutem Grund mit langer Wartezeit. €€

La Jungle
Riesige Portionen mit kamerunischem Essen. Am Wochenende steigt hier die Party. €€

Mama Ghana
Mit Liebe zubereitete westafrikanische Küche. Auch ein guter Ort für Sportübertragungen. €€

Die mediterrane Küche, die ungezwungene Mentalität und die Vorliebe fürs Ausschlafen sorgen für eine entspannte Reise – vorausgesetzt, du stehst auf Spontanität und Leidenschaft. Hier kannst du dich austoben. Ein guter Start ist das angesagte **Le Cabanon de Paulette,** wo du den Sonnenuntergang über dem Meer genießen und das Feiern beginnen kannst.

Umweltbewusste Bootstouren

Ab aufs Wasser

Die Gewässer um Marseille herum bieten viele Touroptionen. Der charmante Kapitän Jimmy Granger kommandiert die **Les Croisières du Foxy** (lescroisieresdufoxy.com). Sein Schiff dockt in der Nähe des MuCEM (Museum der Zivilisationen Europas) an und schippert dich durch die Calanques (S. 146) zum Schwimmen oder für einen Sundowner.

Fannys *barquette* **Coco** (capitainecoco.fr) im Vieux Port lädt dich auf einen authentischen Törn ein. Auf dem typischen kleinen Segelboot aus den 1960er-Jahren hilfst du mit, die Segel zu setzen. Unterwegs lernst du etwas über die Artenvielfalt der Region und erhältst ein vegetarisches Mittagessen.

Eco-Calanques (eco-calanques.com) wird auch von Einheimischen geführt. Der Kutter ist teilweise solarbetrieben. Thibault unterhält die Passagiere auf der Fahrt zu den ruhigen Buchten mit örtlichen Anekdoten. Im Sommer ist das Mittelmeer ruhig und warm, aber im Winter kann der Mistralwind die Fahrpläne durcheinanderbringen.

Meeresfrüchte am Ende der Welt

Ausflug nach Les Goudes

Les Goudes ist ein hübsches Fischerdorf, das Zugang zu einer spektakulär zerklüfteten Küste bietet. Die Nähe zum Parc National des Calanques bedeutet, dass das Dorf ebenfalls unter Schutz steht. Deshalb verändert sich hier baulich nichts. Die Vergangenheit bleibt lebendig.

Im Dorf gibt es eine Handvoll Restaurants und Hotels. Der **Tuba Club** ist so exklusiv, dass es fast unmöglich ist, eines der acht Zimmer zu buchen oder einen Platz im Restaurant zu bekommen, aber einen Versuch ist es wert. Das **Fashionista Paradise** ist auch eine Option, aber du musst reservieren, wenn du nach 17 Uhr auf einen Drink vorbeikommen willst.

Im Herzen des Dorfes befindet sich Didiers **Le Grand Bar de Goudes,** ein einladendes Fischrestaurant mit Bar. Hier genießt du fangfrischen Fisch und begegnest zu Recht stolzen Einheimischen.

LE VORTEX

Die Marseiller Szene ist durch und durch antifaschistisch und queerfreundlich. Das kostenlose Magazin *Le Vortex* vermittelt diesen Spirit eindringlich.

Jeden Monat listet es akribisch alle Konzerte auf, deren Eintritt unter 10 € liegt. Ob Berliner Techno, Country-Musik, Punk, Metal, New Wave, Shoegaze oder experimentelle Beats aus dem Nahen Osten – hier findet sich alles an einem Ort.

Das alles findet man auch unter dem Dach einer ehemaligen Tabakfabrik, *La Friche la Belle de Mai:* ein riesiger Kulturort mit Gigs, Raves, Kunstausstellungen und einer Rooftop-Bar. Radio Grenouille (online oder auf 88.8 FM) verschafft dir einen Eindruck von den vielen musikalischen Welten, die in der Stadt zu hören sind.

BESTE PARTY-LOCATIONS

SOMA
An den Wochenenden treffen sich hier am Cours Julien die Modebewussten.

La Mer Veilleuse
Knalliger Techno, Elektro, Afrobeat und Punk in einer gemütlichen Bar.

Le Couvent
In einem umgebauten Nonnenkloster im Viertel Belle de Mai steigen Rave-Partys.

Der Spaziergang zur **Baie des Singes,** einer alten Schmugglerbucht, ist ein surreales Erlebnis, das du nicht verpassen solltest. Das Restaurant vermietet Liegestühle (25 €/Tag). Reserviere einen Tisch bei Didier und kehr später zum Essen zurück in die Grand Bar.

Die Buslinien 19 und 20 bringen dich ganzjährig in die Nähe von Les Goudes. Von Ende Mai bis September legen Boote am Vieux Port ab, wahrscheinlich musst du in Pointe-Rouge die Fähre wechseln.

DATE NIGHT

Nikolaj De L'Ivresse, einer der drei Inhaber von Ivresse, einer Weinbar und des angesagtesten Treffpunkts der Stadt, verrät die romantischsten Orte der Stadt: *@ivresse.lacave*

Le Vin sur la Main
Eine großartige Bar für Naturweine, gemütliche Atmosphäre. **€€**

Sunset Bar
Liegt an der Corniche und ist perfekt für einen Drink nach dem Schwimmen bei Sonnenuntergang. **€€**

Jogging
Gehe durch die Hintertür eines sehr coolen Klamottenladens und genieße ein „geheimes" Mittagessen in einem ruhigen Innenhof. **€€**

Die Kunst des Aperitifs

Die Geschichte des Pastis

In weiten Teilen Südfrankreichs ist Pastis der bevorzugte Aperitif. Das milchige Gemisch, in einem hohen Glas serviert, schmückt in den provenzalischen Dörfern viele Tische im Freien.

Nach dem Absinth-Verbot in Frankreich – man fürchtete, er rufe Halluzinationen und Wahnsinn hervor – entwickelte Paul Ricard 1932 in Marseille seinen Likör auf Anis- und Lakritzbasis (*pastís* bedeutet auf Okzitanisch „mischen").

Seitdem sind Pastis und Marseille untrennbar verbunden. Auch wenn Ricard heute zu einem multinationalen Konzern mit Sitz in Lille gehört, kannst du in Marseille immer noch unabhängige Pastis-Hersteller besuchen.

Die Destillerie **Cristal Limiñana** organisiert Touren und Verkostungen. Nach einer ausführlichen Geschichte des Anis und des Familienunternehmens, das auf das Jahr 1884 zurückgeht, siehst du beim Rundgang durch die Fabrik den automatisierten Abfüll-Prozess aus nächster Nähe.

Die Destillerie **Pastis de la Plaine** ist erst seit 2019 in Betrieb, aber ihre Flaschen haben sich bereits in den Bars der ganzen Stadt verbreitet. Der viel kleinere Betrieb bietet ebenfalls Touren und Verkostungen an.

Wer vor Anis oder Lakritz zurückschreckt, kann den Likör auch mit süßem Sirup mischen: *Un perroquet* hat Minzgeschmack, *une tomate* wird mit Grenadine gemischt und *une mauresque* schmeckt nach Mandeln. *Santé!*

Flucht zum Château d'If

Inselleben

Mit der Fähre von Frioul-If kannst du schnell und unkompliziert zu den nächstgelegenen Inseln von Marseille aus übersetzen: dem Château d'If (für die Geschichtsfans) und den **Îles du Frioul** (für Naturfans).

Alexandre Dumas verewigte das **Château d'If** 1844 in seinem Romanklassiker *Der Graf von Monte Cristo*. Das Insel-

BESTE VINTAGE-LÄDEN IN MARSEILLE

Out of Space
Eine Fundgrube für ausgewählte Stücke aus den 1980er- und 1990er-Jahren.

Space
Spezialisiert auf seltene Designer-Sonnenbrillen, ein stilvoller Ausflug in die 1990er-Jahre.

Sepia Swing Club
Sticht durch ausgewählte Americana unter den anderen Vintage-Shops hervor.

BALKANSCAT/SHUTTERSTOCK ©

Pastis apéritif

gefängnis aus dem 16. Jh. beherrscht die Einfahrt zum Hafen von Marseille mit seinen drei Türmen, von denen einer einen herrlichen Blick über die Bucht bietet. Besichtigungen sind ohne Begleitung oder im Rahmen einer Audio- oder geführten Tour möglich. Es ist die erste Station der Fähre; 20 Minuten vom Vieux Port entfernt.

15 Minuten weiter liegt die nächste Haltestelle: der Port du Frioul, der Ausgangspunkt zu zwei der Frioul-Inseln, **Pomègues** und Ratonneau, die durch einen Damm miteinander verbunden sind.

Es macht Spaß, die unberührten, zerklüfteten Felsen von Pomègues in Angriff zu nehmen. Wenn du nach dem Anlegen dem Damm folgst, kommst du zum Fort de Caveaux. Erkunde die unbewohnte Insel von hier aus. Die Bunkeranlagen erinnern an den Zweiten Weltkrieg. Im Frühjahr fühlt man sich hier mit umherschwirrenden Seevögeln ganz allein.

Auf der **Insel Ratonneau,** bekannt für ein kleines Dorf und die Strände, gibt es ein paar kleine Geschäfte und Restaurants. Zu sehen sind eine Kapelle, die einem griechischen Tempel ähnelt, und die Ruinen des Hôpital Caroline, in dem einst Reisende in Quarantäne untergebracht waren. Das Highlight ist jedoch der Strand St-Estève, an dem du sicher und windgeschützt schwimmen kannst.

BESTE RESTAURANTS VON LES GOUDES

Seit mehr als 35 Jahren betreibt **Eric Signoret** den einzigen Lebensmittelladen im Umkreis von mehreren Kilometern. Er ist immer hinter dem Tresen zu finden. Hier sind seine Lieblingslokale:

L'Auberge du Corsaire
Die Einheimischen nennen es „Chez Paul". Hier gibt es Fisch und Meeresfrüchte im Herzen des Jachthafens.

Marine des Goudes
Ein Fischrestaurant mit toller Aussicht. Ideal für ein Mittagessen am Wochenende.

La Gelateria
Das italienische Familienunternehmen ist mit seinem Eiscafé im Stil der 1960er-Jahre ein Neuzugang in unserem Dorf.

ÜBERNACHTEN IN MARSEILLE

Hôtel Bellevue Vieux Port
Tolle Aussicht auf den Hafen und das historische Restaurant Caravelle. **€€**

Mama Shelter
Freundliches Boutiquehotel mit Rooftop-Bar, nicht weit weg vom Trubel des 6. Bezirks. **€€**

Hôtel Le Corbusier
Ein Meisterwerk des modernen Designs mit Rooftop-Pool. Ein Klassiker. **€€**

Palais Longchamp

BESTE PIZZEN

Marc Étienne, der englische Inhaber des Bioweinladens Winespirit, gibt seine Empfehlungen für die besten Pizzerien der Stadt: *@winespirit13005*

Ciao Marcello
Manche sagen, hier gibt es die beste Pizza in Marseille und vielleicht sogar in Frankreich. Mein persönlicher Favorit. **€€**

L'Eau à la Bouche
Das ist die erste Adresse für Pizza an der Corniche mit Blick aufs Meer. **€€**

Bambino
Das moderne italienische Restaurant im Camas (5. Arrondissement) bietet nicht nur Pizza, sondern auch mega Cocktails. **€€**

Die Anlegestelle für die **Lebateau-Fähren** befindet sich am Vieux Port. Wenn du auf den Hafen zugehst, stell dich an dem großen Schalter links an. Tickets für eine Hin- und Rückfahrt kosten 11,10 €, ein Kombiticket für das Château d'If und die Inseln von Frioul macht 16,70 €. Das Château d'If ist montags geschlossen.

Eine andere Möglichkeit, auf die Inseln zu kommen, ist über den **Bateau Jaune Club** im Vieux Port, der Schnorchel- und Tauchausflüge organisiert.

Pizza, Pizza

Vom Imbissstand zum Strand

Marseille ist berühmt für seine regionalen Spezialitäten: Bouillabaisse, Pistou und Panisse. Auf deinem Weg durch die Stadt merkst du aber schnell, dass es hier überall **Pizza** gibt. Und die ist bei Groß und Klein beliebt. Das ist wohl auf die Nähe der Stadt zu Italien zurückzuführen, denn immerhin hat ein Drittel der Marseiller Einwohner:innen italienische Wurzeln.

Am schnellsten auf die Hand kommt das Stück Pizza vom Pizzawagen. Pizza ist in Marseille ein spontaner Imbiss: eingenommen auf dem Rückweg vom Strand, von der Bar oder von einem Ausflug.

BESTE PASTIS-BARS

Bar du Peuple
Linkes Lokal am Rande von Noailles. Im Sommer ein authentischer Ort zum Verweilen.

Bar des Maraîchers
Besitzer Serge, der auch im eigenen Fresko verewigt ist, spielt Radiohits der 1980er-Jahre.

Le Chapitre
Junges Publikum auf einem begrünten Platz am oberen Ende der Hauptverkehrsstraße le Canebière.

Vom dicht besiedelten afrikanischen Viertel Noailles über die belebten Plätze Cours Julien und La Plaine bis hin zu den Strandabschnitten an der Corniche gibt es überall Pizza. Die aufgewärmten Stücken werden mit Chili-Öl beträufelt, das in einer Flasche bereitsteht.

Marseille ist außerdem bekannt für seine Variante der neapolitanischen Pizza: die *moitié-moitié* (halb und halb). Eine Seite ist mit Sardellen belegt, die andere mit Emmentaler Käse.

Marseille en Vogue

Boheme-Viertel

Einige Teile von Marseille haben sich in den letzten Jahrzehnten kaum verändert. Es ist leicht, sich vorzustellen, dass man durch dieselben Straßen läuft wie einst Fernando Rey in *The French Connection* (dem Noir-Thriller über Heroinschmuggel aus dem Jahr 1971). Und doch sind Veränderungen offensichtlich. Die weltweite Corona-Pandemie hat den Wunsch vieler junger Menschen verstärkt, näher ans Mittelmeer zu ziehen, um dort ein entschleunigtes, sonnigeres Leben zu führen. Es überrascht daher nicht, dass die Immobilienpreise in den letzten Jahren in die Höhe geschossen sind.

Die Tour durch die angesagten Viertel der Stadt beginnt in den grünen Gärten rund um den majestätischen **Palais Longchamp.** Das imposante Bauwerk aus dem 19. Jh. beherbergt zwei Museen und grenzt an einen botanischen Garten. Hier kannst du dich ins Gras legen und das Treiben beobachten.

Beim Spaziergang entlang des **Bd. Longchamp** und durch die Seitenstraßen ist schnell klar, dass eine Vielzahl an neuen Bars und Restaurants das Bild des Viertels bestimmt. Daran werden auch die Slogans an den Häuserwänden und die Parolen einer gut organisierten linken Gemeinschaft nichts mehr ändern, die sich gegen die Gentrifizierung wehren. Hier scheint mehr renoviert zu werden als anderswo. Und so erinnert dieses Viertel an Entwicklungen in Berlin.

Dein Spaziergang führt an Galerien, Boutiquen, Restaurants und Bars vorbei, bis hinunter zur Fontaine des Danaïdes.

Vauban und **Endoume** liegen näher an der Küste. Hier hat sich das Bürgertum niedergelassen. Ein weiterer Spaziergang führt über die Rue d'Endoume nach Malmousque, wo du Marseille in einem ganz anderen Tempo erleben kannst.

ESSEN FÜR DIE INSELN

Du willst einen Tag auf Entdeckungstour gehen? Dann findest du in diesen Sandwichläden und Patisserien eine Wegzehrung.

Razzia
Ein sehr beliebter Sandwichladen für die Mittagszeit im 6. Arrondissement. **€**

Limon
Vegetarischer Lieblingsort und extravagante Variante nordafrikanischer und mediterraner Aromen. **€**

La Kaz Kréol
Hausgemachtes, kreolisches Brot mit reichlich Füllung. Das Weißfischsandwich ist grandios. **€**

Amandine
Gebäck, das so gut ist, wie es aussieht. **€**

Au Contraire
Die Tarte-Spezialisten von Vauban liefern ebenfalls üppige Gebäckwunder. **€**

La Pépite
Glutenfrei, bio und so lecker, wie es nur geht, im 7. Arrondissement. **€**

ESSEN UND TRINKEN IN LONGCHAMP

Les Eaux de Mars
Cooles Lokal in einer ruhigen Ecke, der Küchenchef hat einen Michelin-Background. Reservierung erforderlich. **€€**

Mémé
Wer sich etwas gönnen will, bekommt hier außergewöhnliche Formen und Farben serviert. **€€€**

La Fréquence
Gerichte im Tapas-Stil gepaart mit Cocktails und einem attraktiven Publikum. **€€**

Rund um Marseille

Um Marseille richtig zu erleben, solltest du dich von der intensiven Energie der Stadt lösen und die Natur rundum erkunden.

Wer Marseille verlässt, ist von dem Kontrast überwältigt. Plötzlicher Vogelgesang oder das Licht, das im Frühling durch die Pinien bricht, überrascht und lässt aufatmen. Lavendelfelder, alte Dörfer und kurvenreiche Straßen in den Bergen mit Blick auf die darunterliegenden Täler: So hast du dir die Provence vorgestellt.

Die Landschaft im Landesinneren ist für ihren idyllischen Charme berühmt. Entziehe dich der Welt an den abgelegenen Stränden der wilden, aber immer beliebter werdenden Küste, die sich von der Stadt aus in beiden Richtungen erstreckt. So oder so, der Horizont scheint vielerorts endlos.

UNTERWEGS VOR ORT

Ohne Boot musst du ein Auto, Fahrrad oder öffentliche Verkehrsmittel nutzen, um nach Cassis und in die Calanques zu kommen. Achtung: Die Straßen sind holprig, die Parkplätze rar und der Verkehr langsam. In der Hochsaison empfiehlt die Gemeinde, mit dem Bus anzureisen. In die andere Richtung ist der Zug entlang der Côte Bleue günstig und du kannst bereits mittags Wein zum Essen genießen.

TOP TIPP

Wer sich in der Region richtig beliebt machen möchte, trägt ein Fußballtrikot von Olympique Marseille.

Unterwegs im Parc National des Calanques

Outdoor-Aktivitäten

Es ist schon erstaunlich, dass ein Refugium wie der **Parc National des Calanques** nur wenige Kilometer von Marseille entfernt liegt. Einige Teile dieses 85 m² großen Landstrichs scheinen weit weg von jeder Zivilisation. Wenn du dann aber in eine mit Pinien bewachsene Bucht einbiegst, scheint die zweitgrößte Stadt Frankreichs zum Greifen nah. Und die Calanques fühlen sich wie unbewohnte Vororte an.

Doch die lichtdurchfluteten Calanques mit ihrer reichen Pflanzen- und Tierwelt sowie ihren versteckten Buchten sind viel mehr als das. Die Marseillais lieben sie und genießen hier ein Sonnenbad, wandern über die bewachsenen Felsvorsprünge, tuckern auf ihren Booten herum oder lassen einfach die Seele baumeln.

Von den zahlreichen Calanques entlang der Küste sind die **Calanque de Sormiou** und die **Calanque de Morgiou** am

STUDIO EMPREINTE/SHUTTERSTOCK ©

Calanque de Morgiou

leichtesten zugänglich. Abgelegene Buchten wie die **Calanque d'En-Vau** (S. 148) und die **Calanque de Port-Miou** (S. 148) sind nur mit viel Mühe und Zeitaufwand erreichbar, entweder zu Fuß oder per Kajak. Denk daran, dass der Zugang auf dem Landweg von Juni bis September wegen Brandgefahr oft eingeschränkt ist; erkundige dich, bevor du startest.

An Outdoor-Aktivitäten mangelt es hier nicht: Wandern, Kajakfahren, Stehpaddeln, Schwimmen, Tauchen und Klettern – das ist alles möglich. In Marseille und Cassis gibt es Guides und Ausrüster. Von Oktober bis Juni führen Wanderwege durch die Macchia. Die Touristinfo in Marseille bietet geführte Wanderungen an und verfügt über eine ausgezeichnete Wanderkarte der verschiedenen Calanques. Die Touristinfo in Cassis ebenso.

Am besten erreichst du die Calanques über das Wasser – entweder per Boot oder per Kajak. Kajaktouren buchst du beispielsweise bei **Destination Calanques Kayak** oder **Raskas Kayak,** Stehpaddel-Boards bekommst du bei **Calanc'O.**

Für aktuelle Informationen über Park, Aktivitäten und Erreichbarkeit lade die App „Mes Calanques" herunter.

LANDWEG ZU DEN CALANQUES

Ohne Boot erreichst du den Parc National des Calanques mit dem Auto, dem Fahrrad oder den öffentlichen Verkehrsmitteln. Achtung: Die Straßen sind holprig, die Parkplätze rar und der Verkehr langsam. Die Zufahrtsstraßen zu den einzelnen Calanques sind oft für Autos gesperrt, außer du hast eine Reservierung in einem der Calanques-Restaurants. Stattdessen muss man das Auto auf einem öffentlichen Parkplatz abstellen und dann den Rest laufen.

Um die Calanques in der Nähe von Marseille zu erreichen, nimmst du das Auto oder die Buslinie 19 ab Busbahnhof Castellane in Marseille bis zur Endstation La Madrague und steigst dann in die Buslinie 20 nach Callelongue um. Denk daran, dass die Straße nach Callelongue von Mitte April bis Mai nur werktags befahrbar und von Juni bis September ganz gesperrt ist.

BESTE KAJAK-VERLEIHE RUND UM MARSEILLE

Expénature La Ciotat
Kajak mit gut gelaunten Guides zu Calanques und der Île Verte; in La Ciotat, östlich von Cassis.

Raskas Kayak
Mehr als 20 Jahre Erfahrung: Kajaktouren zu Calanques; im Osten von Marseille gelegen.

Sud Kayak/Cleanride Center
Westlich von Marseille in der Nähe von L'Estaque. Schöne Touren bei Sonnenuntergang zur Crique des Aragnols.

Auf dem Weg ins Paradies

Von Cassis zur Calanque d'En-Vau

Der kleine Hafen von **Cassis** hat im Laufe der Jahre etwas von seinem Charme eingebüßt, aber die Küste dahinter nicht. Der Ort ist der ideale Ausgangspunkt für Ausflüge zur **Calanque d'En-Vau,** die allen Erwartungen gerecht wird. Von Cassis aus erreichst du die **Calanque de Port-Miou** zu Fuß (30 Min.) oder du nutzt den Parkplatz der Presqu'île. Hier beginnt eine schwierige, schattenlose, aber auch wunderschöne Wanderung. Du benötigst etwa 1,5 Stunden.

Der erste Halt für ein kurzes Bad ist die **Calanque de Port-Pin.** Der Weg hierhin dauert mindestens 20 Minuten. Von Port-Pin aus gibt es zwei Wege zur Calanque d'En-Vau. Nimm den blau markierten Küstenweg, der zwar länger dauert (etwa 1 Std.), sich aber lohnt. An den Klippen angekommen, wirst du froh sein, dass du dir die Mühe gemacht hast.

Der Abstieg zum Strand ist für Unerfahrene nicht ganz einfach. Man erkennt die Einheimischen leicht daran, dass sie wie Bergziegen runterklettern. Mit gutem Schuhwerk und ohne Hast ist der Abstieg kein Problem. Menschen mit Höhenangst ist davon abzuraten. Idealerweise kommst du am späten Vormittag an und hast genug Wasser und Essen für den ganzen Tag dabei.

BESTE MITTAGSLOKALE IN CASSIS

Gabriel Chiesa lebt seit Langem in Marseille und verbringt seine Wochenenden mit Wanderungen in den Calanques. Hier sind seine Empfehlungen für einen Lunch in Cassis.

Le Nino
Für eine entspannte Atmosphäre empfiehlt sich diese regionale Institution mitten im Hafen. **€**

La Presqu'île
Raffinierte Küche, weiß Tischdecken und traumhafte Kulisse. Reservieren. **€€**

Le Bistro'Quai
Wie die Franzosen sagen würden, ist dieses Bistro *correcte* (anständig). Freundlich und direkt am Hafen. **€**

JANOKA82/GETTY IMAGES ©

Calanque de Port-Pin

DIE BESTEN CALANQUES

Sormiou
Bäche, Kletterpartien, ein Restaurant und eine Höhle mit prähistorischen Malereien aus der Zeit um 20 000 v. Chr.

Calanque de la Crine
Calanque mit perfektem Wasser auf den Frioul-Inseln; mit der Fähre zu erreichen.

Calanque de Morgiou
Ein hübscher Hafen, in dem Fischerboote schaukeln, und steile Felswände für aufregende Kletterpartien.

Cassis liegt 30 km östlich von Marseille und ist in der Nebensaison am besten mit dem Auto zu erreichen. Sonst sollte man den Zug (30 Min.) nutzen, da Parkplätze knapp sind. Vom Bahnhof in Cassis aus nimmst du den Bus M1 ins Stadtzentrum (15 Min.).

Flucht in die Hügel

Landleben in Allauch

Nur 20 Autominuten nordöstlich von Marseille – oder eine Stunde mit öffentlichen Verkehrsmitteln – befindet sich ein einzigartiges Hotel im Dorf **Allauch.** Das **Attrap'Rêves** (Traumfänger) kombiniert luxuriöse Romantik in der ländlichen Provence mit Science-Fiction und schafft eine nahezu kosmische Erfahrung.

Die Zimmer hier sind keine gewöhnlichen Hotelzimmer: Die Unterkunft ist ein sogenanntes Bubble-Hotel. Dabei ist ein Queen-Size-Bett von einer transparenten, schalldichten Kuppel aus Plastik umgeben. Jede klimatisierte Bubble steht von der anderen abgegrenzt und verfügt zusätzlich über einen Zugang zu einem Jacuzzi und einem gemeinsamen Pool. Sobald du dich hinlegst und die Aussicht auf den Wald um dich herum genießt, fühlt es sich wie Camping an – nur eben anders. Ein nettes Detail ist das Teleskop, durch das die Gäste die Sterne beobachten können. Bestell dir Essen und Sekt und genieß die Natur.

Das Dorf liegt weniger als zehn Minuten vom Hotel entfernt. Hier findest du die vollständig restaurierte Windmühle **Moulin Louis Ricard** (18. Jh.). Für nur 2 € kannst du sie besichtigen. Wenn der Wind weht, lässt sich sogar der Mahlvorgang beobachten. Fünf weitere Minuten zu Fuß findet sich die Kapelle **Notre-Dame du Château** (11. Jh.). Von dort aus hat man einen herrlichen Panoramablick auf Marseille und seine Inseln.

Entlang der Côte Bleue

Mit dem Zug unterwegs an der Küste

Vom Gare St-Charles, dem Bahnhof von Marseille, führt die spektakuläre Bahnlinie **Côte Bleue** (Blaue Küste) nach Westen. Eine 15-minütige Fahrt (3 €) bringt die Fahrgäste nach **L'Estaque.** Der Blick aus dem Zugfenster ist derselbe, der schon die Impressionisten inspirierte. Vom Bahnhof von L'Estaque sind es nur zehn Minuten zu Fuß bis zum Hafen, wo du die regionalen Köstlichkeiten *panisse* und *chichi* (ähnlich wie Churros) probieren kannst, quasi Grundnahrungsmittel in dieser Gegend. Iss aus Papptüten an den *barraques à chi-*

DAS LAND VON PAGNOL

Auf dem 715 m hohen Garlaban-Massiv wuchs der legendäre französische Schriftsteller und Filmemacher Marcel Pagnol auf. Das Ferienhaus seiner Familie, **La Bastide Neuve,** befindet sich in den Hügeln oberhalb von Allauch.

Dank Pagnols Bücher und früher Filme verlor sich eine ganze Generation in Geschichten über die Provence; am bekanntesten sind die Verfilmungen seiner Romane *Jean de Florette* und *Manons Rache* von 1986.

Das Garlaban-Massiv ist ein beliebtes Wandergebiet; von Allauch bis zum Pagnol-Ferienhaus dauert es etwa eine Stunde durch die *Garrigue* – die duftende mediterrane Macchia.

15 Autominuten entfernt liegt das **Château de la Buzine,** ein Schloss aus dem 15. Jh., bekannt durch den Film *Das Schloss meiner Mutter.* Heute ist es ein interaktives Museum mit Kino.

ESSEN IN ALLAUCH

Restaurant Iod'in
Das beste Sushi der Region gibt es im Restaurant dieses jungen Sternekochs. **€€**

Au Moulin Bleu
Die Familienkonditorei besteht seit fünf Generationen. Probiere das berühmte Honiggebäck *suce miel.* **€**

La Quinta Table Provençale
Einfache mediterrane Küche, die am Pool serviert wird. Genau das, was den Sommer ausmacht. **€€**

chis (Essensständen) oder besuch eines der authentischsten Fischrestaurants der Region, **L'Hippocampe.** Das **Alhambra-Kino** ist nur eine kurze Taxifahrt entfernt. Seit 1928 steht es an einem begrünten Platz, an dem auch die Denis Bar liegt, die seit Ewigkeiten von Fischersleuten und Künstler:innen frequentiert wird.

Das wahre Juwel liegt jedoch weiter oben an der Küste. Nach einer weiteren 15-minütigen Fahrt mit dem Zug über L'Estaque erreichst du **Niolon,** ein hübsches provenzalisches Dorf. Folge den Menschenmassen zur **Calanque du Jonquier** und schwimm im Schatten des spektakulären Bogenviadukts, während dein Blick über das ruhige Wasser zurück in Richtung Stadt schweift. Ziemlich beeindruckend.

CALANQUE DE L'ÉVERINE

Wenn du den Bahnhof von Niolon auf der Linie Côte Bleue verlässt, biegst du links ab und folgst dem Weg. Nach 200 m gehst du links ins Tal; der Weg rechts führt hinauf zum Fort de Niolon. Du passierst den letzten Bogen des Viadukts über der Calanque du Jonquier. Jetzt bist du auf dem Sentier des Douaniers: Der Küstenweg ist angenehm und schattig, aber gelegentlich steil.

Vom Bahnhof aus brauchst du etwa eine Stunde zu Fuß bis zur wunderschönen **Calanque de l'Éverine.** Die Belohnung ist eine Bucht mit kristallklarem Wasser, in der nur das sanfte Plätschern des Mittelmeers und Vogelgezwitscher zu hören ist.

Auf der Suche nach Seeigeln

An der Küste von Carry-le-Rouet

Eine weitere Perle der Côte Bleue ist **Carry-le-Rouet,** nur 30 km westlich von Marseille. Der charmante Hafen, die duftenden Pinien und die grob gehauenen Buchten sind grandios. Das ehemals verschlafene Fischerdorf ist heute - wie viele andere - ein beliebter Badeort, mit attraktiven Restaurants und von schöner Natur umgeben. Die Zugfahrt ab Gare St-Charles kostet etwa 6 € und die 35-minütige Fahrt vergeht dank Meeresblick wie im Flug.

Ein Mietauto bietet dir die Freiheit, entlang des Weges da zu halten, wo es dir gefällt, aber die Parkmöglichkeiten sind begrenzt. In der Gegend erheben sich Kalksteinfelsen, auf denen langhörnige Ziegen an Gestrüpp knabbern.

An den ersten drei Sonntagen im Februar strömen Seafood-Fans in den Hafen, um bei der **Oursinade** dabei zu sein. Bei dem kulinarischen Fest wird eine Fülle von Seeigeln angeboten, die als die besten des Mittelmeers gelten. Falls du keine Lust auf Seeigel hast: Hier sind auch alle anderen Meeresfrüchte zu haben.

Egal zu welcher Jahreszeit, die Strandpromenade vom Hafen bis nach **Sausset-les-Pins** eignet sich perfekt für einen Spaziergang entlang der Küste. Viele Plätze laden zum Verweilen ein. Die Strände sind eher kieselig als sandig, aber das Wasser ist klar.

Jeden Sommer im Juli und August organisiert der **Parc Marin Côte Bleue** (parcmarincotebleue.fr) kostenlose Touren durch das Meeresschutzgebiet, bei denen du Neoprenanzug, Schnorchel und Maske benötigst (sie werden gestellt). Du erfährst dabei viel Wissenswertes über das Schutzgebiet.

ESSEN RUND UM CARRY-LE-ROUET

Rest'o Cap Rousset
Typisch französische Küche und mit Ausblick auf die Badenden. **€€**

La Cal
Zwischen Carry und Sausset-les-Pins gibt es hier leckere Pizza und eine tolle Aussicht. **€€**

MyPitchu
Entspannte Strandbar in Sausset-les-Pins, die fangfrischen Fisch serviert. **€€**

Aix-en-Provence

Die Sonne taucht jahrhundertealte Herrenhäuser in ein magisches Licht, während Brunnen auf kleinen Plätzen plätschern, die am Ende von engen Gassen versteckt liegen. Die Einheimischen schlendern in schlichter Eleganz durch die Straßen. Oder sie sitzen in stilvollen Cafés, nippen an einem Espresso und mustern dabei die Vorbeiziehenden. Aix ist eine Überzeichnung des französischen Lebens – dass es keine Überraschungen gibt, macht einen Teil des Charmes aus.

Durch diese elegante Stadt flaniert man und nimmt sich Zeit für Beobachtungen. Als Universitätsstadt ist Aix auch voller internationaler Studierenden. Genieß einfach die Atmosphäre.

Ganz gleich, ob du shoppen willst, gutes Essen suchst oder von hier in die Natur aufbrichst – Aix ist dafür super geeignet.

UNTERWEGS VOR ORT

Jeder Einheimische wird dir sagen, dass man im winzigen Aix alles locker zu Fuß erreicht. Eine gute Alternative sind die Busse (aixenbus.com), die bis an den Stadtrand fahren; Tickets bekommt man an Bord. Im Stadtzentrum gibt es einen Fahrradverleih (aixpritvelo.com).

Kunst und Architektur

Ein Spaziergang durch Aix

Für eine erste Orientierung beginnst du am **Cours Mirabeau.** Keine Straße verkörpert die eleganteste Stadt der Provence besser als der mit Brunnen und gediegenen *hôtels particuliers* (historische Stadtpalais) gesprenkelte Cours Mirabeau, der im Sommer von dicht belaubten Platanen beschattet wird. Das südlich des Cours Mirabeau gelegene Quartier Mazarin beherbergt einige der schönsten Gebäude von Aix.

Der berühmte Sohn der Stadt, Paul Cézanne (1839–1906), wird in Aix natürlich sehr verehrt. Du kannst auf seinen Spuren auf dem **Cézanne-Pfad** wandeln – unter anderem in der Montagne Ste-Victoire (S. 157). Pläne gibt es in der Touristinfo.

Mehr Kunst in Aix gibt es im **Musée Granet** oder im Centre d'Art Caumont. Das fabelhafte Musée Granet wurde 1838 als eines der ersten öffentlichen Museen Frankreichs gegrün-

TOP TIPP

Adrette Kleidung gehört hier einfach dazu und eine teure Sonnenbrille ist in Aix ein unverzichtbares Accessoire. Auf den Terrassen sitzt man sich nicht gegenüber, sondern blickt gemeinsam die Straße hinab, um zu sehen, wer kommt.

SEHENSWERTES
1 Caumont Centre d'Art
2 Cours Mirabeau
3 Musée Granet
4 Parc Jourdan
5 Pavillon Vendôme

AKTIVITÄTEN, KURSE & TOUREN
6 Les Thermes Sextius

EATING
7 Brasserie de L'Archevêché
8 Chez Nine
9 Instant V
10 La Brocherie
11 La Maison Béchard
12 La Maison Weibel
13 Le Petit Verdot

AUSGEHEN & FEIERN
14 Bar des PTT
15 Book in Bar
16 Cafe Caumont
17 Café des Négociants
18 Mana

SHOPPEN
19 La Cave des Ours
20 Place Richelme

det, nämlich an der Stelle, an der sich ursprünglich ein Priorat des Johanniterordens befand. Die im Laufe von fast zwei Jahrhunderten stetig gewachsene Sammlung umfasst mittlerweile mehr als 12 000 Werke, darunter Kunstwerke von Picasso, Léger, Matisse, Monet, Klee, Van Gogh und, was entscheidend ist, neun Werke von Paul Cézanne. Das Kunstmuseum, das auch hochkarätige Wechselausstellungen zeigt, rangiert auf der Liste der französischen Kunstschätze, die man gesehen haben muss, ganz weit oben.

Im prächtigsten *hôtel particulier* im Viertel Mazarin, das im 18. Jh. erbaut wurde, befindet sich das großartige **Caumont Centre d'Art.** Hier finden jedes Jahr anspruchsvolle Ausstellungen, Konzerte und andere Events statt, doch das eigentliche Highlight ist das Bauwerk selbst. Hinter der Fassade aus honigfarbenem Stein verbergen sich opulente, palastartige Räume, die mit Antiquitäten und Kunstwerken vollgestopft sind und an die aristokratische Vergangenheit des Hauses erinnern.

DER KLANG DES SOMMERS

Pétanque (Boule im übrigen Frankreich) wurde Anfang des 20. Jhs. in La Ciotat erfunden. Der Boulespieler Jules Le Noir, der wegen Rheuma die Anlaufschritte nicht mehr absolvieren konnte, entwickelte einen eigenen Wurfstil im Stehen.

Heute ist Pétanque ein typischer französischer Dorfsport und wird von Menschen jeden Alters gespielt.

Das Spiel besteht aus zwei Mannschaften: Die erste Mannschaft wirft eine kleine Kugel, das *cochonnet,* über ein Spielfeld aus Kies oder Sand. Eine Person nach der anderen versucht anschließend, eine schwere Metallkugel so nah wie möglich an das *cochonnet* zu bringen – oder die Kugeln der Gegenseite zu bewegen. Die Mannschaft, die am Ende der Runde dem *cochonnet* am nächsten ist, hat gewonnen.

Lokale Treffpunkte

Essen und Trinken in alter Eleganz

Vor der Globalisierung und den Hochgeschwindigkeitszügen aus Paris hatte Aix einen fast mythischen Status. Viele Franzosen und Französinnen dachten, die Stadt wäre ein romantischer Ort voller Reichtum und Sonnenschein, ein Ort, an dem man einen berühmten Filmstar wie Alain Delon beim Espresso-Trinken erwischen könnte. Doch sobald der TGV die Hauptstadt in unter drei Stunden mit Südfrankreich verbunden hatte, zogen wohlhabende Pariser Familien hierher. Darauf folgten Tourist:innen und Rentner:innen aus aller Welt. Einige Lokale haben den Zulauf überlebt und sind bei den Einheimischen nach wie vor beliebt.

Die **Brasserie de L'Archevêché** liegt um die Ecke vom berühmten Institut d'Études Politiques (IEP) von Aix, einer Eliteuniversität, die in Diplomatie, Politik und Journalismus ausbildet. Das Restaurant am historischen Platz wird seit 1995 vom aktuellen Besitzer geführt. Mittags tummeln sich viele Studierende auf der Terrasse unter den schattigen Platanen.

In der engen **Bar des PTT** am Place Richelme treffen sich Menschen aus allen Gesellschaftsschichten, egal ob Anwältin oder Marktstandbesitzer.

Versteckt liegt das **La Brocherie,** das Grillfleisch und Meeresfrüchte in einem rustikalen Ambiente serviert, vielleicht etwas altmodisch, aber authentisch. Das T-Bone-Steak und die Crème brûlée mit Lavendel kosten unter 30 €.

ÜBERNACHTEN IN AIX

Hôtel Escaletto
Komfortabel und erschwinglich, mit inspirierendem Blick auf den Mont St-Victoire. **€€**

L'Hôtel des Arts
Das einfache und schlichte Hotel im Stadtzentrum befindet sich neben dem Musée Granet. **€**

Hôtel Cardinal
Dieses Hotel ist so elegant wie die goldgerahmten Spiegel und Gemälde, die darin hängen. **€€**

ESSEN IN AIX

Der in Aix geborene **Olivier Ville** ist Anwalt und Weltenbummler. Er sagt: „Egal, wie touristisch Aix scheint, es gibt immer noch solide Lokale, auf die man sich verlassen kann."

Chez Nine
Ein großartiger Ort für ein Date. Das romantische Lokal in einer Höhle (Weinkeller) aus dem 18. Jh. serviert bis spät in die Nacht. **€€**

Café des Négociants
Dieses Café ist traditionell, frisch und erschwinglich, aber nur mittags geöffnet. **€**

Le Petit Verdot
Hier gibt es authentische regionale Küche. Mir gefällt es, weil es gemütlich und versteckt ist. **€€**

Gourmet-Picknicks

Brot, Wein und eine Decke

Der Markt auf dem **Place Richelme** ist montags bis samstags vom frühen Morgen bis zum Mittag geöffnet. Hier bekommst du Qualitätsprodukte aus der Region: frisches Brot, Saucisson-Spezialitäten, Unmengen von Hart- bis Weichkäsesorten sowie Marmeladen, Tapenaden und vieles mehr. Kurzum, hier gibt es alles, was man von einem provenzalischen Markt erwartet. Ideal, um sich für ein Picknick inspirieren zu lassen. Für regionale Weine empfiehlt sich, nur wenige Minuten vom Markt entfernt, **La Cave des Ours,** spezialisiert auf Bio-Weine. Wie bei Weinbauern üblich, werden dir hier die verschiedenen Sorten und Hintergründe erklärt.

Der öffentliche Park **Promenade de la Torse** färbt sich im Herbst leuchtend orange. Die weitläufige Grünfläche liegt eine halbe Stunde Fußweg südöstlich des Cours Mirabeau. Holzbrücken führen hier über einen Bach, der von Enten und Reihern bewohnt wird. Der **Pavillon Vendôme** liegt nur zehn Minuten von der Altstadt entfernt. Das barocke Adelspalais ist von einem großen Garten umgeben. Der historische Prachtbau wurde als Liebesnest für Herzog Louis de Vendôme geplant. Heute beherbergt es ein Kunstmuseum. Im Stadtpark **Parc Jourdan** spielen Einheimische Pétanque oder entspan-

BESTE CHOCOLATIERS IN AIX

Pâtisserie Philippe Segond
Monsieur Segond behauptet, er stelle die besten Pralinen in Frankreich her.

Les Chocolats Yves Thuries
Großer französischer Chocolatier mit eigenen Kakaoplantagen in Ecuador.

Le Roy René
Berühmt für die Herstellung der süßen *calissons* mit kandierten Früchten sowie für die Pralinen.

FRANZ MARC FREI/GETTY IMAGES ©

Samstags ist Markt am Place Richelme

nen in ihrer Mittagspause. Was dem Park an Schönheit fehlt, macht er durch Lokalkolorit wett.

Nur 15 Autominuten nördlich der Stadt gibt es einen ganz besonderen Ort. Wer den Sonnenuntergang in Ruhe bewundern will, kann im Dorf Le Puy-Ste-Réparade von den Ruinen der Festung **La Quille** aus dem 8. Jh. weit über den Luberon und seine Hügel blicken.

Nur 7 km vom Stadtzentrum – eine kurze Auto- oder Taxifahrt entfernt – liegt das Familienanwesen **Terre Ugo,** auf dem sich das einzige Bio-Lavendelfeld der Provence befindet. Es blüht Ende Juni. Von Juni bis August kannst du das Anwesen besuchen (7 € Eintritt). Lass dich auf einer Chaiselongue im Schatten nieder oder spiel eine Partie Pétanque und lausche dabei den Geräuschen der umgebenen Landschaft. Donnerstags öffnet von 18.30 bis 22 Uhr ein Foodtruck, Cocktails werden gereicht und Livemusik tönt bis in die Nacht.

Römischer Luxus

Thermalbäder

Egal, ob du Stress abbauen oder einfach einen Verwöhnnachmittag einlegen möchtest – Aix-en-Provence, das zu Zeiten der Römer *Aquae Sextiae* hieß, ist der ideale Ort, um in hei-

BESTE PÂTISSERIEN IN AIX

Anne-Sophie Gabrielian, Inhaberin von La Pastisserie, verkauft regionalen Pastis. Das sind ihre Lieblingskonditoreien.
@la_ pastisserie

La Maison Weibel
Die erste Anlaufstelle für Tee und Gebäck, wenn ich eine Weile nicht in der Stadt war. Sie hat Geschichte und Raffinesse, aber gehört auch zum Alltag derer, die in der Nähe wohnen und arbeiten.

La Maison Béchard
Eine weitere Institution auf dem Cours Mirabeau. Für mich der beste Ort, um *calissons* zu kaufen.

Instant V
Wenn du dich vegan oder glutenfrei ernährst, bist du hier an der richtigen Adresse. Probiere auch die Schokolade. Es ist gleich um die Ecke vom Musée Granet.

GLUTENFREI ESSEN IN AIX

Atelier du Mochi
Eine moderne französische Variante des japanischen Reiskuchens. Vegan und glutenfrei. €€

Ojus
Glutenfreie Crêpes, vegane Bowls und Linsengerichte: alles auch zum Mitnehmen. €€

Aux Petits Oignons
Hervorragende glutenfreie, vegane Hot Dogs mit karamellisierten Zwiebeln und Pommes frites. €€

lendes Wasser einzutauchen und Körper und Geist wieder in Einklang zu bringen.

Das moderne Thermalbad **Les Thermes Sextius** befindet sich am Standort der römischen Quellen. Deren freigelegte Reste sind unter Glas im Eingangsbereich zu sehen. Die Römer ließen sich dort nieder, wo sie natürliche Quellen fanden, ihre öffentlichen Bäder waren ein wesentlicher Bestandteil des täglichen Lebens. In diese kamen Menschen aller Schichten, nicht nur zur Bewegung und Entspannung, sondern auch um Geschäfte abzuschließen oder zu tratschen.

Der Genuss von Dampfbad und Massage ist eine zeitlose Kombination. Den Pool umgeben antike Steine. Hier kannst du in aller Ruhe entspannen, die Sonne genießen oder eine der vielen Anwendungen ausprobieren.

BESTE CAFÉS IN AIX

Nicolas Jamet arbeitet im Feinkostgeschäft Saumon Passion, das Kaviar und Räucherfisch vertreibt. Er verrät uns seine Lieblingscafés in Aix:

Book in Bar
In der internationalen Buchhandlung wird Kaffee serviert, der ziemlich coole Studierende anzieht.

Mana
Hier wird Kaffee sehr ernst genommen. Ein Ort für Menschen mit Laptop, die sich vegan ernähren.

Café Caumont
Kaffee im Garten des Caumont Centre d'Art. Eine schöne Kulisse aus dem 18. Jh.

Der Vater der Op-Art

Kunst in der Fondation Vasarely

Nur 4 km westlich der Stadt befindet sich die **Fondation Vasarely,** ein höhlenartiges Gebäude, das durch sein hypermodernes Design aus Glas und Metall ins Auge fällt. Das architektonische Meisterwerk besteht aus 16 miteinander verbundenen, hexagonalen Galerien, die eigens für die Präsentation der 44 raumhohen, rauschhaften Kunstwerke des ungarisch-französischen Künstlers Victor Vasarely konzipiert wurden.

Vasarely ist unbestrittener Vater der Op-Art (optische Kunst). Seine Bilder, die spiralförmig ins Nichts verlaufen, sind zeitlos. Der von ihm gestaltete Raum überwältigt durch Farbe und Größe. Die riesigen psychedelischen Werke schaffen eine Welt anamorpher Muster in sieben Galerien mit jeweils sechs Kunstwerken. Hier kann Kunst zu transzendentaler Meditation führen, in einem, wie er es nannte, „Laboratorium der Ideen". Vasarelys zukunftsweisender Blick war das Aushängeschild der Op-Art, seine Arbeit in der Werbebranche zeigte, wie sehr er seiner Zeit voraus war.

SEIFEN UND ÄTHERISCHE ÖLE SHOPPEN IN AIX

Bastide
Kunstvoll hergestellte Parfüms, Kerzen, Potpourris und ätherische Öle, die nach Feigen und Honig duften.

Rose et Marius
Bewusst milde Seifen und Parfüms, die das Wohlbefinden in den Vordergrund stellen.

Agape
Ein Unternehmen aus der Provence mit luxuriösen Bio-Ölen für Massagen und die Aromatherapie.

Rund um Aix-en-Provence

Die gastronomischen Highlights von Aix lassen erahnen, was in der Region steckt.

Die Stadt Aix verblüfft mit ihrem Wasserreichtum in Form von zahlreichen Brunnen und mit imposanten Adelshäusern. Aber die Verbindung zum Land ist dennoch deutlich. Die Düfte der Stadt erinnern an die Weite der Lavendelfelder und die Fülle des Thymians. In der Umgebung werden Wein, Olivenöl und Brot produziert – mit einem Sinn für Tradition und mit Kompetenz. Auf deiner Reise durch die kleinen Dörfer von der Montagne Ste-Victoire über die Weinberge der Appellation Palette bis zu den Olivenbäumen von Salon-de-Provence erkennst du vielleicht die Verbundenheit mit dem Land.

Cézannes Landschaften

Wandern von Le Tholonet nach Bibemus

Die Provence eignet sich hervorragend für Wanderungen. Die Besteigung des Höhenzugs **Montagne Ste-Victoire,** der sich in der Ferne erhebt, ist zwar naheliegend, kann sich aber – vor allem in der Hitze – als sehr anstrengend erweisen. Eine tolle Alternative, vor allem für Kunst- und Naturfans, ist eine Tour im Cézanne-Land. Eine 3 ½-stündige Wanderung ab Le Tholonet mit einem fachkundigen Guide kannst du in der Touristinfo von Aix oder online unter aixenprovencetourism.com buchen.

Le Tholonet ist dafür ein idealer Ausgangspunkt. Die Gemeinde am Fuße des Gebirges Montagne Ste-Victoire verfügt über Wasserfälle, Windmühlen und einige Lokale. Von hier geht's an den Carrières de Bibémus vorbei, einem Felsplateau, das lange als Steinbruch diente. Aus diesen Felsen wurden viele Denkmäler von Aix gemeißelt. Cézanne hatte von seinem Haus aus das Plateau im Blick und machte es wiederholt zu einem Motiv in seinen Werken. Bei den Wanderungen, die um 18 Uhr starten, taucht die Sonne die Felsen in ein magisches Licht.

Auf dem Plateau angekommen, fühlst du dich wie in einem berühmten Ölgemälde oder Aquarell von Cézanne. Genieße den Panoramablick, der sich seit Cézannes Zeit kaum verän-

UNTERWEGS VOR ORT

Obwohl es am praktischsten ist, die Gegend mit dem Auto zu erkunden, gibt es in dieser Gegend eine echte Radfahrkultur. Die Montagne Ste-Victoire mit dem Rad zu befahren ist nichts für Neulinge, aber mit einem E-Bike ist das machbar. In Aix bei Aixprit Vélo kannst du ein Rad mieten.

TOP TIPP

Wenn du mit dem Auto unterwegs bist, miete für ein authentisches Erlebnis lieber ein Bauernhaus als ein Standardhotel.

ROADTRIP

Durch die Weinberge von Aix

Rund um Aix befinden sich zahlreiche Weinanbaugebiete und Weingüter. Auf dieser Tour lernst du die Weine kennen, die rund um den Gebirgszug Montagne Ste-Victoire produziert werden. Hügel und Täler schützen die Reben und die vulkanische Erde spendet Leben. Eine Bauernregel lautet: „Sonnenschein füllt die Fässer mit Wein." Diese Tour schaffst du leicht an einem Tag.

1 Domaine des Masques

Von Aix-en-Provence aus fährst du 13 km auf der D17 Richtung Osten und biegst dann auf die Rue du Bayon nach Süden ab, wo du am Ende eines mit Schlaglöchern übersäten Weges ein abgelegenes Weingut findest. Genieß die wunderschöne Landschaft. Fahr an einer langen Reihe von Zypressen vorbei, park das Auto und betrete dann einen kleinen Verkostungsraum, wo du einige Weiß-, Rot- und Roséweine probieren kannst. Highlight sind die spritzigen Weißweine mit einer blumigen Note.

Die Strecke: Kehr auf die D17 zurück und fahr weiter nach Osten, um dann nach Südosten auf die D56C abzubiegen. Die Domaine des Diables ist nur 14 km entfernt, die Fahrt dauert 20 Minuten.

2 Domaine des Diables

Hier lernst du Roséweine besser kennen: Je blasser und grauer sie sind, desto köstlicher sind sie. Dieses Weingut produziert kleine Mengen höchster Qualität. Bei einem Rundgang über das Gelände erfährst du mehr über die biologischen und nachhaltigen Weine.

Keller aus dem 16. Jh., Château Simone

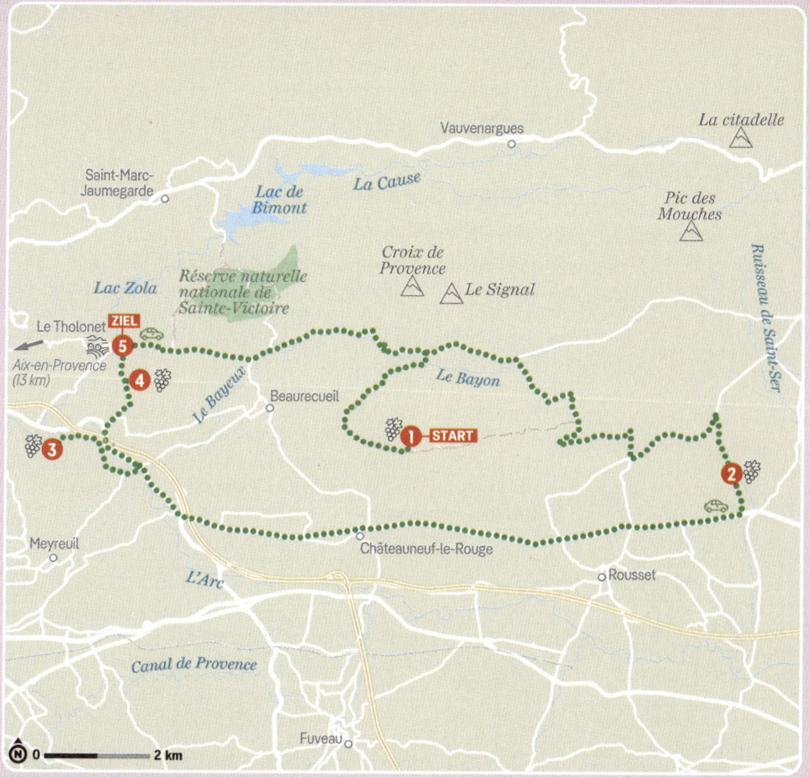

Die Strecke: Fahr weiter nach Süden zur D7 und bieg dann nach Westen ab. Bis zum nächsten Weingut sind es weitere 15 km (20 Min.).

3 Château Simone

Das Weingut wird in sechster Generation geführt. 80 % der Weine auf diesem Weingut sind aus der Appellation Palette. An den Rebstöcken, die das honigfarbene Château und die Gärten umgeben, wachsen Grenache, Syrah, Cinsault, Mourvèdre und die „Nebensorten". Der Wein reift im 16. Jh. von Mönchen erbauten Gewölbekeller. Die Weine sind preisgekrönt.

Die Strecke: Es sind nur 5 km nach Norden bis zum Château Cremade an der D64E (Route de l'Angesse).

4 Château Cremade

Dieses winzige, 9 ha große Weingut kultiviert 25 verschiedene Rebsorten, darunter viele alte und seltene, und erzeugt hoch angesehene, AOC-geschützte Weiß-, Rosé- und Rotweine. Hier waren einst Cézanne und Émile Zola zu Gast. Der Empfang ist freundlich. Frag unbedingt, ob du den alten Weinkeller besichtigen kannst. Probier die fruchtigen Rotweine.

Die Strecke: Einen Kilometer nördlich liegt das Dorf Le Tholonet.

5 Le Tholonet

Römische Ruinen, Anwesen aus dem 17. Jh., Wanderwege und Windmühlen erwarten dich in Le Tholonet. Lass den Tag im Chez Tomé ausklingen, einem ruhigen, familiengeführten Restaurant mit einer typisch provenzalischen Terrasse; oder im Le Table de Boucher, einem großzügigen Steakrestaurant mit eigener Metzgerei; oder im Ancora Pizza, das bei den Einwohner:innen von Aix beliebt ist, obwohl sie in der Stadt eine große Auswahl an Lokalen haben.

dert hat. Der Rückweg über den Lac Zola verlängert die Wanderung um eine Stunde, eignet sich aber hervorragend, um die Tierwelt zu beobachten. Du musst viel Wasser dabeihaben. In den trockenen Sommermonaten ist der Zugang zu den Wäldern zum Schutz vor Bränden oft eingeschränkt. Erkundige dich vor dem Start.

DAS ATELIER VON CÉZANNE

Erst am Ende seines Lebens, nach Jahren der Ablehnung, erlebte Cézanne als Künstler Anerkennung. In dieser Zeit malte er oft die Montagne Ste-Victoire. Bevor er sich in sein Steinhaus zurückzog, arbeitete er in seinem Atelier im Norden von Aix-en-Provence. Das Atelier Cézanne liegt auf dem **Hügel von Lauves,** 1,5 km nördlich des Zentrums von Aix (30 Min. zu Fuß oder Buslinie 5).

Vielleicht steckt dich die gleiche Energie an, die der Künstler empfunden haben muss, wenn das Licht durch die Fenster strömt. Malutensilien sind hübsch arrangiert und der Hut des Künstlers hängt immer noch an einem Haken.

Flüssiger Sonnenschein

Verkostung der anderen Art

Olivenöl steht seit dem Altertum für Gesundheit, Schönheit, Weisheit und Frieden. Erst kürzlich wurde King Charles bei seiner Krönung in London mit Öl aus handgepflückten Oliven aus Jerusalem gesalbt.

Olivenöl ist der Schlüssel zur mediterranen Ernährung und fließt hier so reichlich wie Wein. Es wird in dieser sonnenverwöhnten Gegend leidenschaftlich hergestellt und auch konsumiert. Frankreich, Spanien, Italien und Griechenland konkurrieren darum, wer das beste Olivenöl herstellt. In Frankreich selbst gewinnt die Provence den Wettbewerb – insbesondere **Salon-de-Provence.**

Salon liegt weniger als eine Autostunde nordwestlich von Aix. Der Olivenhain **Mas de Bories** mit seinen historischen Trockensteinmauern spricht diejenigen an, die sich für die Olivenölproduktion in kleinen Betrieben interessieren. Die Besitzerin Claire erzählt von ihrer Verbundenheit mit dem Land, einem sinnerfüllten Leben und ihrer beständigen Suche nach Qualität. Der Herstellungsprozess, einschließlich der hochmodernen Extraktionspresse, ist aufwendig. Du kannst das Öl natürlich verkosten.

In der Stadt organisiert Mathieu Ségui an den Wochenenden Wein- und Whiskyverkostungen in seinem Weinkeller **De la Vigne à l'Olivier.** Die Veranstaltungen können recht lebhaft werden; eine Online-Reservierung ist erforderlich.

Regionales Erbe

Seifenmanufaktur

Die Produktion von Olivenöl in Salon-de-Provence hat auch die Herstellung der regionalen Seife beeinflusst. Die berühmte **Savon de Marseille** würde es sonst nicht geben. Die Seifenfabrik **Savonnerie Marius Fabre** in Salon gibt es seit über 120 Jahren. Hier kannst du den Prozess der Seifenherstellung verfolgen. Das **Musée de Salon et de la Crau** im Château de l'Empéri führt durch alle Facetten des reichen landwirtschaftlichen Lebens in dieser Region und zeigt ihren Einfluss auf lokale Traditionen.

BESTE BIOWEINE IM BOUCHES-DU-RHÔNE

Villa Minna Vineyard
Biologisch, einzigartig und nicht zu teuer. Familiengeführtes Weingut.

L'Abri
Weine von großer Ausgewogenheit und Finesse, die besonders erschwinglich sind.

Château Revelette
Biologisch-dynamischer Wein; ihr PUR-Label ist ein großer Hit.

Arles

Das römische Erbe von Arles begleitet dich auf Schritt und Tritt. Mit römischen Schätzen, schattigen Plätzen und jeder Menge regionaler Kultur ist Arles ein reizvolles Tor zur Camargue. Und eventuell kennst du die farbenfrohen ja schon von den Gemälden Vincent van Goghs: Der Künstler schuf hier rund 200 seiner Werke. Darunter war auch das 1888 geschaffene, berühmte Werk, das sein „gelbes Haus“ zeigt. Das Gebäude wurde leider im Zweiten Weltkrieg zerstört. Pflicht ist auch ein Besuch des Samstagsmarkts in Arles, der zu den besten Märkten der Provence zählt.

UNTERWEGS VOR ORT

Arles ist per Zug gut mit Avignon, Marseille und Nîmes verbunden. Busse fahren nach Stes-Marie-de-la-Mer und St-Rémy de Provence. Die Stadt lässt sich gut zu Fuß oder mit dem Fahrrad erkunden.

Hauptstadt der Kunst

Stahl, Glas und Amphitheater

Im Südosten der Stadt erhebt sich der Turm von Frank Gehry, ein markanter Bau aus Glas und Stahl auf einem alten Bahngelände. Das von der Schweizer Luma-Stiftung finanzierte und von Frank Gehry entworfene, topmoderne **LUMA Arles** ist Kulturzentrum und Kunstgalerie zugleich und beherbergt Präsentationen, Ausstellungen und Künstlerateliers. Das Gebäude ist ein Kunstwerk für sich, ein gewundener, schimmernder Turm, der lose von Van Goghs Sternennacht inspiriert ist und auf einem etwa 20 ha großen Grundstück steht.

Arles ist seit Langem ein Synonym für Kunst: Seine Fotoschule, die **École Nationale Supérieure de la Photographie,** ist eine der besten der Welt. Und jedes Jahr findet in der Stadt das 1970 ins Leben gerufene Fotofestival **Les Rencontres d'Arles** (Juli bis September) statt. Es feiert große Namen, entdeckt neue Talente und hält die Kunstwelt in der großen „Nacht des Jahres“ bis zum Morgengrauen auf den Beinen.

In dieser Stadt finden unzählige Kunstfestivals statt. Einige Einheimische finden, dass sie der Gentrifizierung Vorschub leisten.

TOP TIPP

Steh früh auf und schlendere durch die Straßen, bevor Arles erwacht. Beim Spaziergang an den Ufern der Rhône, durch die ruhigen Gassen und über historische Plätze entfaltet sich die unnachahmliche Atmosphäre von Arles.

LOCAL TIPP: ESSEN IN ARLES

Lucy Cases, Inhaberin des Bio-Cafés Mazette (8 place Antonelle), verrät ihre Lieblingslokale:

Le Marché d'Arles
Der größte und beste Lebensmittelmarkt der Region. **€**

Le Tambourin
Ein authentisches Lokal, das ganze Jahr über trifft man hier Einheimische. **€€**

La Chassagnette
Willst du dir etwas gönnen? Dann besuche dieses Sternerestaurant in einem ehemaligen Schafstall. **€€€**

Die **Fondation Vincent Van Gogh** organisiert Wechselausstellungen und Seminare und wirft einen zeitgenössischen Blick in die Vergangenheit.

Das **Museon Arlaten** befindet sich in einem Herrenhaus aus dem 15. Jh. und beschäftigt sich mit den Überresten des römischen Forums. Es wurde mithilfe des Modedesigners Christian Lacroix renoviert, der aus Arles stammt. Es zeigt Kostüme, Gemälde, Kunst und Handwerk der Provence im Wandel der Zeit.

Das Leben eines Stiers

Die Symbolik der Camargue

Anders als in Spanien werben die Plakate in Arles nicht mit dem Namen des Stierkämpfers *(le raseteur),* sondern mit dem des Stiers. Denn die Stiere sind die Stars der **Course Camarguaise,** eines unblutigen Wettbewerbs. Er gilt als weniger grausam als der spanische Stierkampf. Er findet von Juli bis Oktober in den Arenen der Stadt statt, wobei der Cocarde d'Or in **Les Arenes** das Hauptereignis ist.

Der Stier verbringt 20 Minuten in der Arena mit den *raseteurs,* die sich durch Ausweichen und Ducken beweisen (anstatt zu versuchen, ihn zu verletzen). Danach verbringt er drei Monate auf der Weide. Obwohl die Stiere nicht körperlich verletzt werden, wird das mangelnde Tierwohl kritisiert.

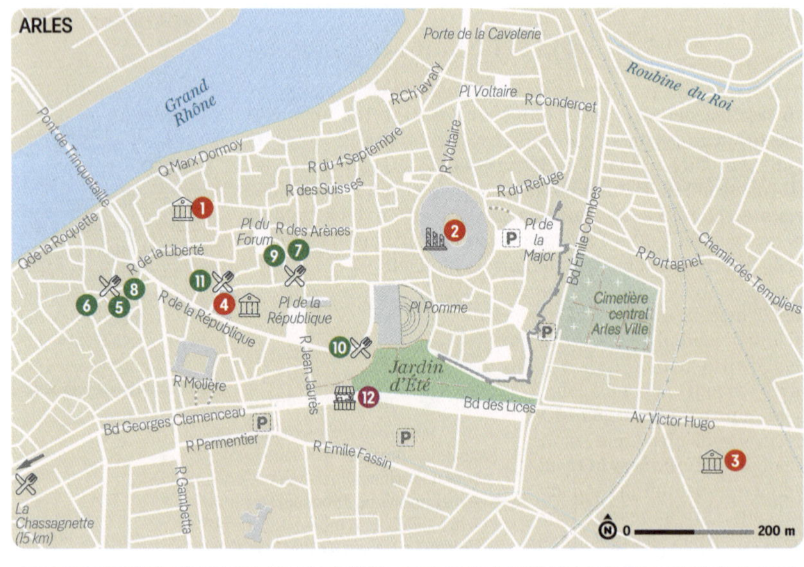

SEHENSWERTES
1 Fondation Vincent Van Gogh
2 Les Arènes
3 Luma Arles
4 Museon Arlaten

ESSEN
5 Boucherie Genin
6 Cafe de la Roquette
7 Camargue Social Club
8 Le Gibolin
9 Le Tambourin
10 L'Épicerie du Cloître
11 Monstre

SHOPPEN
12 Le Marché d'Arles

SERGE MOURARET/ALAMY STOCK PHOTO ©

Boucherie Genin

Die *gardians,* die berittenen Stier- oder Rinderhirten der Camargue träumen allerdings davon, dass ihre Stiere ehrenvoll in die Arena einlaufen. Die Stiere werden im Alter von drei Jahren nach ihrem Temperament ausgewählt. Die Auserwählten sind bis zu 15 Jahre im Einsatz und gehen dann in den Ruhestand. Nach ihrem Tod werden sie in einem fast heiligen Ritual mit Blick auf das Meer begraben.

Arles Entrées

Regionale Küche

Es ist nicht verwunderlich, dass die regionale Küche der Camargue von den *gardians,* den Rinder-, Schaf- und Pferdezüchtern der Camargue beeinflusst wurde. *Gardiane de taureau* ist ein provenzalischer Stiereintopf, auf kleiner Flamme mit Rotwein zubereitet und mit Reis serviert, der gern im Winter gereicht wird. Zu *saucisson de taureau*, einer Trockenwurst aus Schweine- und Rindfleisch, reicht man meist mit Pastis gereicht. Besuch die **Boucherie Genin,** eine Metzgerei mit Feinkosthandlung, die seit 1877 auf traditionelle Art Wurst herstellt.

BESTE RESTAURANTS IN ARLES

Monstre
Hippe Galerie und Restaurant mit jungem Publikum, was sich auch an der Kunst an den Wänden zeigt. **€€**

L'Épicerie du Cloître
Naturweine und raffinierte Tapas in einem versteckten Innenhof. Der kleine Laden bietet beste regionale Produkte. **€€**

Café de la Roquette
Freundliches Personal an einem der entspanntesten Plätze der Stadt. Ideal, um mittags die Welt zu beobachten. **€**

Camargue Social Club
Lebendige Küche der Camargue, begleitet von ausgezeichneten Cocktails. **€€**

Le Gibolin
Kleines, aber feines Michelin-Stern-Restaurant, das trotz seines Status entspannt bleibt. **€€**

ÜBERNACHTEN IN ARLES

Mia Casa
Gemütliches und zentral gelegenes B&B mit Kunstresidenz und von Van Gogh inspiriertem Dekor. **€**

Le Cloître
Eine Wendeltreppe führt zu 19 farbenfrohen Zimmern. Mit entspannendem Spa-Bereich. **€€**

Le Nord-Pinus
Wahrzeichen aus den 1930er-Jahren. Hier tranken einst Hemingway, Picasso und Piaf. **€€€**

RÖMISCHES ARLES ZU FUSS

Arles, das ursprünglich Arelate hieß, ist ein Rom en miniature. Bei einem Spaziergang durch die Straßen wird die Bedeutung der Stadt als wirtschaftliches, politisches und kulturelles Zentrum des Römischen Reiches überdeutlich. Viele der antiken Monumente sind intakt und auch nur wenige Gehminuten voneinander entfernt.

Starte mit 1 **Les Arènes,** einem gut erhaltenen Amphitheater (90 n. Chr.), das heute Veranstaltungsort für große Konzerte und Stierwettbewerbe ist. Einst fanden hier Wagenrennen und Gladiatorenkämpfe auf Leben und Tod statt, denen bis zu 21 000 Zuschauer beiwohnten. Nach dem Untergang des Römischen Reiches diente das Amphitheater zur Verteidigung. In den folgenden Jahrhunderten entstand innerhalb der Mauern eine „Stadt in der Stadt" mit mehr als 200 Häusern und zwei Kapellen (alles abgerissen). Das Amphitheater ist nur einen Katzensprung vom 2 **Théâtre Antique d'Arles** (1. Jh. v. Chr.) entfernt. Bis heute ist dies einer der wichtigsten Veranstaltungsorte in Arles. Die Gigs sind einen Besuch wert.

Ein 20-minütiger Spaziergang quer durch die Stadt, vorbei am Gelände des antiken Zirkus, führt zum 3 **Musée de l'Arles Antique,** das beeindruckende archäologische Funde beherbergt, u. a. eine Marmorstatue des Augustus, die 1750 zwischen den Säulen des Theaters gefunden wurde. Ein ruhiger Spaziergang entlang des Rhôneufers führt an den 4 **Thermes de Constantin** vorbei. Wirf einen Blick auf die alten römischen Bäder, die im 4. Jh. für den privaten Gebrauch von Kaiser Konstantin gebaut wurden. Auf dem Rückweg zum Place de la Forum kommst du am faszinierenden 5 **Cryptoportiques** vorbei. Die Gewölbekammern bildeten einst das Fundament des römischen Forums und dienten wahrscheinlich als Läden oder Warenlager.

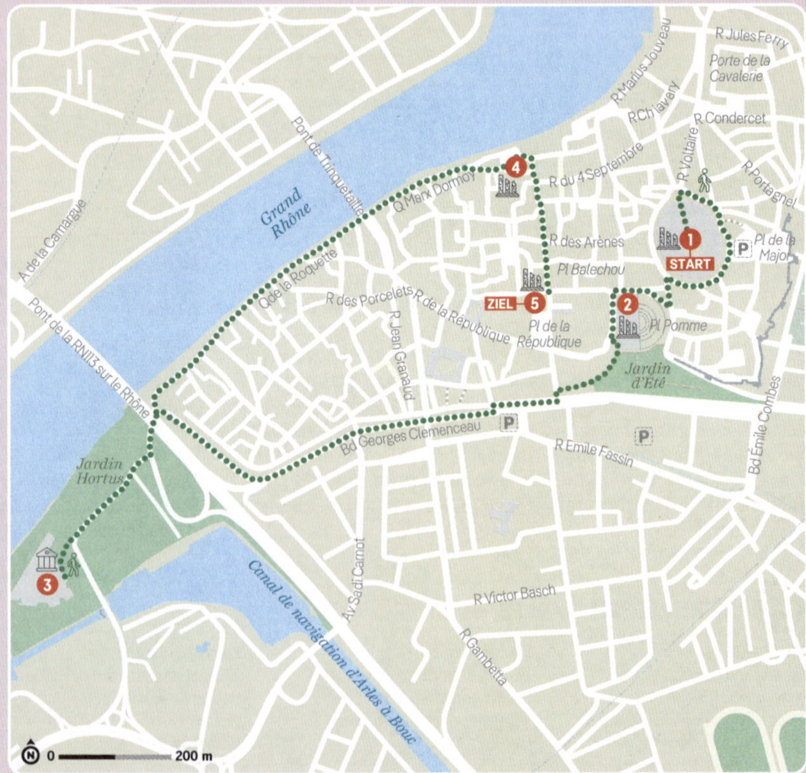

Eine Gasse in Arles

Rund um Arles

Wer sich in die Camargue begibt, taucht in eine andere Welt ein, die nichts mit dem modernen Frankreich zu tun hat.

Wo die Petit Rhône und die Grand Rhône auf das Mittelmeer treffen, entsteht die Camargue: 930 km² Salzwiesen, Salzwasserseen und Sumpfgebiete. Die Welt hier fühlt sich völlig isoliert an: Es ist ein Land der Langsamkeit, ein zeitloses Feuchtgebiet, das von Salzpfannen und Reisfeldern durchzogen ist. Hier gelten uralte Bräuche. Die Landschaft hat sich über die Jahrhunderte kaum verändert. Die Camargue ist ein Abenteuer, ein Ort, der einladend und anstrengend zugleich ist.

UNTERWEGS VOR ORT

Die kleinen Straßen, die diese flache, wilde Region durchziehen, lassen sich am besten mit dem Auto oder dem Fahrrad erkunden. Wenn du von Arles in die Camargue radelst, brauchst du lange Ärmel, lange Hosen, geschlossene Schuhe und Mückenschutzmittel. Miete Fahrräder bei VélocArles (velocarles.fr).

TOP TIPP

Bring unbedingt Insektenschutzmittel mit. Und ein Fernglas für die Vogelbeobachtung. Im Étang du Fangassier nisten über 20 000 Flamingos.

Wilde Strände

Salzsümpfe und Vogelwelt

Du triffst auf **Les Plages d'Arles,** wenn du der Rhône aus der Stadt heraus hinunter zum Meer folgst. Diese wilden, windgepeitschten Strände sind untypisch für Südfrankreich. Die überfüllten Strände der Côte d'Azur scheinen Lichtjahre entfernt. Am besten fährst du von Arles aus etwa 40 km in Richtung Süden nach Salin-de-Giraud, wo du dich mit Wasser und Lebensmitteln eindecken kannst.

Wenn du der D36D aus Salin hinaus auf die Route de la Mer folgst, solltest du den Parkplatz auf der rechten Seite nicht verpassen: Dort befinden sich die **Points d'Observation des Salins.** Von den Aussichtspunkten kannst du einen Blick auf die rosafarbenen Salzpfannen und alle möglichen Vogelarten in ihrem natürlichen Lebensraum werfen – ein perfekter Fotostopp.

Ganz in der Nähe liegt die **Domaine de la Palissade,** 12 km südlich von Salin. Dieses abgelegene Naturzentrum organisiert fantastische Streifzüge zu Fuß oder zu Pferd (S. 168) durch 702 ha geschütztes Marschland, bestehend aus buschigem Glaskraut, blühendem Seelavendel (im August) und Lagunen. Bevor du dich in die Natur stürzt, solltest du dir ein Fernglas ausleihen und im Büro eine kostenlose Karte der drei markierten Wanderwege (1 km bis 8 km) abholen. Die Vogelwelt ist erstaunlich: Im Sommer sind Brillengrasmücken, im Winter Graugänse und Brachvögel sowie ganzjährig Stockenten zu beobachten.

Von hier aus führt eine staubige Piste zum Strand **Plage de Piémanson,** die im Verlauf immer enger wird. Aber es lohnt sich. An dem schönen und windigen Strand möchte man sich wahrscheinlich schnurtracks ins Wasser stürzen. Es gibt auch einen FKK-Abschnitt.

Am Ende einer weiteren Piste liegt der **Strand von Beauduc,** ein Kitesurfer-Paradies. Es macht sich die schnellen Mistralwinde zunutze und zieht Fans aus aller Welt an. Obwohl schwieriger zu erreichen, ist hier mehr los. Er eignet sich hervorragend für einen Strandtag ohne Handyempfang.

DIE ZUKUNFT DES RHÔNEDELTAS

Das Rhônedelta, wo der Fluss auf das Meer trifft, ist das größte in Westeuropa. Doch mit immer heißeren Sommern und dem Anstieg des Meeresspiegels ist das Leben in den Sümpfen und Lagunen der Camargue bedroht. Ein noch drängenderes Problem als die Küstenerosion besteht darin, dass durch die Dürreperioden das Meer ungehindert ins Landesinnere fließen kann, wodurch Weiden zerstört und die Feuchtgebiete unfruchtbar werden.

Auch der Tourismus hat seinen Teil dazu beigetragen. Bis 2012 arteten die Strände jedes Jahr im Sommer zu wilden Campingplätzen aus. Jetzt gibt es mehr Einschränkungen für das Aufstellen von Zelten. Im Nationalpark zeigt das **Musée de la Camargue** in einer großen Dauerausstellung, wie dringlich die ökologischen Probleme der Region geworden sind.

Der Strand von Beauduc

ESSEN IN SALIN-DE-GIRAUD

Mas St-Bertrand
Die Küche der Camargue mit hervorragenden Weinen aus der Region. Rustikal und freundlich. €€

Restaurant La Grand Ponche
Mehr Reis- und Stiergerichte mit Blick auf eine schöne Lagune. €€

Bar de Sports
Großartige Meeresfrüchte, ohne prätentiös zu wirken. Unvergesslicher gegrillter Oktopus. €

Im Galopp den Strand entlang

Reiten in der Camargue

Die Tiere der Camargue haben den Ruf, zumindest halbwild zu sein. Aber keine Sorge, ein Ausritt auf den Pferden der **Domaine de la Palissade** kann zur richtigen Tageszeit ein äußerst friedliches Erlebnis sein.

Es wirkt, als hätte sich die Camargue seit Jahrhunderten nicht verändert. Während du durch das Feuchtgebiet reitest, schwirren die für die Region typischen Flamingos um dich herum. Und je tiefer du in die Sümpfe vordringst, desto mehr verlierst du dein Zeitgefühl, vor allem, wenn sich der Himmel am frühen Abend rot färbt – ein unvergessliches Erlebnis.

Die einheimischen Guides sind gut informiert und lieben ihren Beruf. Sie sind mehr als geduldig mit Unerfahrenen, sodass du keine Angst davor haben musst, das erste Mal auf einem Pferderücken zu sitzen. Kinder müssen mindestens acht Jahre alt sein. Bei den dreistündigen Ausritten zur Plage de Piémanson (70 €) können sich erfahrenere Reiter:innen austoben und über den heißen Sand galoppieren. Das Erlebnis hat etwas Unwirkliches. Die Fremdsprachenkenntnisse der Guides reichen aus für die Sicherheits-

WEISSE WUNDER

Die berühmten weißen Pferde der Camargue mit ihren kurzen Hälsen und dicken Mähnen gehören zu den ältesten Pferderassen. Diese äußerst fotogenen Tiere sind stark, mutig und temperamentvoll. Da sie als halbwilde Tiere leben, besitzen sie einen ausgeprägten Überlebensinstinkt.

Bei der **Fête des Gardians** in Arles am 1. Mai demonstrieren die *gardians* am Ende des Tages im römischen Amphitheater, wie sie mit ihren Pferden Stiere zusammentreiben, und stellen die Anmut dieser berühmten Tiere unter Beweis.

OUTDOOR-AKTIVITÄTEN IN DER CAMARGUE

Absolut Kiteboarding
Lerne Kitesurfen an den berühmten Stränden von Piémanson und Beauduc in Salin- de-Giraud.

Manu Kayak Camargue
Eine entspannte Paddeltour durch die Feuchtgebiete mit Manu ist lehrreich und macht Spaß.

Camargue Autrement Safari
Die geführte E-Bike-Tour bietet die Möglichkeit, Wildtiere zu beobachten und lokale Köstlichkeiten zu probieren.

einweisung. Wenn du mehr über die regionale Kultur sowie die Blumen- und Tierwelt erfahren möchtest, solltest du solide Französischkenntnisse vorweisen.

Alle Touren müssen im Voraus telefonisch arrangiert werden. Denk daran, Mückenschutzmittel mitzubringen sowie lange Hosen und geschlossene Schuhe zu tragen.

VOGELBEOBACHTUNG IN DEN FEUCHTGEBIETEN

Wer sich für die Vogelbeobachtung interessiert, darf sich den Parc Ornithologique du **Pont de Gau** (S. 175), 4 km nördlich von Stes-Maries-de-la-Mer, im äußersten Westen der Camargue, nicht entgehen lassen.

Die Rhythmen der Camargue

Im Hinterland

25 km südlich von Arles liegt **Le Sambuc,** ein verschlafenes Dorf im Herzen der Camargue. Die Menschen hier leben mit und in der Natur. Vogelbeobachtungen, die Viehzucht und einige der besten Restaurants der Region locken zahlreiche Besuchende. Sogar Flamenco-Abende gibt es hier. Hier bist du den Viehhirten ganz nah. Die Gegend fernab der Moderne versetzt dich in eine Zeit, die härter war, aber gesünder schien, in der das Land und das Wetter den Alltag der Menschen bestimmten.

Flamingos, Camargue

DAS LEBEN DES GARDIAN

Das Leben der *gardians,* der Cowboys der Camargue, wird gern romantisiert. Die Traditionen der Tierhüter, die für die *manadiers* (die Grundbesitzer) arbeiten, reichen Jahrhunderte zurück. Sie führen ein einfaches Leben in kleinen, weiß getünchten Hütten (manche dienen heute als Ferienwohnungen).

Die *gardians* drohen auszusterben, denn die nachkommenden Generationen sind wenig begeistert von dem harten Leben auf dem Rücken der Pferde. Die französische Regierung will das ökologische Gleichgewicht dieses Landstrichs schützen, aber das ist nur möglich mit Menschen, die bereit sind, sich diesem Beruf zu widmen.

LOKALE KÖSTLICHKEITEN IN DER CAMARGUE

Sobrasada
Eine fette, weiche Wurst, die aus Spanien über die Grenze gekommen ist. Köstlich als Brotaufstrich auf Toast.

Tellines
Diese Muscheln aus der Region probierst du am besten im Restaurant L'Estrambord in Le Sambuc.

Fleur de sel
Das Meersalz der Camargue, reich an Mineralien und Geschmack. Pack ein Päckchen für zu Hause ein.

DIE PAELLA DER CAMARGUE

Grenzgebiete teilen oft Eigenheiten in Sprache, Kultur oder Küche. Die Camargue hat viele Gemeinsamkeiten mit Spanien, beispielsweise die *Paella camarguaise.* Es ist im Grunde dasselbe Gericht, das aus Valencia stammt, nur mit Safran gewürzt. Es ist auch cremiger als das Original.

Der Reis der Region gibt der Paella der Camargue einen nussigeren Geschmack, aber durch die Zugabe von Huhn und großen Garnelen ähnelt sie immer noch der valencianischen Version des Gerichts. Koste dazu eine Flasche Guishu, einen vor Ort hergestellten Sake (Reiswein), oder eines der vielen lokalen Biere auf Reisbasis.

ELENA SCHWEITZER/SHUTTERSTOCK ©

Roter Reis aus der Camargue

Le Mas de Peint ist ein geschichtsträchtiger Familienbetrieb. Dies mag die Welt der Cowboys der Camargue *(les gardians)* sein, aber das Gästehaus mit Pool ist purer Luxus und sehr einladend. Von hier werden auch Ausritte, Vogelbeobachtungstouren und Ausflüge zu den örtlichen Stränden organisiert, um die gesamte Camargue zu erleben.

Ganz in der Nähe befindet sich das mit einem Michelin-Stern ausgezeichnete Restaurant **La Chassagnette,** in dem extravagante Gerichte mit passenden Weinen serviert werden – und das alles in einem herrlichen Ambiente inmitten eines 2 ha großen friedlichen Gartens. Die Speisen werden mit großer Hingabe zubereitet – und das wirst du merken.

Roter und schwarzer Reis

Reisanbau in der Camargue

Die Camargue ist die einzige Reisregion Frankreichs und produziert jährlich fast 100 000 t ihrer drei Sorten. Das ist zwar nur ein winziger Prozentsatz der weltweiten Produktion, aber der Reis aus der Camargue ist dennoch von hoher Qualität. Die Camargue ist mit Wasser aus dem Rhônedelta und viel Sonnenschein gesegnet und der heftige Mistral kommt genau zur richtigen Zeit, um die Körner nach der Ernte zu trocknen. Keine der hier angebauten Reissorten ist gentechnisch verändert.

Der rote und schwarze Reis aus der Camargue ist nicht nur etwas knackiger als andere Sorten, sondern enthält auch mehr Eiweiß, Ballaststoffe und Vitamine. Außerdem gilt der Reisanbau als umweltfreundlicher als die Salzgewinnung, die in der Region sehr verbreitet ist.

Das **Maison de Riz,** weniger als eine halbe Autostunde westlich von Arles gelegen, stellt den Reisanbau vor (online buchen). Du kannst auch in einem der Gästehäuser wohnen. Hier lernst du aus erster Hand die Lebensweise der Familie Rozière kennen, die dem Reis und ihren Tieren die gleiche Aufmerksamkeit schenkt. Im Shop werden alle in der Region angebauten Reissorten sowie Bier, Seifen und Make-up auf Reisbasis verkauft. Außerdem werden lokale Köstlichkeiten aus dieser fruchtbaren Region angeboten, von feinstem Olivenöl bis hin zu Stierwurst und Terrinen, sodass du den Laden sicher nicht mit leeren Händen verlässt.

Auf dem Gipfel der Alpilles

Von Les Baux-de-Provence nach Eygalières

Die Gemeinde **Les Baux-de-Provence** ist ein Ziel für weite Ausblicke von den Alpilles auf die umliegenden Weinberge, sowie Oliven- und Eichenwälder. Die zerklüftete Landschaft und die rustikalen Häuser entsprechen unserem Bild der Provence. Die befestigte Burg von Les Baux-de-Provence begeistert Massen von Touristen.

Nur eine halbe Autostunde weiter nordöstlich liegt **Eygalières,** ein Kalksteindorf, das auf einem Hügel thront und in dem Ruhe herrscht. Hier spazierst du zum Klang von Zikaden und gurgelnden Brunnen und genießt in den verwinkelten Straßen und engen Gassen den sanftfüßigen Rhythmus des Dorflebens. Freitagmorgens wird auf dem Markt von Eygalières alles angeboten, was man sich vorstellen kann, von Käse über Fleisch bis hin zu Wein. Am letzten Samstag im Monat findet der Antiquitätenmarkt statt. Die Vereinigung **Banaste d'Eygalières** organisiert im Sommer zahlreiche Veranstaltungen.

Ein großartiger Panoramablick und sakrale Energie lassen sich bei einem 2 km langen Spaziergang zur **Chapelle St-Sixte** erleben, die Van Gogh während seines Aufenthalts im nahe gelegenen Saint-Rémy malte. An dieser Stelle befand sich einst ein römischer Tempel.

Wenn du noch mehr Ruhe suchst, empfiehlt sich eine Wanderung nach Lamanon am Rand der Alpilles.

DÖRFER IN DEN ALPILLES

Die Gebirgskette der Alpilles ist ein unaufgeregtes Reiseziel, gern besucht von französischen Schriftsteller:innen und Hollywood-Stars auf der Suche nach einem entschleunigten Leben.

Vielleicht sind es die schattigen Plätze im Frühling, die bunten Fensterläden oder die Wanderungen in der Natur, die einen immer wieder innehalten und staunen lassen.

In diesen einzigartigen Dörfern – von Maillane über Le Paradou bis Mouriès – mit ihren alten Bräuchen und ihrer langen Geschichte scheint die Zeit stehen geblieben zu sein.

Wer die Ruhe mag, für den gibt es nichts Besseres als diese Region.

ESSEN IN LES BAUX-DE-PROVENCE

Restaurant de la Reine Jeanne
Der schönste Blick der Stadt, direkt über einem gewaltigen Wasserfall. **€€**

Restaurant Le Mas d'Aigret
Ein in den Fels gehauener Speisesaal und ein bezaubernder Innenhof in toller Umgebung. **€€**

La Terrasse Des Baux
Lust auf süße Crêpes oder Eiscreme mit Blick auf das Tal? Hier bist du richtig. **€€**

Stes-Maries-de-la-Mer

Stes-Maries-de-la-Mer ist ein mediterraner Küstenort mit schönen Stränden, der voller Mystik und Magie steckt. Er diente schon den Kelten, Römern und Christen als heilige Stätte und hat Hemingway, Van Gogh und Picasso in seinen Bann gezogen.

Mittlerweile ähnelt das Stadtzentrum einem spanischen Badeort mit Bars und Restaurants an jeder Ecke. Touristenläden locken überall mit Postkarten, Plüsch-Flamingos, Sommerkleidern etc. um Kundschaft. An den traditionellen Stierkampf erinnert die Arena der Stadt. Sie ist heute im Sommer auch ein beliebter Veranstaltungsort für Konzerte.

Jedes Jahr am 24. Mai findet hier die spektakuläre Wallfahrt der Sinti und Roma statt.

UNTERWEGS VOR ORT

Stes-Maries-de-la-Mer ist leicht zu Fuß oder mit dem Fahrrad zu erkunden. Envia (tout-envia.com) betreibt Busse von/nach Arles (Linie 50, 1 €, 50 Min.).

TOP TIPP

Am besten verbringst du deine Zeit in Stes-Maries damit, die spektakulären Strände und die Umgebung zu erkunden.

Verehrung der Schwarzen Sara

Pilgerfahrt

Den Mittelpunkt des einstigen Fischerdorfs Stes-Maries-de-la-Mer bildet die romanische Kirche **Notre-Dame-de-la-Mer,** die zugleich als heilige Stätte und Wehrkirche dient. Sie wurde im 12. Jh. vollendet. Schon im 6. Jh. soll es hier eine Kirche gegeben haben. Vom Dach hat man einen tollen Ausblick.

In der Krypta befindet sich die Statue der Schutzpatronin der Roma und Sinti: der hl. Sara. Der Legende nach war sie

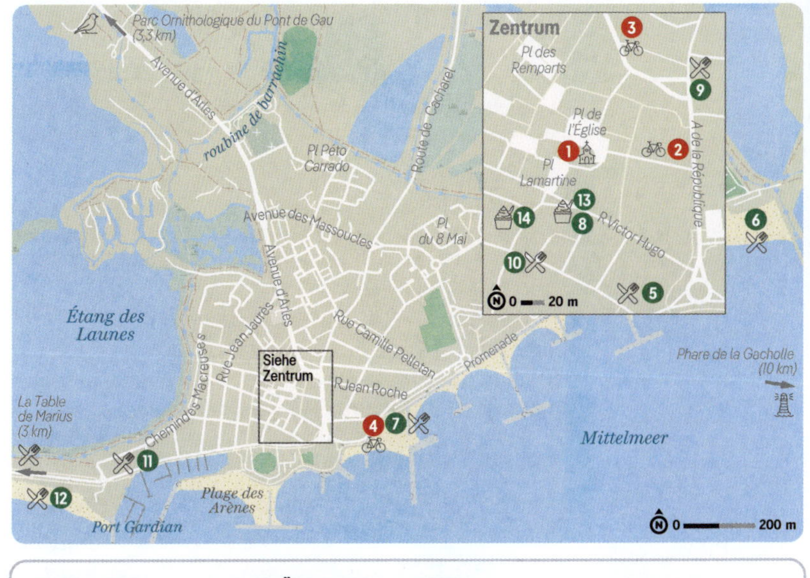

die Dienerin von Maria Magdalena. Zusammen mit Lazarus, Maria Salome und Maria Jakobäa landete sie hier 45 n. Chr., nachdem sie vor der Verfolgung im Heiligen Land geflohen waren. Sie alle wurden später heiliggesprochen, weil sie das Evangelium verbreitet hatten. Sara-la-Kâli, oder die Schwarze Sara, wird von der Gemeinschaft der Roma, Manouches, Tziganes und Gitans als Schutzheilige verehrt, die sich an diesem Ort zu einer Frühlingswallfahrt versammeln.

Die Stadt erwacht durch die Pilgernden zum Leben. Früher schliefen Pilgernde sogar neben der Krypta, heute zelten die vielen Menschen auf den Straßen und am Strand. Es ist die Zeit der Wiedersehen. Früher, als es noch keine Handys gab, war die Freude darüber, die verstreut lebenden Mitglieder der Gemeinschaften wiederzusehen und sich auszutauschen, riesig.

In der Kirche werden zudem die neugeborenen Kinder getauft. Die intensiven und lebhaften Zeremonien haben sich im Laufe der Jahrhunderte kaum verändert.

Die Prozessionen, die sich über zwei Tage erstrecken, symbolisieren die Ankunft von Sara und ihren Gefährten per Schiff. Es ist ein dramatisches Schauspiel, wenn die Gardisten mit ihren Pferden ins Meer galoppieren und die Statuen der Heiligen tragen. Im Anschluss schallen Musik und Glocken der Kirche durch die Stadt.

EISCREME FÜR ALLE

Corinne Viala ist Inhaberin von Yoko Concept, einer Boutique für Wohndekoration *@yokoconcept*.

Sie ist in Stes-Maries geboren und ihre Familiengeschichte reicht über ein Jahrhundert zurück. Sie verrät uns, wo du das beste Eis bekommst:

Thaice Cream
Das Eis und Sorbet nach thailändischer Art ist natürlich, biologisch und ohne Zuckerzusatz. Ich liebe es. **€**

Glacier Pierre Morere
Hier gibt es das beste Pistazieneis aller Zeiten. Bonus: Es gibt auch eine große Auswahl an veganen Sorbets! **€**

Maison Meire Glacier
Diesen Laden gibt es schon ewig, und ich esse schon mein ganzes Leben lang hier Eis. **€**

Den Wind in den Haaren spüren

Radfahren in der Camargue

Radfahren an der Küste gleicht einer rauschhaften Befreiung. Herrliches Wetter und eine etwas unwirkliche Landschaft, gespickt mit rosa Flamingos, wilden Pferden und schwarzen Stieren, sind perfekt für Radtouren.

Mit dem Wind im Rücken entdeckst du die Küste hautnah fernab der Menschenmassen. Wenn du jedoch gegen den Mistral ankämpfst, bleibt dir nur der Trost, dass der Rückweg wesentlich einfacher wird. Der beliebte, unbefestigte Küstenweg, der zwischen Marschland und Meer verläuft, führt schließlich zum solarbetriebenen Leuchtturm **Phare de la Gacholle,** einem idealen Standort für eine Pause und ein Picknick.

Beim Fahrradverleih im Ort, **Le Vélociste,** solltest du dich für ein Gravel Bike entscheiden. Das Team ist super hilfsbereit und kann dir Radwege im Nationalpark empfehlen. Wenn du die Route de Méjanes wählst, stellt sich ein echtes Gefühl von Weite ein. Unterwegs wirst du im Inland auf reitende Hirten

Stes-Maries-de-la-Mer

FRÜHSTÜCKEN IN STES-MARIES-DE-LA-MER

La Bohème by JF
Etablierter Hipster-Laden mit großartigem Kaffee. **€€**

Le Fournil Saintois
Die mit Abstand beste Patisserie und Bäckerei der Stadt. Unschlagbar. **€**

Rooftop
Genieß deinen Kaffee mit Blick auf den Strand. **€€**

treffen. Für diejenigen, die über unbegrenzte Energie verfügen, gibt es Kombitouren, bei denen du vom Fahrrad aufs Pferd oder ins Kanu umsteigst.

Das Fahrradgeschäft **Le Vélo Saintois** befindet sich im Osten der Stadt und ist eine gute Wahl für Familien. Sie vermieten Fahrräder für bis zu einer Woche und schlagen gerne geeignete Touren vor. **Trotnalex** hat eine ganze Reihe von E-Bikes im Angebot.

Wo Flamingos den Himmel füllen

Vogelbeobachtung

Wenn du bisher nicht so viel mit gefiederten Tieren anfangen konntest, wird ein Ausflug in den **Parc Ornithologique du Pont de Gau** das vielleicht ändern. Das Naturschutzgebiet, das 4 km nördlich der Stadt an der D570 liegt, umfasst 60 ha Feuchtgebiet und beherbergt das ganze Jahr über 200 Zugvogelarten. Auf einer 7 km langen Wanderstrecke hast du in Beobachtungsstationen immer wieder die Möglichkeit, dich auf die Lauer zu legen. Die Flamingos sind einfach wunderschön, egal ob im hohen Gras oder in der Luft.

Reiher, Störche, Krickenten, Säbelschnäbler, Wiedehopfe und Lappentaucher sind nur einige der Vögel, die je nach Jahreszeit zu sehen sind. Habichte und Falken erheben sich grazil in die Lüfte – das mitgebrachte Fernglas kommt hier sicher zum Einsatz.

Einige Vögel fühlen sich in diesem Park so wohl, dass sie den Zug aufgegeben und sich hier ganzjährig niedergelassen haben. Sie leben umgeben von einer für sie idealen Flora und Fauna. Dieser Ort veranschaulicht auch, wie empfindlich Ökosysteme sind.

Die besten Fotomotive ergeben sich am späten Nachmittag, wenn die Sonne tief steht. Im Frühherbst erlebst du den unvergesslichen Anblick rosafarbener Flamingos vor pastellfarbenen Sonnenuntergängen.

BESTE STRANDLOKALE

Alexis Larrazet ist der Inhaber von Trot'nalex, einem E-Bike-Verleih an der Strandpromenade. Hier sind seine Lieblingsplätze am Strand:

Boho Beach
Das Boho Beach liegt direkt gegenüber von mir, sodass ich in wenigen Minuten mit den Füßen im Sand stecke und Tapas in der Hand habe. **€€**

Le Seven
In diesem Restaurant dreht sich alles um Meeresfrüchte. Hier würde man am liebsten den ganzen Tag verweilen. **€€**

Bambou Palm Beach
Bamboo Beach hat superbequeme Sonnenliegen – ein bisschen Luxus tut immer gut! **€€**

ÜBERNACHTEN IN STES-MARIES-DE-LA-MER

Hôtel Les Palmiers
Tolle Lage nur wenige Meter vom Strand entfernt und mitten in der Stadt. **€**

Mas des Lys
Freundliches Hotel mit einfachen Zimmern im Chalet-Stil und einem Swimmingpool. **€€**

Hôtel Casa Marina
Helles, modernes Boutiquehotel direkt am Strand. Eine gute Wahl für Familien. **€€**

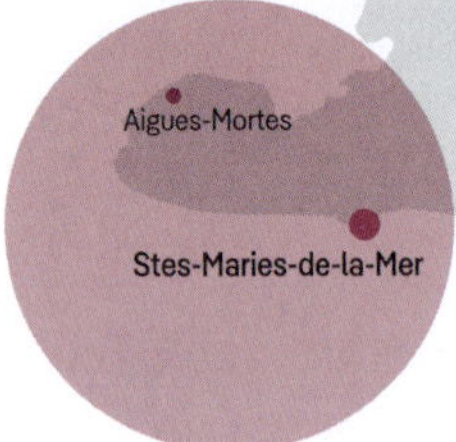

Rund um Stes-Maries-de-la-Mer

Tauch in die einzigartige und zeitlose Lebensart der Camargue ein.

Je tiefer du in die Camargue vordringst, desto mehr lernst du über das Leben auf dem Land kennen. Und auch darüber, wie man sich die Mücken vom Hals hält. Im Winter ist es hier eiskalt und in den Sommermonaten höllisch feucht. Kein Wunder, dass die Gegend von regelrechten Mückenplagen beherrscht wird.

Die mittelalterliche Festungsstadt Aigues-Mortes ist ein idealer Ausgangspunkt für die Erkundung dieser Region. Sie liegt jenseits der Grenze zur Provence im Département Gard, 28 km nordwestlich von Stes-Maries-de-la-Mer, am westlichen Ende des Rhône-Deltas.

UNTERWEGS VOR ORT

Das Schöne am Besuch einer so ungezähmten Region ist, dass man sich manchmal allein an einem Ort befindet. Die Zivilisation scheint sehr weit weg. Es versteht sich von selbst, dass ein Mietwagen hier die beste Wahl ist.

TOP TIPP

Vermeide den Hochsommer. Anfang Juni ist es warm genug und die Menschenmassen nehmen noch nicht überhand.

Die Stadt des toten Wassers

Spaziergang auf den Festungsmauern von Aigues-Mortes

Am Rand des Mittelmeers, im flachen Sumpfland der Camargue, liegt die mittelalterliche Stadt **Aigues-Mortes.** Von den Festungsmauern der zum Weltkulturerbe der UNESCO gehörenden Stadt hat man einen herrlichen Blick auf die rosafarbenen Salinen, die sich nach Süden hin erstrecken und in denen seit Jahrhunderten das berühmte Salz der Region gewonnen wird. Ludwig IX. gründete Aigues-Mortes Mitte des 13. Jhs. als Mittelmeerhafen unter direkter Kontrolle der französischen Krone.

In der Stadt solltest du als Erstes die Festungsmauern erkunden und den **Tour de Constance** erklimmen. Entlang der 1,6 km langen Festungsmauer hast du nicht nur einen

HEDI-KUN/SHUTTERSTOCK ©

Saline von Aigues-Mortes

FLEUR DE SEL

Von den Stadtmauern aus kann man die rosafarbenen Salinen von Aigues-Mortes bewundern. Schon vor der Römerzeit wurden die Sümpfe hier zur Salzgewinnung genutzt. Und auch heute noch werden in Les Salins du Midi jährlich 500 000 t Salz gewonnen.

Das Wasser aus dem Mittelmeer wird in die Stauseen gepumpt und verdunstet bei den starken Mistralwinden; das kristallisierte Fleur de Sel wird dann auf Haufen geschaufelt und in der heißen Sonne getrocknet.

An der Pforte kannst du ein E-Bike mieten, aber es empfiehlt sich, das schon in der Stadt zu tun und mit dem Fahrrad zu den Salzpfannen zu fahren. Besonders schön sind die Flamingos, die sich hier niedergelassen haben und sich in diesen magischen Gewässern rosa färben.

herrlichen Blick über die Dächer der Stadt, sondern auch auf das rosafarbene Wasser. An der Spitze des Turms gibt es großartige Foto-Perspektiven. Die plötzliche Stille im Inneren des Turms überrascht. Der Turm, der einst als Gefängnis für die Tempelritter und Hugenotten diente, wirkt heute wie eine Kapelle, deren atemberaubende Gewölbedecken wunderschön beleuchtet sind.

Heute bevölkern keine Kreuzritter die Straßen, dafür Touristen. Viele Gassen führen auf den Hauptplatz, den Place St-Louis. In der Hochsaison sprudelt Aigues-Mortes vor Energie, die Terrassen der Cafés und Restaurants sind voll, aber man hat das Gefühl, dass die Stadt perfekt erhalten ist – eine bizarre rechteckige Welt. Wer gotische Kirchen mag, sollte einen ruhigen Moment in **Notre-Dame-des-Sablons** verbringen.

Vaucluse & Luberon

BERGE, WEIN UND SONNENSCHEIN

Genieße die Vielfalt der Region: Hügellandschaften mit Dörfern und Weinbergen, historische Abteien und endlose Lavendelfelder.

Hier geht das eine scheinbar nahtlos ins andere über. Starte in der einstigen Papststadt Avignon, in der heute das größte Theaterfestival Frankreichs stattfindet. In der Nähe befindet sich das berühmte Weinanbaugebiet Châteauneuf-du-Pape. In der Ferne erhebt sich der Mont Ventoux, der „Riese der Provence", den jeder Rennradfan einmal bezwingen möchte. Am Fuße des Berges liegt das Dorf Sault, wo du Lavendelfelder bewundern kannst. Und auch weiter südlich, auf dem Plateau des Claperèdes, blüht Lavendel in der Wildnis des Parc Naturel Régional du Luberon. Im Norden des Parks glühen die Felsen des Colorado Provençal in Rot-, Gelb- und Orangetönen. Und weiter westlich thront Gordes, eines der schönsten Dörfer Frankreichs, auf einem Hügel. Hinter Gordes erstrecken sich die Höhen der Monts de Vaucluse, eines vielfältigen Massivs. Unweit liegt L'Isle-sur-la-Sorgue, das landesweit für seine Kanäle und als Antiquitätenhauptstadt bekannt ist. Der Luberon – benannt nach der Bergkette, die sich zwischen Cavaillon und Manosque von Osten nach Westen erstreckt, ist ein landschaftlicher Flickenteppich, der seine ländlichen Traditionen pflegt. Hier gibt es unendlich viel zu sehen und zu erleben.

Oben: Gordes (S. 206); rechts: Wetterstation, Mont Ventoux (S. 198)

DIE HAUPTREGIONEN

AVIGNON
Eine kompakte mittelalterliche Stadt mit einer Liebe für das Theater. **S. 184**

CARPENTRAS
Typische provenzalische Stadt mit Trüffel- und Erdbeermarkt. **S. 190**

SAULT
Ländliche Glückseligkeit auf einem Felsvorsprung. **S. 196**

DANIEL DALE/SHUTTERSTOCK ©

L'ISLE-SUR-LA-SORGUE
Grachten und Antiquitäten, Geschichte und Stil.
S. 202

NÖRDLICHER LUBERON
Die wilde Naturpark Luberon.
S. 209

SÜDLICHER LUBERON
Mondäne Dörfer inmitten von Weinbergen.
S. 221

Erste Orientierung

Du erreichst Avignon gut mit dem TGV. Von dort empfiehlt sich ein Auto oder ein Fahrrad, um die Dörfer im Vaucluse, Ventoux oder Luberon zu entdecken.

BUS

Die bequemen und sauberen Busse von Zou! decken das Vaucluse und den Luberon ab. Sie eignen sich gut für einen Tagesausflug in die Stadt. Für das Umland sind Fahrrad oder Auto die besseren Optionen.

FAHRRAD

Das Vaucluse und der Luberon gehören zu den am besten erschlossenen Radregionen Frankreichs. In vielen Dörfern kann man mittlerweile Fahrräder mieten. Für längere Touren oder Besorgungen gibt es auch E-Bikes.

AUTO

Für Tagestrips oder Exkursionen empfiehlt sich Blablacar (blablacar.fr), eine weit verbreitete französische Mitfahr-App. Die Preise passen und wenn es kein großer Umweg ist, wirst du in dem Ort deiner Wahl bis direkt an die Haustür gebracht.

Carpentras, S. 190

Probiere die vielen Delikatessen auf einem der besten Märkte der Provence. Besonders lecker sind die Erdbeeren und Trüffeln.

Sault, S. 196

Blühender Lavendel, Schluchtenwanderungen und der Mont Ventoux per Rad: Natur- und Sportfans wollen hier nicht mehr weg.

Rhône
Pont-St-Esprit
Bollène
Suze-la-Rousse
Mornas
Dentelles de Montmirail
Vaison-la-Romaine
Faucon
Entrechaux
Seguret
Camaret-sur-Aigues
Violes
Vacqueyras
Orange
Contat Venaissin
Malaucène
Mont Ventoux
Le Barroux
Sainte-Colombe
Beaumes-de-Venise
Châteauneuf-du-Pape
Roquemaure
Carpentras
Mazan
Monteux
Villes-sur-Auzon
Gorges de la Nesque
Monieux
Sault
Venasque

Avignon, S. 184
Die mittelalterliche Stadt macht die Machtkämpfe um den Papstsitz erlebbar. Im Sommer füllt das größte Theaterfestival Frankreichs die Straßen mit Leben.

L'Isle-sur-la-Sorgue, S. 202
Stadt der Antiquitäten-Fans und der Fashionistas. Hier ist Trödeln angesagt.

Nördlicher Luberon, S. 209
Bergdörfer, Ockerfelsen und prähistorische Überreste in der Nähe von Apt – der Norden des Luberons steckt voller Geheimnisse.

Südlicher Luberon, S. 221
Schwelgend, mondän und sonnenverwöhnt. Hier locken Feinkost, guter Wein und Sommertrubel.

Perfekte Tage

Es ist unmöglich, das Vaucluse und den Luberon auf die Schnelle zu erkunden. Plane unbedingt mehrere Tage hier ein.

MARINA VN/SHUTTERSTOCK ©

Alte Kirche, Bonnieux (S. 217)

Radfahren in der Region

- Eine E-Bike-Tour durch die **Bergdörfer** (S. 216) an der Nordseite des Luberon ist unvergesslich und leicht zu bewältigen.

- Etwas sportlicher ist der Rundweg durch die **Monts de Vaucluse** (S. 208), eine wilde und duftende Hügellandschaft.

- Wenn du eine echte Herausforderung suchst, solltest du den **Mont Ventoux** ins Visier nehmen. Steh früh auf, nimm deinen Helm und schwing dich auf den Sattel, um den „Riesen der Provence", diesen mythischen Gipfel, zu bewältigen. Dafür gibt es drei Routen (S. 198, 200, 201) – such dir die passende aus.

Saisonale Höhepunkte

Wenn der Mistral nicht weht, sind die Winter mild. Die Sommer sind heiß, Frühling und Herbst dagegen sehr angenehm.

FEBRUAR

Hochsaison für Trüffeln. Auf den **Marchés aux truffes** (S. 190) in Carpentras wird das schwarze Gold gehandelt.

APRIL

Mit dem Frühling erwacht der Luberon. Die Saison für grünen Spargel startet.

MAI

Die beste Zeit zum Wandern, Radfahren und Klettern bei angenehmen Temperaturen. Ende Mai wird es meist heiß.

VON LINKS NACH RECHTS: VÉRONIQUE PAGNIER-OWN WORK, CC BY-SA 3.0, VIA WIKIMEDIA COMMONS ©, CBETA/SHUTTERSTOCK ©, GERTVANSANTEN/SHUTTERSTOCK

Vier Tage

- Spaziere durch die Altstadt von Avignon und besuche den **Palais des Papes** (S. 186).
- Fahr am nächsten Tag in die **Dentelles de Montmirail** (S. 193). An ihren Hängen wächst der renommierte Wein von Beaumes-de-Venise. Beobachte, wie die Sonne hinter dem **Mont Ventoux** (S. 220) untergeht.
- Der Weg führt weiter in die Stadt der Antiquitäten und Kanäle: **L'Isle-sur-la-Sorgue** (S. 203). Erkunde die größte Quelle des Landes in **Fontaine-de-Vaucluse** (S. 205).
- Es lohnt sich, früh aufzustehen, um **Gordes** (S. 206) bei Sonnenaufgang zu erleben. Danach solltest du die **Abbaye Notre-Dame de Sénanque** (S. 206) in einem malerischen Tal bewundern.
- Kehr noch in **Venasque** (S. 208) ein, bevor du nach Avignon zurückkehrst.

Eine Woche im Luberon

- Wähle ein Dorf als Basis: vielleicht **Ménerbes** (S. 216), **Saignon** (S. 211) oder **Bonnieux** (S. 217).
- Spaziere vor Sonnenuntergang durch den **Fôret des Cèdres** (S. 223).
- Mach dich früh auf den Weg zu den Ockerfelsen von **Roussillon** (S. 218) und nimm an einem Workshop im Écomusée in teil.
- Besuche **Forcalquier** (S. 214) und **Manosque** (S. 214) und tauche ab in die Provence des Schriftstellers Jean Giono.
- Leih dir ein Rad und erkunde die Luberon-Dörfer wie **Ménerbes** und **Lacoste** (S. 216).
- Speise elegant und nachhaltig in **Lourmarin** (S. 222).
- Oder miete dir einen Oldtimer und cruise durch den **südlichen Luberon** (S. 224).

JULI
Der Lavendel blüht und die Theaterwelt trifft sich zum **Festival d'Avignon** (S. 187).

AUGUST
In den Gemeinden des Luberon beginnen die jährlichen **Votivfeste** *(fête votive)*, bei denen das ganze Dorf auf den Beinen ist.

SEPTEMBER
Die Vendage, die Weinlese, beginnt. Viele Dörfer wie **Oppède-le-Vieux** (S. 220) feiern das mit einem Fest.

DEZEMBER
Nach der Olivenernte im November bereitet sich die Provence auf das Weihnachtsfest mit den berühmten „Dreizehn Desserts" vor.

Avignon

Avignon liegt am östlichen Ufer der Rhône. In der Stadt befand sich wenige jahrzehntelang der Sitz der päpstlichen Macht. Avignon ist heute insbesondere für sein jährliches Kunstfestival bekannt, das über mehrere Wochen im Juli stattfindet. Die Theatertruppen werben in den engen Gassen für ihre Stücke und verwandeln die ganze Stadt in eine Bühne. Den Rest des Jahres bilden die von einer Mauer umringte Altstadt, die berühmte mittelalterliche Brücke, die begrünten Plätze und hervorragenden Restaurants die Hauptattraktionen für Besucher. Genieß die französische Lebensart und saisonale Menüs, die die Aromen der fruchtbaren Flussebenen abbilden, *en terrace*. Die Museumsszene von Avignon ist ein Paradies für Kunstliebhaber:innen – mit einem halben Dutzend Museen, die über Sammlungen provenzalischer und italienischer Werke von Weltrang sowie über zeitgenössische Gemälde verfügen.

FESTIVAL VON AVIGNON

Das Festival d'Avignon, ein Theater-, Tanz- und Gesangsfestival findet jedes Jahr im Juli in Avignon statt. Die Stadt ist definitiv nicht arm an ungewöhnlichen Spielorten. Beispielsweise lohnt sich der Versuch, Tickets für den **Steinbruch von Boulbon** (Carrière de Boulbon) unweit von Avignon zu ergattern. Aber die symbolträchtigsten Bühnen der Stadt sind die in den ehemaligen päpstlichen Höfen und Abteien.

Wo auch immer die Päpste hinkamen, ihnen folgten riesige Bauprojekte. Während ihrer 100-jährigen Herrschaft in Avignon gaben sie Höfe, Gärten und Kapellen in Auftrag.

Besonders schöne Kulissen des Festivals bilden der **Cour d'Honneur du Palais des Papes,** die **Chapelle des Pénitents Blancs** oder das **Cloître des Célestins.**

Von den Galliern ins digitale Zeitalter

Kunst in Avignon

An heißen Sommertagen sorgt ein Museumsbesuch für eine willkommene Abkühlung. Alle Häuser sind in Avignon leicht zu Fuß zu erreichen. Ganz oben auf der Liste steht der ehemalige Palast der Erzbischöfe aus dem 14. und 15. Jh.: das **Musée du Petit Palais.** Darin befinden sich herausragende Sammlungen primitiver religiöser Gemälde italienischer alter Meister aus der Frührenaissance (13. bis 16. Jh.). Das berühmteste ist Botticellis *Madonna mit Kind* (1470).

Das winzige **Musée Angladon** beherbergt eine schöne Sammlung realistischer, impressionistischer und expressionistischer Schätze, darunter Werke von Cézanne, Sisley, Manet, Modigliani, Degas und Picasso. Das Glanzstück ist jedoch Van Goghs Eisenbahnwagons, das einzige in der Provence

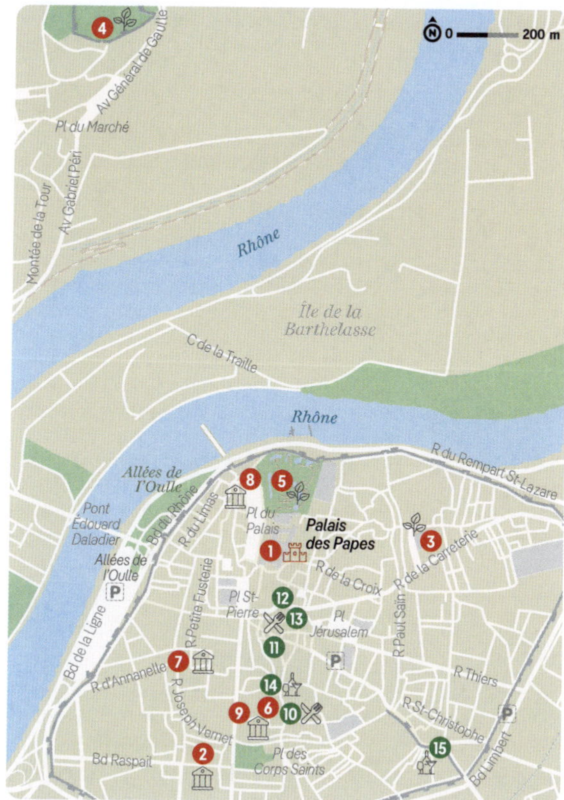

HIGHLIGHTS
1 Palais des Papes

SEHENSWERTES
2 Collection Lambert
3 Jardin des Carmes
4 Jardins de St-André
5 Jardins des Doms
6 Musée Angladon
7 Musée Calvet
8 Musée du Petit Palais
9 Musée Lapidaire

ESSEN
10 Fou de Fafa
11 Graines de Piment
12 L'Épicerie
13 Restaurant Le Coin Caché

AUSGEHEN & FEIERN
14 Grand Café Barretta
15 Rue des Teinturiers

ausgestellte Gemälde des Künstlers. Interessanter Fakt: die „Erde" ist keine Farbe, sondern nackte Leinwand.

Das elegante Hôtel de Villeneuve-Martignan (erbaut 1741–1754) bildet den passenden Rahmen für das Kunstmuseum von Avignon, das **Musée Calvet.** Hier sind neben Gemälden des 16. bis 20. Jhs. auch prähistorische Fundstücke, Kunstschmiedearbeiten aus dem 15. Jh. und die Landschaftsbilder des in Avignon geborenen Joseph Vernet zu bewundern.

Das **Musée Lapidaire** in der beeindruckenden Jesuitenkapelle der Stadt beherbergt die archäologische Sammlung des Musée Calvet. Neben griechischen, etruskischen und römischen Artefakten stechen vor allem die gallischen Stücke hervor – darunter einige groteske Masken und äußerst seltsame Statuetten.

TOP TIPP

Du brauchst noch eine Unterkunft in der Hochsaison? Wenn du innerhalb der Stadtmauern von Avignon nichts mehr findest, ist Villeneuve-lès-Avignon, auf der anderen Seite der Rhône, eine gute Option. Es fahren regelmäßig Pendelbusse und der städtische Fahrradverleih Velopop hat in Villeneuve eine Station.

SEHEN UND GESEHEN WERDEN IN AVIGNON

Rue des Teinturiers
Eine Handvoll Bars säumen diese Straße an einem kleinen Kanal. Such dir einen Platz zum Verweilen. €

Grand Café Barretta
Das älteste Café der Stadt mit einer großen Terrasse unter einer großen Platane. €

Restaurant Le Coin Caché
Mittelklasse-Restaurant versteckt unter Kastanienbäumen an der Nordseite der Basilika St-Pierre. €€

EIN SPAZIERGANG DURCH DIE ALTSTADT

Start ist an der ❶ **Pont St-Bénézet,** auch Pont d'Avignon genannt (kaufe hier ein Kombiticket, mit dem du später auch den Papstpalast besuchen kannst). Über die Jahrhunderte wurde das Wahrzeichen der Stadt mehrfach durch Kriege und Hochwasser zerstört.

Kreuze die Straße und betrete die ummauerte Altstadt. Laufe quer durch den schattigen ❷ **Jardin des Doms** bis zur ❸ **Notre-Dame-des-Doms d'Avignon.** In der Kathedrale ruhen Papst Johannes XXII., der als erster Papst ausschließlich in Avignon residierte, und sein Nachfolger Papst Benoît XII. Passend zum Thema geht's weiter zum grandiosen ❹ **Palais des Papes.** Er ist der größte gotische Palast, der je gebaut wurde. Er wurde von Papst Clemens V. errichtet, der Rom 1309 verließ und den Papstsitz nach Avignon verlegte. Plane etwa eine Stunde ein. Ein paar der Räume sind nicht möbliert, interaktive Tablets helfen deiner Vorstellungskraft.

Die ❺ **Obstgärten** *(vergers)* des Palasts ließ Papst Urban V. in Erinnerung an seine Kindheit in den Cevennen anlegen und gab große Summen für die Pflege der Gartenanlagen aus.

Folge danach der Rue Banasterie bis zur ❻ **Basilique St-Pierre.** Die extravagante gotische Kirche aus dem 14. Jh. ist ein Beispiel für die Kunst und Architektur ihrer Zeit. Die kunstvoll geschnitzte Nussbaumtür ist besonders bemerkenswert. Der Spaziergang endet wieder an den ❼ **Stadtmauern.** Sie wurden während der Zeit von Papst Innozenz VI. im 14. Jh. errichtet, um die Stadt während des Hundertjährigen Krieges vor englischen Söldnern zu schützen.

Die **Collection Lambert** schließlich bildet das Museum für zeitgenössische Kunst in Avignon. Der Schwerpunkt liegt auf Werken aus den 1960er-Jahren bis zur Gegenwart. Das Spektrum reicht von minimalistischen und konzeptionellen Arbeiten bis hin zu Videokunst und Fotografie – ganz im Kontrast zum Gebäude, einem klassischen Herrenhaus aus dem 18. Jh.

Auf das Stück kommt es an

Theaterstadt

Das **Festival d'Avignon** gehört zu den größten und renommiertesten Festivals der Welt für darstellende Kunst. Drei Wochen im Juli verwandelt sich die sonst so ruhige und etwas verschlafene Stadt Avignon in eine trubelige Bühne. Aufführungen sind meist auf Französisch, aber einige kommen auch ohne Worte aus.

Das offizielle Festival (festival-avignon.com) findet in der ganzen Stadt statt, hauptsächlich aber in der von der UNESCO geschützten Altstadt. Der Kartenvorverkauf startet im April, die Tickets sind jedoch schnell ausverkauft. Bei der Kasse in der Cloître St-Louis erhältst du Informationen zur Ticketbörse und Restkarten.

Das inoffizielle Nebenfestival **Avignon Off** (festivaloff avignon.com) findet parallel statt. Die beiden Festivals unterscheiden sich in der Auswahl der Stücke: Die Auswahl des offiziellen Festivals erfolgt durch eine Jury. Beim Off-Festival sind die Ensembles selbst dafür verantwortlich, ihr Stück anzumelden, eine Location zu mieten und für ihre Show zu werben. Das Hauptfestival hat also die renommierten Stücke, alternatives Theater wird beim Off gespielt.

Ein Refugium in Grün

Provenzalische Gärten

In und um Avignon laden zahlreiche provenzalische Gärten zu einem Spaziergang ein. Besonders schön sind innerhalb der Stadtmauern der **Jardin des Doms** mit Blick auf den Papstpalast und die Stadt; der **Jardin des Carmes,** ein kleiner ruhiger Garten vor der gleichnamigen Kirche; und der **Square Agricol Perdiguier,** ein ehemaliger Klosterhof.

Die **Jardins de St-André** und die dazugehörige Abtei aus dem 10. Jh. befinden sich in Villeneuve-lès-Avignon, auf der anderen Rhôneseite. Die Gärten eignen sich für einen luftigen Frühlings- oder Herbstnachmittag.

GROSSES SCHISMA

Avignon erlangte seinen Ruf als Stadt der Kunst und Kultur im 14. Jh., nachdem Papst Clemens V. aus politischen Gründen den Sitz von Rom hierher verlegt hatte. 1309–1377 investierten sieben in Frankreich geborene Päpste große Summen in den Papstpalast und boten anderswo Verfolgten Asyl.

1376 verließ Papst Gregor XI. Avignon. Sein Tod zwei Jahre später führte zum Abendländischen Schisma, auch Großes Schisma genannt. Zwischen 1378 und 1417 residierten (bis zu drei) rivalisierende Päpste und Gegenpäpste in Rom und Avignon, die sich gegenseitig denunzierten und exkommunizierten.

Auch nach der Beilegung des Konflikts und der Ernennung eines gemeinsamen Papstes, Martin V., in Rom, blieb Avignon unter päpstlicher Herrschaft. Avignon und das Comtat Venaissin (heute Département Vaucluse) wurden bis 1791 von päpstlichen Legaten regiert.

ESSEN IN AVIGNON

Fou de Fafa
Mediterrane und provenzalische Vier-Gänge-Menüs. Ausgezeichnete Weinkarte. Reservieren. **€€**

Graines de Piment
Preisgünstiges, gutes Bistro am Place de la Principale. Hier sammeln benachteiligte Jugendliche Berufserfahrung. **€**

L'Épicerie
Rustikales Bistro im Herzen der Altstadt. Viele herzhafte Fleischgerichte; auch vegane Optionen. **€€**

Rund um Avignon

Ein Schluck des weltberühmten Châteauneuf-du-Pape und du schmeckst das Paradies auf Erden.

Châteauneuf-du-Pape ist eines der berühmtesten *terroirs* (Weinanbaugebiete) der Welt – und das aus gutem Grund. Das Anbaugebiet besteht aus Kiesterrassen, die tagsüber das Sonnenlicht absorbieren und es nachts wieder abgeben. Damit entsteht das perfekte Klima für den Anbau der Trauben, aus denen ein legendärer Wein gewonnen wird. Für die Herstellung von rotem Châteauneuf-du-Pape können 13 verschiedene Rebsorten verwendet werden. Schon im 14. Jh. war der Wein aus dieser Region erste Wahl, auch der Päpste. Und bis heute begeistert er Weinaffine mit seinen komplexen Aromen und Geschmacksnoten.

UNTERWEGS VOR ORT

Der Bus 992 der Firma Zou! fährt von Avignon bis zum Dorf Châteauneuf-du-Pape (ca. 30 Min). Für die Weinberge brauchst du aber ein Auto.

TOP TIPP

Die Eiligen müssen sich mit der Weinbar in der Stadt begnügen, doch der Ausflug in die Weinberge ist unschlagbar.

Das päpstliche Gütesiegel

Verkostung von Spitzenweinen

Selbst in der Welt der edlen Weine ist **Châteauneuf-du-Pape** eine Güteklasse für sich. Nur 18 km nördlich von Avignon liegt die wohl bekannteste Appellation der Rhône, geschätzt von Weinkenner:innen auf der ganzen Welt. Für den Wein werden bis zu 13 Rebsorten verwendet: Grenache, Syrah, Mourvèdre, Cinsault, Muscardin, Cunoise, Vaccarèse, Picpoul, Terret noir, Clairette, Bour-Boulenc, Roussane und Picardon. Kaum ein anderer Wein, auch kein französischer, ist so komplex.

Jede Winzerei hat ihre eigene Rezeptur. Aus einer Parzelle von einem Hektar können höchstens 35 l Wein gewonnen werden; daher werden alle Trauben vorsortiert und nur die besten für die Herstellung des Weins ausgewählt. Wie die an-

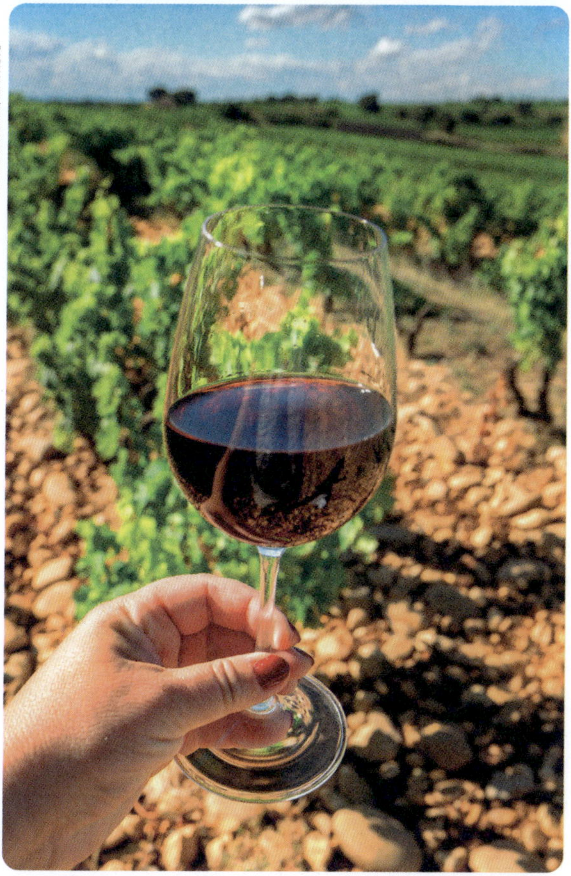

Châteauneuf-du-Pape

BARMALINI/SHUTTERSTOCK ©

deren Weine der Côtes du Rhône werden auch die Trauben für den Châteauneuf-du-Pape entlang der Rhône angebaut. Die Lehmböden sind mit Kies bedeckt, der tagsüber Sonnenlicht absorbiert und es nachts abgibt, sodass die Wurzeln eine konstante Temperatur haben.

Wie der Name schon andeutet, wurde das auf einem Hügel gelegene Schloss, nach dem der Wein benannt ist, ursprünglich als Sommerresidenz für die Päpste von Avignon im 14. Jh. erbaut. Es ist heute nur noch eine Ruine, geplündert nach der Revolution und im Zweiten Weltkrieg von Deutschland bombardiert. Dennoch ist das Dorf selbst ein perfektes Ziel für einen Tagesausflug, um sich mit ein paar Flaschen einzudecken. Wer will nicht mit so edlem Wein in Zukunft auf Jahrestage und Jubiläen anstoßen? Er ist lange haltbar.

Wer mit Kindern unterwegs ist, findet im **Château Fortia** ein Escape Game in den Weinbergen. Die Uhr läuft bei der Suche nach einem Code, der einen besonderen Schatz freischaltet. Die Geschichte des Weinguts bildet die Rahmenhandlung.

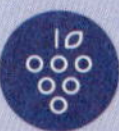

WEINGÜTER BESUCHEN

Château Mont-Redon
3 km von Châteauneuf-du-Pape entfernt liegt Mont-Redon inmitten weitläufiger Weinberge. Die Weine des Familienweinguts werden mit dem Alter immer besser, also nimm ein paar Flaschen mit. Vor Ort erfährst du auch, wie lange du die einzelnen Weine lagern solltest, bevor du sie genießt.

Maison Ogier
Bio-Weine mit viel Persönlichkeit und Frische, die durch den hohen Anteil an Grenache in der Assemblage entsteht.

Domaine Usseglio Raymond & Fils
Bio-dynamisches Familienweingut mit einer guten Auswahl an Weinen und einem freundlichen Empfang in der Kellerei.

École des Vins Mouriesse
Wer mehr als eine Weinverkostung will, nimmt hier an einem Workshop in Châteauneuf-du-Pape teil.

Carpentras

Carpentras ist eine eher durchschnittliche, landwirtschaftlich geprägte Stadt, weniger touristisch als Avignon oder L'Isle-sur-la-Sorgue. Deshalb ist die Atmosphäre hier eher entspannt. Ein Umweg hierher lohnt aber, denn Carpentras ist bekannt für seine Trüffelmärkte.

Enge Gassen und Platanen spenden in den heißen Sommern Schatten, während die vielen Straßenwindungen den fiesen Mistralwind im Winter abfangen. Beliebte Shops, die du nicht auslassen solltest, sind La Maison Jouvard für Süßes und Glory Days Vintage.

In den umliegenden Weinbergen kannst du außer einem Côtes du Rhône auch die hervorragenden lokalen Rebsorten kosten: Gigondas, Vacqueyras und Beaumes-de-Venise sind ausgezeichnet. An Sommerabenden veranstalten viele Weingüter Events nach Sonnenuntergang mit Aperitif und Konzerten.

UNTERWEGS VOR ORT

Das Zentrum von Carpentras ist gut zu Fuß zu erkunden. Am besten parkst du außerhalb und läufst dann in die Stadt, statt dich durch die Einbahnstraßen zu quälen. Ab Bahnhof fahren regelmäßig Züge nach Avignon und die Zou!-Busse decken Stadt und Umgebung ab.

TOP TIPP

Carpentras ist ideal für alle, die kleinstädtisches Flair bevorzugen, aber typische provenzalische Highlights, wie Weinverkostungen und römische Ruinen, nicht missen wollen.

Trüffel-Hauptstadt

Geheimnisvolles Treiben auf dem Pilzmarkt

Der Besuch des Trüffelmarktes von Carpentras ist ein Muss, selbst wenn du kein Fan sein solltest. Die Region Vaucluse bringt schätzungsweise 70 % der schwarzen Trüffeln Frankreichs hervor.

Der von November bis März stattfindende **Trüffelmarkt** (Marchés aux truffes) am Freitagmorgen auf der Place Aristide Briand unterscheidet sich sehr von den anderen, eher quirligen Märkten der Provence. Hier herrscht Geheimhaltung, wenn Köch:innen und Großhändler:innen um die besten Angebote für diesen seltenen Pilz feilschen.

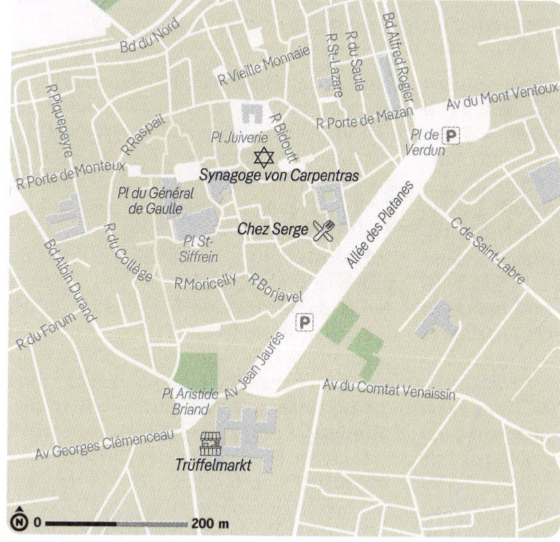

Reserviere einen Tisch im **Chez Serge,** um ein oder mehrere Gerichte mit dem aromatischen Wintertrüffel zu kosten. Sommertrüffel ist zwar weniger begehrt, hat aber dennoch seine treue Fangemeinde. Von Mai bis September wird Sommertrüffel beispielsweise über Salate gerieben, er garniert Omeletts oder dient geschnitten und mit Olivenöl beträufelt als Toastbelag.

Jüdisches Erbe in der Provence

Die älteste Synagoge Frankreichs

Während der päpstlichen Herrschaft in Avignon im 14. Jh. fand die jüdische Gemeinde der Provence Schutz im Comtat Venaissin, der heutigen Region Vaucluse. Mögen die Menschen jüdischen Glaubens zunächst auch auf päpstlichem Gebiet willkommen gewesen sein – im 17. Jh. zwang man sie in Ghettos in Avignon, Carpentras, Cavaillon und L'Isle-sur-la-Sorgue, und viele ihrer Synagogen wurden zerstört oder dem Verfall überlassen.

Die **Synagoge von Carpentras** im Stadtzentrum ist die älteste noch aktive Synagoge (1367) in Frankreich. Sie steht unter Denkmalschutz. Im Kellergeschoss wird das mittelalterliche jüdische Leben dargestellt, mit Bädern, einem koscheren Schlachthof und Brotbacköfen. Das Museum ist Montag bis Freitag geöffnet, geführte Touren kannst du über die Touristeninfo vereinbaren. Das holzgetäfelte Innere der Synagoge wurde im 18. Jh. umgebaut.

Weitere sehenswerte Synagogen in der Region sind die **Synagoge von Cavaillon** mit ihrem **Judéo-Comtadin Museum** und die **Mikwe** (Tauchbad/Ritaulbad) von Pernes-les-Fontaines.

REGIONALE SPEZIALITÄTEN

Trüffeln
Schwarze Trüffeln haben von November bis März Saison, St-Jean- oder Sommertrüffeln von Mai bis September. Eine Sorte solltest du unbedingt probieren.

Erdbeeren
Die Carpentras-Erdbeere hat einen so süßen und viel gerühmten Geschmack, dass eine ganze Gilde und ein Festival sich um Erhalt und Verbreitung der Sorte kümmert. Sie hat von April bis Juni Saison.

Kirschen
Im Mai liegen Berge der *Cerise des Coteaux du Ventoux* auf den Marktständen. Die geschützte Kirschsorte kommt nur in dieser Region vor.

Vaison-la-Romaine
Gigondas
Orange
Vacqueyras
Beaumes-de-Venise
Carpentras

Rund um Carpentras

Spür der Geschichte des galloromanischen Reiches im monumentalen Theater von Orange oder bei einem Rundgang durch Vaison-la-Romaine nach.

Erkunde auf Tagestrips nach Orange oder Vaison-la-Romaine die römischen Überreste der Vaucluse. Nicht nur in Avignon spielt das Theater eine große Rolle – auch Orange ist stolz auf eines der am besten erhaltenen römischen Theater der Welt. Ein Stadtspaziergang in Kombination mit modernen provenzalischen Köstlichkeiten rundet den Tag ab.

Wenn du etwas mehr Zeit hast, erkunde doch das ca. 15 ha große Gelände des Vaison-la-Romaine. Die teilweise ausgegrabene gallorömische Anlage ist das flächengrößte Freilichtmuseum Frankreichs. Tickets für die archäologischen Stätten sind 24 Stunden ab Kauf gültig.

Die früheren Bauernhöfe und die Artefakte vermitteln, wie aus der ländlichen Siedlung eine lebendige Stadt wurde, mit eigener Mautbrücke, Stadtmauer und Burg.

UNTERWEGS VOR ORT

Vaison-la-Romaine und Orange sind beide gut zu Fuß erkundbar; es gibt mehrere Parkplätze in der Stadt. Dank einer direkten Buslinie von Orange nach Vaison-la-Romaine kannst du beide Städte leicht mit den Öffentlichen erreichen. Am Bahnhof in Orange fahren Züge nach Avignon, Valence und Marseille.

TOP TIPP

Vaison ist ein guter Startpunkt für Trips zu den Dentelles de Montmirail oder zum Mont Ventoux; Unterkunft reservieren.

Weinprobe im Vaucluse

Mehr als nur Côtes du Rhône

In Frankreich gelten die Weine der Côtes du Rhône normalerweise als Tafelweine: nicht schlecht, aber auch nichts Besonderes. Aber nicht alle Weine der Côtes du Rhône verdienen diesen schlichten Ruf, deshalb solltest du unbedingt eine Flasche Gigondas, Château-neuf-du-Pape, Vacqueyras oder Beaumes-de-Venise probiert haben.

Alle vier Appellationen liegen in der Nähe von Carpentras (10–20 km). Die Stadt ist also der ideale Startpunkt für eine Weintour. Auf den Kalk- und Ockerhügeln im Westen wach-

HIMMLISCHE WEINE

Die besten Weine der Region findest du im Dorf und den umliegenden Weinbergen von **Châteauneuf-du-Pape** (S. 188), das nur 22 km westlich von Carpentras und 18 km nördlich von Avignon liegt.

sen diese sonnenverwöhnten Trauben, das Rhônetal liefert Wasser. Auf dem Weingut Clos de Caveau kannst du auf einem Lehrpfad mehr über die Geologie und das Klima der Weinberge unter den schroffen Felsen der **Dentelles de Montmirail** erfahren und anschließend im Weinkeller den aromatischen und kräftigen **Vacqueyras** verkosten. In **Gigondas** vertritt der Caveau du Gigondas hundert kleine Erzeuger:innen und bietet kostenlose Verkostungen an.

Die meisten Weingüter bieten ebenfalls Verkostungen an, aber es gibt Unterschiede: Die Domaine de Longue Toque veranstaltet beispielsweise eine ausführliche und personalisierte Weinprobe. Weinkenner:innen, die schon viel gesehen haben, werden die Weinproben von Bio- und Naturweinen in der Domaine de Ferme St-Martin auf den Terrassen oberhalb des Dorfes **Suzette** lieben. Neben Sommelier oder Sommelière begleitet eine Person die Veranstaltung, die vor der Verkostung die Teilnehmenden in den Zustand der Selbsthypnose versetzt. Dann wird einer der besten Weine der Region serviert, in **Beaumes-de-Venise,** berühmt für seine *or blanc* (weißes Gold) – süße Muskatweine, die am besten jung und kalt getrunken werden.

PHOTO-POSTER/SHUTTERSTOCK ©

Weingut, Suzette

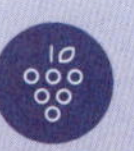

AUF EINEM WEINGUT ÜBERNACHTEN

Domaine de Bellevue
Gîte und Ferienhaus außerhalb des Dorfes Beaumes-de-Venise mit preisgünstigen Zimmern. Ein schattiges Gelände, ein kleiner Teich und der schicke Vintage-Stil tragen zum Charme bei. **€€**

Mas l'Evajade
Bauernhaus mit regulären Zimmern oder einer Übernachtungsmöglichkeit in einem riesigen Weinfass im Herzen der Domaine du Rocher des Dames. Auch in Beaumes-de-Venise. **€€**

Château du Mourre du Tendre
Das Gästehaus im Schlossgarten ist von Châteauneuf-du-Pape-Reben umgeben. Mit Pool. Vergiss nicht, eine Weinprobe zu buchen. Das Weingut hat fünf Anbaugebiete. **€€**

OPULENT ÜBERNACHTEN RUND UM CARPENTRAS

Château Martinay
Verbring eine luxuriöse Nacht in diesem Schloss am westlichen Stadtrand von Carpentras. **€€€**

Hôtel le Blason de Provence
Eine 15-minütige Fahrt von Carpentras entfernt, am Rande des charmanten Dorfes Monteux. **€€**

Mas Les Fleurs d'Hilaire
Das restaurierte Bauernhaus aus dem 18. Jh. verfügt über fünf stilvolle Zimmer, einen Garten und einen Pool. **€€**

NÎMES LOHNT SICH

In **Nîmes,** ganz in der Nähe von Orange, finden sich großartige Überreste aus der Römerzeit. Mach einfach einen kurzen Tagesausflug aus dem Vaucluse, um dir die riesige **Arena von Nîmes** anzusehen, die einst 24 000 Zuschauer fasste. Anschließend steht der sehr gut erhaltene römische Tempel an, die **Maison Carée.**

Pack bei schönem Wetter ein Picknick ein und fahr zum **Pont du Gard.** Dieses dreistufige steinerne Aquädukt aus dem 1. Jh. n. Chr. ist ein Geniestreich der Ingenieurskunst. Der Besuch der Anlage ist kostenlos, Parken kostet 9 €.

Danach fährst du ein paar Kilometer weiter zum Dorf **Collias.** Hier kannst du dich unterhalb des Dorfes an einem öffentlichen Badeabschnitt im Fluss Gardon abkühlen.

ROLF E. STAERK/SHUTTERSTOCK ©

Vaison-la-Romaine

Lebendiges römisches Erbe

Orange an einem Tag

Wenn du auf antike Kunst und Kultur stehst, solltest du **Orange,** 21 km nordwestlich von Carpentras, nicht auslassen. Allein das UNESCO-geschützte **Théâtre Antique,** eines von weltweit nur noch drei intakten römischen Theatern (die anderen sind in Syrien und der Türkei), ist es wert. Die schiere Größe ist beeindruckend: ausgelegt auf 10 000 Zuschauer misst die Bühnenwand 103 x 37 x 1,8 m. Es bleibt nicht allein deiner Fantasie überlassen, wie die Aufführungen in diesem Theater ausgesehen haben, denn in den ersten beiden Juliwochen findet hier das Opernfestival **Chorégies d'Orange** statt. Sonst kannst du abends an einer **Odyssée Sonore** teilnehmen, einer immersiven Licht- und Tonvorstellung, die eine mythologische Zeitreise unternimmt. Vorab buchen.

In unmittelbarer Nähe liegt der **Arc de Triomphe** von Orange, der im Jahr 35 v. Chr. den Eingang zur Stadt, damals Arausio genannt, markierte. Das Monument ist so reich verziert, dass

RÖMISCHE RUINEN

Gallia Narbonensis, oder Südfrankreich, war die erste römische Provinz jenseits der italienischen Alpen. Du findest hier noch beeindruckende Arenen, Aquädukte und Villen in **Arles** (S. 164), Glanum, **La Turbie** (S. 67) und im **Musée d'Apt** (S. 209) im Luberon.

es als typisches Beispiel römischer Kunst eingeordnet wird. Filmfans kennen es vielleicht aus dem Werk *Das Sakrileg (Da Vinci Code).*

Sehenswert ist auch das Mosaik *Aux Amphorettes,* zu bewundern an einem Haus aus dem 3. Jh. im **Musée d'Art et d'Histoire.** Early Birds sei der Wochenmarkt mit mehr als 300 Ständen am Donnerstagmorgen empfohlen. Er geht auf das 15. Jh. zurück und ist damit einer der ältesten in der Provence. Wenn du Lust auf eine außergewöhnliche Lunchlocation hast, reserviere in einem der Höhlenrestaurants in der Nähe des Amphitheaters.

Gallorömische Ruinen

Von der Römerstadt zum Mittelalterdorf

Während Orange und Arles mit monumentalen römischen Stätten aufwarten, kannst du in **Vaison-la-Romaine,** 30 km nördlich von Carpentras, mehr über das römische Alltagsleben erfahren. Die moderne Stadt liegt auf der alten gallorömischen Stadt Vasio Vocontiorum, die Ausgrabungen teilweise freigelegt haben.

Tickets für die Sites Antiques de Vaison-la-Romaine gelten 24 Stunden – ein guter Zeitraum, um die Stadtgeschichte von der Römerzeit bis ins Mittelalter zu verfolgen. Für Kinder bis zwölf Jahre bekommst du im Museum kostenlos eine Spielanleitung für eine Schatzsuche, die zwei der wichtigsten Stätten (Puymin und Museum Théo Desplans) abdeckt.

Starte an der alten Stätte von **Puymin,** einem ehemaligen Stadtviertel, wo einst in den Geschäften und auf den öffentlichen Plätzen ein reges Treiben herrschte. Hier befindet sich auch das riesige Maison à l'Apollon Lauré – ein Herrenhaus mit Festsaal, Küche, privaten Bädern und mehr. Im **Musée Archéologique Théo Desplans** kannst du eine reiche Sammlung von Marmorstatuen und anderen Objekten bewundern. Spüre der Freude und Unterhaltung im nahe gelegenen Theater mit 6000 Plätzen nach. Mit etwas Glück fällt dein Besuch mit einem der regelmäßig stattfindenden Konzerte zusammen. Infos dazu im Internet.

Den Tag kannst du beim Abendessen oben in der spektakulären **Cité Médiévale** beschließen, einem zauberhaften mittelalterlichen Viertel. Am nächsten Morgen eröffnet die Burg aus dem 12. Jh. bei Sonnenaufgang den Blick auf das Tal. Nimm an einer Tour durch die Site Antique de la Villasse teil, auf der einheimische Guides den Alltag der Menschen anschaulich wieder aufleben lassen.

GOURMET-SPOTS IN VAISON-LA-ROMAINE

Mittags
Leckere Tagesgerichte und regionale Biere im La Caillette in der mittelalterlichen Oberstadt. **€**

Apéritif
Gönn dir ein Glas Wein aus der Rhône-Region und hausgemachte Focaccia im L'Arbre à Vins im Zentrum der Unterstadt. **€**

Dinner
Das Chambres Du'O besticht durch sein klares Design, eine eigene Terrasse und saisonale Gerichte, bei denen regionale Zutaten und Traditionen im Vordergrund stehen. Reservierung empfohlen. **€€**

Dessert
Zurück in der Stadt solltest du noch das hausgemachte Verbene-Eis bei Léone Artisan Glacier probieren. **€**

ESSEN IN ORANGE

La Cantina
Lokal in einer natürlichen Höhle nahe dem römischen Theater. Großzügige Portionen zu einem fairen Preis. **€€**

La Grotte d'Auguste
Ein weiteres Höhlenrestaurant in der Nähe des Theaters mit Drei-Gänge-Menüs ab 22 €. **€€**

La Guingette de la Colline
Typisch französische Küche in diesem gemütlichen Freisitz-Lokal auf dem Hügel oberhalb des Theaters. **€**

Sault

Sault

An der Ostflanke des Mont Ventoux döst dieses hübsche Städtchen auf einem Felsvorsprung in der Sommerhitze, umgeben von blühendem Lavendel. Trotzdem ist es hier etwas weniger überlaufen als anderswo in der Region. Unabhängig von der Jahreszeit wirst du dich dank der freundlichen Menschen oder der Vielzahl an Wandermöglichkeiten und anderen Outdoor-Aktivitäten hier rasch wohlfühlen. Probier unbedingt die regionale Nougat-Spezialität, hergestellt aus Lavendelhonig und Mandeln.

In der Ferne siehst du den Mont Ventoux, den „Riesen der Provence". Der dominante Berg ist ein beliebtes Ziel für Radtouren, egal ob E-Bike oder Rennrad. Begib dich auf einen gemütlichen Spaziergang durch die Lavendelfelder oder steig abenteuerlustig in die tiefen Schluchten von Nesque hinab. Dort fließt der andere Schatz der Region: frisches, kaltes Wasser.

UNTERWEGS VOR ORT

Räder (auch E-Bikes) sind für diese Region ideal. Sault kann man zu Fuß erkunden, aber um andere Dörfer oder bestimmte Wanderwege zu erreichen, empfiehlt sich ein Auto.

TOP TIPP

Von Sault aus bist du wirklich schnell in der Natur, egal ob du etwas Familienfreundliches oder Abenteuerliches suchst. Die Atmosphäre ist entspannt, gute Lokale gibt es auch. Für eine Woche ist eine Villa oder ein Bauernhaus ideal.

Der Duft des Lavendels

Leichte Wanderungen rund um Sault

Für einen Spaziergang mit der ganzen Familie bietet sich der **Chemin des Lavandes** an, der unterhalb des Dorfes Sault in Richtung Mont Ventoux verläuft. Der 5,3 km lange Lavendelweg ist gut ausgeschildert. In regelmäßigen Abständen erläutern Informationstafeln die botanischen Eigenschaften, den Anbau, die Ernte und die Destillationstechniken des „blauen Goldes".

FEINES FÜRS PICKNICK

Der Markt in Sault wird seit dem 16. Jh. abgehalten. Er findet mittwochs statt. Weitere schöne Märkte in der Region befinden sich in **L'Isle-sur-la-Sorgue** (S. 202), **Arles** (S. 161) und **Aix-en-Provence** (S. 154).

Auf einem 10,6 km langen Rundweg triffst du auf Wälder und Lavendelfelder. Er führt vom Zentrum Saults durch den **Bois du Défends** nördlich der Stadt. Starte auf dem alten Chemin d'Aurel und folge den gelben Schildern Richtung Aurel. Der Rundweg biegt zurück nach Sault ab, bevor er das Dorf Aurel erreicht, aber wenn du die Energie hast, lohnt sich ein Abstecher zur Dorfkirche (12. Jh.) auf einem Hügel.

Vom nahe gelegenen **Aurel** aus beginnt eine 14,5 km lange Wanderung zur Kapelle Notre-Dame-des-Anges (3–4 Std.), die fast ausschließlich auf Pfaden und Feldwegen verläuft. Es geht durch Lavendelfelder, Pinienwälder und die provenzalische Macchia (Gebüschformationen). Vergiss nicht, ein Picknick einzupacken!

Das toppt die Schokolade

Leckeres Nougat

Generationen von provenzalischen Kindern sind mit dem Nougat aus der Region Vaucluse aufgewachsen. Die älteste Nougatmanufaktur ist **André Boyer** im Zentrum von Sault. Seit 1887 wird hier das Nougat aus regionalem Lavendelhonig und Mandeln nach alter Rezeptur hergestellt.

DARUM LIEBE ICH MONT VENTOUX

Ashley Parsons, Autorin

Der Mont Ventoux bietet drei Abenteuertouren für Radfans, die entweder in Sault, Malaucène oder Bédoin starten. Jede Route ist anders und stellt somit die Sportler:innen vor unterschiedliche Herausforderungen. Die Auffahrt ist zwar hart, aber der aufmunternde Beifall der anderen Radfahrer:innen bei der Ankunft lassen mich immer wieder zurückkehren.

Mein Favorit ist die Strecke ab Bédoin. Dies ist der klassische Weg nach oben. Das Dorf hat sich auf die Rad-Fans eingestellt.

Die Malaucène-Route finde ich am schwierigsten, weil die Steigung stark wechselt und es schwer ist, in einen guten Rhythmus zu finden.

Auf jeden Fall solltest du für die Rückfahrt eine Windjacke einpacken, auch im Sommer!

DEN MONT VENTOUX AUF DEM GR4 ERKLIMMEN

Der Fernwanderweg GR4 durchquert die Dentelles de Montmirail, bevor er die Nordwand des Mont Ventoux emporsteigt, wo er auf den GR9 trifft. Beide Fernwanderwege überqueren den Bergrücken.

Unverzichtbar für eine Wanderung ist die Karte: *3140ET Mont Ventoux* von IGN (ign.fr). In der Touristinfo von Bédoin bekommst du Karten und Broschüren, die alle Wanderungen und Schwierigkeitsgrade aufführen.

Die Touristinfo in Carpentras organisiert eine 24 km lange Wanderung zum Gipfel, um dort den Sonnenaufgang zu erleben. Sie überwindet 1500 m Höhenmeter und ist somit sehr anstrengend. Start ist um 23 Uhr. Wanderschuhe und eine Stirnlampe sind Pflicht. Die Teilnahme kostet 30 € und muss reserviert werden. Kinder müssen mindestens 12 Jahre alt sein.

Du weißt gar nicht so genau, was Nougat ist? Dann melde dich zum Nougatier-Workshops an (Dienstag: 15 Uhr, 1 €). Hier schon einmal das Wichtigste: Es gibt zwei Arten von Mandelnougat – *Nougat noir* und *Nougat blanc*. Nougat noir wird mit karamellisiertem Zucker und dunklem Lavendelhonig hergestellt, während Nougat blanc mit Eiweiß und hellem Lavendelhonig zubereitet wird.

Auf den Mont Ventoux ab Sault

Der einfachste Weg nach oben – mit dem Rad

Bereit für eine Challenge? Dann geht's zum Gipfel des **Mont Ventoux** (1910 m) mit dem Rad. Der legendäre Berg, oft Teil der Tour de France, ist ein Muss für Radfans. **Albion Cycles** im Zentrum von Sault vermietet sowohl Rennräder als auch E-Bikes. Die beste Zeit zum Radfahren ist im Frühjahr oder Herbst, wenn das Wetter mild ist. Im Winter kann es kühl und windig sein, und im Sommer extrem heiß werden. Nimm dir einen Tag Zeit und auf jeden Fall ein Picknick mit, z. B. ein Sandwich der Bäckerei **Aux Saveurs du Ventoux** in der Nähe von Sault. Lass dir dort auch ruhig ein Gebäck einpacken – der tolle Geschmack und der Zucker könnten für den notwendigen Energiekick kurz vorm Gipfel sorgen.

Die 25,7 km lange Strecke, die 1152 Höhenmeter überwindet, ist die leichteste der drei klassischen Gipfelwege. Die Radtour führt durch herrliche Lavendelfelder, bevor die eigentliche Arbeit beginnt. Der Anstieg ist anstrengend, aber die Umgebung bietet einiges an Ablenkung. Vielleicht erspähst du einen Raubvogel oder ein Wildschwein. Auch ein spontanes Picknick ist an vielen Stellen möglich.

Beim Chalet Reynard liegen zwei Drittel der Bergauffahrt hinter dir. Fotograf:innen liegen auf der Lauer und fangen dich kurz vor der Zieleinfahrt mit ihrer Kamera ein. Wenn du dein Foto erhalten möchtest, schnappst du dir die Karte, die sie bereithalten. Gönn dir oben angekommen ein köstliches Kaltgetränk und check deine Bremsen vor der Abfahrt, denn die wird flott!

Denk dran, dass der Gipfel das ganze Jahr über auch mit dem Auto erreichbar ist, außer zwischen dem 15. November und dem 15. April, bei anhaltendem Schneefall oder gefährlich starkem Wind.

ÜBERNACHTEN IN SAULT

Maison Léonard du Ventoux
Geräumige, makellose Doppelzimmer mit herrlicher Aussicht im Zentrum von Sault. €€

La Bastide de la Loge
Ferienhaus ein paar Kilometer außerhalb von Sault, in der Ebene unterhalb des Mont Ventoux. €€

Aurel Inattendu
Komfortable, schnörkellose Schäferwagen mit Blick auf Lavendelfelder. €

WANDERUNG DURCH DIE GORGES DE LA NESQUE

Eine klassische Wanderung, die ohne den Mont Ventoux auskommt, führt zur tiefen Schlucht der Gorges de la Nesque. Diese 10 km lange Wanderung kann an einem Vormittag unternommen oder zu einem Ganztagesausflug ausgedehnt werden. Die beste Zeit dafür ist das Frühjahr oder der Herbst, wenn das Wetter mild und die Laubfärbung am intensivsten ist. Starte in 1 **Monieux,** weniger als zehn Minuten mit dem Auto von Sault entfernt. Folge dem Fernwanderweg 2 **GR9,** der langsam einen Hügel hinaufführt. Nach etwa 2 km geht's links auf den Wanderweg 3 **Sentier des Chapelles** ab. Dieser führt sanft bergab bis zur D942, deren Seitenstreifen viel Platz für Wandernde bietet. Ein Abstecher zum Aussichtspunkt 4 **Le Castellaras,** lohnt sich, denn der Blick auf die majestätischste Felsformation Rocher du Cire („Wachsfelsen") ist atemberaubend. Von hier steigst du ab in die enge, steile Schlucht der Gorges de la Nesque, die der Fluss Nesque im Laufe von Jahrmillionen durch das Kalkgestein geschnitten hat.

Eine Überraschung hier in der Schlucht ist die Felskapelle aus dem 12. Jh., die 5 **Chapelle St-Michel-de-Monieux.** Danach führt der Weg zurück nach Monieux. Der Wasserstand in den Schluchten schwankt stark nach Jahreszeit und Niederschlag, also stell dich auf unterschiedliche Bedingungen ein. Bevor du das Dorf erreichst, führt der Weg am 6 **Plan d'eau de Monieux** vorbei. Die Snackbar dort öffnet im Sommer jeden Tag und am Sonntagmorgen gibt es einen kleinen Markt. Ein paar Minuten später bist du wieder in Monieux.

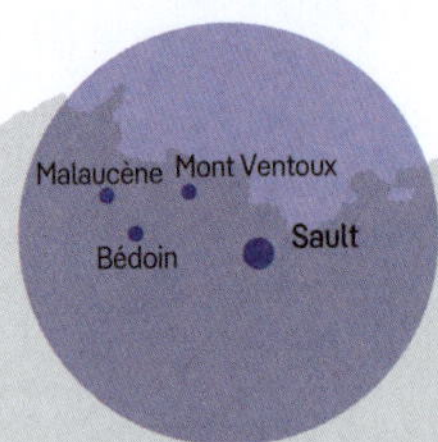

Rund um Sault

Neben Sault sind auch die Dörfer Bédoin und Malaucène beliebte Ausgangspunkte für Ausflüge auf den Mont Ventoux.

UNTERWEGS VOR ORT

Um sich hier fortzubewegen, ist das Fahrrad die beste Wahl. Ansonsten kommst du mit dem Auto am unkompliziertesten voran. In immer mehr Dörfern gibt es Ladestationen für Elektrofahrzeuge, siehe Chargemap (chargemap.com).

Scannen und Station finden

TOP TIPP

In jedem der Dörfer unterhalb des Mont Ventoux stehen einige schöne Landvillen und B&Bs zur Auswahl.

Die Gegend rund um den Mont Ventoux ist ein Paradies für Outdoor-Fans, mit einer beeindruckenden Landschaft aus sanften Hügeln, hohen Bergen, engen Schluchten, felsigen Flussbetten und ruhigen Nebenstraßen. Adrenalinsüchtige kommen bei den verschiedensten Aktivitäten wie Radfahren und Trailrunning auf ihre Kosten. Der Gipfel ist über drei beliebte Radrouten erreichbar: eine ab Sault, eine ab Bédoin und eine ab Malaucène. Wenn Du keine Lust (mehr) zum Strampeln hast, bietet sich eine Auszeit in den charmanten Dörfern Bédoin und Malaucène an. In entspannter Atmosphäre kannst du hier in den Läden bummeln oder anderen ruhigen Aktivitäten nachgehen. Die Region eignet sich hervorragend für Tagestrips, auf denen du die regionale Küche verkostest oder historische Monumente erkundest.

Auf den Mont Ventoux ab Bédoin

Der klassische Weg nach oben – mit dem Rad

Bédoin, ein typisch provenzalisches Dorf an der Südwestflanke des Mont Ventoux, ist der ideale Ausgangspunkt für die Gipfeltour. Fahrräder kannst du bei **Provence Cycles** im Dorf mieten (ab 49 € pro ½ Tag). Von hier aus ist die Strecke zum Gipfel 21,3 km lang und überwindet 1589 Höhenmeter. Die Steigung ist gleichmäßiger als bei der Route Malaucène und die Umgebung ist abwechslungsreicher: erst Felder, dann Wälder und schließlich die Mondlandschaft des windgepeitschten Gipfels.

Informiere dich vorher unbedingt über die Wetterlage – bei Mistralwind solltest du umplanen. Der heftige Wind kann eine Geschwindigkeit von 250 km/h erreichen – da hält sich niemand auf dem Rad. Bédoin liegt 30 km westlich von Sault.

Auf den Mont Ventoux ab Malaucène

Der schwere Weg nach oben – mit dem Rad

Malaucène, 45 km nordwestlich von Sault, besticht durch seine schönen, von Platanen gesäumten Straßen, hinter denen die eigentliche Challenge liegt: Die Auffahrt am Mont Ventoux auf dieser nordwestlichen Route ist wohl die schwerste Route zum Gipfel. Für die Bergauffahrt kannst du bei **Bédoin Location** ein Fahrrad mieten (ab 25 € pro ½ Tag). Zu denken, dass die Route die kürzeste (21,2 km) und damit schnellste oder einfachste ist, wäre ein Fehler: Die 1535 Höhenmeter beinhalten einige sehr anstrengende, steile Abschnitte, die deine Ausdauer ziemlich fordern. Flache Abschnitte zum Erholen gibt es kaum.

Die Landschaft auf der Nordwestseite des Berges, die der Drome-Region zugewandt ist, unterscheidet sich von den anderen Routen. Nadelwälder bedecken die Berghänge und es gibt in der Regel weniger Autoverkehr. Viele Radfahrer:innen setzen sich das Ziel, den Ventoux dreimal zu erklimmen – einmal aus jeder Richtung.

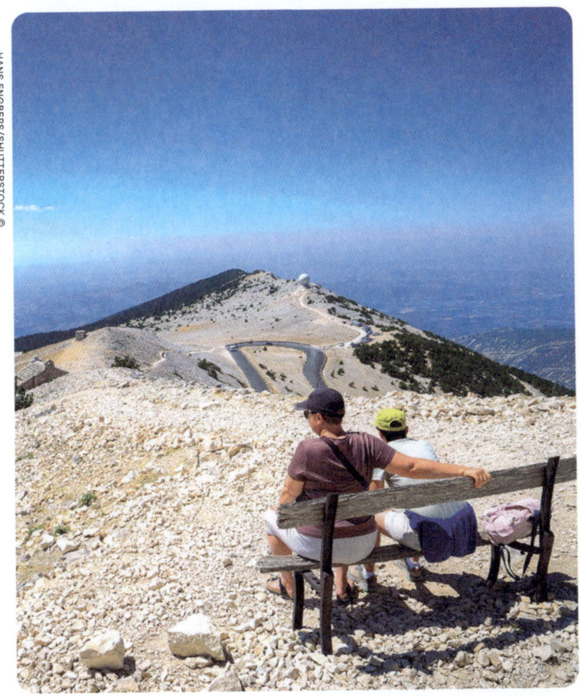

HANS ENGBERS/SHUTTERSTOCK ©

Mont Ventoux

SPORTLICHE HERAUSFORDERUNGEN AM MONT VENTOUX

Traversée des Dentelles de Montmirail
Jedes Jahr im Juni bestreiten rund 1800 Läufer:innen in den Dentelles de Montmirail einen Marathon- oder Halbmarathon. Sie durchqueren das felsige Terrain der kleinen Bergkette, einer der faszinierendsten Naturlandschaften der Provence.

Ventoux Gravel Tour Trans Massif
Bei frühlingshaftem Wetter versammeln sich im Mai Hunderte von Gravel-Bikern, um in 50 km, 110 km und 220 km langen Radrennen im Reservat Mont Ventoux gegeneinander antreten.

Grand Raid du Ventoux
Der Ultra-Trail ist Teil des UTMB (Ultra Trail Mont Blanc), eines 161 km langen Trail-Laufs, der jedes Jahr im April stattfindet und die Läufer:innen auf die Probe stellt.

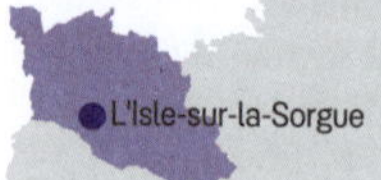

L'Isle-sur-la-Sorgue

Die „Insel in der Sorgue" ist ein passender Name für diese uralte Stadt in der Mitte des Flusses, die von einem Graben aus fließendem Wasser umgeben ist. Die Ursprünge von L'Isle liegen im 12. Jh. als Fischer auf dem damals sumpfigen Boden ihre Pfahlhütten bauten. Besonders reizvoll ist der Besuch im Frühjahr, wenn das Dorf in voller Blüte steht, aber noch nicht überlaufen ist. Heutzutage ist das „Venedig der Provence" für Antiquitäten bekannt. In den umliegenden alten Dörfern gibt es rund 300 Händler. Sonntags findet ein großer Markt statt, auf dem sie ihre Schätze leidenschaftlich anbieten.

Foodies lieben den provenzalischen Markt. Du bekommst frische, regionale Produkte: von Tapenade bis hin zu saisonalen Früchten wie Pfirsichen, Erdbeeren und Kirschen. Wer gerne wandert, sollte unbedingt Fontaine de Vaucluse besuchen – das Dorf am Fuße einer Klippe und an der Quelle der Sorgue.

UNTERWEGS VOR ORT

Es fahren regelmäßig Züge von L'Isle-sur-la-Sorgue nach Avignon und Marseille. Ein Zou!-Bus verbindet die Dörfer. Mit einem E-Bike kommst du auch gut voran. Es gibt Verleiher. Die Parkplätze in Fontaine de Vaucluse sind im Sommer überfüllt und teuer.

TOP TIPP

In jedem der Dörfer unterhalb des Mont Ventoux stehen einige schöne Landvillen und B&Bs zur Auswahl.

Markttag

Die fruchtbarste Region Frankreichs

Die Stadt L'Isle-sur-la-Sorgue gehört zum Pflichtprogramm für alle Provence-Reisenden, besonders wegen der Märkte. Diese finden ganzjährig am Donnerstag und Sonntag statt. Es ist ein Vergnügen, durch die Gassen und entlang der Kanäle zu schlendern, die von der Sorgue abzweigen. Das Rauschen des Wassers schafft eine ruhige Kulisse für das geschäftige Treiben.

Der Markt am Donnerstag ist ein Fest für alle Sinne. Es gibt frische Produkte, Kunsthandwerk und köstliche Speisen. Die Marktstände finden sich unter anderem in der **Rue Carnot,** der **Rue Jean-Jacques Rousseau,** der **Rue de la République** und der **Place de la Liberté.**

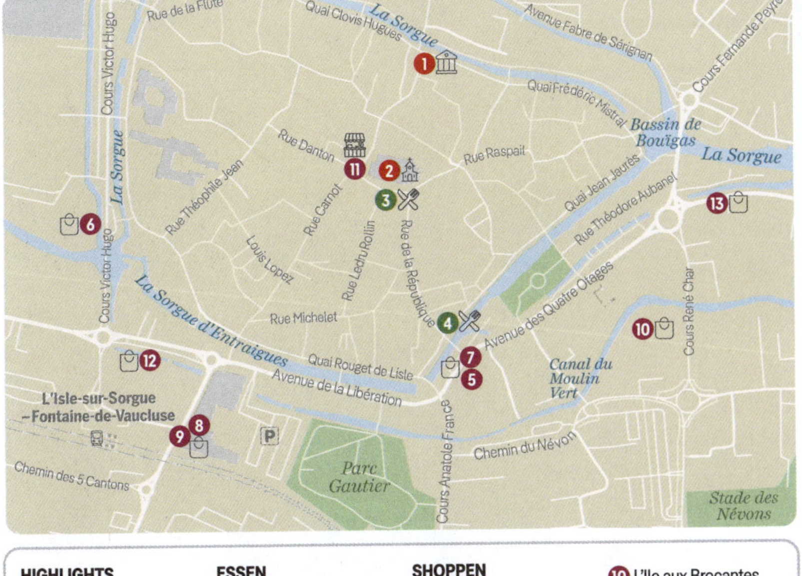

HIGHLIGHTS
1 Campredon Centre d'Art
2 Collégiale Notre Dame des Anges

ESSEN
3 Café de France
4 Grand Café de la Sorgue

SHOPPEN
5 Appel d'Air
6 Brun de Vian Tiran
7 Dongier Antiquités
8 Du Côté du Design
9 Le Village des Antiquaires de la Gare
10 L'Ile aux Brocantes
11 Markt
12 Quai de la Gare
13 Rives de Bechard

Der Duft von frisch gebackenem Brot, Lavendel und gegrilltem Fleisch ist sehr verlockend. Du kannst dich durch die regionalen Käsesorten, Marmeladen und Olivenöle probieren. Eine handgemachte Olivenölseife, bemalte Keramik, bestickte Bettwäsche und handgefertigter Schmuck sind hübsche Mitbringsel.

Nach dem Stöbern kannst du in einem der vielen Cafés und Restaurants der Stadt einen Kaffee trinken oder einen Happen essen. Das **Grand Café de la Sorgue** ist mit seiner Terrasse und Blick auf den Fluss sehr beliebt. Das **Café de France** besticht vor allem durch sein grünes Dekor mit antiken Spiegeln, Kronleuchtern und alten Fotografien. Das Café serviert auch köstliches Gebäck und Sandwiches.

In der Antiquitätenhauptstadt

Besondere Vintage-Funde

Sollte dein Heim noch einen pompösen Kronleuchter vermissen, musst du am Wochenende unbedingt zum **Flohmarkt** nach L'Isle-sur-la-Sorgue kommen. Dies ist einer der größten und bekanntesten Flohmärkte Frankreichs. Die meisten Antiquitätenstände sind Freitag bis Montag aufgebaut, aber Sonntag ist der große Markttag. Zweimal im Jahr, zu Ostern

BAUERNMÄRKTE

In der Provence gibt es zwei Arten von Märkten: den *marché Provençal* und den *marché producteur.* Letztere entsprechen in etwa einem Bauernmarkt, wo ausschließlich saisonale, regionale Produkte angeboten werden. Deshalb finden sie in der Regel nur von Juni bis November statt. Es gibt viele *marchés producteurs* in der ganzen Region.

Auf Provence Guide (provenceguide.com) gibt es eine detaillierte Karte mit Kalender. Hier ist eine Auswahl von Märkten nahe L'Isle-sur-la-Sorgue.

Mittwoch:
Pernes-les-Fontaines (Nachtmarkt)

Donnerstag:
Cavaillon (Nachtmarkt)

Samstag:
Petit Palais

Sonntag:
Coustellet

Auf einem *marché Provençal* gibt es vor allem Produkte, die Touristenherzen erfreuen.

Scanne den Code für den Provence Guide

Stand mit Antiquitäten, L'Isle-sur-la-Sorgue

und im August, findet ein internationaler Markt für Kunst, Antiquitäten und Trödel statt, der Tausende anlockt.

Entlang der Kanäle gibt es fünf große Antiquitäten-Viertel. Am **Quai de la Gare,** in der Avenue de la Libération, befinden sich Galerien wie Frédéric Bousquet und Cabanon Design. **Le Village des Antiquaires de la Gare,** in der 2 bis av. de l'Egalité, ist auch gut zum Stöbern. **Dongier Antiquités,** 15 Esplanade Robert-Vasse, ist ein Muss für Antiquitätenliebhaber:innen. **L'Ile aux Brocantes** in der 7 av. des Quatre Otages beherbergt Geschäfte wie die von Stéphane Broutin und Françoise Aillaud. Und zu guter Letzt ist **Rives de Bechard** in der 38 av. Jean-Charmasson eine weitere gute Option, um nach zeitgenössischen Stücken zu suchen.

Außerdem sind in der Stadt eine Reihe unabhängiger Antiquitätenhandlungen zu finden. Jackie Occelli und Bernard Durand sind für ihre Möbel bekannt. Le Magasin Général, Objets de Hasard und La Petite Curieuse sind ebenfalls einen Besuch wert.

ESSEN IN L'ISLE-SUR-LA-SORGUE

Maison Moga
Wein- und Käseexpertise treffen hier aufeinander. Gute Käse- oder Charcuterie-Auswahl. **€€**

Le Carré d'Herbes
Cédric Brun bringt unter der Woche ein exzellentes Marktmenü auf den Mittagstisch. **€€**

Vert Bouteille
In diesem Restaurant im Kantinenstil werden vorrangig regionale, vegane Bio-Gerichte serviert. **€**

Kanäle und Wasserräder

Ein Spaziergang durch die Stadt

Das außergewöhnliche historische Zentrum ist durchzogen von Kanälen mit quietschenden Wasserrädern. Besonders fotogen ist das Wasserrad an dem kleinen Park an der Ave. des Quatre Otages. Die stattliche Fassade der **Collégiale Notre Dame des Anges** im Herzen der Altstadt steht im krassen Gegensatz zur barocken Innenausstattung: 122 goldene Engel umgeben die Jungfrau Maria. Ebenfalls sehenswert ist das **Campredon Centre d'Art,** ein Herrenhaus aus dem 18. Jh. am Flussufer, in dem zeitgenössische Kunstausstellungen stattfinden.

Die Quelle der Sorgue

Tagestrip nach Fontaine-de-Vaucluse

Bekannt ist das Dorf **Fontaine-de-Vaucluse,** 12 km östlich von L'Isle-sur-la-Sorgue, als Ursprungsort des Flusses Sorgue. Die Quelle sprudelt aus einer Schlucht hervor. Mit unglaublichen über 90 m³ Wasser pro Sekunde ist sie die größte Karstquelle Frankreichs und die fünftgrößte der Welt.

Unternimm eine kleine Wanderung: Starte um 9 Uhr im gemütlichen Café **La Pointe Noir** im Herzen des Dorfes mit einer Tasse Kaffee in den Tag. Im Anschluss wanderst du vom **Font de l'Oule** aus auf die Spitze der Kalksteinfelsen. Die Tour ist mittelschwer und dauert etwa eine Stunde.

Einmal oben auf den Klippen angekommen, ist der richtige Moment für ein Picknick mit wunderbarer Aussicht. Du solltest viel Wasser dabeihaben, da es in den Sommermonaten sehr heiß werden kann. Danach geht's zurück Richtung Fontaine-de-Vaucluse und 1 km hinauf zur **Quelle.** Der Anstieg ist zwar etwas steil, aber das klare Wasser und die beeindruckende Kluft machen das wett.

Steig doch nach der Wanderung in der Nähe der **Aire des Vergnes** zum Fluss hinab und erfrische dich im kalten Wasser. Achtung: Die Wassertemperatur liegt das ganze Jahr über bei 14 °C. Danach ist Zeit für einen Aperitif, z. B. einen Cocktail in **La Vanne Marel,** einer charmanten Bar mit entspannter Atmosphäre und herrlichem Blick auf die umliegenden Berge.

Zum Abendessen solltest du ins **La Figuier Fontaine-de-Vaucluse** gehen. Reserviere vorab einen Tisch. Empfehlenswert sind beispielsweise die Dorade *au four* (gebacken), *pieds et paquets à la Provençale* (geschmorte Innereien und Haxenfleisch vom Schaf mit Tomaten) oder der Klassiker *confit de canard* (in Fett gegarte Entenkeule).

BESONDERE GESCHÄFTE

Appel d'Air
Moderne Antiquitäten und Objekte mit Pfiff. Schwerpunkt auf Lampen und Keramik.

Du Côté du Design
Unter dem großen Glasdach am Eingang des Village des Antiquaires de la Gare befindet sich das Geschäft von Anne und Jérôme Delor. Lampen-Fans finden hier alles: von sowjetischen Industrieleuchten aus den 1950er-Jahren bis hin zu Kinoprojektoren aus US-amerikanischen Filmstudios.

Brun de Vian Tiran
Vater und Sohn pflegen eine Leidenschaft für feinste Naturfasern. U.a. Merino-Wolle aus Arles oder Wolle vom Steinbock aus Kirgisistan werden in der Manufaktur zu schönen Stoffen verarbeitet.

ÜBERNACHTEN IN L'ISLE-SUR-LA-SORGUE

La Magnanerie de l'Isle
Das ehemalige Industriegebäude im Herzen des historischen Zentrums hat Charakter. €€

La Maison sur la Sorgue
Historisches Boutiquehotel mit Luxussuiten, einem versteckten Garten und einem kleinem Steinpool. €€€

Mas la Vitalis
Magalis B&B besteht aus zwei einladenden Zimmern in einem ruhigen, restaurierten Bauernhaus in Stadtnähe. €€

Rund um L'Isle-sur-la-Sorgue

Entdecke zwei der schönsten Orte des Vaucluse: das malerische Bergdorf Gordes und eine von Lavendel umgebene Abtei.

Mach dich bereit für die beeindruckenden Monts de Vaucluse. Die Region ist berühmt für ihre malerische Landschaft und pastoralen Charme. Du passierst entzückende provenzalische Dörfer wie Pernes-les-Fontaines, La Roque-sur-Pernes, Le Beaucet, Venasque und St-Didier. Halte Ausschau nach den berühmten *bories,* den steinernen Unterkünften, die seit Jahrhunderten von Hirten und Jägern zum Schutz vor den Elementen oder als Lagerstatt genutzt werden.

Wenn du eine Abtei in der Region besuchen möchtest, dann sollte es die Abbaye Notre-Dame de Sénanque sein, eine beeindruckende Klosteranlage aus dem 12. Jh. inmitten von Lavendelfeldern. Die Abtei kann zwar das ganze Jahr über besichtigt werden, aber am besten kommst du in den Sommermonaten, wenn der Lavendel in voller Blüte steht.

Die Schluchten hinter Gordes

Die wichtigsten Spots mal anders

Hier in der Region sollte die Zisterzienserabtei **Abbaye Notre-Dame de Sénanque** (12. Jh.) ganz oben auf deiner Besuchsliste stehen. Die Mönche leben vom Verkauf von Honig, Lavendel und ätherischen Ölen. Im Gegensatz zu anderen Abteien in der Region öffnen sie zu bestimmten Zeiten die Klosteranlage. Dann kannst du sie auf eigene Faust besuchen. Für diejenigen, die nicht Französisch sprechen, gibt es Tablets zur Orientierung. Sollten dich die steinernen Hallen, die friedliche Atmosphäre und die Spiritualität ansprechen, kannst du für 40 € an Schweigeexerzitien teilnehmen und in das kontemplative Leben eines Mönchs eintauchen.

LUNCH IN GORDES

Clover Gordes by Jean-François Piège Fans von *Emily in Paris* erkennen bestimmt die tolle Kulisse. Die Küche feiert Schmorgerichte. **€€€**

La Trinquette Eine bessere Aussicht kann man sich nicht wünschen. Die Gerichte des kleinen Bistros werden frisch und mit hausgemachten Soßen (Aioli oder Kichererbse) serviert. **€€**

La Cuisine d'Aglae Lass dir das *Menu du marché* nicht entgehen, ein Fünf-Sterne-Mittagessen zu einem recht günstigen Preis (Do–So). Das Menü bestimmt der Chefkoch. Du kannst feinen Fisch, Orangenblüten und Trüffel erwarten. **€€**

TOP TIPP

Gordes ist ein Muss, aber auch die anderen hochgelegenen Dörfer der Monts de Vaucluse eröffnen eine grandiose Aussicht.

Du kannst die Abtei entweder mit dem Auto oder von Gordes aus zu Fuß erreichen. **Gordes,** das berühmteste Bergdorf des Luberon, liegt auf einem Felsvorsprung des Vaucluse-Plateaus. Es ist unglaublich fotogen, aber in der Hochsaison auch unglaublich überfüllt; da bietet sich ein Spaziergang einige Kilometer außerhalb der Stadt als entspannte Alternative an. Die Route führt über Rouguière, Côte de Sénancole, die Abtei, Ferme de la Débroussède und Les Boujolles. Danach geht's weiter nach Croix des Baux, Les Grangiers und zu einem schönen Aussichtspunkt von Gordes, bevor du zum Ausgangspunkt zurückkehrst. Die gesamte Strecke ist 7 km lang und dauert mit einem Besuch der Abtei etwa drei Stunden. Folge den blauen und grünen Wegweisern.

Die Wanderung beginnt mit einem leichten Anstieg auf einen Hügel. Nimm den kleinen Pfad, der zur Abtei hinunterführt, wenn du sie von oben sehen oder sie besuchen möchtest. Geh im Anschluss wieder bergauf und folge dem Weg, der um das Plateau oberhalb von Gordes herumführt. Es ist dort schattig und luftig.

Gordes

WARUM FÜLLT SICH DIE FONTAINE?

Es war einmal ein Minnesänger namens Basile, der auf dem Weg zur Fontaine de Vaucluse einschlief. Während er schlief, kam eine Nymphe zu ihm und führte ihn an den Rand der Quelle. Die Quelle öffnete sich und gab den Blick frei auf eine Wiese voller Blumen. Die Nymphe zeigte dem Sänger darin eingebettet sieben Diamanten und wenn man sie anhob, sprudelte ein kräftiger Wasserstrahl heraus und füllte die Fontaine de Vaucluse.

„Dort", sagte sie, „liegt das Geheimnis der Quelle, deren Hüterin ich bin." Denn die Nymphe hebt einmal im Jahr alle sieben Diamanten und dann sprudelt so viel Wasser heraus, dass der Feigenbaum hoch oben davon trinken kann.

ÜBERNACHTEN IN DEN BERGEN VON VAUCLUSE

La Bergerie Pradel
Smartes Hotel in einer renovierten Villa aus dem 16. Jh., umgeben von Wäldern. In der Nähe von Le Beaucet. €

Le Cabanon des Secrets
In La Roque-sur-Perne ist dieses coole B&B aus Stein ideal für einen einwöchigen Aufenthalt. €€

Camping La Folie
Einfacher Campingplatz in der Nähe von Lagnes, auf dem du deinen Stellplatz wählen kannst. €

RADTOUR DURCH DIE MONTS DE VAUCLUSE

Tauch ein in die Landschaft der Monts de Vaucluse bei einer gemütlichen, 27 km langen Radtour durch die umliegenden Dörfer. Diese Tour überwindet jedoch 420 Höhenmeter. Ein Rad kannst du dir bei Vel'eau Loc in 1 **Pernes-les-Fontaines** mieten. Nimm dir einen Moment Zeit vor dem Start, um das Tor Notre-Dame zu bewundern. Die Strecke führt durch Felder und Wiesen – und je nach Jahreszeit siehst du Schafe oder Ziegen. In der 2 **Cheverie des Fontaines** kannst du in einem kleinen Laden den regionalen Ziegenkäse probieren. Nimm danach Kurs auf 3 **La Roque-sur-Pernes,** ein provenzalisches Dorf abseits der ausgetretenen Pfade. Es wurde auf einem Felsvorsprung erbaut, der im Mittelalter einen natürlichen Schutz bot. Der Dorfplatz ist einladend und schattig, mit der Fontaine du Renard und der Kirche St Pierre et Paul. Die Tour geht im Anschluss durch niedrig wachsende Eichenwälder. Halte hier Ausschau nach traditionellen Steinhütten, den Bories. Ein kleiner Abstecher führt zur 4 **Borie de la Roque,** einem besonders gut restaurierten Exemplar, das du besichtigen kannst. Weiter geht's auf dem Hügel in Richtung Le Beaucet, gleich auf der anderen Seite einer kleinen Schlucht.

Von hier aus radelst du die kurvenreichen Straßen nach 5 **Venasque.** Hier gibt es mehrere lohnende Kunsthandwerksläden und Galerien. Für das Mittagessen könntest du im Le Petit Chose reservieren, das regionale Köstlichkeiten wie Frühlingsspargel oder Sommerkantaloupe auf den Tisch bringt. Außerdem hast du vom Balkon einen spektakulären Blick auf eine wilde Schlucht. In 6 **St-Didier** kannst du das Château de Thézan bewundern. Kehr zuletzt nach Pernes-les-Fontaines zurück, wo im Sommer mittwochabends der Bauernmarkt zum Bummeln einlädt.

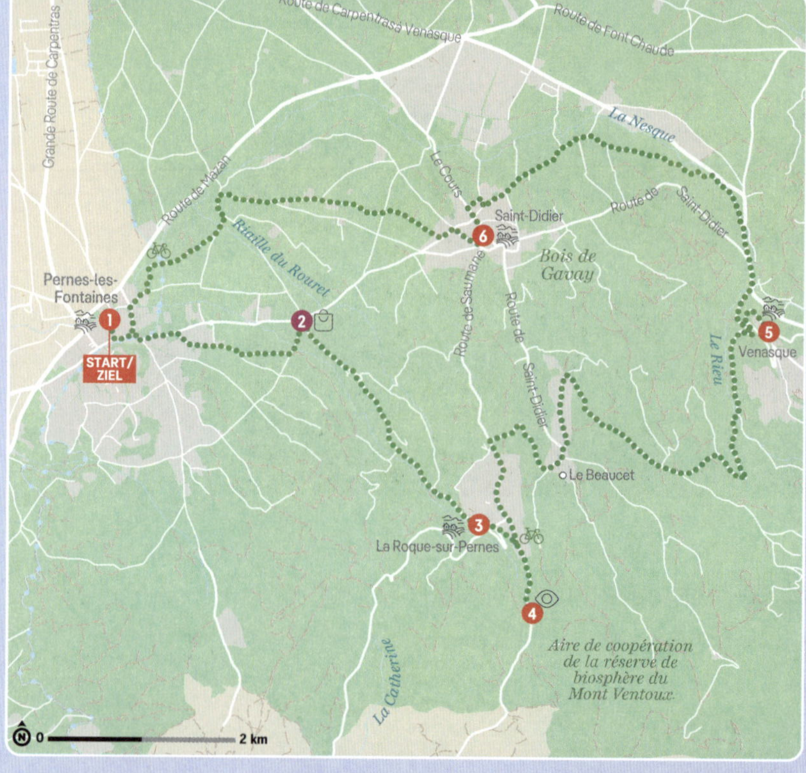

Nördlicher Luberon

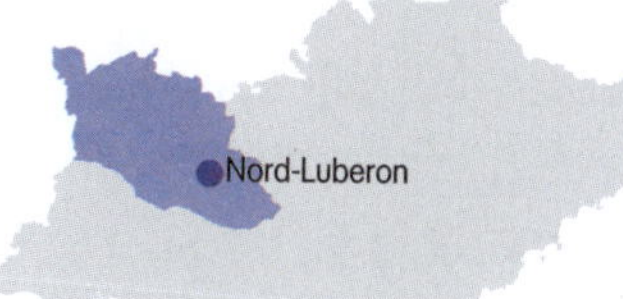

Der Luberon zeigt hier seine ungezähmtere Seite mit weiten Ebenen, gespeist vom Fluss Calavon. Uralte Dörfer flankieren die Berge. Der fruchtbare Boden und die landwirtschaftlichen Traditionen sorgen dafür, dass die Märkte im Luberon zu den besten Frankreichs zählen – vom Bauernhof zum Markt ist es in der Regel weniger als eine halbe Stunde Fahrt. In gewisser Weise hat der Tourismus die Traditionen der Region bewahrt. Die zukunftsorientierten Gemeinden Saignon und Reillanne bieten einen Einblick in dieses traditionelle provenzalische Leben. Natur- und Outdoor-Fans kommen hier auf ihre Kosten: Es gibt endlose Möglichkeiten zum Wandern und Radfahren und die Kletter-Community trifft sich an den anspruchsvollen Felsen von Buoux. Nichts ist schöner, als im Hochsommer auf einer Terrasse sitzend den Sonnenuntergang über den Lavendelfeldern von Claperèdes zu verfolgen, begleitet von einem Glas Rosé.

UNTERWEGS VOR ORT

Am einfachsten kommst du hier mit dem Auto von A nach B. Aber es gibt auch eine Busverbindung zwischen Cavaillon, L'Isle-sur-la-Sorgue, Manosque und Apt. Außerdem erwarten dich viele gesicherte Radwege. Mit einem E-Bike kommt man so gut wie überall hin.

Geschichte und kandierte Früchte

Basislager im Luberon

Wer sich für die Vorgeschichte der Region Luberon interessiert, sollte in **Apt** beginnen. Das **Musée d'Apt** in einem ehemaligen Herrenhaus (18. Jh.) steht auf den Überresten eines antiken Theaters. Im Nebengebäude Apta Julia präsentiert eine Spezialsammlung zur Antike archäologische Schätze der Region.

Wer noch mehr sehen möchte, kann in der nahe gelegenen Kleinstadt Viens über 200 Arten von Tierfossilien, entstanden vor etwa 30 Millionen Jahren, bewundern.

Stell dir vor, du entdeckst eine antike Grabkammer, die fast 5000 Jahre lang verschlossen war. Genau das ist in Goult passiert. Im Ort brach der Fluss Calavon 1994 nach tagelangen Regenfällen über die Ufer. So wurde der **Dolmen de l'Ubac** mit den Überresten von bis zu 50 Leichen freigelegt. Da die

TOP TIPP

Im Sommer ist Hochsaison im Luberon und es kann extrem heiß sein. Deine Aktivitäten im Freien sollten also am Vormittag stattfinden. In der Hitze des Tages solltest du Siesta halten.

SCHUTZGEBIET

Der **Parc Naturel Régional du Luberon** erstreckt sich über 2500 m². Er wurde 1977 zum Schutz des Natur- und Kulturerbes der Region gegründet. Er beheimatet eine Vielzahl von Wildtieren, darunter Wildschweine, Rehe und rote Eichhörnchen. In den Klippen nisten seltene Vögel wie der Habichtsadler, der Wanderfalke und der Uhu. Diese Vögel kann man oft hoch über dem Park fliegen sehen. Das niedlichste Tier im Park, leider sehr scheu, ist die Ginsterkatze, die wie ein Frettchen mit Leopardflecken und Waschbärmaske aussieht. Das Maison du Parc (Besucherzentrum) befindet sich in Apt.

Stätte so nahe am Flussbett lag, bestand die Gefahr, dass sie verschüttet würde. Die Fundstücke wurden behutsam ausgegraben und 500 m weiter entfernt, in der Nähe des alten Gare de Lumières, ausgestellt.

Apt war schon im Mittelalter ein wichtiger Marktort. Die strategische Lage der Stadt an der Kreuzung mehrerer Handelswege machte sie zu einem Handelszentrum für die ganze Region.

Apt ist in ganz Frankreich für seine *fruits confits* (kandierten Früchte, auch „glacé“ genannt) bekannt. Streng genommen handelt es sich hierbei nicht um Süßigkeiten, sondern um echte Früchte, deren Wasser entzogen und durch Zuckersirup ersetzt wurde, um sie haltbar zu machen. Daher sehen sie noch immer aus wie Früchte (und schmecken auch so). In der Stadt gibt's mehrere Hersteller, bei denen man Früchte probieren und kaufen kann. Auf dem Markt findest du eine riesige Auswahl an Geschmacksrichtungen, von Aprikosen über Feigen bis zu Orangen. Ein Besuch in **La Maison du Fruit Confit** gibt Aufschluss über den Herstellungsprozess.

Auf zu neuen Höhen

Die Felsen des Luberon

Sport- und Abenteuerbegeisterte treffen sich beim Klettern in **Buoux.** Die Kalksteinfelsen sind in ganz Europa bekannt und obwohl die schweren Routen wirklich anspruchsvoll sind, können auch Anfänger:innen hier ihren Spaß haben. Das Gebiet ist jedoch nichts für schwache Nerven, denn es ist bekannt für seine Einseillängen-Routen mit vielen überhängenden und ausdauernden Klettertouren. **Vertical Trekking** bietet geführte Kletterkurse aller Niveaus an. Die besten Jahreszeiten sind Frühling oder Herbst, wenn es kühler und nicht so voll ist.

Oberhalb von Apt überblickt das Dorf **Saignon** das Tal. Einst wichtiges Zentrum für die Woll- und Seidenproduktion (viele Gebäude im Dorf stammen aus dieser Zeit), genießen die Einheimischen heute einen ruhigen Alltag. Schau im Tante-Emma-Laden von **La Maison près de la Fontaine** für Spezialitäten aus der Region vorbei und lass dich bei der Gelegenheit von der sachkundigen Besitzerin Julie über anstehende Veranstaltungen informieren.

Schlendere die Straßen hinauf, um das **Château de Saignon** zu besichtigen, eine mittelalterliche Burg, die auf dem Hügel über dem Dorf thront. Geh dann wieder hinunter und genieß das kühle Innere der **Église Notre-Dame de Pitié.** Die im 12. Jh. erbaute Kirche besticht durch ihre romanische Architektur und ihre verblassenden Fresken. Iss im **Un Jardin sur le Toit,** einem der beliebtesten Restaurants des Dorfes mit weitem Blick bis zum Horizont.

Kleines Dorf, großes Herz

Musik und Tanz im Luberon Oriental

Reillanne ist zwar klein, aber das Dorf im Osten des Luberon hat eine besondere Seele. Das Zentrum des gesellschaftlichen Lebens im Ort ist das **Café du Cours.** Es ist der Treffpunkt für Einheimische und Gäste jeden Alters. Die Freitagabendkonzerte geben etablierten und aufstrebenden Musiker:innen eine Bühne. Und die Musikszene des Dorfes soll weiter wachsen. Gerüchten zufolge hat eine Gruppe von Freunden das alte **Café de la Place** in der Nähe gekauft, in dem jeden Samstag Live-Konzerte stattfinden sollen. Ein Wochenende in Reillanne ist also für Musik-Fans genau das Richtige. Gutes Essen und eine offene Atmosphäre gibt es obendrauf.

DIE KICHERERBSE

Kichererbsen sind eine provenzalische Kulturpflanze, die überall in der Region auftaucht. Die **L'Auberge de la Fenière** (S. 221) bereitet sie kreativ zu. Oder probier in **Nizza** eine *socca niçoise* (S. 61).

Vertreibe den Sonntagmorgen-Blues auf dem **Grand Marché de Reillanne.** Er ist nicht zu übersehen – die Stände nehmen das Dorfzentrum komplett ein. Es ist einer der authentischsten Orte, um regionales Olivenöl, Lavendelessenz, frische Eier

ESSEN IN APT

Café Les Valseuses
Zwei Hauptgerichte pro Tag: ein asiatisches Gericht, z. B. Schweinefleischbällchen mit Udon und Ingwersoße, und ein provenzalisches Gericht, z. B. Buchweizen und gegrilltes Gemüse mit Trockenfrüchten und Tomatensoße. **€**

Le Sanglier Paresseux
Ein etablierter Klassiker, zu dessen saisonalen Hauptgerichten gehören: Wolfsbarsch-Tartar mit eingelegtem Blumenkohl oder Ente gefüllt mit getrockneten Früchten an Spargel und Auberginen. **€€**

L'Intramuros Restaurant et Rhumerie
Die Auswahl der Bar an Gin und Rum als umfangreich zu bezeichnen wäre eine Untertreibung. Die Einrichtung ist klassisch und farbenfroh. Es gibt täglich wechselnde Spezialitäten wie Rinderbäckchen, Kaninchen oder Zitronen-Limoncello-Tiramisu. **€€**

PROVIANT KAUFEN IN APT

Comptoir de l'Ambroisie
Lass dir in der ausgezeichneten *fromagerie* eine eigene Käseplatte zusammenstellen. **€**

Le Saint Pierre
Diese beliebte Bäckerei und Konditorei verwendet hochwertiges Mehl für ihre Brote. **€**

Caillebotte Primeur
Viel Bio-Obst und -Gemüse sowie lokale Spezialitäten in diesem Laden an der Ecke. **€**

DER GARTEN EINES NEUGIERIGEN MANNES

Jean-Luc und seine Tochter Violette sammeln und bewahren seit mehr als 30 Jahren alte Samen und züchten in ihrem Samengarten **Le Potager d'un Curieux** mehr als 300 Pflanzenarten.

Schau im Garten oder im Gewächshaus vorbei oder hol dir ein paar Saatgutpakete: Es gibt über 80 Tomatensorten, fast 50 Salat- und Gemüsesorten und Dutzende von Paprika-, Auberginen- und Kräutersorten.

Der Garten liegt 7 km südöstlich von Apt, gleich hinter dem auf einem Hügel gelegenen Dorf Saignon.

und Kichererbsen zu kaufen. Vieles wird direkt von den Erzeuger:innen verkauft. Es sieht hier nicht alles perfekt aus, aber dafür ist die Auswahl an Bio- und biodynamischen Produkten sehr groß. Die Beefsteak-Tomaten sind immer sehr schmackhaft – Grund genug, hier vorbeizuschauen.

Ins Innere des Luberon

Naturerlebnisse

Begib dich auf Erkundungstour entlang der Gebirgskette. Das **Château de Buoux** außerhalb der gleichnamigen Stadt ist ein ruhiger und abgelegener Ort im Grand Luberon, ideal für alle, die Ruhe suchen. (Derzeit wegen Renovierungsarbeiten für die Öffentlichkeit geschlossen.) Von hier aus kannst du die umliegenden Wälder auf mehreren Wanderwegen erkunden.

ÜBERNACHTEN NAHE APT

La Maison près de la Fontaine
Kleines B&B in Saignon mit stilvollen Zimmern und einer Boutique im Erdgeschoss. €€

Auberge des Seguins
Abgelegenes B&B mit Pool und Blick auf die Felsen von Buoux, mit Restaurant und Café. €€

Domaine du Castellas
Zu einem Luxushotel umgebauter Bauernhof in Sivergues. Gemeinschaftsessen und zahlreiche Aktivitäten. €€€

Lavendelfeld, Plateau des Claparèdes

Folge der Straße Richtung Saignon weiter bergauf. Oben erreichst du das **Plateau des Claparèdes,** das von Lavendelfeldern bedeckt ist. Im Gegensatz zum berühmteren Plateau de Valensole ist das Claparèdes weit weniger überlaufen und somit das perfekte Ziel.

Vom Weiler **Sivergues** aus kannst du zu Fuß die Lavendelfelder erkunden. Die Wanderung verläuft über ein abwechslungsreiches Terrain und dauert ca. zwei bis drei Stunden.

Die Lavendelfelder auf dem Plateau des Claparèdes sind Ende Juni und Anfang Juli, wenn sie in voller Blüte stehen, am schönsten. Genieße bei einem Spaziergang den Anblick und den Duft des Lavendels, der in dieser Region seit Jahrhunderten angebaut wird. Auf dem Rückweg kannst du in der **Auberge des Seguins** in Buoux einen Zwischenstopp einlegen und ein Getränk genießen.

LAVENDELÖL

Lavendel-Fans kennen vielleicht schon das weltberühmte Plateau de Valensole, aber die Lavendelanbauregion erstreckt sich noch viel weiter.

Beliebte Mitbringsel aus der Region sind Seife, Lavendelsträuße und ätherische Öle.

Lavendöl ist nicht günstig. Ein Fläschchen kostet zwischen 11 und 15 €. Wenn du mehrere Personen damit beschenken möchtest, kaufst du dir einfach eine größere Flasche Lavendelöl auf einem Markt.

In Reillanne, Sault und Banon gibt es Produzenten, die 500-ml-Flaschen für etwa 20 € verkaufen. Die füllst du dann selbst in kleinere Flaschen ab. So unterstützt du auch unabhängige Landwirt:innen.

LIVEMUSIK ERLEBEN

La Gare
Konzerte das ganze Jahr über im ehemaligen Bahnhof von Coustellet, der heute als Kulturzentrum dient.

Les Musicales du Luberon
Regionaler Musikverband. Auf der Website findest du Termine und Acts (musicales luberon.fr).

Carrières du Château de Lacoste
Tolle Akustik in einem römischen Steinbruch. Hier findet das Festival de Lacoste statt.

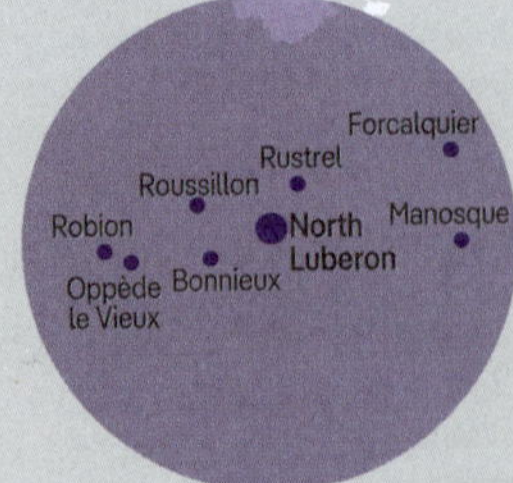

Rund um den Nördlichen Luberon

Mach dich auf und erkunde die Hügel, Berge und Ebenen des nördlichen Luberons.

Erkunde die Geschichte und Traditionen des Luberons etwa auf einer Radtour durch Ménerbes, Lacoste, Bonnieux und Goult. In den Bergdörfen Maubec, Robion und dem Petit Luberon ist es angenehm ruhig. Außerdem kannst du bei den hiesigen Winzergenossenschaften einige der besten Weine der Region verkosten.

Ein weiteres Highlight ist das Dorf Forcalquier mit seinen charmanten Gassen und dem lebhaften Markt. Die ockerfarbenen Dörfer Rustrel und Roussillon sind für Kunst- und Industriefreunde gleichermaßen interessant.

UNTERWEGS VOR ORT

E-Bikes und Fahrräder eignen sich hervorragend für die Fortbewegung. Um kleine Dörfer zu besuchen, ist ein Auto die beste Option.

TOP TIPP

Übernachte dort, von wo du sowohl die Ost- als auch die Westflanke des Luberon leicht erreichen kannst, wie Villars oder Gargas.

Auf Jean Gionos Spuren

Eine Ikone der provenzalischen Literatur

Jean Giono (1895–1970) war ein französischer Schriftsteller, der in der provenzalischen Stadt **Manosque,** 41 km östlich von Apt, geboren wurde und für Geschichten bekannt ist, die die Schönheit der Region feiern. Das **Centre Jean Giono** ist seinem Leben und seinen Werken gewidmet. Es bietet auch Touren durch Gionos Haus (auf Französisch) an, die einen intimen Einblick in das Leben des Autors und seine Inspirationsquellen geben. Für Natur- und Literaturfans ist ein Besuch des Zentrums ein Muss.

Sein ehemaliger Bauernhof außerhalb von **Forcalquier,** 23 km nördlich von Manosque, wurde in ein B&B namens

La Margotte umgewandelt. Offenbar verursacht es keine Schreibblockaden, denn Giono hat in diesem Haus *Le Hussard sur le Toit (Der Reiter auf dem Dach)* verfasst.

Giono hat in seinen Essays oft über das provenzalische Olivenöl geschrieben. In Forcalquier kannst du die alte Ölmühle von Gouvan besichtigen und das in Lurs hergestellte Olivenöl AOC Haute-Provence probieren. Früher wurden in der Ölmühle die Oliven zu einem Brei gepresst, aus dem der Müller den Saft gewinnen konnte. Nach dem Stehenlassen trennten sich Wasser und Öl, das Olivenöl an der Oberfläche wurde abgeschöpft.

Während deines Aufenthalts in Forcalquier solltest du unbedingt die **Distilleries et Domaines de Provence** besuchen, die seit mehr als 120 Jahren bestehen. Einige Spirituosen wie Pastis kennst du vielleicht schon, andere sind vielleicht völlig neu: Farigoule de Forcalquier ist eine Spirituose auf Thymianbasis, Rinquinquin ist ein Pfirsich-Apéritif auf Weißweinbasis und Orange Colombo wird aus Orangenschalen destilliert.

DER MANN, DER BÄUME PFLANZTE

Wer eine leichte Urlaubslektüre mit einer starken Botschaft sucht, sollte sich Gionos Erzählung *Der Mann, der Bäume pflanzte (L'homme qui Plantait des Arbres;* 1953) besorgen.

Sie spielt in der ersten Hälfte des 20. Jh. und handelt von den Bemühungen eines Schäfers, einen kargen Landstrich aufzuforsten.

In dieser Geschichte geht's um Beharrlichkeit und die Liebe zur Natur. Die Kurzgeschichte regt Lesende dazu an, ihre Umgebung genauer zu betrachten. Sie vermittelt ein neues Verständnis für die Kraft der Natur und die Rolle des Menschen in der Natur.

Nach der Lektüre wirst du den provenzalischen Wald wahrscheinlich auf eine ganz andere Weise wahrnehmen.

Centre Jean Giono

ESSEN IN GIONOS PROVENCE

Restaurant Ma Nine
Stilvolles Lokal in Forcalquier mit Terrasse. Ausgewogene Gerichte wie Fleischbällchen und eingelegtes Gemüse. **€€**

Pizzeria Lo Pichotome
Auf der gemütlichen Terrasse in Forcalquier gibt's knusprige Pizzen und dazu ein lokales Bier. **€**

Pamparigouste
Gehobenes Restaurant im Couvent des Minimes Hôtel et Spa in Mane mit Schwerpunkt auf Tradition. **€€€**

RADTOUR

Unterwegs im Luberon

Mit dem Rad erkundest du den nördlichen Luberon über zahlreiche Nebenstraßen und kurvenreiche Serpentinen am besten. Du wirst schnell feststellen, dass hier ist das gesamte Ökosystem im Einklang mit den Jahreszeiten ist. Auf deinem Weg begleitet dich der Gesang der Zikaden.

1 Coustellet

Vor vierzig Jahren gab es hier nur eine Kreuzung. Heute ist das Dorf **Coustellet** ein Handelszentrum für die Bergdörfer rundum. Du kannst dich hier bei einem Fahrradverleih wie En Roue Libre für die Tour ausrüsten.

Die Strecke: Folge dem Radweg Calavon ostwärts aus der Stadt heraus. In Les Beaumettes (km 5) biegst du rechts in die Route des Écoles ein und fährst hinauf nach Maubec.

2 Ménerbes

Einst war Ménerbes ein verschlafenes Bauerndorf am Fuße des Luberon, doch Peter Mayles Bestseller *Ein Jahr in der Provence* brachte der Stadt Ruhm und weckte neues Leben.

Die Strecke: Fahr auf der Route de Bonnieux Richtung Osten aus der Stadt hinaus. Nach km 14 biegst du links auf die Route de la Valmasque ab und überwindest den Hügel, der nach Lacoste führt.

3 Lacoste

Das auf der Ostseite des Hügels gelegene Dorf Lacoste wurde dank eines französischen Milliardärs namens Pierre Cardin restauriert. Eine US-amerikanische Kunstschule hat hier eine Außenstelle und

CELLI07/SHUTTERSTOCK ©

Ménerbes

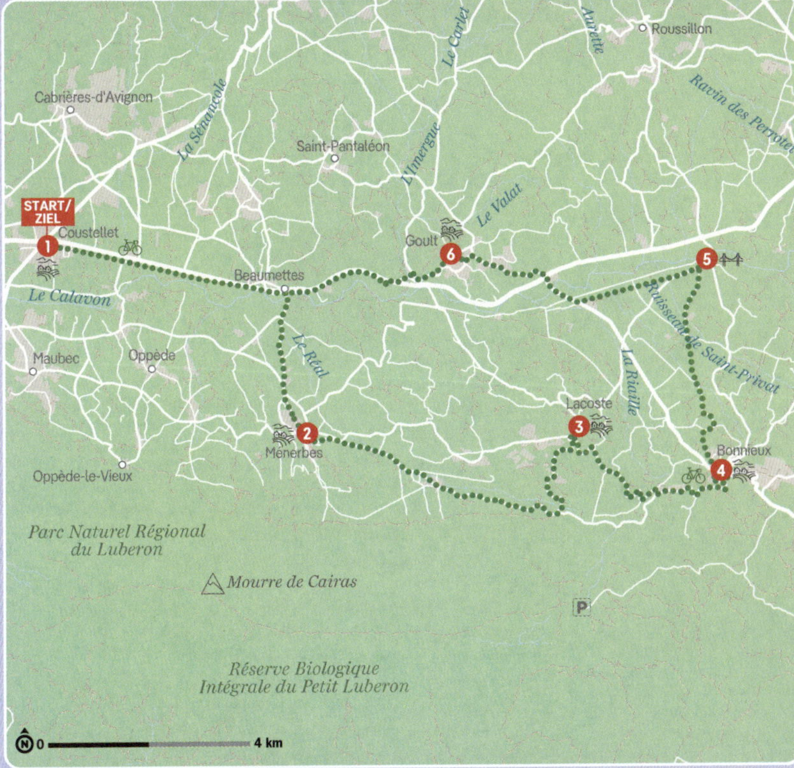

manchmal schmücken Ausstellungen im Freien die Stadt.

Die Strecke: Halte den Kurs auf der Route de Bonnieux. Es folgt eine kurze Abfahrt durch Kirsch- und Olivenhaine sowie eine weitere Auffahrt nach Bonnieux.

4 Bonnieux

Dieses Bergdorf ist etwas lebhafter als Lacoste. Leg einen Stopp für hausgemachtes Eis in der Glacier Creperie Le Tinel ein.

Die Strecke: Verlasse Bonnieux gen Norden und fahr auf dem Chemin de Gargas bis zur D36. Bieg rechts ab und dann die erste Straße links auf eine unbenannte Straße. Auf der Karte verläuft die Straße mehr oder weniger parallel zur größeren Route du Pont Julien.

5 Pont Julian

Diese römische Brücke (3 v. Chr.) ist Teil der Via Domitia, einer wichtigen Handelsstraße, die Narbonne und Turin verband. Bis 2005 durften Autos die Brücke benutzen, aber heute ist sie nur noch für Fußgänger und Radfahrer freigegeben.

Die Strecke: Radle über die Brücke und wieder zurück, denn für den Rückweg musst du eine Weile der Veloroute du Calavon folgen. Bieg rechts auf die D36 ab, überquere den Fluss und den Kreisverkehr der D900, um Goult zu erreichen.

6 Goult

Das mittelalterliche Dorf Goult auf einem Hügel hat viel Charme und bietet eine große Auswahl an gehobenen Restaurants. Es fällt schwer, sich für ein Lokal zu entscheiden. Das leichte Mittagsmenü von La Gaudina ist für eine Radtour empfehlenswert.

Die Strecke: Verlasse Goult in Richtung Lumières und folge der Veloroute du Calavon für 6 km. Sie führt dich zurück nach Coustellet.

Die Ockerfelsen von Roussillon

Wo Kunst auf Industrie trifft

KUNSTHANDWERK

Comptoir des Ocres
In diesem Geschäft im Roussillon kannst du Ockerpigmente und Souvenirs erwerben.

Les Uns et Les Ocres
Versteckt in einer Gasse in Roussillon gibt es handgefertigte Töpferwaren, gefärbt mit natürlichen Farben der Region.

Atelier Kalayaan
Kunsthandwerk und Produkte aus der ganzen Region in Manosque: Keramik, Textilien, Seifen, Holzarbeiten, Honig und Heilpflanzen.

Il Était une Flamme
Duftendes Familiengeschäft: handgefertigte Kerzen und Diffusoren mit frischen Naturdüften wie Zeder, Orangenblüte und Maiglöckchen. Schöne Flakonauswahl mit *Parfum de Grasse.*

Die Ockerfelsen von Roussillon, 13 km westlich von Apt, haben die Region weltberühmt gemacht. Einer Legende nach entstand die rötliche Farbe der Felsen aus Eifersucht. Ein Gutsherr von Roussillon erfuhr, dass seine Ehefrau ihm untreu war. Er tötete den Liebhaber und ließ seine Frau sein Herz essen. Als sie erfuhr, was ihr aufgetischt worden war, stürzte sie sich vor Kummer von den Felsen, die sich daraufhin blutrot färbten.

Früher war das Dorf das Zentrum des lokalen Ockerabbaus und bis jetzt ist es von seinem roten Erbe gezeichnet: Die Dorfbewohner müssen ihre Häuser gemäß einer vorgeschriebenen Farbpalette streichen, die 40 Rottöne umfasst. Heute beherbergt Roussillon vor allem Künstler- und Keramikateliers. Die **Ôkhra-Werkstatt** befindet sich in der alten Fabrik des **Écomusée de l'Ocre.** Melde dich für eine Tour an. Im Sommer gibt es auch einen zweistündigen Workshop für Kinder, in dem sie lernen, wie man mit Ocker malt. Die Kunst ist jedoch nicht nur etwas für Kinder – Kunstaffine können sich eine Einführung in die dekorative Malerei gönnen. Der sechsstündige Workshop vermittelt die Grundtechniken und findet je nach Nachfrage monatlich statt. Die Pigmente kannst du im Laden erwerben und zu Hause weiter kreativ sein.

Colorado Provençal außerhalb von **Rustrel,** 10 km nordöstlich von Apt und 21 km östlich von Roussillon, ist eine von mehreren ehemaligen Ockerstätten der Region. Er ähnelt dem Südwesten der USA, daher stammt auch der Name. Dieser Steinbruch wird in der Hochsaison überrannt. In einer geschützten Naturlandschaft sind die Gleise, Becken und Rohre aus der Industriezeit zu sehen. Der Eintritt kostet ab 2 € für Gäste, die zu Fuß kommen. Um Hitze und Menschenmassen zu vermeiden, solltest du morgens eintreffen.

In den nahe gelegenen **Mines de Bruoux** kannst du die Ockerbrüche mit einem Helm ausgestattet besichtigen. Die Stollen sind bis zu 12 m hoch. Oder unternimm eine kurze Wanderung auf dem **Sentier des Ochres** in Roussillon, die sich durch eine Felsenlandschaft windet, die von Kastanien- und Pinienhainen umgeben ist.

Weinprobe in einer Genossenschaft

Weine des Luberon und des Ventoux

Kleine Höfe vereinen sich in Winzergenossenschaften, um ihre Trauben zentral zu keltern und so die Kosten für die Weinherstellung zu teilen. Im Luberon schlossen sich nach dem Ersten

ESSEN RUND UM ROUSSILLON

Bar des Amis
Verpass nicht den Hot-Dog du Luberon oder die gegrillten Avocados in diesem Bistrot de pays in Villars. €

Ocria
Verkoste bei der örtlichen Kleinbrauerei in Rustrel die fünf Biersorten aus biologischem Anbau. €

Le Grappe de Raisin
Im Zentrum von Roussillon mit Terrasse. Es gibt Steak, hausgemachte Pommes frites und provenzalische Aioli. €€

PIXELSHOP/SHUTTERSTOCK ©

Colorado Provençal, Rustrel

Weltkrieg viele Winzer mehrerer Gemeinden zusammen. Diese Genossenschaften sind über die Jahre weiter gewachsen.

Die älteste Winzergenossenschaft der Region Vaucluse ist die **Cave de Bonnieux,** zu der Orte wie Bonnieux, Goult, Roussillon, Lacoste und Gordes gehören. Ihre Weine sind köstlich und relativ günstig. Zu den empfehlenswerten Weinen gehören der Weißwein Les Safres (Luberon) und der Rotwein Domaine Bastide de Rodon (Ventoux).

In der Nähe befindet sich die zweitgrößte Genossenschaft der Region: die **Cave du Luberon.** Sie feierte 2023 ihr 100-jähriges Bestehen und bietet den besten Weißwein der Region an: Les Bories (Ventoux), ein perfekter Aperitif-Wein. Wenn du Rosé magst, probier den Ô de Léthé. Rotwein-Fans sollten den komplexen Les Promises wählen.

Erkundige dich, auf welchen Weingütern Aperitif-Abende veranstaltet werden. Ein netter Zeitvertreib im Luberon: den Sonnenuntergang mit einem Glas auf einem Weingut genießen.

LUBERON VERSUS VENTOUX

Die **Weine des Luberon** werden auf sandigen, kalkhaltigen Böden angebaut. Sie sind dadurch leicht und frisch. Die wichtigsten im Luberon angebauten Rebsorten sind Grenache, Syrah und Mourvèdre. Die hier erzeugten Weine haben im Allgemeinen einen geringeren Tanningehalt als die Weine aus dem Ventoux. Sie weisen oft eine Note von roten Früchten, Kräutern und Gewürzen auf.

Die **Weine des Ventoux** werden auf felsigen Böden angebaut. Sie begeistern durch eine weiche Fülle. Die im Ventoux angebauten Rebsorten sind im Allgemeinen die gleichen wie im Luberon, aber aufgrund der Anbaubedingungen sind die hier erzeugten Weine kräftiger. Sie weisen oft eine Note von dunklen Früchten und Schokolade auf.

WEINGÜTER BESUCHEN

Domaine de Marie
Eleganz und Luxus sind hier das Maß aller Dinge; die Weine sind ebenso opulent wie die Umgebung.

Domaine des Cancélades
Unabhängige Winzer mit vernünftigen Preisen. Auch frische Aprikosen, Kirschen und Tafeltrauben.

Chateau la Canorgue
Nahe Pont Julian hat dieses Weingut als eines der ersten vor Jahrzehnten auf biologischen Anbau umgestellt.

KRISZTIAN JUHASZ/SHUTTERSTOCK ©

Église Notre-Dame Dalidon

TRAUMHAFTE SONNENUNTERGÄNGE

Bistrot le 5
Sundowner auf einer Terrasse in Ménerbes. An klaren Tagen reicht die Sicht bis zum Mont Ventoux.

Église Notre-Dame Dalidon
Wandere auf den Gipfel des Dorfes Oppède-le-Vieux und beobachte den Sonnenuntergang von den Stufen der Kirche aus. Die Strahlen tauchen die Gebäude in ein warmes Licht.

Domaine de La Citadelle Luberon
Lass den Tag auf diesem Weingut ausklingen. Hier betrachtest du die Welt durch eine roséfarbene Brille.

Weniger bekannte Bergdörfer

In der Nähe des Petit Luberon

Östlich von Apt, entlang der nördlichen Flanken des Luberons, befinden sich mehrere nette Bergdörfer. **Robion** liegt abseits der ausgetretenen Pfade. Es ist zwar weniger spektakulär als einige andere Dörfer der Region, aber hier herrscht eine freundliche Atmosphäre. Das alte römische Theater besuchen Geschichtsinteressierte. Im Sommer finden hier Konzerte statt. Aber auch im **Café de la Poste** gibt es Livemusik und dazu gute Cocktails.

Von **Oppède-le-Vieux** aus blickst du weit über das Tal. Park dein Auto unterhalb des Dorfes und schlendere hinauf zum **Le Petit Café,** das gemütlich im Schatten der Bäume liegt und zu einer Tasse Kaffee oder einem Glas Wein einlädt.

Die Hauptattraktion von Oppède sind die **Ruinen des Châteaus** und die **Église Notre-Dame Dalidon,** die aufwendig restauriert wurde. Der Weg hinauf ist etwas steil, aber die Aussicht von oben entschädigt für die Mühe.

Unterwegs kannst du die dichte Macchia bewundern. Diese Vegetation gehört zum **Petit Luberon.** Die zerklüfteten Hügel des kleinen Luberon, des westlichsten Ausläufers des Luberon-Massivs, sind durchsetzt von bewaldeten Tälern, Weinbergen und Bauernhöfen. Der kleine Luberon wird vom großen Luberon durch die Schlucht Combe de Lourmarin getrennt, die von Norden nach Süden durch die Berge schneidet. Mit der richtigen Vorbereitung und einer guten Karte lässt sich im Petit Luberon schön wandern.

An einem nicht zu warmen Tag kannst du von Robion aus zu den Gorges de Badarel wandern, die zur **Bergerie du Vallon du Colombier** führen.

Südlicher Luberon

Den sonnigen südlichen Luberon prägen Weinberge und zahlreiche Dörfer. Dank der Nähe zu Aix-en-Provence und einer Vielzahl an Haute-Cuisine-Restaurants ist die Gegend gut besucht. Hier halten sich High-End-Tourismus und bodenständige Aktivitäten die Waage. Exemplarisch für diese Balance ist die Agrarökologie, eine soziale Bewegung, entstanden als Gegenentwurf zur industriellen Landwirtschaft. Sie wird hier von der bekannten Köchin Nadia Sammut angeführt, die das erste glutenfreie Sternerestaurant der Welt betreibt.

Für diejenigen, die eine tiefere Verbindung zur Natur suchen, ist eine Wanderung zum Fôret des Cèdres ein Muss. Dieser wunderschöne Zedernwald bietet einen tollen Blick auf die umliegende Landschaft. Oder lass dir im Jardin des Plantes Tinctoriales in Lauris erklären, wie man Farbstoffe für Textilien, Kosmetika und Lebensmittel extrahiert. Nach einem erkundungsreichen Tag folgt ein gemütlicher Spaziergang durch Lourmarin.

UNTERWEGS VOR ORT

Wenn du die Umgebung erkunden willst, geht das gut mit dem Rad oder E-Bike. Für die kleineren Dörfer bietet sich dann doch das Auto an. Die Buslinien 8, 9 und 19 von Zou! verbinden die Dörfer des südlichen Luberon mit Cavaillon, Apt und Aix-en-Provence.

TOP TIPP

Eine Reservierung für ein Restaurant zu ergattern ist in dieser Gegend kein Kinderspiel. Du solltest so früh wie möglich reservieren, ganz egal, um welche Preisklasse es geht.

Nachhaltig speisen

Frauen ebnen den Weg

Die agrarökologische Bewegung fasst im Luberon immer mehr Fuß. Vor allem die lokale Gastronomie versucht nachhaltiger zu agieren. Eines der führenden Restaurants ist die **L'Auberge de la Fenière** in Cadenet, die seit 1995 mit einem Michelin-Stern ausgezeichnet ist. Küchenchefin Nadia Sammut ist bekannt für ihre innovative Kochkunst und ihr Engagement für positive Ernährung.

NOSTALGIE AUF VIER RÄDERN

Du möchtest deinem Roadtrip etwas mehr Flair verleihen? Miete doch einen Oldtimer für einen Tag bei Yes Provence (yesprovence.com). Zwar verzichtest du damit auf moderne Annehmlichkeiten wie eine Klimaanlage, aber der Charme der Klassiker macht das allemal wett. Wie wäre es mit einem Citroën 2CV, Citroën Méhari, Käfer oder Bulli? Wenn du schon immer davon geträumt hast, in einem Renault 4L durch die Gegend zu düsen, dann ist Voitures Passion (voiturespassion.com) in Aix-en-Provence deine Anlaufstelle.

Die L'Auberge de la Fenière ist auf vegetarische und glutenfreie Gerichte ausgerichtet. Im Garten des Restaurants wachsen viele Zutaten der köstlichen provenzalischen Gerichte. Die Speisekarte wechselt saisonal. Durch ihr Engagement für Nachhaltigkeit und lokale Landwirtschaft gilt Sammut als Pionierin der agrarökologischen Bewegung.

Goldene Stunde

Schlendern in Lourmarin

Wenn man die Combe de Lourmarin, die tief eingeschnitten durch das Luberon-Massiv führt, hinter sich gelassen hat, ist **Lourmarin** der erste Ort, durch den man kommt. Das ehemals ruhige Bauerndorf hat sich in ein mondänes Örtchen verwandelt, dessen Straßen mit vornehmen Einrichtungsläden und Boutiquen übersät sind.

Literaturfans sollten einen Blick auf den Stadtfriedhof werfen, auf dem Albert Camus (1913–1960) seine letzte Ruhestätte fand. Er lebte in der Nähe, als er 1960 bei einem Autounfall ums Leben kam.

Wenn du zum Essen hierbleibst (Reservierung nötig), gönn dir zuerst einen Aperitif. Das **La Maison Café** ist ein entspanntes und gemütliches Lokal mit klassischen Cocktails, Aperol Spritz oder Weinschorle zu gutem Preis. **Le Bar du Moulin** ist der schickste Ort der Stadt für einen Drink. Hier gibt es viele kreative Cocktails, aber die hausgemachte Interpretation des Mojito mit provenzalischen Zitrusfrüchten ist ein Muss.

EIN SPAZIERGANG IM ZEDERNWALD

Der **Fôret des Cèdres** erstreckt sich über ein riesiges Plateau im Luberon-Gebirge. Der Wald ist aus Samen entstanden, die aus dem Mittleren Atlasgebirge in Nordafrika stammen. Hier erlebst du die Schönheit und Vielfalt der Natur. Um das Gebiet zu Fuß zu erkunden, gehst du am Parkplatz am nördlichen Ende des 1 **Chemin de Recaute** los, nordwestlich der Stadt Lauris. Die mittelschwere Wanderung ist ca. 14 km lang, überwindet einen Höhenunterschied von ca. 500 m und dauert vier Stunden. Folge zunächst den Schildern zum Fôret des Cèdres. Um den Aufstieg zu beginnen, folgst du dem Wegweiser zum 2 **Combe de Recaute.** Während der Wanderung schlängelt sich der Weg durch das 3 **Vallon du Gros Ubac** im Schatten der Berge. Im 4 **Vallon de Lare** teilt sich der Weg. Du wendest dich nach rechts, um zum Fôret des Cèdres aufzusteigen. Ab hier bist du von hoch aufragenden Bäumen und dem Duft von Zedern umgeben.

Auf dem Kamm angekommen, folgst du dem 5 **Sentier de la Fôret des Cèdres,** der sich durch den beeindruckenden und schattigen Wald schlängelt. Zu Beginn des Abstiegs, mit dem 6 **Vallon de Sanguinette** zur Linken, verläuft der felsige Pfad in einigen Kehren. An der Abzweigung zum Vallon de Lare wanderst du weiter geradeaus nach Süden. Du siehst zwei Wege: einen auf der linken und einen auf der rechten Seite. Nimm den linken Weg, der über einen steilen, mit Gestrüpp bewachsenen Hügel hinunterführt. Auf dem Rückweg zum Parkplatz kommst du am 7 **Vallon de Roumias** vorbei.

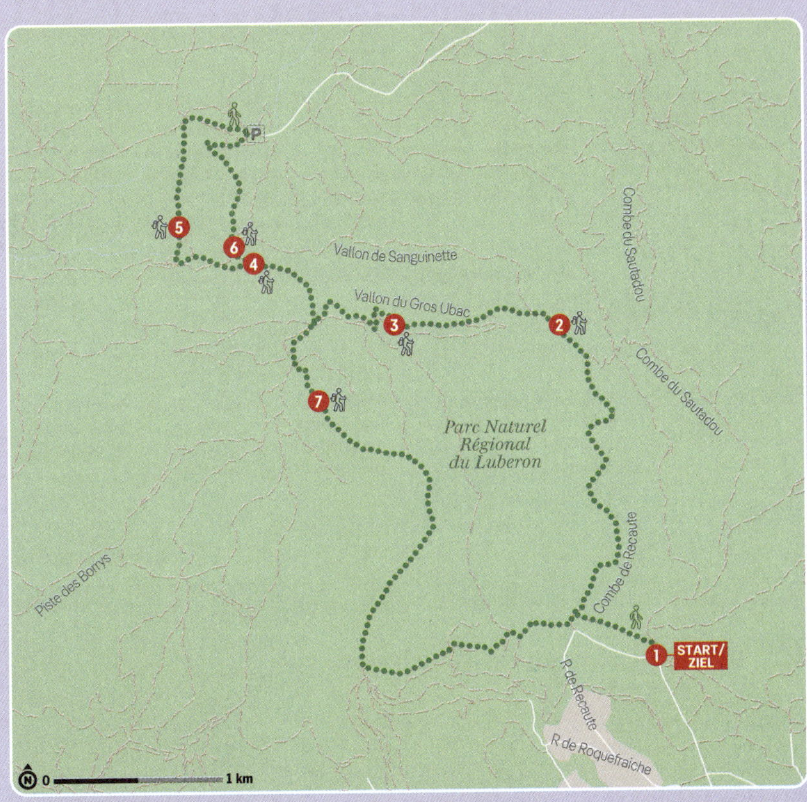

NACHHALTIGE RESTAURANTS

Moris Restaurant
In Cucuron hat sich das Moris als Spitzenrestaurant etabliert. Auf der kühlen Terrasse kommt beispielsweise Seezunge auf Süßkartoffel und Passionsfrucht auf den Tisch. **€€€**

Matcha Restaurant
Das moderne Restaurant in Cucuron ist auf gesunde Kost spezialisiert. Ein vegetarisches Filet Wellington könnte zur Wahl stehen oder ein hausgemachter Hotdog. In jedem Fall wird es gut schmecken. Auch der Kaffee ist ausgezeichnet. **€€**

Lou Pebre D'Ail
Kürbistörtchen, dazu leckeres Fleisch mit Sauce béarnaise und zum Schluss Panna Cotta mit Fruchtspiegel – die Gerichte in diesem kleinen Lokal in Lauris sind lecker und deftig. **€€**

Natürlich Färben

Im Garten der Farben

Der einzige Garten seiner Art in Europa, der **Jardin des Plantes Tinctoriales,** ist jenen Pflanzen gewidmet, die das natürliche Färben von Lebensmitteln, Kosmetika und Textilien ermöglichen. Er wurde im Jahr 2000 in Lauris von Michel Garcia, einem renommierten Chemiker und Experten für Naturfarben, mit dem Ziel gegründet, traditionelle Färbetechniken zu bewahren.

Im Garten, der heute von Les Amis du Jardin verwaltet wird, wächst eine Vielzahl von Färbepflanzen wie Waid und Krapp, die seit Jahrhunderten verwendet werden. Die Gärten sind sorgfältig angelegt. Besuchende können etwas über die Geschichte und Verwendung der Pflanzen erfahren. Das Zentrum bietet auch Workshops zu natürlichen Färbetechniken an. Für einen Aufpreis von 6 € pro Person kannst du einen Guide buchen (mind. 5 Pers.), der dich herumführt.

Jedes Jahr im Juni erwacht die Stadt Lauris im Zeichen der Färbepflanzen zum Leben mit Workshops, geführten Touren, Spielen, Filmvorführungen und Livemusik.

Roadtrip durch die Berge

Filmreif

Du hast nur einen Tag im Süden des Luberons? Miete einen Oldtimer und entdecke die Châteaux der Gegend und die einzigartigen Dörfer. Starte im mondänen **Lourmarin.** Jedes im Zentrum gelegene Café mit Ausblick ist eine gute Wahl. Dann fährst du nach Ansouis. Während der letzten Jahrhunderte hat sich hier nicht viel verändert. Das teilweise befestigte Dorf Ansouis hat seinen Platz als eines von Frankreichs *plus beaux villages* (schönsten Dörfern) wirklich verdient. Wälle, Wachtürme und Tore umgeben das alte Dorfzentrum und das mittelalterliche Château d'Ansouis, das sich jetzt in Privatbesitz befindet, aber im Rahmen einer Führung besichtigt werden kann).

Der nächste Ort auf der Route ist **La Tour-d'Aigues** mit seinem Renaissance-Schloss, das heute ein Fayence-Museum (Töpferwaren) beherbergt. In der Nähe kannst du in der Boutique **À l'ombre de l'olivier** einheimisches Olivenöl kaufen. **Mirabeau** hat eine faszinierende Festung, ist aber eher als Kulisse für den Kultfilm *Manon des Sources (Manons Rache)* aus dem Jahr 1986 bekannt. Wenn du dir vor oder während der Reise in die Provence einen französischen Film ansiehst, dann diesen. Er basiert auf dem Roman *L'Eau des collines (Die Wasser der Hügel)* aus dem Jahr 1963 des einheimischen

ÜBERNACHTEN IM SÜDLICHEN LUBERON

La Maison de Lourmarin
Schicke, komfortable Zimmer in diesem kleinen Haus im Stadtzentrum. Mit Waschmaschine und Küche. **€€**

Domaine de Fontenille
Ein Hauch von Dekadenz und viel Wohlbefinden. Freitagabends wird im Garten gegrillt. **€€€**

L'Auberge de la Fenière
Komfortables Landhotel, angeschlossen an einen Bauernhof und das Lokal von Sterneköchin Nadia Sammut. **€€€**

Mirabeau

Schriftstellers Marcel Pagnol. Im Stadtzentrum steht eine Manon-Statue am Rande eines Brunnens. Wenn du Lust hast, iss einen Happen im **Chez Luni** nebenan.

Um **Vitrolles-en-Luberon,** den letzten Ort auf der Liste, zu erreichen, fährst du nach Norden. Das Schloss vor Ort ist weniger bekannt und wird gerade renoviert, aber es gibt ein nettes B&B namens **Le Vieux Presbytère,** das einfache Gerichte und kühle Getränke serviert.

MARKTTAGE IM LUBERON

Du musst für einen Marktbesuch nicht bis zum Wochenende warten. In den vielen Dörfern der Umgebung gibt es an jedem Tag der Woche einen Markt. Die Produkte sind nicht immer günstiger als im Supermarkt, aber die sie kommen oft direkt vom Hof in der Nähe.

Mach es wie eine Chefköchin oder ein Chefkoch: Wähle zunächst ein saisonales Produkt als Hauptzutat deines Gerichts. Nun gilt es, weitere Zutaten drumherum „zu bauen".

Montag
Lauris, Cadenet

Dienstag
Lacoste, Cucuron, La Tour d'Aigues

Mittwoch
Coustellet (summer nights)

Donnerstag
Mirabeau, Ménerbes

Freitag
Lourmarin, Bonnieux

Samstag
Petit Palais, Apt

Sonntag
Ansouis, Coustellet, Puyvert

SÜSSES IM SÜDLICHEN LUBERON

Pâtisserie Volpert
Einfallsreiche Desserts wie *Le Mistral,* eine Leckerei aus Walnuss-Ganache, Karamell und Chou-Teig. In Ansouis. €

Chez Jarry
Café und Pâtisserie im Herzen von Cavaillon; der Top Spot in der Region für Weihnachtsstollen und Desserts. €

La Maison de Gibassir
Wie wäre es mit einem *gibassir,* einem Weihnachtsgebäck mit Anisgeschmack? €

DAVIDEVISON/GETTY IMAGES ©

Alpes-de-Haute-Provence

ZWISCHEN ALPENTÄLERN UND LAVENDELFELDERN

Das Plateau de Valensole, die Gorges du Verdon und die Seealpen begeistern Foto- und Outdoorfans gleichermaßen mit ihren spektakulären Landschaften.

Die Region Alpes-de-Haute-Provence ist überwiegend ländlich geprägt. Sie erstreckt sich von den sanften Hügeln im östlichen Lubéron bis hinauf zu den Gipfeln der Alpen entlang der italienischen Grenze. Am stärksten besucht sind die an Abenteuern reiche Verdonschlucht sowie die Sonnenblumen- und Lavendelfelder des Plateau de Valensole im südlichen Teil der Region. Doch es gibt so viel mehr zu entdecken. Tauche ein in das ländliche Leben rund um Banon und probiere Ziegenkäse in Kastanienblättern. Schau aus einem der Observatorien in fremde Galaxien – der Himmel hier ist mit der dunkelste in ganz Frankreich. Oder greif nach den Sternen auf der Via Ferrata von Digne-les-Bains und entspanne deine Muskeln danach in einem der Thermalbäder des Ortes.

Die bis weit in den Frühling hinein schneebedeckten Berge der Haute-Provence werden von sechs Tälern durchschnitten, die über einige der waghalsigsten Passstraßen Europas miteinander verbunden sind – ein Muss für alle Roadtripper. Fahr aber auch ins Tal der Ubaye, um eine der schönsten Landschaften der Region kennenzulernen. Die schlichten und nicht überlaufenen Ski-Resorts sind im Winter auch für Familien sehr gut geeignet, während sich im Sommer auf den sieben Passstraßen, die aus dem Tal hinausführen, Fahrräder und Autos durch die engen Haarnadelkurven ganz nach oben drängen.

Links: Gorges du Verdon (S. 237); oben: Lavendelfelder (S. 240)

DIE HAUPTREGIONEN

Erste Orientierung

Die A51 von Aix-en-Provence nach Grenoble ist die nächstgelegene Autobahn. Von dort aus gelangt man über die N85 nach Digne-les-Bains. Die N202 westlich von Digne führt an mehreren Tälern vorbei ins einige Stunden südöstlich gelegene Nizza.

Digne-les-Bains, S. 230
Naturwunder, historische Bäder und ein abenteuerliches Flair machen Digne-les-Bains zu einem Ort der Entdeckungen und des künstlerischen Schaffens.

Das Ubaye-Tal, S. 243
Ein unterschätztes Alpenparadies. In den Ferienorten dieser abgelegenen Gegend kannst du Ski fahren, radeln oder wandern.

Gorges du Verdon, S. 237
Sollte bei jedem Outdoor-Fan auf der Bucketlist stehen. Erkunde die Schlucht zu Fuß oder mit dem Rad, beim Canyoning oder beim Rafting.

AUTO
Diese weitläufige Region lässt sich am besten mit dem Auto erkunden. Im Tal der Ubaye brauchst du im Winter Schneeketten oder entsprechende Reifen. Wegen häufiger Schneefälle sind die am höchsten gelegenen Pässe meist nur von Mai bis September geöffnet.

FAHRRAD
Dieser Landstrich ist perfekt zum Radfahren: Hier gibt es viele Nebenstraßen und die meisten Dörfer liegen selten mehr als 10 km vom nächsten größeren Ort entfernt. Miete dir ein Rad oder ein E-Bike und unternimm Tagesausflüge oder kleinere Touren.

ELENA SKA/SHUTTERSTOCK ©

Gorges du Verdon (S. 237)

Perfekte Tage

Wenig Zeit? Erlebe ein Outdoor-Abenteuer in den Gorges du Verdon oder entdecke die hohen Gipfel im Vallée de l'Ubaye.

Wenig Zeit

- Wandere durch die Berge oberhalb von **Moustiers-Ste-Marie** (S. 242) und besuche die Keramikwerkstätten.
- Erkunde am nächsten Tag die **Gorges du Verdon** (S. 237) zu Fuß, per Boot oder mit dem Rad.
- Besuche im Sommer das **Plateau de Valensole** (S. 240) und erlebe den Lavendel in voller Blüte.
- Wenn es nicht so heiß ist, besuche die **Réserve Géologique de Haute-Provence** (S. 234) und mach eine Reise in die Zeit der Dinosaurier.

Fünf Tage

- Verbring eine oder zwei Nächte in **Banon** (S. 235) und genieße das Dorfleben. Geh tagsüber wandern und beobachte abends den **Sternenhimmel** (S. 234).
- Fahr nach **Digne-les-Bains** (S. 230). Entspanne in einem der **Thermalbäder** (S. 230) oder teste die **Via Ferrata** (S. 231).
- Fahr hinauf nach **Barcelonnette** (S. 243) und ins Vallée de l'Ubaye. Erkunde diese herrliche Landschaft zu Fuß, mit dem Rad oder per Boot.

Saisonale Highlights

FRÜHLING
Es kommt auf die Höhe an: Check die Temperaturen und die Schneedecke, bevor du losfährst.

SOMMER
Überall Lavendel – besuche das Plateau de Valensole. Im Juli sind die Bergpässe im Vallée de l'Ubaye für Autos und Fahrräder geöffnet.

HERBST
Der Frühherbst ist die ideale Zeit, um durch die Gorges du Verdon zu wandern und die Schlucht und die Laubfärbung zu genießen.

WINTER
Im Vallée de l'Ubaye geht's auf die Piste. Hier gibt es noch Ski-Abenteuer ohne Menschenmassen und Bling-Bling.

Digne-les-Bains

Das 600 m hoch gelegene Digne-les-Bains ist bekannt für seine Thermalquellen. Abgesehen von den Bädern kann man das Heim der Entdeckerin Alexandra David-Néel besuchen, die hier zwischen ihren Forschungsreisen Trost und Inspiration fand.

30 Gehminuten vom Zentrum entfernt lockt die Via Ferrata mit einem prickelnden Aufstieg und atemberaubenden Rundblicken. Wenn du dort oben Hunger bekommst, dann genieße nach deiner Rückkehr Spezialitäten aus der Region wie etwa *daube* (ein Rinderragout), *tourtons* (gebackene Teigtaschen) oder das berühmte Lamm aus Sisteron.

Im August ist es in Digne-les-Bains besonders reizvoll, denn dann findet der jährliche Corso de Lavande statt, mit dem die Schönheit und der Duft der umgebenden Landschaft gefeiert werden.

UNTERWEGS VOR ORT

Digne ist ein Zentrum für den Busverkehr in der Region. Die Busse der Firma Zou! bieten zahlreiche Fahrten in die umliegenden Städte und Dörfer an, darunter auch nach Aix-en-Provence und Barcelonnette.

TOP TIPP

Erkunde die Umgebung von Digne mit einem E-Bike von Station Bees. Damit kannst du die Landschaft in deinem eigenen Tempo entdecken – die Felsen und Täler, die dichten Wälder und duftenden Macchie. Es ist eine beglückende Art, die natürliche Schönheit der Region kennenzulernen.

Thermalkuren

Entspannen in den Bädern

Die natürlichen Heilquellen des Ortes sind schon seit der Antike bekannt. Angeblich waren es die Römer, die die Heilkräfte der **Thermes de Digne-les-Bains** entdeckten. Im Laufe der Jahrhunderte haben viele Menschen die Stadt besucht in der Hoffnung, hier Atemprobleme, Rheuma oder Hautkrankheiten zu heilen. Selbst die Soldaten Napoleons wussten die segensreiche Wirkung des Thermalwassers zu schätzen und etliche von ihnen wurden hierhergeschickt, um sich nach den Feldzügen zu erholen. Heute gibt es diverse erschwingliche Optionen, um die stärkende Kraft des Wassers an sich selbst zu testen. Eine viertägige Minikur ist ein guter Anfang und als medizinische Behandlung anerkannt. Doch es gibt auch Tageskarten für die Thermen. Die Preise beginnen bei 18 € für einen halben Tag und man kann Massagen oder andere Behandlungen hinzubuchen. Die Quellen liegen 3,5 km östlich des Ortes.

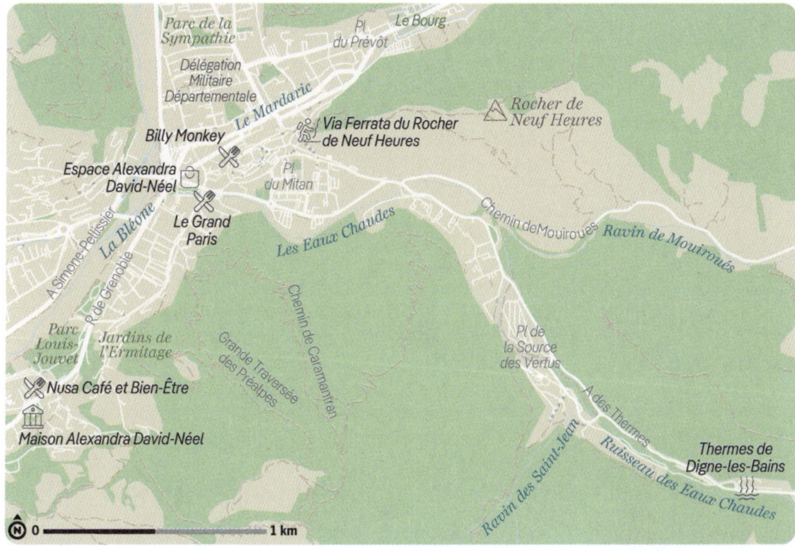

Auf den Spuren von Alexandra David-Néel

Eine feministische Abenteurerin

Alexandra David-Néel (1868–1969) war eine bemerkenswerte Entdeckerin, Autorin und Buddhistin, die die letzten zehn Jahre ihres Lebens in Digne-les-Bains verbrachte. Sie war einer der ersten Menschen aus dem Westen, die Tibet bereisten (1916) und die verbotene Stadt Lhasa betraten (1924). Sie konnte diese außergewöhnlichen Reisen nur machen, weil sie sich als Bettler oder als Mönch verkleidete. Ihre Kenntnis des Tibetischen und ihre Treffen mit dem 13. Dalai Lama und dem Panchen Lama ermöglichte es anderen Menschen aus dem Westen, mehr über Religion und Kultur dieser Weltgegend zu erfahren. Während ihrer Zeit in Digne schrieb und veröffentlichte sie mehrere Bücher, die heute noch immer gelesen werden, darunter *Meine Reise nach Lhasa* und *Magier und Heilige in Tibet.*

Die **Maison Alexandra David-Néel** ist heute ein Museum mit Garten und kann besichtigt werden. Wer Französisch versteht, sollte an einer Führung durch die Villa teilnehmen. Im Stadtzentrum befindet sich die **Espace Alexandra David-Néel** mit einem ausgezeichneten Shop, in dem Bücher und tibetanische Kunstgegenstände verkauft werden. Mit den Erlösen werden Dorfgemeinschaften in Tibet unterstützt.

Auf dem Klettersteig

Die Via Ferrata

Wie viele Orte kennst du, in denen man zu Fuß eine Via Ferrata erreicht? Die im Zweiten Weltkrieg von den Italienern entwickelten Via-Ferrata-Routen sind eine Mischung aus Bergsteiger-, Hochseil- und Kletterstrecken. Wenn du die Berge liebst,

BESTE LOKALE IN DIGNE-LES-BAINS

Le Grand Paris
Genieße in gemütlicher und intimer Atmosphäre ein Menü, das regionale Aromen mit modernen Akzenten verbindet. **€€**

Billy Monkey
Hier gibt es Burger für jeden Geschmack – mit Rindfleisch natürlich, aber auch mit Hühnerfilet, Schweinerippchen und Falafel. **€**

Nusa Café et Bien-Être
Hier geht's vegetarisch zu: Ob beim Frühstück, Lunch oder Brunch – auf der Terrasse des Cafés kann man frisch zubereitete Speisen aus saisonalen Zutaten genießen. **€**

bietet sich dir hier eine großartige Möglichkeit, hoch gelegene Aussichtspunkte zu erreichen, ohne dass du über allzu viel technisches Know-how verfügen musst. In Digne-les-Bains ist das Ortszentrum nur 30 Gehminuten von der **Via Ferrata du Rocher de Neuf Heures** entfernt. Der spektakuläre Aufstieg führt über Stahlsprossen, Hängebrücken, Seilrutschen und den bloßen Felsen. Doch keine Angst: Dein Gurt ist den ganzen Weg über an Metallseilen befestigt, sodass es sich um ein sehr sicheres Abenteuer handelt – für das du aber trotzdem gut in Form sein musst.

Für alle mit eigener Ausrüstung (einschließlich Gurt und Helm) ist die Via Ferrata frei zugänglich. Alle anderen können sich für 17 € in der Touristinformation oder im Outdoor-Laden **Decathlon** eine Ausrüstung leihen. Es ist auch möglich, bei der Touristinformation eine geführte Tour buchen. Wer noch keine oder wenig Erfahrung hat, sollte dies auf jeden Fall tun, um kein Fehlverhalten zu riskieren. Die Felswand geht nach Süden, brich also frühmorgens oder am späten Nachmittag auf, um der Hitze des Tages zu entgehen. Du brauchst unbedingt rutschfeste Schuhe, Handschuhe, Wasser und ein paar Snacks, um während der zwei- bis dreistündigen Tour immer genug Energie zu haben. Wenn du oben angekommen bist, wirst du mit einem atemberaubenden Blick über das **Tal der Durance** belohnt.

PANORAMA-BLICKE

Les Trois Chapelles
Der insgesamt 3,4 km lange Rundweg zu den drei Kapellen oberhalb der Stadt bietet einen tollen Blick auf den Cousson und das Massiv der Trois Évêchés.

St-Pancrace
Diese mittelschwere, 6 km lange Wanderung führt zu der aus dem 13. Jh. stammenden Chapelle St-Pancrace oberhalb der Durance.

Trou de St-Martin
Diese 10,8 km lange Wanderung für Fortgeschrittene beginnt am Forstamt in der Réserve Géologique de Haute-Provence und führt über einen Gebirgskamm zum „Loch" von St-Martin. Zweimal im Jahr scheint die Sonne durch das Loch im Felsen.

Tal der Durance

ÜBERNACHTEN IN DIGNE-LES-BAINS

Le Richelme
Dieses ruhige Hotel ist mit dem Thermalkomplex verbunden. Halbpension möglich. **€€€**

Hotel et Pension Village Gaïa
Hotel für bis zu 15 Gäste in einem Landhaus aus dem 19. Jh. Halbpension möglich. **€**

Ce Nid d'Aigle
Gîte (Gästehaus) oberhalb von Digne-les-Bains mit direktem Zugang zu den Wanderwegen. **€€**

Rund um Digne-les-Bains

Jedes Dorf hier hat seinen eigenen Charakter – du musst nur jenes finden, das zu dir passt.

Verlasse Digne-les-Bains und erkunde die Umgebung. Von den Felsformationen hoch über Les Mées bis zu den Dinosaurierspuren in der Réserve Géologique de Haute-Provence ist die Geschichte der Landschaft überall spürbar. Wenn du es lieber „himmlisch" magst, dann fahr nach St-Michel-l'Observatoire, wo du die Sterne betrachten und über die Wunder des Universums staunen kannst. Möchtest du eine lokale Spezialität probieren, dann besuche das lebendige Dorf Banon, das für seinen Ziegenkäse in Kastanienblättern berühmt ist. Mach morgens eine kleine Wanderung, um den Appetit anzuregen, genieße ein großzügiges ländliches Mittagessen und halte dann Siesta im Schatten eines Kastanienbaums.

Auf dem Büßerpfad

Eine kuriose Besonderheit

Les Pénitents ist ein Wanderweg oberhalb des Dorfes **Les Mées,** das 26 km westlich von Digne liegt. Die Wanderung dauert bis zu 3,5 Stunden, ist gut ausgeschildert und beginnt im Zentrum des Dorfes. Auf dem Weg kommst du an einigen auffälligen Felswänden aus Pudding- oder Konglomeratstein vorbei, die vor Millionen von Jahren durch Ablagerung entstanden sind. Von der Struktur her wirken sie, als hätte man Kieselsteine in Zement gedrückt.

Eine etwas poetischere Erklärung lautet, dass die Felsen aus den Mönchen der Montagne de Lure bestehen, die der hl. Donatus zur Zeit der Sarazenenangriffe in Stein verwandelte – als Strafe dafür, dass sie sich verliebt hatten.

Die Wanderung führt durch eine vielfältige Landschaft aus dichten Wäldern, sanften Hügeln und bizarren Felsen. Man hat einen sehr schönen Blick auf das Dorf und seine Umgebung. Ganz in der Nähe des Startpunkts gibt es ein Parkplatz.

UNTERWEGS VOR ORT

Wenn du Zeit hast, dann mach eine Radtour. Die Straßen sind gut und die Dörfer selten mehr als 10 km voneinander entfernt. Ansonsten braucht man ein Auto.

TOP TIPP

Verbring ein paar Tage außerhalb von Digne-les-Bains. Der langsamere Rhythmus wird dir guttun.

Der Vergangenheit auf der Spur

Im Geologiepark

Du magst es gern felsig? Dann sollte die **Réserve Géologique de Haute-Provence** auf deiner Liste stehen. Kalksteinfelsen, Vulkangestein und Sedimentschichten aller Art findest du in diesem Park mit seinen 18 Stationen. Zum Gelände gehören auch einige wichtige paläontologische Stätten mit Fossilien aus der Zeit des Trias. Rund 3 km nördlich von Digne liegt die beeindruckende **Dalle aux Ammonites** (Ammonitenplatte) mit ihren 1500 versteinerten Ammoniten.

Hier lebten einst auch Dinosaurier, deren Fußspuren sich im Sedimentgestein erhalten haben. Wer sich dafür interessiert, kann an einer Führung teilnehmen. Um den gesamten Park zu erkunden, braucht man ein Auto und einen ganzen Tag.

Du hast es gern etwas jünger als eine Million Jahre? Gegenüber der Réserve Géologique stößt du auf die Kunstwerke der **Route d'Arte Contemporain,** einer franko-italienischen Initiative, die moderne Kunst im ländlichen Raum zeigt.

DINNER IM DORF

Le Bistrot Gaby
Die kleine Schwester des nahen Bonne Étape. Hier gibt es heimische und saisonale Gerichte ohne Schnickschnack, dafür mit viel Liebe zum Detail. Nahe St-Auban. **€€**

La Trattoria
In dieser Pizzeria außerhalb von Malijai gibt es leckere Pizzen und oft Livemusik. Mach hier Station oder iss zu Abend, wenn du in der Nähe wohnst. **€**

Les Vielles Casseroles
Zugegeben: Dieses Lokal bei Châteauredon liegt etwas ab vom Schuss, doch der Empfang ist sehr herzlich. Auf der Terrasse kann man in aller Ruhe hausgemachte Lasagne essen. **€€**

Stargazing in der Provence

Sternschnuppen zählen

Ein klarer Himmel mit geringer Lichtverschmutzung macht die Alpes-de-Haute-Provence zu einer idealen Gegend, um die Sterne zu beobachten. Einer der besten Orte, um ferne Galaxien zu erforschen, ist das Observatorium außerhalb des Dorfes **St-Michel-l'Observatoire** – ein öffentlich zugängliches Forschungszentrum rund 65 km südwestlich von Digne. Hier kannst du an einer Führung teilnehmen und unter Anleitung erfahrener Astronomen durch die Teleskope schauen.

Eine weitere Option ist das **Observatoire Astronomique de Puimichel.** Hier erfährst du, wie in einem Observatorium gearbeitet wird, und kannst zusätzlich den Nachthimmel mit dem Teleskop erforschen. Wer lieber allein in die Sterne schaut, hat dazu im Freien reichlich Gelegenheit. Neben fernen Himmelskörpern sind auch einige Planeten wie etwa Venus und Jupiter mit bloßem Auge zu erkennen.

Hungrig vom Wandern

Kleines Dorf, große Küche

Der Plan: Wandern, um den Appetit anzuregen. Ausgangspunkt: das Dorf **Revest-des-Brousse,** 62 km westlich von Digne. Hier befindet sich das **Lupin Blanc** – ein *bistrot de pays,* also ein Landgasthof mit hochwertigen Mahlzeiten aus heimischen

DÖRFER RUND UM DIGNE-LES-BAINS

St-Étienne-les-Orgues
Kleines Dorf an der Montagne de Lure mit einem Café und Zugang zu den Hügeln.

Puimichel
Verschlafenes Dorf nahe dem Observatorium mit einem *bistrot de pays* und freundlichen Einheimischen.

Entrevennes
Kleines Bergdorf inmitten von Lavendelfeldern mit einem einzigen Restaurant.

BRUNO M PHOTOGRAPHIE/SHUTTERSTOCK ©

Dalle aux Ammonites, Réserve Géologique de Haute-Provence

Zutaten. Die gut ausgeschilderte Wanderung dauert zwei bis drei Stunden und führt auf einer Länge von 13 km über sanfte Hügel durch Wälder und Felder. Manchmal sieht man Raubvögel in den Lüften kreisen. Der Rundweg beginnt und endet auf dem Dorfplatz und führt über Aubenas-les-Alpes zurück nach Revest-des-Brousses. Hier kann man dann das ersehnte Mittagessen genießen. Das *bistrot* bietet eine nette Auswahl an heimischen Spirituosen und jeden Tag ein frisches Menü. Reservierung empfohlen.

BISTROT DE PAYS

In den Alpes-de-Haute-Provence befinden sich die meisten *bistrots de pays*. Sie spielen im Leben kleiner Dörfer eine enorm wichtige Rolle. Doch auch anderswo in der Provence gibt es sie – wie etwa das **L'HarTmonie** in Castillon bei Menton (S. 73).

Käse und Kastanien

Ein Besuch auf dem Markt in Banon

Es gibt keinen ursprünglicheren Käse als den **Banon,** einen weichen Ziegenkäse in einer Hülle aus Kastanienblättern. Der nach dem kleinen Dorf Banon benannte Käse wurde schon im Mittelalter hergestellt und vielleicht sogar früher. Einer typisch französischen Geschichte zufolge starb der römische Kaiser Antoninus Pius an Verdauungsbeschwerden: Angeblich hatte er zu viel Banon gegessen. Ein starkes Aroma geht von diesem Ziegenkäse aus, doch am auffälligsten ist die Verpackung. Um ihn länger haltbar zu machen, wird der Käse

DÖRFER-HOPPING

Passend zu seiner bäuerlichen Vergangenheit ist der Westteil der Alpes-de-Haute-Provence von hügeligen Feldern und zahlreichen Dörfern mit kleinem, sauberem Ortskern geprägt. Diese Gegend ist also ideal zum Dörfer-Hopping per E-Bike oder Auto – denn selten sind es mehr als 10 km bis zum nächsten Dorf.

Von Banon ist es nicht weit nach **Simiane-la-Rotonde,** zum blühenden **Jardin de l'Abbaye de Valsaintes** oder zur geheimnisumwitterten **Montagne de Lure** mit ihrem familienfreundlichen Skigebiet – entsprechend viel Schnee vorausgesetzt.

Das ganze Jahr über kannst du in jedem Dorf die Kultur, die Landschaft und die Gastronomie der Provence besser kennenlernen.

BANON-KÄSE DIREKT VOM ERZEUGER

Le Petit Troutouil Farm
Im 7 km von Banon entfernten Simiane-la-Rotonde melkt Valérie jeden Morgen um 6.30 Uhr ihre Ziegen noch immer per Hand. Ihren Käse kannst du direkt auf dem Hof oder samstags auf dem Markt in Banon kaufen.

Fromagerie GAEC du Grand Jas
Dieser Hofladen in der Nähe von St-Michel-l'Observatoire ist täglich von 8 bis 12 und von 15 bis 19 Uhr geöffnet. Im Sommer sind Gruppenführungen möglich.

Fromagerie Domaine de la Haute Lèbre
Kaufe Banon und anderen frischen Ziegenkäse in Revest-du-Bion.

ANNA DELESTRADE/SHUTTERSTOCK ©

In Kastanienblätter gewickelter Rohmilchkäse Banon AOP

in Kastanienblätter gewickelt, die vorher mit Eau de Vie getränkt wurden, einem Obstbrand.

Banon-Käse wird üblicherweise nur in den Sommermonaten hergestellt, wenn die Ziegen auf den üppigen Bergweiden grasen. Er muss dann mehrere Wochen reifen, bevor er zum Verzehr geeignet ist. Oft wird er zusammen mit frischem Obst und einem kühlen Weißwein zum Nachtisch gereicht.

Sein Ruhm hat wahrscheinlich dazu beigetragen, das Dorf Banon trotz seiner Abgeschiedenheit so lebendig zu erhalten. Der Wochenmarkt, der an jedem Dienstag- und Samstagmorgen auf dem Dorfplatz stattfindet, ist ein absolutes Muss. Hier findet man frische Lebensmittel, traditionell hergestellten Käse und handgefertigte Gegenstände aus heimischen Betrieben. Für Atmosphäre sorgt das altmodische **Café de l'Union.** Wer gern Wein trinkt, sollte **Les Vins au Vert** aufsuchen, eine gut sortierte Weinbar mit heimischen und internationalen Weinen.

Das Dorf verfügt auch über einen beliebten Buchladen, die **Librairie le Bleuet** – eine echte Schatztruhe für Buchliebhaber. Jedes Jahr im Mai findet im Dorf neben der Fête du Fromage auch ein Literaturfestival statt, das viel Spaß verspricht.

GIONOS PROVENCE

Der provenzalische Autor Jean Giono hatte einen Hof in **Forcalquier** (S. 214). Hier schrieb er seinen Roman *Le Hussard sur le Toit (Der Husar auf dem Dach)*. Heute ist der 20 km östlich von Revest und 25 km südöstlich von Banon gelegene Hof ein B&B.

ESSEN RUND UM DIGNE-LES-BAINS

La Chouette Gourmand
In dem Familienrestaurant mit Blick über Digne gibt es provenzalische, korsische und armenische Gerichte. €€

Les Lavandins
Schickes *bistrot de pays* mit *pieds et paquets* (Lammfüßen mit Kutteln) und *alouettes sans tête* (Rinderrouladen). €€

D'Ici et d'Ailleurs
Einfaches, herzhaftes Essen aus der Region im Dörfchen St-Étienne-les-Orgues. €€

Gorges du Verdon

Wenn es um pure, unverfälschte Dramatik geht, können nur wenige Sehenswürdigkeiten in der Provence mit der Verdonschlucht mithalten. Bei zahlreichen Besucher:innen steht sie ganz oben auf der Liste und das zu Recht. Um am meisten aus deinem Besuch zu machen, solltest du dich für eine Outdoor-Aktivität entscheiden und bereit sein, die Schlucht wirklich zu erleben. Wer gern wandert, wird es lieben, unten in der Schlucht entlangzulaufen und nasse Füße zu bekommen. Radfahrbegeisterte können ihre Kondition beim steilen Anstieg auf der Höhenstraße testen und dann eine beglückende Talfahrt erleben. Und wer es gern abenteuerlich hat, muss sich entscheiden – für Canyoning, Klettern oder Wildwasser-Rafting. Wem das zu aufregend ist, der kann auch in aller Ruhe Tiere beobachten.

Die Hauptschlucht beginnt in Rougon nahe dem Zusammenfluss von Verdon und Jabron. Die besten Ausgangsorte sind Moustiers Ste-Marie im Westen und Castellane im Osten.

UNTERWEGS VOR ORT

In der Hochsaison ist am Verdon viel Verkehr. Am besten parkst du dein Auto in La Palud oder Moustiers-Ste-Marie und bewegst dich zu Fuß, per Rad oder per Boot weiter. Der Bus 450 fährt von Moustiers-Ste-Marie über La Palud zum Ausgangspunkt mehrerer Wanderwege und weiter nach Castellane. Wer gern wandert, kann auch die Navette Blanc Martel (navette.parcduverdon.fr) reservieren und sich an Start und Ziel des gleichnamigen Wanderwegs absetzen bzw. abholen lassen.

Mit dem Rad auf der Höhenstraße

Hoch über dem Verdon

Die **Höhenstraße** (Route des Crêtes) oberhalb des Verdon entlangzuradeln ist wahrscheinlich das Beste, was man tun kann. Ursprünglich wurde der 24 km lange Rundkurs für Autoreisende aus **La-Palud-sur-Verdon** angelegt, doch inzwischen bemüht sich die Parkverwaltung, die Zahl der Autos pro Tag zu begrenzen, und zu besonderen Gelegenheiten ist die Route auch nur für Radfahrende zugänglich. Ein Grund mehr, um hier das Rad zu nehmen. E-Bikes mieten kann man bei **Verdon E-Bike** in Palud. Wer die Panoramastraße bis auf 655 Höhenmeter hinaufstrampelt, wird mit einem Blick auf das türkisblaue Wasser tief unten in den Gorges du Verdon belohnt. Achte beim Fahren auf die Geier hoch über den Felsen. Am besten fährt man die Route im Frühling oder im Herbst ab, wenn es etwas kühler ist und weniger Touristen vor Ort sind. Im Winter ist ein Teil der Strecke gesperrt.

TOP TIPP

Überlege, ob du in der Hochsaison nicht campen möchtest. Die Abendtemperaturen sind angenehm und die Blicke aus deinem Zelt manchmal überirdisch.

CAMPING AUF DEM BAUERNHOF

Camping à la Ferme de la Graou Schattige Stellplätze unter dem Sternenhimmel am Verdon. Es gibt keinen Strom und kein heißes Wasser, aber dafür ist es günstig und naturnah. **€**

Camping à la Ferme du Maunard Sauberer, ruhiger, familienfreundlicher Campingplatz direkt am See. **€**

Camping Bio Verdon Dieser großartige Campingplatz auf dem Biogemüsehof von Kletterguide Jean-Marc bietet viel Platz, saubere Toiletten und eine gute Stimmung. **€**

Wandern in den Basses Gorges du Verdon

Die Schlucht von ganz nah

Für alle, die gern wandern, sind die **Basses Gorges du Verdon** ein Klassiker, denn auf dieser Route entlang der Talsohle erlebt man die Schlucht quasi von innen. Der Parkplatz für diesen Wanderweg liegt kurz hinter dem Dorf **Montmeyan** rund 37 km südlich von Moustiers – also ganz woanders als der Zugang zur Höhenstraße. Plane drei bis vier Stunden für die 12 km lange Wanderung ein. Sie ist auch für unerfahrene Wanderer und für Kinder geeignet, doch es gibt ein paar schwierige Stellen, so geht's etwa einmal durch einen Tunnel. Und stell dich auf nasse Füße ein. Im Sommer solltest du vor 9 Uhr aufbrechen. Nimm Proviant und reichlich Wasser mit.

Dutzende andere herrliche Wanderwege durchziehen die wilde Landschaft rund um Castellane und Moustiers. In den Touristinformationen gibt es entsprechende Wanderführer und Karten.

Canyoning in den Gorges du Verdon

Abenteuer auf dem Fluss

Es gibt in Frankreich keinen besseren Ort, um es einmal mit **Canyoning** zu versuchen. Wenn du es noch nie gemacht hast, wirst du begeistert sein: Es ist wie in einem Wildwasserpark, aber inmitten einer herrlichen Naturlandschaft, in der du der Schlucht in jeder Flussbiegung ganz nahe kommst. In der Touristinformation in Moustiers-Ste-Marie kannst du eine Tour buchen.

Während der meist halbtägigen Touren bewegen sich die Teilnehmer:innen springend, rutschend und sich abseilend auf dem Fluss fort und überwinden dabei Wasserfälle und felsiges Terrain. Badekleidung und rutschfeste Schuhe sind alles, was du brauchst – einen Neoprenanzug, Gurt, Helm und Seil bekommst du von deinem Guide.

Zwar erfordert Canyoning eine gewisse Fitness und Beweglichkeit, aber grundsätzlich ist es für Anfänger:innen und Fortgeschrittene gleichermaßen geeignet. Die Guides erklären die Sicherheitsmaßnahmen und das technische Know-how und richten sich nach den Fähigkeiten der Gruppenmitglieder.

Wildwasser-Rafting

Ein Spritzer Adrenalin

Rafting auf dem Verdon ist ein aufregendes Abenteuer für alle, die den ultimativen Kick suchen. Von April bis Juni kann man hier ganz wunderbar stromabwärts fahren. Es gibt Stromschnellen der Klassen I bis IV oder anders gesagt: solche im flachen Wasser für Anfänger:innen und wirklich krasse für Fortgeschrittene. Die meisten Touren beginnen in **Castellane** am östlichen Ende der Schlucht. Buche mindestens eine Woche im Voraus bei einem Anbieter wie etwa **Yeti Rafting.**

Wer teilnehmen darf, hängt von der jeweiligen Route ab: Bei einfacheren Touren liegt das Mindestalter bei sieben Jahren, bei den anspruchsvolleren muss man 16 Jahre oder älter sein. Alle Teilnehmenden müssen schwimmen können.

Rafting, Verdon River

DARUM LIEBE ICH DIE GORGES DU VERDON

Ashley Parsons,
Autorin

Auch wenn die Gorges du Verdon bei fast jedem auf der Bucketlist stehen und trotz der Staus auf der Hauptstraße in jedem Sommer finde ich es toll, dass man den Verdon noch immer neu erkunden und sich in ihm verlieren kann – immer und immer wieder.

In den Schluchten, auf den Wanderwegen und um die Schluchten herum fühlt es sich bei jedem Besuch so an, als würde ich etwas ganz Neues entdecken. Die Luft ist sauber, die Menschen sind nett und jedes Mal, wenn ich abreise, verlasse ich die Gegend ausgeglichener und lebendiger als bei meiner Ankunft.

ESSEN NAHE DER GORGES DU VERDON

Ferme Ste-Cécile
Ländliche Spezialitäten, wie langsam gebratenes Huhn, zwischen den Gorges und Moustiers-Ste-Marie. **€€**

Chalet de la Maline
Das Lokal gehört zum Club Alpin Français. Auf der Terrasse mit Blick über die Gorges wird heimisches Bier serviert. **€**

Chez Steph
Snackbar in Rougon mit hippem Dekor und entspannter Atmosphäre. Hier gibt's Pizza, Softdrinks und Bier. **€**

Rund um die Gorges du Verdon

Besuche die berühmtesten Lavendelfelder der Welt auf der Hochebene oberhalb der Gorges du Verdon.

Auf dem Plateau de Valensole liegen die berühmtesten aller Lavendelfelder und das charmante Dorf **Moustiers-Ste-Marie** ist ein schickes und cooles Ausflugsziel. Der Ort mit seiner Kapelle hoch oben auf einem Felsvorsprung bietet weit mehr als nur Lavendelfelder und tolle Ausblicke. Er ist nämlich auch für seine florierende Keramikszene bekannt und entsprechende Läden und Werkstätten säumen die engen Straßen.

Für alle, die es gern etwas aktiver mögen, ist eine Wanderung zum Stern oberhalb des Ortes eine herausfordernde, aber lohnenswerte Option. Und auf dem Plateau de Valensole bietet sich die einzigartige Gelegenheit, beim Besuch einer Lavendeldestillerie etwas über nachhaltige Landwirtschaft zu erfahren.

UNTERWEGS VOR ORT

Die Busse des Anbieters Zou! verkehren regelmäßig zwischen Moustiers-Ste-Marie, Marseille, Manosque und Nizza. Das Plateau de Valensole per Rad zu erkunden ist reizvoll, sollte aber im Sommer in der Mittagshitze vermieden werden.

TOP TIPP

Da die Lavendelernte schon am 1. Juli beginnt, solltest du am besten Ende Juni oder Angang Juli vor Ort sein.

Nachhaltige Lavendeltouren

Die Zukunft des Lavendels

Mach dich beim Besuch einer organischen Lavendelfarm auf dem **Plateau de Valensole** mit neuen, ökologisch verantwortlichen Methoden der Lavendelproduktion vertraut. Halte zunächst Ausschau nach Feldern, auf denen zwischen den Reihen violetter Pflanzen auch goldgelbes Gras wächst – diese Farmen tun nämlich das ihre, um den Boden für die nächste Lavendelgeneration gesund zu erhalten. Viele Farmen sind das ganze Jahr über für Gäste geöffnet, bieten aber zur Erntezeit spezielle Führungen an. Und kein Besuch ist komplett, ohne dass man einige der vor Ort hergestellten Öle, Seifen und Parfüms einmal testet.

Die Lavendelfelder von Valensole drängen sich als Fotomotive geradezu auf und sind üblicherweise das Highlight einer Fototour durch die Provence. Am besten besuchst du sie Ende Juni oder Anfang Juli, aber keinesfalls später. Zu dieser Zeit stehen die Felder in voller, duftender Blüte und bilden einen fantastischen Hintergrund für deine Fotos. Die besten Aufnahmen gelingen frühmorgens, denn dann sind Licht und Schatten am sanftesten.

Stapfe nicht über die Felder, sondern bewege dich vorsichtig zwischen den Reihen – hier handelt es sich schließlich um die wertvolle Ernte der Erzeuger:innen. Und was solltest du anziehen? Wähle Farben, die die des Lavendels ergänzen. Sanfte Pastell- und Erdtöne oder neutrale Kleidungsstücke passen gut in diese Umgebung. Vermeide leuchtende Farben, die sich mit dem Lavendel beißen und von der natürlichen Schönheit der Landschaft ablenken.

LAVENDEL ÜBERALL

Noch mehr perfekt symmetrische Lavendelreihen findest du im Dorf **Sault** (S. 196) im Vaucluse und auf dem Plateau des **Claparèdes** (S. 213) im Lubéron.

RAYOMAND DUMASIA/SHUTTERSTOCK ©

Moustiers-Ste-Marie

LACS DE STE-CROIX & DE QUINSON

Der größte See im Parc National Régional du Verdon, der südwestlich von Moustiers-Ste-Marie gelegene **Lac de Ste-Croix,** ist ein 1974 angelegter Stausee. Man kann dort jede Menge Surfbretter, Kanus und Kajaks ausleihen, beispielsweise bei L'Étoile. Am Südostufer liegt der hübsche Ort Bauduen.

Der **Lac de Quinson** befindet sich am südöstlichsten Punkt der Gorges du Verdon. Im Dorf Quinson widmet sich das an ausgestopften Tieren reiche **Musée de la Préhistoire des Gorges du Verdon** den natürlichen und archäologischen Schätzen der Schlucht.

Von März bis Oktober veranstaltet es monatliche Expeditionen zur **Grotte de la Baume,** einer prähistorischen Höhle. Am Seeufer liegen mehrere Campingplätze wie etwa die Domaine du Petit Lac, die viele Aktivitäten anbietet.

CHAPELLE NOTRE-DAME DE BEAUVOIR

Die von zwei Felsen flankierte Chapelle Notre-Dame de Beauvoir liegt in einer ruhigen Umgebung oberhalb von Moustiers-Ste-Marie. Sie wurde zwischen dem 12. und dem 16. Jh. errichtet und ist teils romanisch, teils gotisch.

Geh über eine Wendeltreppe hinauf zur Kapelle und genieße den herrlichen Blick über die Ebene. Vom Ortskern aus dauert der Aufstieg rund 20 Minuten.

Angeblich verfügt die Kapelle über magische Kräfte. Im 17. Jh. sollen einige Dorfbewohner ihre tot geborenen Kinder hierhergebracht haben, um sie für die Taufe wieder zum Leben zu erwecken.

Am 8. September wird um 5 Uhr morgens die Geburt der Jungfrau Maria mit einer Messe gefeiert, gefolgt von Flöten, Trommeln und einem Frühstück auf dem Platz.

Moustiers-Ste-Marie von oben

Ein Reich aus Felsen, Schluchten und Lavendel

Zwischen den Felswänden oberhalb von **Moustiers-Ste-Marie** hängt ein goldener Stern. Laut einer Legende wurde das Original im Jahr 1210 von einem Ritter zu Ehren der Jungfrau Maria dort aufgehängt. Mach dich auf den Weg nach oben, um einen besseren Blick auf den Stern und die Gorges du Verdon zu haben. Es gibt zwei Möglichkeiten, zum Bergpfad **Sentier de la Chaîne** zu gelangen: zu Fuß oder mit dem E-Mountainbike.

Geh zu Fuß vom Ortskern aus zum „Parking Haut“ und folge dort dem Weg, der zur alten Römerstraße Chemin de Courchon führt. Nimm nach 1,5 km den Sentier de la Chaîne bis zum Stern. Diese Strecke ist recht steil und für kleine Kinder nicht zu empfehlen.

Mit dem E-Mountainbike folgst du der Hauptstraße aus dem Ort hinaus in Richtung Puimoisson. Biege rechts ab in Richtung En Naups und Le Castillon. Die Straße führt oberhalb von Le Castillon am Hügel vorbei und erreicht nach einer fast vollständigen Kreisfahrt wieder Moustiers-Ste-Marie – nur auf der anderen Seite des Hügels. Stell nach dem Campingplatz den Motor an deinem Bike an, um mit seiner Hilfe auf der alten Römerstraße zum Gipfel des Hügels zu gelangen. Der Weg ist mit gelb-weißen VTT-Schildern für Mountainbikes markiert.

Eine altehrwürdige Tradition

Keramik in Moustiers-Ste-Marie

Ein Handwerk, das in Moustiers-Ste-Marie seit dem Mittelalter ausgeübt wird, ist die Herstellung von Fayencen, also von glasierten Töpferwaren. Einst zierten hiesige Erzeugnisse die Tafeln in Europas vornehmsten Häusern. Typische Dekorationselemente der Fayencen sind Blaumuster wie beim Porzellan, einzelne Szenen in der Mitte des Gefäßes und „Grotesken“ mit Tieren oder Fabelwesen. Es gibt heute im Ort noch sieben Keramikwerkstätten, darunter das **Atelier Serrailler,** das **Atelier du Barri** und das **Atelier Bondil.** Historische Meisterwerke kannst du im kleinen **Musée de la Faïence** neben dem Rathaus besichtigen.

LAVENDELFARMEN AUF DEM PLATEAU DE VALENSOLE

La Ferme du Riou
Diese Biofarm bietet Destillerieführungen zur Erntezeit und Farmrundgänge das ganze Jahr über an.

La Marché du Plateau Producteur Valensole
Biofarm mit Hütte in den Feldern zur Erntezeit.

Lavandes Angelvin
Destillerieführungen während der Hochsaison und geführte Rundgänge dienstags um 15 Uhr.

Das Ubaye-Tal

Das Vallée de l'Ubaye (Ubaye-Tal) im Herzen der südfranzösischen Alpen ist in erstaunlichem Maße unterschätzt. Dabei ist es äußerst geschichtsträchtig und kann mit spannenden Zielen wie dem Städtchen Barcelonnette punkten, das noch heute eng mit der mexikanischen Kultur verbunden ist und das ganze Jahr über Festivals etwa zu Musik und heimischer Küche ausrichtet. Was Letztere angeht, so kann das Vallée de l'Ubaye mit allerlei herzhaften Gebirgsgerichten aufwarten. Neben Spezialitäten wie der *fondue d'Ubaye* können Besucher:innen aber auch heimischen Honig und Spirituosen probieren.

In der Gegend liegen zwei bekannte Ski-Resorts: Pra Loup und Le Sauze. Hier kann man sehr gut Ski oder Snowboard fahren, aber ohne die vielen Menschen, auf die man in den bekannteren Orten in den nördlichen Alpen trifft. Egal ob du Kultur und Geschichte der Region erforschen, die exzellente Küche genießen, auf dem Fluss raften oder etwas winterlichen Spaß auf der Piste erleben willst – das Vallée de l'Ubaye erwartet dich.

UNTERWEGS VOR ORT

In der Skisaison und im Sommer verkehren kostenlose Shuttlebusse zu den Resorts. Erkundige dich in der Touristinformation nach den Uhrzeiten. Im Winter brauchst du für dein Auto Winterreifen oder Schneeketten.

TOP TIPP

In den südlichen Alpen geht's weniger mondän zu als im Norden. Hier ist man entspannt und stolz auf seine Traditionen. In dieser Region zählen Taten mehr als Worte und die Einheimischen sind zwar freundlich, aber nicht besonders kontaktfreudig.

Barcelonnette: C'est la Fête

Abgelegener Ort mit vielen Festen

Die Fête de la Morte in **Barcelonnette** findet alljährlich an den ersten beiden Tagen im November statt und ähnelt dem Día de los Muertos in Mexiko. Dieses spannende Fest wird vor Ort schon lange gefeiert, nämlich seit im späten 19. Jh. ehemalige Auswanderer aus Mexiko nach Barcelonnette zurückkehrten. Zu den Festlichkeiten gehören farbenfrohe Paraden und Straßentheateraufführungen ebenso wie traditionelle Rituale und Opferzeremonien.

Neben der Fête de la Morte findet im Nachbarort **Jausiers** Anfang Juni die Fête de la Transhumance statt, um den Beginn

ESSEN UND TRINKEN IM UBAYE-TAL

Villa Morelia
Mexikanische Villa in Jausiers mit großen Erkerfenstern und fantastischen Gerichten. Reservieren. **€€€**

Maison de Pays
Probiere verschiedene Käsesorten von der örtlichen Genossenschaft, etwas außerhalb von Jausiers. **€**

Brasserie des Hautes Vallées
Mikrobrauerei in St-Paul-sur-Ubaye. Bierverkostungen und exzellente Alpenweine. **€**

der Weidesaison auf den Hochalmen zu feiern. Besuchende und Wandernde können dem beeindruckenden Auftrieb beiwohnen, während sie die Wiesen und Wälder der Umgebung erkunden und die Ausblicke auf den Parc National du Mercantour genießen. Zum Fest gehören auch heimische Snacks, traditionelle Musik und diverse kulturelle Veranstaltungen – es ist ein Muss für jeden, der sich für die einzigartige Kultur dieser Gegend interessiert.

DIE MEXIKO-CONNECTION

Mexikanische Häuser im Kolonialstil, der Día de los Muertos und gleich mehrere mexikanische Restaurants in einem kleinen Bergdorf – was ist da los in Barcelonnette?

Im 19. Jh. kehrten Auswanderer, die die Region verlassen hatten, um in der Neuen Welt ihr Glück zu machen, in ihre Heimat zurück. Durch ihren sehr erfolgreichen Textilhandel in Mexiko waren sie steinreich geworden. Dieses neue Bürgertum ließ zwischen 1880 und 1930 rund 50 „mexikanische Villen" errichten.

Besuche die **Villa La Sapinière,** in der sich das **Musée de la Vallée** befindet. In der Ausstellung geht's nicht nur um die Unternehmer aus Barcelonnette in Mexiko, sondern auch um das Pendeln ganzer Dorfgemeinschaften zwischen Frankreich und Italien sowie um die Reisen bekannter Einheimischer rund um die Welt.

Rafting auf dem Ubaye

In wildem Wasser stromabwärts

Im Spätsommer und im Herbst suchen Rafting-Freunde aller Art den Adrenalin-Kick im Fluss Ubaye oberhalb von Barcelonnette. Abhängig vom Regen und von der Schneeschmelze starten sie in Jausiers, in Barcelonnette oder weiter flussabwärts. Auch Alter und Erfahrung sind wichtig: Kinder ab vier Jahren können beim Baby-Rafting mitmachen, aber um die Stromschnellen der Klasse IV auszuprobieren, müssen sie älter sein. Bei **Anaconda Rafting** kannst du eine Fahrt flussabwärts im Schlauchboot, im Zwei-Personen-Kajak oder im Hydrospeed buchen, einer Art Mini-Boot.

Skipiste, Pra Loup

Skifahren in den südlichen Alpen

Für Familien und Abenteuerlustige

Das Vallée de l'Ubaye ist ein versteckter Hotspot für den Winter. Abgesehen davon, dass hier mit Pra Loup und Le Sauze zwei beliebte Skiresorts liegen, sorgt das Mikroklima im Tal für reichlich Schneefall auch in trockenen Wintern und somit für ideale Bedingungen zum Skifahren.

Pra Loup, der größere der beiden Orte, liegt 9,5 km südwestlich von Barcelonnette und verfügt über ein 180 km umfassendes Pistennetzwerk auf einer Höhe zwischen 1600 und 2575 m. Da 80 % von ihnen höher als 2000 m liegen, dauert die Skisaison hier selbst in milden Wintern länger als anderswo. Neben den Abfahrtspisten gibt es drei ausgeschilderte Tourenpisten, auf denen abenteuerlustige Ski-Fans höhere Gipfel erklimmen und sich so einen größeren Kick verschaffen können. Das Gebiet hat zwei Hauptbereiche: Pra Loup 1500 (auch Les Molanes genannt) und Pra Loup 1600 mit seinem Nachtleben und einer besseren Infrastruktur. Zusammen bilden sie das größte Skigebiet in den südlichen Alpen und im Sommer fahren mit den Liften Wanderer und Mountainbiker auf die Gipfel.

Le Sauze, 5,5 km südöstlich von Barcelonnette, ist ein weiterer Skiort mit 65 Pistenkilometern und 1000 m Höhenunterschied. Die höchsten Pisten liegen auf 2400 m. Es gibt fünf ausgewiesene Routen zum Schneeschuhwandern, sodass man das winterliche Tal auch auf entspanntere Weise erkunden kann. Darüber hinaus sind weitere Aktivitäten möglich, darunter Fahrten mit dem Motorschlitten, Rodeln, Eislaufen und Relaxen im Spa.

UBAYE-KÄSE

Wo auch immer du in den Französischen Alpen sein magst, dir wird eine lokale Version der drei wichtigsten Käsegerichte begegnen: Tartiflette, Raclette und Fondue.

Eine gute *fondue à la vallée d'Ubaye* gibt es in der **Coopérative Laitière.** Du kannst dir dort aus den Sorten *meule, miche, gavotte* und *carline* dein persönliches Fondue zusammenstellen. In der Genossenschaft werden noch weitere Käsesorten produziert wie etwa *tomme de chèvre* (Ziegenkäse), *bleu d'Ubaye* (Blaukäse) und *tomme au Génépy.*

Der *tomme de chèvre* gibt Salaten und Nudelgerichten den gewissen Kick, während der cremige *bleu d'Ubaye* mit seinem würzigen Geschmack sehr gut zu einem Glas Rotwein passt. Der *tomme au Génépy* wird oft im Ofen gebacken und mit Kartoffeln serviert.

Col de Vars
Col de Pontis
Ubaye-Tal
Col St-Jean
Col de la Bonette
Col d'Allos
Col de la Cayolle

Rund um das Ubaye-Tal

Fahr auf einer berühmten Radstrecke über einen Bergpass.

UNTERWEGS VOR ORT

Busse verbinden Barcelonnette mit Digne-les-Bains und Gap. Wenn du selbst fährst, dann sei vorsichtig auf den engen Straßen. Im Winter sind die meisten Pässe geschlossen, doch auch sonst sind manche Höhenstraßen oft glatt oder verschneit. Achte also auf die richtige Bereifung.

TOP TIPP

Hab Bargeld dabei, um dir oben auf dem Pass einen Kaffee oder ein Bier zu gönnen: *Après l'effort, le réconfort.*

Das Vallée d'Ubaye ist von sieben Bergpässen umgeben und Teil der Route des Grandes Alpes. Diese bekannte Strecke durch die Französischen Alpen ist 700 km lang und führt von Thonon-les-Bains am Genfer See nach Menton am Mittelmeer. Sie umfasst 17 Pässe, darunter auch das höchstgelegene Stück Pflasterstraße der Alpen am Col de l'Iseran (2764). Gegen Ende führt die Strecke durch das Vallée d'Ubaye und bei St-Paul-sur-Ubaye an der niedrigsten Stelle des Tals nach Barcelonnette. Auch wenn du nur über einen der Pässe fährst, lohnt es sich, die südlichen Alpen mit dem Fahrrad oder Motorrad zu erleben.

Bergpässe auf zwei Rädern

Einzigartige Anstiege

Im Sommer lockt das Vallée d'Ubaye Abenteuersuchende auf seine sieben Bergpässe – üblicherweise mit dem Rad oder Motorrad.

Das perfekte Foto gelingt dir am **Col de la Cayolle.** Dieser Pass ist einer der schönsten der Gegend. Die Fahrt hinauf ist anstrengend – es gibt viele steile Abschnitte und enge Haarnadelkurven.

Der **Col de la Bonette** ist mit 2715 m einer der höchsten Pässe der Alpen und ist manchmal Teil der Tour de France. Stell dir einfach vor, du fährst im Hauptfeld mit.

Wenn du es gern schnell magst, dann radle über den **Col de Vars.** Radfahrende lieben diesen Pass wegen seiner steilen Talfahrt. Es soll Richtung Italien gehen? Dann fahr über die **Montée de Ste-Anne** (mit dem Rad) oder über den **Col de Larche** (mit dem Motorrad). Der **Col de Pontis** ist klein und weniger bekannt, bietet aber einen steilen Anstieg, der deine Muskeln zum Glühen bringt.

Am westlichen Ende des Tals liegt der **Col St-Jean.** Ein großer Teil dieser Strecke führt durch ein malerisches Waldgebiet. Als Klassiker gilt auch die Fahrt über den **Col d'Allos.** Sie führt von der Passhöhe hinab bis zu den Gorges du Verdon.

Cycle Ubaye Sports in Barcelonnette hat Leihräder und gibt gute Tipps. Bei Problemen mit deinem Motorrad kann man dir bei **Sport Moto** weiterhelfen.

Radfahrer im Col de la Cayolle

BESTE ALPINE AKTIVITÄTEN IM UBAYE-TAL

Sylvain Boudou ist Bergführer in den südlichen Alpen. *@sylvainboudou*

Als Guide verbringe ich viel Zeit in den Bergen – egal wo. Doch die südlichen Alpen habe ich besonders ins Herz geschlossen. Hier meine Lieblingsaktivitäten nach Jahreszeiten.

Winter
Skitouren im Vallée d'Ubaye und Eisklettern im Vallon de Maljasset.

Frühling
Morgens Skitouren. Nachmittags ist es warm genug, um im T-Shirt unten im Tal zu klettern.

Sommer
Jetzt ist Zeit zum Bergsteigen. Es gibt Gipfel und Kämme aller Schwierigkeitsgrade, und man steht nicht Schlange wie in den nördlichen Alpen.

Herbst
Es geht wieder ans Klettern und die Ski werden schon mal hervorgeholt und für den Winter vorbereitet.

AZUR
SAUNA
VIZCAYA Immobilier
2 AEROPORT

PRAKTISCHES

Die wichtigsten Informationen für die perfekte Reise in die Provence und an die Côte d'Azur im Überblick. Nützliche Tipps, Tricks und Hintergründe zur Orientierung und Vorbereitung.

Straßenbahn, Nizza (S. 54)

Ankunft

Der Aéroport Nice Côte d'Azur ist das wichtigste Tor zur Region, aber auch der Aéroport Marseille-Provence ist mit vielen Städten in Europa verknüpft. Die kleineren Flughäfen in Avignon und Toulon werden nur saisonal angeflogen. Avignon, Aix-en-Provence und Marseille sind durch den Hochgeschwindigkeitszug TGV mit Paris verbunden. Zahlreiche Züge und Busse fahren entlang der Küste nach Nizza, wenn auch vergleichsweise langsam.

WLAN

In allen Flughäfen und vielen Bahnhöfen, Cafés, Bars und Hotels wird mittlerweile kostenloses WLAN angeboten. Kostenlose öffentliche Hotspots finden sich in größeren Städten wie Nizza und Marseille.

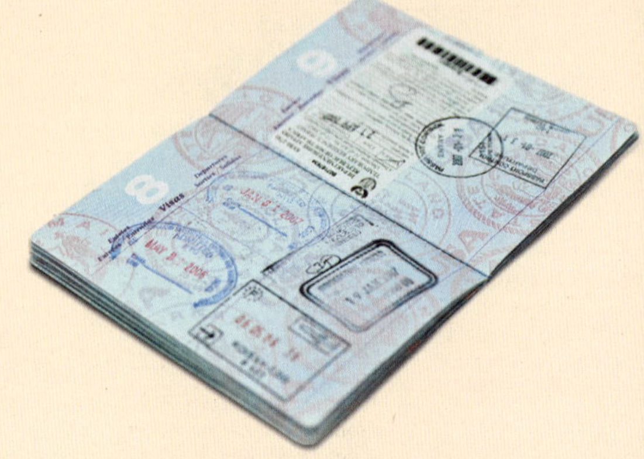

Einreise

Frankreich ist Mitglied der EU und hat das Schengener Abkommen unterzeichnet. Bürger:innen aus der EU und der Schweiz sollten einen Personalausweis oder Reisepass mitführen.

Verkehrsmittel vom Flughafen Nizza zu den Stadtzentren

	Nizza	Marseille	Monaco
ZUG	4 Min. **2,10 €**	nicht verfügbar	40 Min. **5,40 €**
BUS	30 Min. **1,70 €**	25 Min. **10 €**	60 Min. **19,40 €**
TAXI	15 Min. **32 €**	30 Min. **50–60 €**	45 Min. **95 €**
TRAM	30 Min. **5 €**	nicht verfügbar	nicht verfügbar

Unterwegs vor Ort

Zwischen den wichtigsten touristischen Zentren ist das Regionalnetz von ZOU! unschlagbar, es kombiniert Bus und Bahn. Darüber hinaus ist ein eigener fahrbarer Untersatz von Vorteil.

REISEKOSTEN

Automiete
48–60 €/Tag

Benzin
ca. 1,90 €/Liter

Radverleih
40 €/Tag

Zugticket Nizza–Marseille
ab 30,50 €

Räder & E-Bikes

Von lauschigen Küstenwegen hin zu anspruchsvollen Bergpässen – die Region ist ein Traum für Rad-Fans. In den meisten Städten kannst du auch E-Bikes ausleihen. Nizza, Monaco, Marseille und Avignon besitzen benutzerfreundliche öffentliche Fahrrad-Sharing-Systeme.

Taxis & Fahrdienste

In der Region ein Taxi zu erwischen ist nicht so einfach. Im Zweifel findet sich aber am Bahnhof ein Taxistand. Uber ist eine etablierte Vermittlungsplattform für Fahrdienste in größeren Städten. Achtung: In Monaco ist Uber verboten. Du kannst dich mit einem Uber aber nach Monaco fahren lassen.

TIPP

Die Mitfahrzentrale BlaBlaCar stammt aus Frankreich. Dies ist die beliebteste App des Landes zur Vermittlung von Fahrten für Reisende mit dem gleichen Ziel.

WIR STREIKEN!

Der öffentliche Verkehr in der Provence und an der Côte d'Azur ist großartig, wenn er funktioniert – was zu 95 % der Fall ist. Die Franzosen und Französinnen sind allerdings streikfreudig. Auch Züge und Busse werden gern bestreikt – manchmal mit nur einem Tag Vorlauf. Dann ist der Fahrplan stark eingeschränkt, am nächsten Tag geht's meist wie gewohnt weiter. Interessanterweise finden die meisten Streiks an einem Donnerstag statt.

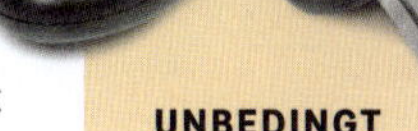

UNBEDINGT BEACHTEN!

0,5

Die Promillegrenze liegt in Frankreich bei 0,5 ‰.

Tempolimit

Die Höchstgeschwindigkeit auf Autobahnen beträgt in der gesamten Region 130 km/h, außer in den Alpes-Maritimes, wo sie bei 110 km/h liegt. Es wird geblitzt. Baustellen und Staus können die Fahrt verzögern. Berechne die beste Route mit der communitybasierten Navigations-App Waze.

Parken

Parkplätze in Großstädten und an beliebten Touristenzielen zu finden wird immer schwerer, obwohl neue Park+Ride-Möglichkeiten am Rande der Stadtzentren entstehen. In vielen Städten kann man bis zu eine Stunde kostenlos parken, aber ein Parkschein ist trotzdem nötig.

Stoßzeiten

Während des morgendlichen und nachmittäglichen Berufsverkehrs können die Autobahnen um Aix-en-Provence, Toulon und alle Straßen zwischen Nizza und Antibes verstopft sein. Zwischen Menton und St-Tropez bietet der lokale englischsprachige Radiosender Riviera Radio (106.5 FM) Live-Verkehrsinformationen.

Geld

WÄHRUNG: **EURO (€)**

Kredit- & Geldkarten

Viele, aber nicht alle Geschäfte akzeptieren Kreditkarten oder Debitkarten. Du solltest immer ein bisschen Bargeld dabei haben, besonders in kleinen Städten oder beim Marktbesuch. Einzelne Läden fordern möglicherweise einen Mindestumsatz für die Zahlung mit Karte. „Tap to Pay"-Zahlungen sind bis 50 € möglich.

Kontaktlos bezahlen

Es wird immer üblicher, in Frankreich mit dem digitalen Wallet deines Handys zu bezahlen (das Limit liegt bei etwa 300 € pro Einkauf). Trotzdem lohnt es sich, eine alternative Zahlungsmethode parat zu haben (Bargeld, Kredit- oder Debitkarte), für den Fall, dass diese Möglichkeit nicht zur Verfügung steht.

Geldautomaten

An Geldautomaten, *distributeurs automatiques de billets* (DAB), mangelt es nicht, vor allem in dichter besiedelten Gebieten. Allerdings können Gebühren anfallen – erkundige dich im Vorfeld bei deiner Bank. In Frankreich ist es nicht üblich, sich im Supermarkt oder an anderen Verkaufsstellen Bargeld auszahlen zu lassen.

SO VIEL KOSTET ...

der French Riviera Pass (48 Std.)
40 €

eine Sonnenliege am Strand
20–50 €

ein Boot von Ste-Maxime nach St-Tropez
ab 8,40 €

Museumsticket
frei bis 20 €

sparst du Geld

... im Restaurant
Du sparst, wenn du mittags den *plat du jour* (Tagesgericht) bestellst. Oft wird er mit einer Vorspeise oder einem Dessert (oder beidem) zu einem ähnlich günstigen Tagesmenü kombiniert.

... am ersten Sonntag im Monat
Viele staatliche Museen sind dann kostenlos.

... im Nahverkehr
Mehrfahrtenkarten und Tageskarten sind billiger als Einzelfahrkarten.

TIPP

Hab immer ein paar Münzen zur Hand, um für öffentliche Toiletten (zwischen 50 c und 1 €), einen Kaffee, ein kühles Getränk oder eine Fahrkarte im Bus zu bezahlen.

TRINKGELDER UND FEILSCHEN

Der Hinweis „service compris" auf der Rechnung im Restaurant oder im Café zeigt, dass 15 % Servicegebühr im Preis bereits enthalten sind. Als Zeichen deiner Wertschätzung für guten Service ist ein Trinkgeld in Form von ein paar Münzen jedoch immer willkommen – aber niemals Pflicht. Hast du auf dem Antiquitätenmarkt von L'Isle-sur-la-Sorgue einen Schatz gefunden? Dann feilsche ruhig. Auf den *brocantes* und den *marchés aux puces* (Antiquitäten- und Flohmärkten) kannst du verhandeln. Ansonsten stehen die Preise überall fest.

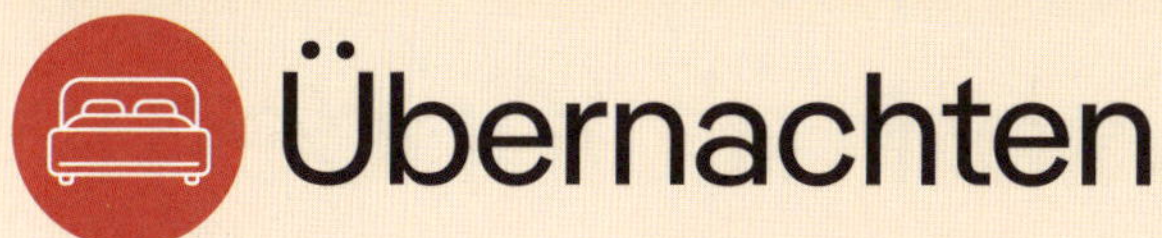

Übernachten

Chambres d'hôtes

Ob umgeben von Lavendelfeldern im Luberon oder von Zitronenhainen in Menton: Chambres d'hôtes sind das französische Äquivalent zu einem B&B, einem Gästezimmer in einem Privathaus. Das Frühstück ist im Preis inbegriffen. Die Ausstattung kann variieren. Pool und Parkplatz sind in der Provence häufig dabei.

Gîtes

Um deinen Traumurlaub in der Provence zu verwirklichen, solltest du ein romantisches *gîte* (Ferienhaus oder Ferienwohnung) auf dem Land mieten. Gîtes werden in den Sommermonaten meist wochenweise vermietet, in der übrigen Zeit des Jahres auch kürzer. Es gibt sie in allen Formen und Größen, von rustikalen Scheunen über Berghütten und Stadthäusern bis zu weitläufigen Villen mit Pool.

Schutzhütten & Gîtes d'étapes

Wander-Fans übernachten in *gîtes d'étapes* (Wanderhütten), die entlang beliebter Wanderwege verteilt sind. Die Ausstattung ist einfach, meist gibt es nur Etagenbetten und eine warme Dusche. Beim Dinner werden oft neue Freundschaften geschlossen. Die meisten sind nur im Sommer oder auf Anfrage geöffnet. Eine Reservierung und Schlafsäcke (für Hütten) sind nötig.

Camping

Wildes Campen ist in der Provence und an der Côte d'Azur eigentlich verboten, aber es gibt in der Region einen Mangel an echten Campingplätzen. Viele entsprechen eher einem Ferienpark mit Mobilheimen und abendlicher Disko. Flache, einfache Plätze für ein Zelt oder einen Camper bieten die *Campings municipaux* (kommunale Campingplätze). Sie sind eine gute Wahl.

SO VIEL KOSTET EINE NACHT …

im *chambre d'hôte*
50–150 €

einer Berghütte
20–30 €

einem *hôtel de charme*
ab 110 €

Hôtel de charme

In der Provence gibt es unzählige Hôtels de charme, eine inoffizielle Definition von privat geführten Hotels mit einzigartigem Flair. Es erwarten dich edles Design, persönlicher Service und ein hochwertiges Restaurant in geschichtsträchtigen Häusern mit gepflegten Gärten und freundlichen Gastgebenden. Das können Herrenhäuser, Schlösser, Klöster und Hôtels particuliers (Stadtpalais) sein.

VERSTECKTE KOSTEN

Alle Vermieter:innen (auch von Airbnb) sind verpflichtet, im Namen der Gemeinde pro Person eine Kurtaxe zu erheben. Wie hoch diese ist, hängt vom Objekt ab: Rechne mit etwas mehr als 1 € pro Nacht für eine Ein-Sterne-Unterkunft und etwa 4 € für eine Fünf-Sterne-Unterkunft. Bettwäsche und Handtücher sind auf Campingplätzen im Ferienparkstil normalerweise nicht inbegriffen; ein Wäschepaket kostet extra. Gehe auch nicht davon aus, dass du in deinem Ferienhaus Bettwäsche vorfindest. Vergiss nicht, dass häufig eine Endreinigungsgebühr berechnet wird.

Reisen mit Kindern

Mach es dir auf einer Sonnenliege am Strand bequem, während die Kinder im Sand buddeln. Oder entspanne einfach auf einer Parkwiese. Besonders für Eltern mit kleinen Kindern ist es toll, dass sich in der Region fast alles im Freien abspielt. Der ganzjährige Sonnenschein an der Provence und der Côte d'Azur sorgt für einen willkommenen Vitamin-D-Schub.

Ermäßigungen

Kinder unter vier Jahren fahren in den regionalen Zügen und Bussen von Zou! kostenlos, vorausgesetzt, sie benötigen keinen eigenen Sitz.

In vielen staatlichen Museen und Attraktionen ist der Eintritt für Kinder unter 12 Jahren (und manchmal auch unter 18 Jahren) kostenlos; ansonsten gilt für Kindertickets in der Regel ein ermäßigter Tarif. Halte Ausschau nach preisgünstigen Familientickets.

Essen gehen

Die meisten Restaurants bieten mittags und abends ein Kindermenü an. Ein Burger oder Nuggets inklusive Pommes frites, Getränk und Dessert kostet zwischen 10 € und 12 €. Das Abendessen beginnt selten vor 19 Uhr. In den *boulangerien* (Bäckereien) gibt es den ganzen Tag über Leckereien für den kleinen Hunger zwischendurch. Die Eiscafés der Region sind ein Publikumsmagnet.

Kinderwagen

Die reizvollen Gassen der Bergdörfer in der Provence und an der Côte d'Azur sind reizvoll, aber nicht gerade kinderwagentauglich. Leichte, faltbare Buggys sind die beste Wahl für das Kopfsteinpflaster und den Flieger.

Wickeltisch

Wickelmöglichkeiten sind eher die Ausnahme als die Regel. Ein Lokal mit einem Wickeltisch ist eine erfreuliche Überraschung. Hab einfach immer eine Wickelunterlage dabei und sei bereit zu improvisieren. Spezielle Stillräume gibt es so gut wie gar nicht.

TIPPS FÜR KIDS

Musée Océanographique de Monaco (S. 96)
Vier Etagen voller Wunder, darunter farbenfrohe Aquarien und eine faszinierende Multimedia-Show.

St-Martin-Vésùbie (S. 72)
Indoor-Spaß im Vésùbia Mountain Park und Outdoor-Abenteuer im majestätischen Nationalpark Mercantour.

Plage de Pampelonne (S. 107)
Langer, feiner Sandstrand – der beste der Region.

Gorges du Verdon (S. 237)
Ob Rafting, Klettern, Canyoning oder Wandern – Frankreichs berühmteste Schlucht ist für energiegeladene Teenager perfekt geeignet.

COOL CAMPEN

Camping bedeutet in Frankreich schon lange nicht mehr einfach nur, ein Zelt aufzuschlagen. Meist sind Campingplätze Ferienparks, in denen du ein Zelt aufstellen, dein Wohnmobil parken oder einen Aufenthalt in einem Mobilheim buchen kannst. Im Sommer fühlt es sich an, als würde das ganze Land in den Süden ziehen. Deshalb gibt es von der Küste bis tief in die Provence Verte jede Menge Campingplätze, die viel Platz, eine Poollandschaft, Restaurants und Spielplätze versprechen. So finden sich schnell Spielgefährten. In der Hochsaison betreiben die meisten Ferienparks unter der Woche einen Kinderklub, der von einem geschulten Team geleitet wird.

Sicher reisen

MEDIZINISCHE VERSORGUNG

- Apotheken sind nie weit entfernt: Ein leuchtendes grünes Kreuz zeigt eine geöffnete Apotheke an. Wende dich zuerst an sie, wenn du Schnittwunden, infizierte Insektenstiche, Schürfwunden und Verbrennungen behandeln lassen willst.
- Die Pharmacie Riviera (66, ave. Jean Médecin) in Nizza ist rund um die Uhr geöffnet.
- Am Sonntag kannst du unter 3237.fr herausfinden, welche Apotheke in deiner Nähe geöffnet ist.
- Für einen Krankenwagen wählst du die 112.

Jagdsaison

Die Jagd ist ein beliebter Sport in Frankreich und die Jagdsaison – *la chasse* auf Französisch – dauert von September bis Februar. Schilder mit der Aufschrift „chasse en cours" werden an Waldwegen aufgestellt, um Spaziergänger, Wanderer und Jogger darauf aufmerksam zu machen, dass eine Jagd im Gange ist. Am besten ist es sicherlich, deinen geplanten Ausflug dann auf einen anderen Tag zu verschieben.

Waldbrände

Mehr als ein Drittel der Region Provence-Alpes-Côte d'Azur ist von natürlichem Wald bedeckt. Die brütende Hitze von Anfang Juli bis Mitte September kann Brände auslösen. Das Var veröffentlicht im Sommer täglich aktuelle Infos zur Brandgefahr auf seinen Social Media Accounts (siehe @Prefet83 auf Facebook und X). Die App My Calanques hält ebenfalls auf den neuesten Stand.

AM STRAND

Lass deine Wertsachen nie unbeaufsichtigt, wenn du im Wasser bist. Hüte dich vor violetten Quallen, besonders im Sommer und Herbst.

SICHER SCHWIMMEN

Grüne Flagge
Schwimmen gefahrlos

Gelbe Flagge
Vorsicht, mögliche Gefahren im Wasser

Rote Flagge
Schwimmen nicht erlaubt; Lebensgefahr

Lila Flagge
Verschmutzung oder andere Gefahren

Rot-gelbe Flagge
Rettungskräfte im Einsatz; gefahrlos

Schwarz-weiß kariert
Wassersport-Bereich; Schwimmen nicht erlaubt

Kleinkriminalität

Pass auf deine Handtasche und dein Handy auf, denn Taschendiebstähle sind in den Touristenzentren und in den überfüllten Zügen an der Côte d'Azur während der Ferienzeit an der Tagesordnung. Verriegele die Türen und kurble die Fenster hoch, wenn du in größeren Städten Auto fährst. Lass nichts Wertvolles im geparkten Auto rumliegen.

STURM ALEX

Im Oktober 2020 fegte der Sturm Alex über die Berggemeinden der Côte d'Azur, insbesondere über die Täler Vésubie und Roya. Der Sturm hat Häuser weggespült und zehn Menschen getötet. Der Wiederaufbau geht nur langsam voran, nicht zuletzt wegen der Schäden an den Straßen, die die Orte mit der Küste verbinden. Der Tourismus ist ein wichtiger Motor für den Wiederaufbau.

Essen, Trinken & Feiern

WANN?

Petit déjeuner (7–10 Uhr) Das französische Frühstück ist einfach: ein getoastetes Baguette oder Croissant mit Kaffee.

Déjeuner (12–14.30 Uhr) Das Mittagessen kann aus einem belegten Baguette bestehen oder aus einem Gericht mit einem Glas Wein in einem Lokal.

Dîner (19–22 Uhr) Für das Abendessen lässt man sich Zeit. Es besteht in der Regel aus drei Gängen (Vorspeise, Hauptgericht, Nachspeise), manchmal auch aus vier (Käse).

WO?

Brasserie Ganztägig geöffnetes Restaurant mit traditionellen Gerichten

Snack Hat vielleicht ein paar Tische, bietet aber hauptsächlich Essen zum Mitnehmen an; günstiges Essen für zwischendurch

Kiosk Eine Hütte am Straßenrand, die für regionale Spezialitäten wie *panisse* und *pan bagnat* bekannt ist

Boulangerie Bäckerei

Pâtisserie Konditorei

Cave Eine Weinhandlung, die auch Wein im Glas verkauft

Bistrot de pays Ein ländliches Restaurant, mit preiswerten Gerichten aus lokalen Produkten

KULINARISCHES

Entrée Vorspeise oder Appetizer
Plat Hauptgericht
Dessert Nachtisch
Plat du jour Tagesgericht
Formule ein Gericht, etwa in einer Bäckerei
Carte Speisekarte
Menu Zwei-oder-Drei-Gänge-Menü zum Fixpreis
Fait Maison hausgemacht
Menu Dégustation Degustationsmenü (in gehobenen Restaurants)
Menu Enfant Kindermenü
Viande Fleisch
Fruits de la Mer Meeresfrüchte
Légumes Gemüse
Glace Eiscreme
Gâteau Kuchen
Boisson Getränk
Pichet de vin eine Karaffe Wein
Bouteille de vin eine Flasche Wein
Vin blanc Weißwein
Vin rouge Rotwein
Vin rosé Roséwein
Pression Bier vom Fass
Démi 250 ml Bier, gezapft
Carte des vins Weinkarte
Eau plat stilles Wasser
Eau pétillante Sprudelwasser
Carafe d'eau Leitungswasser (kostenlos)
Soft Limo

SO … bestellst du einen Rosé

In anderen Teilen der Welt kommt der Rosé vor allem in wärmeren Monaten auf den Tisch. In der Provence ist immer Rosé-Saison. Von hier aus hat der rosafarbene Tropfen seinen Siegeszug um die Welt angetreten. Du kannst ihn *au verre* (im Glas), *au pichet* (in der Karaffe; 250/500 ml) oder *à la bouteille* (in der Flasche) bestellen. Ein *pichet* kostet zwar weniger, aber dafür erwartet dich ein rustikalerer Wein. Niemand zuckt zusammen, wenn du um ein paar Eiswürfel bittest – es ist sogar üblich, ein *piscine de rosé* zu ordern, also ein Glas Roséwein mit einer großzügigen Portion Eiswürfel (ein *piscine de vin blanc* geht genauso gut). Die Côtes de Provence ist das größte AOP, also ein Weingebiet mit geschützter Ursprungsbezeichnung. Hier steht nicht viel Rosé auf der Karte.

SO VIEL KOSTET...

ein Croissant
1–1,50 €

ein Espresso
1,50 €

ein Glas Wein
3–5 €

ein großes Bier
7 €

eine Pizza
10–15 €

ein plat du jour
10–15 €

Dinner in einem Restaurant mit Michelin-Stern
ab 100 €

eine Kugel Eis
2,50 €

SO ... trinkst du Pastis

Im Sommer geht in Südfrankreich nichts über ein Glas Pastis, den Anis-Schnaps aus Marseille. Für Puristen gibt es nur eine Art, ihn zu trinken: *à l'ancienne*. Dafür brauchst du 20 ml Pastis, eine Karaffe mit Wasser und Eiswürfel. Auf einen Teil Pastis kommen fünf Teile Wasser. So erhält die bernsteinfarbene Spirituose eine milchige Farbe. Gib die Eiswürfel zuletzt hinzu – je später du sie hinzufügst, desto mehr Aromen werden freigesetzt (außerdem wirst du sonst von den Einheimischen als *un parisien* abgestempelt).
Es gibt verschiedene Pastis-Marken. Pastis 51 (Ricard) ist das Original und für viele immer noch der beste. Wenn du die Grundlagen beherrschst, ist es an der Zeit, Neues zu wagen. Decke dich dafür mit *sirops* (Sirups) ein. Für einen *mauresque* gibst du 10 cl Mandelsirup zu deinem Shot Pastis, bevor du Wasser und Eis hinzufügst. Ein *perroquet* schimmert grün, wenn du einen Schuss Minzsirup hinzugibst. *La tomate* hat seinen Namen von der roten Farbe, die der Drink annimmt, wenn du 10 cl Grenadinesirup zufügst. Oder du gehst aufs Ganze und tauschst das Wasser gegen Cola aus: *Et voilà,* schon hast du einen *pétrole* (auch *mazout* genannt).

Mixologie

In der Provence gibt es zahlreiche neue Brennereien, die dem klassischen Getränk Pastis eine kreative Note verleihen. Die Distillerie de la Plaine in Marseille bietet Cocktail-Workshop an. In Nizza solltest du nach Pastis de Nice Ausschau halten.

KAFFEE- UND TEEHÄUSER & CAFÉ GOURMAND

Wenn du *un café* (einen Kaffee) bestellst, wird dir wahrscheinlich ein Espresso serviert – die erste Wahl, um in den Tag zu starten oder eine Mahlzeit abzurunden. Wenn du einen Espresso mit einem Schuss Milch möchtest, frag nach *une noisette*. Das Außergewöhnlichste auf der Getränkekarte ist häufig ein *cappuccino* oder ein *café crème* (Milchkaffee).

Aber es setzen sich zunehmend andere Kaffeespezialitäten durch. Für Lorgues Coffee Roasters lohnt sich mittlerweile ein Abstecher ins Var und auch die Rad-Cafés in Nizza (S. 65) sind eine sichere Bank.

Trinkst du lieber Tee, solltest du in einem *salon de thé* (Teestube) vorbeischauen. Die Wahrscheinlichkeit ist groß, dass du auf ein Ambiente im Boho-Chic stößt und das Geschirr, auf dem dein Heißgetränk und dein Kuchen serviert werden, nicht zusammenpassen. Du kannst aus einer Vielzahl von Kräutertees *(tisanes)* wählen.

Die Speisekarten der Restaurants bergen ein süßes Geheimnis: eine Kaffee- und Dessertkombination namens Café Gourmand (Kaffee für Feinschmecker). Dabei wird ein Verdauungskaffee, also ein Espresso (oder *noisette*), mit einer bunten Auswahl an Mini-Desserts gereicht – wie geschaffen für unentschlossene Dessert-Fans. Kein Café Gourmand gleicht dem anderen; die Auswahl wechselt täglich, sogar im selben Restaurant. Und genau diese Vielfalt macht den Reiz aus.

Nachhaltig reisen

Reisen & Klimawandel

Es ist unmöglich, die Auswirkungen unseres Reisens zu ignorieren. Deshalb ist es wichtig, dort, wo es geht, etwas zu ändern. Lonely Planet fordert alle Reisenden dazu auf, sich mit ihrem CO_2-Fußabdruck auseinanderzusetzen. Die deutsche Internetseite www.atmosfair.de bietet einen CO_2-Rechner, mit dem jede:r ermitteln kann, wie viele Treibhausgase die Reise produziert. Das Programm errechnet den zum Ausgleich erforderlichen Betrag, mit dem der Reisende nachhaltige Projekte zur Reduzierung der globalen Erwärmung unterstützen kann. Wir kompensieren weiterhin den CO_2-Fußabdruck aller Reisen von Lonely Planet-Mitarbeitenden, sind uns aber bewusst, dass dies nur eine Milderung und keine Lösung darstellt.

Andrang vermeiden

Die communitybasierte Navigations-App Waze benachrichtigt Nutzer:innen, wenn ein Ort einen Ansturm von Tourist:innen verzeichnet.

Klimaneutraler Strand

Lege einen Strandtag am Baia Bella in Beaulieu-sur-Mer ein. Laut Allcot ist dies der erste klimaneutrale Strand Frankreichs. Das Strandrestaurant nutzt etwa Solarzellen, recyceltes Wasser, regionale Produkte und Möbel aus europäischem Holz. Außerdem wird der Strand gereinigt.

0 km

Es empfiehlt sich, in Restaurants zu essen, die ihre Produkte lokal beziehen. Viele Speisekarten geben die Herkunft der Zutaten an.

Lokale Guides

Erlebe die Region bei einem Spaziergang mit einem Einheimischen von City Greeter (S. 82). In Marseille, Nizza und Cannes zeigen dir die engagierten ehrenamtlichen Guides die weniger bekannten Seiten ihrer Städte. Der Service ist kostenlos, aber Trinkgeld ist erwünscht. Siehe greeters.fr.

Buche die Tour über den Code.

Ländliche Bistros unterstützen

Genieße die lokalen Köstlichkeiten zu günstigen Preisen in einem Bistrot de Pays. Der Verband wurde in den Alpes-de-Haute-Provence gegründet und setzt sich für die bedrohten ländlichen Bistros in Frankreich ein. Siehe bistrotdepays.com.

Scanne den Code, um ein Bistro zu finden.

SCHÖNHEIT IM WANDEL

Die lila blühenden Lavendelfelder sind das Markenzeichen der Provence. Doch das vertraute Bild wird verblassen. Denn es ist nachhaltiger, wenn Lavendel und eine Zwischenfrucht sich auf dem Feld abwechseln.

Grüner Ansatz

Finde einzigartige Unterkünfte und Erlebnisse über Mercantour Ecotourisme (mercantoureco tourisme.eu), einen Zusammenschluss von nachhaltig orientierten Herbergen, Restaurants, Erzeugenden und Kunsthandwerker:innen im Parc National du Mercantour.

E-Träume

Ladestationen für E-Autos sind in der ganzen Region verteilt – angefangen bei Fünf-Sterne-Hotels über Campingplätze bis hin zu öffentlichen Säulen, die von Eborn (Alpes-de-Haute-Provence, Var), Wiiiz (Alpes-Maritimes), larecharge (Bouches-du-Rhône) und Vauclus'elec (Luberon) betrieben werden.

Solarkraft

Genieße die „Solarküche" des Le Présage in Marseille, das zu 100 % mit Solarenergie betrieben wird. Das nachhaltige Restaurant setzt vollständig auf lokale Produkte.

Cool bleiben

Eine geschlossene Tür muss nicht bedeuten, dass der Laden nicht geöffnet hat, vor allem im Sommer. Angesichts der steigenden Energiepreise sind die Geschäfte jetzt gesetzlich dazu verpflichtet, ihre Türen zu schließen, wenn sie eine Klimaanlage laufen lassen.

Öko-Fahrt

Nutze Uber Green für eine günstige Fahrt in einem Elektro- oder Hybridfahrzeug.

Trinkwasser

Du sparst Plastik, indem du deine eigene Wasserflasche mitbringst. In Nizza kannst du sie an öffentlichen Wasserhähnen auffüllen. Du hast die Wahl zwischen stillem und Sprudel-Wasser. Die App Free Taps (freetaps.earth) weist dir den Weg.

Scanne den Code für eine Auffüllstation.

Essen retten

Suche und finde Bäckereien, Supermärkte, Cafés und Restaurants in deiner Nähe, die „Überraschungstüten" oder Lebensmittelpakete zu einem stark reduzierten Preis anbieten, über die App Too Good to Go (toogoodtogo.com)

Scanne den Code für Angebote.

Vermeide Müll

Nimm deinen Müll nach einem Tagesausflug zu den Îles des Lérins wieder mit aufs Festland. Auf den beiden Inseln vor Cannes gibt es keine Mülltonnen mehr. Der Touristenmüll hatte zu einer Rattenplage geführt.

WEITERE INFOS

laclefverte.org
Ein internationales Label für nachhaltige Unterkünfte.

bienvenue-a-la-ferme.com
Mit deinem Aufenthalt, deiner Mahlzeit oder deinem Besuch unterstützt du einen unabhängigen lokalen Bauern.

blablacar.com
Nutze Frankreichs unglaublich beliebte Mitfahrzentrale.

LGBTQIA+

Für Französinnen und Franzosen ist das Privatleben genau das: eine Privatangelegenheit. Diese Laissez-faire-Haltung hat dazu geführt, dass Frankreich eines der LGBTQIA+-freundlichsten Länder der Welt ist. In Nizza weht die Regenbogenflagge weit oben, in Marseille eher diskret. Wie überall sind die ländlichen Gebiete konservativer als die größeren Städte.

Events in Nizza

Nizza ist das unbestrittene Zentrum der LGBTQIA+-Szene. Plane deinen Besuch so, dass er mit einem der folgenden Community-Events zusammenfällt: Glitzer und Konfetti bedecken Nizza im Februar anlässlich des **Lou Queernaval,** des queeren Karnevals. Es erwarten dich Live-Bands, Tänzer, Festwagen und Drag Queens.
Das queere Filmfestival **Rencontres In&Out** findet eine Woche lang im April statt – und in Cannes und Toulon im Herbst.
Bei der **Pink Parade** (Pride) im Juli wimmelt es auf den Hauptstraßen von Nizza nur so von Menschen.
Bei der **Dolly Party** des Centre LGBT de Nice im August lautet die Kleiderordnung weiß.

MONACO PRIDE

Die Monaco Pride steckt noch in den Kinderschuhen – 2022 fand sie erstmalig statt. Der Veranstaltung fehlt es etwas an extravagantem Flair, aber sie ist ein Schritt in die richtige Richtung. 2022 wurde Monaco von der Europäischen Kommission gegen Rassismus und Intoleranz (ECRI) in ihrem Monitoring-Bericht aufgefordert, im Kampf gegen jegliche Form der Diskriminierung mehr zu tun.

Regenbogen-Viertel

Um die Rue Bonaparte befindet sich Nizzas LGBTQIA+-Quartier. Trotz zahlreicher Gay-Bars, Gay-Saunen und gay-freundlichen Restaurants gibt es in Marseille kein Gay-Viertel – das erste LGBTQIA+-Zentrum der Stadt hat erst 2023 seine Türen geöffnet. Die alternative Musikszene der Stadt ist antifaschistisch und queerfreundlich.

NICE IRISÉE NATURELLEMENT

Gay-freundliche Restaurants und Hotels in Nizza erkennst du an dem Label Irisée Naturellement („natürlich schillernd"). Im gay-freundlichen Reiseführer der Stadt (explorenicecotedazur.com/de/prepare-your-holidays/my-nice-cote-dazur/gay-friendly) findest du eine umfassende Liste von Lokalen, Geschäften, Theatern, Bars, Clubs, Saunen und Cruising Bars.

Und sonst so?

Im Juni feiert die Community ausgelassen die **Marche des Fiertés** auf den Straßen von Arles, Toulon und Avignon. Seit über 30 Jahren findet im Juli die **Pride Marseille** statt; inkl. Debatten, Ausstellungen, Workshops und Shows.

Beim Festival **Off Avignon** im Sommer gibt es queere Acts.

Im Herbst erobert das LGBTQIA+-Filmfestival **ZeFestival** die Kinosäle in Nizza, Marseille, Toulon, Avignon und Seillans.

Barrierefrei reisen

Reisen in der Region stellen immer noch eine Herausforderung für Menschen mit eingeschränkter Mobilität dar. Aber es wird daran gearbeitet, die Barrierefreiheit zu erhöhen. Viele Fremdenverkehrsbüros veröffentlichen einen Mobilitätsguide auf Englisch. Monacos öffentliche Aufzüge findest du auf einer Übersichtskarte.

Kopfsteinpflaster

Mittelalterliche Bergdörfer und historische Stadtviertel zeichnen sich durch unebene Kopfsteinpflasterstraßen aus, die nicht für Personen im Rollstuhl geeignet sind. Bürgersteige werden oft als Park- oder Terrassenplätze genutzt.

Flughafen

Der Aéroport Nice Côte d'Azur und der Aéroport Marseille-Provence bieten ein umfassendes Serviceangebot für Reisende, die besondere Hilfe benötigen. Informiere die Fluggesellschaft mindestens 48 Stunden vor Abflug über deine Bedürfnisse.

Übernachten

Aufzüge und barrierefreie Zimmer sind in älteren Hotels und kleinen B&Bs selten zu finden. Auf der Website Gîtes de France (gites-de-france.com) kannst du dir barrierefreie B&Bs und Ferienwohnungen anzeigen lassen.

ZUG

Reserviere eine Mobilitätshilfe über den Accès Plus Service (zou.maregionsud.fr/en/accessibility) von Zou! mindestens 48 Stunden im Voraus. Die nächsten Haltestellen werden im Zug durchgesagt.

Automiete & Transfers

Miete ein barrierefrei umgebautes Auto für die Dauer deines Aufenthalts über Libertans (libertans.com). MCMobility (monaco-mobilites.wixsite.com) bietet unter anderem Flughafen- und Bahnhofstransfers in geeigneten Fahrzeugen an.

Bus & Straßenbahn

Der spezielle Mobilitätsservice der Ligne d'Azur bietet einen Bus auf Abruf in und um Nizza und die umliegenden Dörfer, einschließlich Villefranche-sur-Mer, Èze, Vence und in die Vésubie. Die meisten Busse und alle Straßenbahnen haben ausfahrbare Plattformen. Siehe mobilazur.org.

GRAND PRIX

Der Automobile Club de Monaco reserviert eine Tribüne für Zuschauer:innen mit eingeschränkter Mobilität, um den Großen Preis von Monaco, den Monaco E-Prix und den Grand Prix Historique de Monaco verfolgen zu können. Eine Voranmeldung ist über den monegassischen Behindertenverband (AMHM; amhm98.com) nötig.

WEITERE INFOS

tourisme-handicaps.org
Barrierefreie Hotels, Restaurants, Veranstalter, Wanderwege und Naturschutzgebiete finden sich unter dem Label Tourisme & Handicaps.

visitmonaco.com
Die Broschüre „Access Monaco" von Visit Monaco enthält praktische Informationen zur Fortbewegung, zu Unterkünften und Routenvorschlägen im Fürstentum.

info.urgence114.fr
114 ist die französische Notrufnummer für Gehörlose und Schwerhörige. Sende eine SMS, verbinde dich über die Website (info.urgence114.fr) oder lade die App herunter.

Markt in der Provence

SO ... klappt der Marktbesuch

Geschäftig und voller Farben, Düfte und Aromen – Märkte sind ein wesentlicher Bestandteil des Alltags in der Provence und an der Côte d'Azur. Auf dem Markt kannst du dich nicht nur mit frischen Produkten eindecken, er ist auch ein sozialer Anker. Hier treffen sich Nachbar:innen und Freund:innen und reden über den neuesten Klatsch und Tratsch. Am günstigsten ist es, wenn du kaufst, was gerade Saison hat. Einige Märkte finden täglich statt, andere nur einmal in der Woche.

Spezialitäten der Saison

Denk bei der Planung der Einkäufe an die Spezialitäten der Saison: im Sommer an die süßen Melonen aus Cavaillon und die saftigen Erdbeeren aus Carros, im Winter an die scharfen Trüffeln aus Carpentras und die kandierten Kastanien aus Collobrières.

Markthallen

Zur Mittagszeit sind Markthallen eine kulinarische Schatzkammer. Hier findest du regionale Gerichte zu günstigen Preisen, auch zum Mitnehmen. Wie wäre es mit dem Marché de la Condamine in Monaco oder dem Marché Forville in Cannes?

Gebote & Verbote

- **Der frühe Vogel fängt den Wurm.** Komm also früh. Nicht unbedingt vor 8 Uhr morgens, wenn die Stände noch aufgebaut werden, aber zwischen 9 und 9.30 Uhr solltest du da sein, um die besten Produkte zu ergattern. Um die Mittagszeit fangen die Verkäufer an zu packen. Um 13 Uhr sieht es oft so aus, als hätte es den Markt nie gegeben.
- **Bring eine eigene Tasche mit:** einen Korb, eine Tragetasche oder eine Supermarktbeutel – ganz egal.
- **Hab Kleingeld dabei,** die Stände akzeptieren selten eine Geldkarte.
- **Scheue dich nicht, um Rat zu fragen.** Es ist okay, die Standbesitzer zu bitten, das Obst oder Gemüse auszusuchen: etwa die perfekte Melone oder Avocado. Sie geben auch gern Kochtipps.
- **Feilschen** hebst du dir am besten für Antiquitäten- und Flohmärkte auf. Auf dem Lebensmittelmarkt ist das tabu.

NAMENSKUNDE

Marché Provençal Hier kannst du nicht nur Obst und Gemüse kaufen, sondern auch leckere Tapenade, würzigen Käse, pikante Wurst, frische Blumen, einen Sonnenhut oder ein neues Leinenhemd.

Marché des Producteurs Bauernmarkt mit regionalen Produkten.

Marché de Nuit, auch bekannt als *marché nocturne;* die Märkte erwachen zum Leben, wenn die Sonne langsam untergeht. Hier gibt es lokales Kunsthandwerk, Livemusik und Food Trucks.

Marché à la Brocante Antiquitätenmarkt: Stöbere auf dem Cours Saleya in Nizza und entlang der Kanäle von L'Isle-sur-la-Sorgue nach einzigartigen Souvenirs.

Kurz & knapp

ÖFFNUNGSZEITEN

Banken öffnen um 9 Uhr, machen mittags für mindestens eine Stunde zwischen 12 und 14 Uhr zu und schließen dann um 17.30 oder 18 Uhr. Montags können Banken geschlossen sein.

Läden öffnen um 10 Uhr und schließen gegen 19 Uhr. Kleinere Boutiquen schließen oft auch mittags.

Außerhalb der Touristenzentren schließen Läden am Sonntag.

Supermärkte haben meist Montag bis Samstag und am Sonntagmorgen geöffnet.

Rauchen

In Restaurants, Cafés und Bars sowie in öffentlichen Verkehrsmitteln ist das Rauchen verboten. Ebenso in der Nähe von Wäldern im Sommer. Einige Strände sind jetzt rauchfrei.

Öffentliche Toiletten

Halte etwas Kleingeld – meist 50 Cent oder 1 € – an öffentlichen Klos bereit. Im Café bestellst du einfach ein Getränk, um die Toilette nutzen zu können.

Strom 230V/50hz

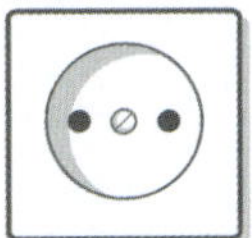

GUT ZU WISSEN

Zeitzone
GMT+1

Ländercode
33

Notruf
112

Einwohnerzahl
5,1 Millionen

FEIERTAGE

Karfreitag und zweiter Weihnachtstag sind in der **Provence** und **an der Côte d'Azur** keine Feiertage.

- **Neujahr** 1. Januar
- **Ostersonntag & Ostermontag** Ende März/April
- **Maifeiertag** 1. Mai
- **Tag des Sieges** 8. Mai
- **Christi Himmelfahrt** Mai
- **Pfingstsonntag & Pfingstmontag** Mitte Mai bis Mitte Juni
- **Nationalfeiertag** 14. Juli
- **Mariä Himmelfahrt** 15. August
- **Allerheiligen** 1. November
- **Waffenstillstand von Compiègne (1918)** 11. November
- **Weihnachten** 25. Dezember

Monaco teilt einige, aber nicht alle Feiertage mit Frankreich. Zusätzlich gibt es:

- **La Sainte Dévote** 27. Januar
- **Fronleichnam** 60 Tage nach Ostern
- **Monacos Nationalfeiertag** 19. November

PROVENCE & CÔTE D'AZUR

STORYBOOK

Mit vier Reportagen tief in den Alltag der Region eintauchen.

Les Arènes d'Arles (S. 267)

DIE GESCHICHTE DER PROVENCE & DER CÔTE D'AZUR IN 15 ORTEN

Geheimnisvolle Höhlenmalereien, gewaltige römische Arenen, mächtige Papstpaläste, glanzvolle Bauten der Belle Époque und Architekturwunder der Moderne: In vielerlei Hinsicht sind die Provence und die Côte d'Azur ein einziges großes Freilichtmuseum. Bist du bereit für eine faszinierende Reise durch drei Jahrtausende? Von Chrissie McClatchie

WILLKOMMEN IN EINEM Landstrich, der die Geschichtsbücher zum Leben erweckt. Los geht's mit 200 Millionen Jahre alten versteinerten Ammoniten in den Bergen der Alpes-de-Haute-Provence. Im Vergleich dazu wirken die mysteriösen Felszeichnungen im Vallée des Merveilles geradezu modern – bis man erfährt, dass sie zwischen 1800 und 1500 v. Chr. entstanden sind. Die Griechen gründeten um 600 v. Chr. Marseille und brachten Weintrauben und Oliven mit. Schon bald folgten die Römer und drückten den Städten der Region ihren prächtigen Stempel auf.

Im Mittelalter floh ein Großteil der Menschen ins Gebirge und suchte in ummauerten Bergdörfern Schutz vor Invasoren, während die Päpste ihren Sitz von Rom nach Avignon verlegten. Es folgten Kriege und Seuchen und dann kam Napoleon, der die Region durchquerte, um in Paris seinen Thron zurückzufordern. Schließlich trafen die ersten Touristen auf der Suche nach winterlicher Sonne ein, und die Côte d'Azur war geboren. Egal ob du dich für die ersten Menschen, für machthungrige Kaiser, für Gestalten der Belle Époque oder für ländliche Traditionen interessierst – in der Provence und an der Côte d'Azur wirst du auf jeden Fall fündig.

1. Réserve Géologique de Haute-Provence

ALS OZEANE DAS LAND BEDECKTEN

Vor über 100 Millionen Jahren waren die Alpen von einem riesigen Meer bedeckt. Heute gehören 230 000 ha der Gebirgskette zu Europas größtem geologischen Schutzgebiet, der Réserve Géologique de Haute-Provence. Es erstreckt sich über drei Départements in der Provence (Alpes-de-Haute-Provence, Var und Hautes-Alpes) und seine wichtigste Stätte liegt etwas außerhalb von Digneles-Bains in Alpes-de-Haute-Provence. Die als La Dalle aux Ammonites (Ammonitenplatte) bezeichnete Steinfläche ist ein echtes geologisches Wunder: Hier findet man über 1500 Ammonitenschalen, die rund 200 Millionen Jahre alt sind. Die größte von ihnen misst unglaubliche 70 cm.

Mehr zu den Ammoniten in der Réserve Géologique de Haute-Provence auf S. 234.

2. Vallée des Merveilles

URALTE KUNST

Über 40 000 Petroglyphen (prähistorische Zeichnungen) bedecken die Felsen im Vallée des Merveilles und geben dieser engen Schlucht ihren Namen: das Tal der Wunder. Die Identität der ausführenden Künstler bleibt ein Geheimnis, doch es steht außer Frage, wie wichtig diese Zeichnungen von Tieren, Waffen, Werkzeugen und sogar Menschen sind, wenn es darum geht, das Leben in der Bronzezeit besser zu verstehen. Du solltest zwei Tage einplanen, um die Zeichnungen wirklich kennenzulernen. Und da man das Tal ausschließlich in Begleitung eines qualifizierten Guides betreten darf, gehört es zu den wenigen quasi unberührten Orten an der Côte d'Azur.

Mehr zum Vallée des Merveilles auf S. 74.

3. Römisches Arles

VENI, VIDI, VICI

Das antike Arelate (Arles) verdankte seinen Reichtum Julius Caesar, der die Stadt zum Dank für ihre Hilfe bei der Plünderung des nahen Marseille im Jahr 49 v. Chr. mit einer Statuserhöhung belohnte. Bald schon entwickelte sich Arles zum Lieblingsort der Römer in der Region. Hier fanden im 20000 Menschen fassenden Amphitheater Großereignisse wie etwa Gladiatorenkämpfe und Wagenrennen statt, während im Theater mit seinen 12000 Plätzen Schauspiele zur Aufführung kamen. Die dem Kolosseum in Rom nachempfundenen Arènes d'Arles sind das größte römische Monument in Frankreich. Im unweit gelegenen Théâtre Antique haben etliche Jahrhunderte des Plünderns ihren Tribut gefordert, doch es ist immer noch eine prächtige Kulisse für Sommerevents.

Mehr zu den römischen Bauten in Arles auf S. 164.

4. Théâtre Antique, Orange

PAX ROMANA

Ludwig XIV. bezeichnete die Bühnenfassade des Théâtre Antique in Orange als „die schönste Mauer meines Königreiches". Er verdankte sie jedoch der Stabilität des Römischen Reiches unter Kaiser Augustus (27 v. Chr.–14 n. Chr.), der den Bau des Theaters in Auftrag gab. Und dieses geniale, 10 000 Zuschauer fassende Bauwerk ist wirklich eines Kaisers würdig: Die natürliche Akustik ist so ausgezeichnet, dass man selbst in der hintersten Reihe jeden Ton von der Bühne hören kann. Über Jahrhunderte wurde das Theater geplündert und als Gefängnis oder Zufluchtsort genutzt. Heute steht es unter dem Schutz der UNESCO und im Sommer finden Aufführungen statt.

Mehr zum Théâtre Antique auf S. 194.

Palais des Papes (S. 186)

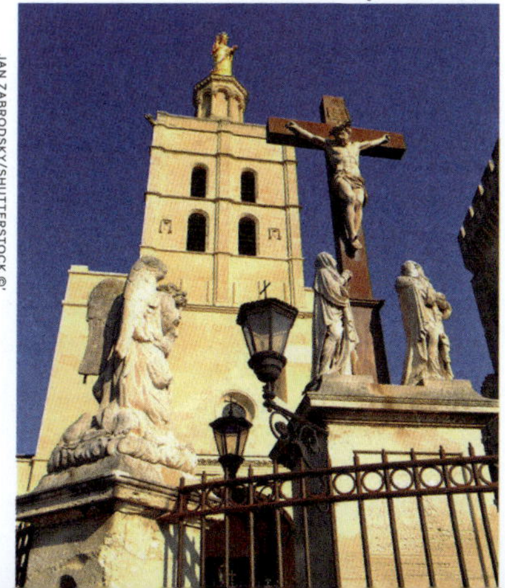

JAN ZABRODSKY/SHUTTERSTOCK ©

5. Monastère Notre-Dame de Clémence de la Verne, Collobrières

EINE ZUFLUCHT VOR DER WELT

Nur eine Stunde von St-Tropez, aber eine ganze Welt vom Glamour entfernt, erhebt sich das Monastère Notre-Dame de Clémence de la Verne zwischen Kastanien- und Eichenwäldern über dem Massif des Maures. Angeblich steht das Kloster aus dem 12. Jh. an der Stelle eines heidnischen Tempels zu Ehren von Laverna, der Schutzgöttin der Diebe, die sich hier in den Bergwäldern versteckten. Drei Brände in drei Jahrhunderten konnten die Mönche nicht vertreiben, doch die Französische Revolution schaffte es. Fast 200 Jahre vergingen, bevor wieder ein religiöser Orden einzog.

Mehr zu Wanderungen durch uralte Kastanienhaine zum Monastère Notre-Dame de Clémence de la Verne auf S. 128.

6. Palais des Papes

GAME OF THRONES

Sieben Päpste aus Frankreich verhalfen Avignon im 14. Jh. zu Ansehen und Bekanntheit, indem sie die Stadt an der Rhône zum Zentrum der katholischen Welt machten. Zwar residierten sie nur weniger als 70 Jahre hier und während des Großen Schismas von 1378 bis 1417 klagten rivalisierende Päpste in Rom und Avignon einander an und exkommunizierten sich gegenseitig, doch die Präsenz der Päpste ist im gewaltigen Palais des Papes, dem größten gotischen Palast der Welt, noch heute zu spüren. Im nahe gelegenen Châteauneuf-du-Pape, der päpstlichen Sommerresidenz, lagert der berühmte Wein des Ortes.

Mehr zum Palais des Papes auf S. 186.

7. Palais Princier de Monaco

EINE HOLLYWOOD-LOVESTORY

Auf dem Felsen von Monaco, in einem Palast hoch über dem Mittelmeer, residieren die Grimaldis, die am längsten regierende Fürstenfamilie Europas. Hier empfing 1955 Fürst Rainier III. Grace Kelly, die Königin von Hollywood. Doch das ist nur ein

Teil dessen, was man erfährt, wenn man die reich ausgestatteten Prunkräume der Residenz besichtigt. Aufwendige Restaurierungsarbeiten bringen immer neue beeindruckende Renaissance-Fresken ans Tageslicht, die jahrhundertelang unter mehreren Farbschichten verborgen waren.

Mehr zu alter und neuer Kunst im Palais Princier de Monaco auf S. 94.

8. Route Napoléon

DER BEGINN DER HUNDERT TAGE

Im Februar 1815 betrat Napoleon Bonaparte nach seiner Flucht aus dem Exil auf der italienischen Insel Elba erstmals wieder heimischen Boden. Von Cannes aus machte er sich auf den Weg durch die französischen Alpen nach Paris, wo er zweieinhalb Wochen später ankam und durch einen spektakulären militärischen Coup wieder an die Macht gelangte. Die 325 km lange Strecke, die er von der Côte d'Azur nach Grenoble zurücklegte, gehört heute zu den beliebtesten Ausflugsrouten in ganz Frankreich. Sie führt durch Orte wie die Parfümstadt Grasse und das Dorf Vallauris, dessen Töpferwaren Picasso inspirierten, in die Ebenen der Alpes-de-Haute-Provence, wo sie dann deutlich flacher wird.

Mehr zur Route Napoléon auf S. 91.

9. Casino de Monte-Carlo

MACHEN SIE IHR SPIEL!

Wer nach einem Gebäude sucht, das die Geschichte eines Landes nachhaltig veränderte, braucht sich nur das Casino de Monte-Carlo anzuschauen. Dieses zwischen Olivenbäumen und Zitruspflanzen auf einem Plateau errichtete Juwel der Belle Époque wurde 1863 eröffnet. Es ließ Monaco zu einem neuen Ziel für Europas High Society werden – und gab dem kleinen Fürstentum am Mittelmeer, das bis dahin hauptsächlich von der Landwirtschaft gelebt hatte, eine neue Richtung vor. Nicht lange nach dem Casino öffnete das ebenso glanzvolle Hôtel de Paris seine Pforten und der Luxusort Monte-Carlo war geboren.

Mehr zum Casino auf S. 96.

10. Barcelonnette

VON DEN ALPEN NACH MEXIKO

Anfang des 19. Jhs. verließen zahlreiche junge Männer die Dörfer des Vallée de l'Ubaye in den Alpes-de-Haute-Provence und gingen nach Mexiko. Dort etablierten sie sich oft erfolgreich im Bankgeschäft und in der Textilbranche. Etliche von ihnen kehrten später in die Provence zurück – und gaben hier ihr Geld aus: Als sichtbare Zeichen ihres Reichtums ließen sie sich prächtige Villen bauen. Rund 50 dieser zwischen 1890 und 1930 errichteten Villen stehen noch immer in Barcelonnette und Jausiers. Heute sind diese eleganten Wohnsitze als „Mexikanische Villen" bekannt.

Mehr zu Barcelonnette und den Mexikanischen Villen auf S. 243.

11. Nizza

AUF DER PROMENADE

Sowohl Aristokraten als auch Künstler:innen ließen sich gern einen Winteraufenthalt an der Côte d'Azur verschreiben – der Sonnenschein sollte nämlich Tuberkulose heilen. Die Farben, das Licht und das milde Klima lockten die Gäste jedes Jahr aufs Neue an und die breiten Strandpromenaden und die Spielhöllen wurden zu wahren Society-Hotspots der Belle Époque. Im späten 19. und frühen 20. Jh. war im Winter Hochsaison in Nizza und das reiche architektonische Erbe aus dieser Zeit hat der Stadt einen neuen Titel beschert: Sie ist nun als „Winterurlaubsstadt an der Riviera" Teil des Weltkulturerbes.

Mehr zu den Bauten des UNESCO-Weltkulturerbes in Nizza auf S. 54.

12. Villa Ephrussi de Rothschild

DAS LEBEN DER REICHEN UND SCHÖNEN

Im lauschigen Millionärsrefugium St-Jean-Cap-Ferrat ist die Villa Ephrussi de Roth-

Promenade des Anglais, Nizza (S. 56)

Ménerbes (S. 216)

schild eine der schönsten Belle-Époque-Residenzen an der Côte d'Azur. Die wie eine zweietagige, bonbonrosa Hochzeitstorte wirkende Villa spart nicht mit kunstvollen architektonischen Details und ist von einem perfekt gepflegten Garten umgeben. Sie wurde 1912 als Winterresidenz für die Baronin Béatrice Ephrussi de Rothschild erbaut und die Räume sind mit Gegenständen aus ihrer privaten Kunstsammlung eingerichtet. Kurz vor ihrem Tod im Jahr 1933 vermachte die Baronin ihre Villa samt Inventar der Académie des Beaux-Arts, die das Anwesen seitdem als Museum betreibt.

Mehr zur Villa Ephrussi de Rothschild auf S. 68.

13. Auberge St-Martin

HAUTE CUISINE VON DER WEIDE

Die Provence hat eine lange Hirtentradition und die sommerliche Weidewirtschaft wird in einigen Gegenden noch immer praktiziert. Im Dorf La Brigue in der nordöstlichsten Ecke der Côte d'Azur pflegt Chefkoch Patrick Teisseire das kulinarische Erbe dieser Tradition in der Küche der Auberge St Martin, seines Hotels und Restaurants. Zu den wichtigsten Rezepten dieser nach der Farblosigkeit ihrer ehemals am Wegesrand gesammelten Zutaten *cucina bianca* genannten Küche gehören die Sügeli – muschelförmige Nudeln, die aus wenig mehr als Mehl und Wasser bestehen – und Schafskäse.

Mehr zur Auberge St-Martin und ihren leckeren Sügeli auf S. 76.

14. Ménerbes

TOUJOURS PROVENCE

Es ist der Klassiker: Gestresster Workoholic aus der Stadt wirft alles hin für einen ländlichen Neubeginn im Ausland. Peter Mayle tat genau das, als er seine Karriere als Werbefachmann in London gegen das Leben in einem maroden Bauernhaus im Lubéron eintauschte. Sein Buch *Mein Jahr in der Provence* machte nicht nur das verschlafene Dorf Ménerbes bekannt und regte etliche Autor:innen zur Nachahmung an – es beschreibt auch jenes provenzalische Idyll, das noch heute die Region prägt und immer neue Besucher:innen anlockt.

Mehr zum Dorf Ménerbes, wo alles begann, auf S. 216.

15. LUMA Arles

ZUKUNFT IN DER VERGANGENHEIT

Die Chromfassade des LUMA Arles ist von allen Seiten aus bestens sichtbar, denn 11 000 Edelstahlrauten schimmern mit der südfranzösischen Sonne um die Wette. Der von Frank Gehry entworfene Turm ist 56 m hoch und damit das höchste Gebäude weit und breit. Er ist ein mutiges Bekenntnis zur Zukunft an einem Ort, der allzu oft von seiner Vergangenheit dominiert wird – auch wenn sich der Architekt sowohl von Vincent van Gogh als auch von den Römern zu seinem Bau inspirieren ließ. Dieser Kulturkomplex ist ein neues Zentrum der Künste und zugleich Ideenschmiede für Zukunftsthemen wie etwa nachhaltigem Design.

Mehr zum LUMA Arles auf S. 161.

NIZZA UND ITALIEN

Eine Stadt zwischen zwei Ländern.
Von Chrissie McClatchie

NIZZA IST DIE Perle der Côte d'Azur. Die Stadt liegt weniger als 30 km von der Grenze zu Italien entfernt. Man ist von hier aus schneller in Rom als in Paris. Frankreich und Italien haben lange um die Hauptstadt der Côte d'Azur gerungen. Frankreich hat letztlich den Zuschlag bekommen. Aber der italienische Einfluss ist in Nizza noch heute deutlich zu spüren. Man sieht das in der Altstadt, wo italienisch anmutende Fassaden in warmen Gelb- und Rottönen die dunklen Gassen aufhellen. Man schmeckt es, wenn man eine Socca isst – jenen dünnen, würzigen Pfannkuchen aus Kichererbsen, der eng mit der ligurischen Farinata verwandt ist. Und man hört es in den Geschäften, deren Inhaber:innen mühelos von einer Sprache in die andere wechseln können.

Nur etwas mehr als 160 Jahre trennen das heutige Nizza von jener Zeit, in der die Stadt tatsächlich italienisch war.

Im Uhrzeigersinn von oben links: Vieux Nice (S. 54); Denkmal für Catherine Ségurane (S. 57); Socca (S. 61)

Lektion in Geschichte

Der Kampf um Nissa La Bella, wie die Stadt liebevoll genannt wird, begann im späten 14. Jh. Damals tobte in der Provence ein Bürgerkrieg infolge eines Erbfolgestreits, der manche fiktive Fernsehserie an Dramatik übertraf. 1388 wurde die Grafschaft Nizza in das zum Heiligen Römischen Reich gehörende Herzogtum Savoyen eingegliedert und genoss seitdem dessen Schutz. Im Gegenzug erhielt das Herzogtum, das sich von Genf bis nach Norditalien erstreckte, einen Zugang zum Meer und herrschte über einige wenige wertvolle Kilometer Küste.

Natürlich war Savoyen damals nicht italienisch, denn der Staat Italien entstand erst 1861. Doch das Haus Savoyen herrschte ab dem 15. Jh. auch im Piemont. Im 18. Jh. erhielt es außerdem Sizilien zugesprochen, das es später gegen Sardinien tauschte. Und es war Herzog Viktor Emmanuel II. von Savoyen, der zum ersten König des vereinten Italien gekrönt wurde.

Während sie ihre eigene Herrschaft immer weiter ausbauten, eilten die Savoyarden den Einwohnern von Nizza mehrfach zur Hilfe – wie etwa 1543, als sie zusammen mit ihnen gegen die französischen und türkischen Truppen kämpften, die die Stadt belagerten. Die Eindringlinge konnten zwar das heutige Vieux Nice einnehmen, nicht aber die Zitadelle auf dem Schlosshügel. Laut einer Legende war dies der Waschfrau Catherine Ségurane zu verdanken, die einen türkischen Angreifer mit ihrem Bleuel außer Gefecht setzte. Noch heute hat sich in Vieux Nice eine Kanonenkugel aus dieser Zeit erhalten. 1561 wurde dann Italienisch anstelle von Latein zur offiziellen Sprache von Nizza.

ÜBER DIE NEUE EISENBAHNLINIE KAMEN DIE ERSTEN TOURISTEN AUF DER SUCHE NACH DER WINTERSONNE. DER MYTHOS CÔTE D'AZUR WAR GEBOREN.

Bahnlinie und Strand, Villefranche-sur-Mer (S. 64)

Das Wechselspiel geht weiter

Doch die Franzosen kamen wieder und diesmal war der Ausgang ein anderer. 1691 wurde Nizza von den Truppen Ludwigs XIV. besetzt und der Kampf ging in die nächste Runde. Zwar musste der König die Stadt fünf Jahre später zurückgeben, doch 1705 eroberte er sie erneut. Diesmal ließ er die Zitadelle schleifen, wovon die Ruinen auf dem Schlosshügel noch heute Zeugnis ablegen. 1713 zwang ihn ein Vertrag dazu, die Stadt nochmals an Savoyen zu restituieren.

Ende des 18. Jhs. eroberten französische Revolutionstruppen Nizza. Und zum ersten Mal durfte auch das Volk bei der Frage nach seiner Staatszugehörigkeit mitreden. Es stimmte für eine „Wiederangliederung" an Frankreich. Daraufhin wurde das Département Alpes-Maritimes geschaffen und Nizza zu seiner Hauptstadt erklärt.

Doch der Streit um die Stadt war damit noch nicht vorbei. Nach Napoleons Abdankung wurde Nizza 1814 im Vertrag von Paris ein weiteres Mal dem Haus Savoyen zugesprochen. Und so blieb es bis 1860, als die Stadt den Franzosen als Belohnung angeboten wurde, sollten sie dem zukünftigen italienischen König Viktor Emmanuel II. im Kampf gegen Österreich zu Hilfe kommen. Erneut durfte das Volk über eine Angliederung an Frankreich abstimmen, doch das war nur eine Show: Am Tag des Referendums waren angeblich keine Nein-Stimmen abgegeben worden.

Frankreich hatte gesiegt und das sollte sich schon bald auszahlen: Nur vier Jahre später kamen über die neue Eisenbahnlinie die ersten Touristen auf der Suche nach der Wintersonne. Der Mythos Côte d'Azur war geboren.

Art Walk

Wenn du auf der Promenade des Anglais den Art Walk entlanggehst, stößt du auf die hoch aufragende Skulptur *Neuf Lignes Obliques*. Sie hat die Einwohnerschaft der Stadt tief gespalten: Einige sehen in ihr nur eine Ansammlung rostiger Metallstäbe, andere feiern sie als Meisterwerk. Die Installation wurde 2010 errichtet, Anlass war der 150. Jahrestag der Annexion Nizzas im Jahr 1860. Doch warum neun Linien? Nun – eine für jedes der neun Täler der Grafschaft Nizza.

Nur wenige Minuten entfernt zollt im Jardin Albert I. oberhalb der Baie des Anges ein weiteres Standbild der Geschichte seinen Tribut. Die in eine französische Flagge gehüllte Bronzestatue der geflügelten Siegesgöttin Viktoria hoch oben auf dem Monument du Centenaire von 1896 erinnert an die erste Angliederung Nizzas im Jahr 1793 und an die Schaffung des Départements Alpes-Maritimes.

Teils französisch, teils italienisch, 100 % niçois

In den rund 160 Jahren, seit Nizza endgültig zu Frankreich gehört, hat sich die Stadt zur fünftgrößten und zu der am zweithäufigsten besuchten des Landes entwickelt. Dabei strömen die Tourist:innen nicht nur an die von Palmen gesäumte Strandpromenade, sondern auch auf die vielen hübschen Plätze, um dort einen Espresso oder ein Glas Rosé zu trinken. Denn vor allem hier ist er zu spüren, der relaxte Lifestyle von Nizza. In den Restaurants gibt es sowohl Moules frites als auch Pasta Pesto.

Ihre einzigartige Geschichte hat Nizza zu der Stadt gemacht, die sie heute ist. Ihre Bewohner:innen sind stolze und selbstbewusste Menschen, die ihre Traditionen pflegen und ihre eigene Sprache haben – das Niçois, das auch in der Schule unterrichtet wird. Doch das ist eine ganz eigene Geschichte.

Moules frites

LE MISTRAL GAGNANT

Der berühmt-berüchtigte Wind der Provence. Von Ashley Parsons

AN SEINEM ERSTEN Tag hat der Mistral etwas Beruhigendes an sich. Ein kräftiger Wind vertreibt die Wolken und die Feuchtigkeit. Der Himmel wird wieder blau und die Sonne strahlt über der malerischen Landschaft der Provence. Die Bauern freuen sich auf gute Ernten und die Menschen erzählen sich Sagen und Geschichten über den Wind. Doch keiner hört richtig zu, denn alle kennen diese Geschichten seit ihrer Kindheit.

Der für seine Ausdauer und Wildheit bekannte Mistral ist seit Jahrhunderten ein wesentlicher Bestandteil dessen, was die Provence ausmacht. Erstmals wurde er um 700 v. Chr. als „schreckliche Macht" erwähnt. Das keltische Volk der Albique glaubte, der Mistral sei aus der Vereinigung des gallischen Gottes Vintur mit einer Frau ihres Stammes entstanden.

DER FÜR SEINE AUSDAUER UND WILDHEIT BEKANNTE MISTRAL IST SEIT JAHRHUNDERTEN EIN WESENTLICHER BESTANDTEIL DESSEN, WAS DIE PROVENCE AUSMACHT.

Mistral (S. 34), Provence

MASLENKA/SHUTTERSTOCK ©

In einer anderen Erzählung sperren die Bewohner:innen eines Dorfes den Mistral in einer Höhle ein. Sie verbarrikadieren den Eingang mit Brettern aus uralten Olivenbäumen, denn diese Bäume wissen der Kraft des Mistrals zu widerstehen. Als der Mistral erwacht, warnt er die Menschen: Ohne ihn wird das Land zugrunde gehen. Moskitos werden über die Felder herfallen, das Wasser wird schlecht werden und Kinder und Alte werden an Fieber sterben. Doch die Dörfler bleiben hart und lassen den Mistral in der Höhle.

Natürlich behält der Wind recht, und nach einer Nacht voller Diskussionen unter den Dorfbewohnern meldet er sich zu Wort. Er gelobt Milde, falls man ihn freiließ. Er verspricht, keine Obstbäume zu entwurzeln, keine Dächer abzudecken und keine Zäune zu zerstören. Da beschließen die Dorfbewohner:innen, dem Wind seine Freiheit zu schenken.

Als das letzte Brett entfernt ist, stürmt der Mistral aus der Höhle und beginnt mit aller Kraft zu wehen. Die Leute stehen wie angewurzelt da und wissen nicht, wie sie reagieren sollen. Da tritt ein mutiges Kind vor und erinnert den Wind

an sein Versprechen. Sofort legen sich die heftigen Böen.

Der zweite Tag des Mistral

Wer am Vortag nur kleinere Stücke gewaschen hat, kann sich heute die Bettlaken oder gar einen Teppich vornehmen. Durch den permanenten Wind wird die Wäsche auf der Leine in einer Stunde trocken. Doch um die Mittagszeit stellt sich Ermüdung ein.

Der Mistral entsteht durch das Zusammentreffen mehrerer Hoch- und Tiefdruckgebiete und ist oft kalt und trocken. Er fegt mit durchschnittlich 50 km/h über das Land, wobei einige Böen auch 100 km/h und mehr erreichen können. Ein so starker Wind dringt in kleinste Ritzen vor und rüttelt an Fenstern und Türen. Überall wirbelt er Staub auf, was die Bevölkerung mit resignierter Frustration erträgt.

Oft löst der Mistral gemischte Gefühle aus. Er bringt starke Böen und unbeständiges Wetter, aber er reinigt auch die Luft, sorgt für Klarheit und lässt die Farben der Landschaft hell leuchten. An heißen Sommertagen ist der kühle Wind besonders willkommen, bietet er doch Erholung von der stechenden Sonne. Es ist ein Tanz der Emotionen – ein Walzer zwischen Freude und Frust, zwischen Dankbarkeit und Missmut.

EIN SO STARKER WIND DRINGT IN KLEINSTE RITZEN VOR UND RÜTTELT AN FENSTERN UND TÜREN. ÜBERALL WIRBELT ER STAUB AUF, WAS DIE BEVÖLKERUNG MIT RESIGNIERTER FRUSTRATION ERTRÄGT.

Erinnert der Mistral die Menschen an ihre Verbundenheit mit der Natur und an die Herausforderungen, denen sie sich stellen müssen? Während der Wind durch die engen Gassen pfeift, lässt er neue Geschichten und Bindungen entstehen. In der Provence, wo die Kräfte der Natur eng mit der menschlichen Existenz verwoben sind, prägt ein einfacher Wind, der alle Aspekte des Lebens beeinflusst, den Charakter des Landes und seiner Menschen. Der Schutz vor dem Mistral bestimmt auch die Architektur: Die alten Bauernhäuser in der Provence sind meist nach Süden ausgerichtet, während nur wenige, oft kleine Fenster nach Norden gehen.

Gegenüber: Weinberg, Châteauneuf-du-Pape (S. 188)

Der dritte Tag des Mistral

Heute sollte man sich einen dicken Mantel anziehen, in eine Dorfkneipe gehen und darauf warten, dass der Wind abflaut. Überall in der Provence sind Dutzende von Bars, Tabakläden und Bistros nach dem Mistral benannt, auf Provenzalisch „lou mistrau", der Meister.

Dieser kräftige Wind formt nicht nur die Landschaft, sondern spielt auch eine wichtige Rolle beim Weinbau. Die Wirkung des Mistrals auf die Weinberge ist bedeutend und sehr nützlich. Er weht durch die Weinreben, trocknet die Blätter und mindert so das Risiko von Pilzkrankheiten wie etwa Schimmel. Dadurch und durch seine Fähigkeit, allzu große Feuchtigkeit zu verhindern, schafft der Wind günstige Bedingungen für den Anbau der Trauben. Als natürlicher Verbündeter des Weinbaus in der Region trägt der Mistral das Seine zur Produktion hochwertiger Côtes-du-Rhône-Weine bei, zu denen auch der berühmte Châteauneuf-du-Pape gehört.

Angesichts unablässiger Windböen halten die Bewohner:innen der Provence an ihren Traditionen fest. Die Cafés und Brasserien werden zu Zufluchtsorten, an denen man zusammenkommt und bei einem Glas Rotwein oder Pastis seine Sorgen teilt. Dabei entsteht aus dem Klirren der Gläser und dem lebhaften Geplapper eine Sinfonie aus Unmut und Unverwüstlichkeit, in der der Geist der Provence seinen Widerhall findet.

Vielleicht legt der Wirt in Anspielung an den Wind, die Zeit und die Nostalgie eine Platte von Georges Brassens auf, am besten die mit dem *Chapeau de Mireille*. Man kann dann nur hoffen, dass der Wind sich heute Nacht legen wird und aus drei Tagen nicht sechs werden.

Denn wie heißt es so schön: *Le mistral qui dit «bonjour» (débutant le jour) est là pour 3, 6 ou 9 jours, alors que celui qui dit «bonsoir» (débutant le soir) est là jusqu'à demain soir.* – Der Mistral, der „Guten Tag" sagt (d. h. am Morgen beginnt), bleibt 3, 6 oder 9 Tage, aber der Mistral, der „Guten Abend" sagt (d. h. am Abend beginnt), bleibt bis morgen Nacht.

DIE HITZE VON MARSEILLE

La canicule oder „die Hitze“ verwandelt Marseille im Sommer und treibt die Menschen nach draußen. Von Michael Frankel

DIE HITZE VERÄNDERT Marseille im Sommer von Grund auf und zwingt die Bevölkerung, ihr Leben nach draußen zu verlegen. In dieser rebellischen Stadt beanspruchen die Menschen ihre Straßen für sich. Sobald es dunkel wird, kommen sie bis spätnachts auf den überfüllten Plätzen zusammen oder schauen von ihren Balkonen aus über die engen Gassen hinweg in die Wohnungen gegenüber. Man hört Geräusche aus tausend Wohnzimmern: lärmende Fernseher, lautes Lachen, Gesprächsfetzen zur Musik, das Schrammen von Stuhlbeinen auf dem Fliesenboden oder das Kratzen einer Gabel auf dem Teller. All diese Laute dringen durch die offenen Fenster nach einem Tag auf den Felsen oder am Strand des Mittelmeers.

Sommer in der Stadt

Die Hitze setzt die Moleküle um uns herum in Bewegung, während zugleich das Leben langsamer wird. Wir essen anders, schlafen anders und haben weniger Energie.

Marseille (S. 136)

Nach und nach bestimmt die Hitze unser ganzes Leben. Sie beeinflusst unseren Körper und Geist. Benommen erwacht man am späten Morgen, liegt braun gebrannt und still auf dem Bettlaken und lauscht dem schläfrigen Surren eines Ventilators. Vergessen und für lange Zeit weggepackt ist die Bettdecke, man kann sie sich kaum mehr vorstellen. Man greift nach der Wasserflasche und der Gedanke, irgendetwas könnte die eigene Haut berühren, ist einem unerträglich. Selbst die Nähe eines anderen Körpers kann zu viel sein.

NACH UND NACH BESTIMMT DIE HITZE UNSER GANZES LEBEN. SIE BEEINFLUSST UNSEREN KÖRPER UND GEIST. BENOMMEN ERWACHT MAN AM SPÄTEN MORGEN, LIEGT BRAUN GEBRANNT UND STILL AUF DEM BETTLAKEN UND LAUSCHT DEM SCHLÄFRIGEN SURREN EINES VENTILATORS.

Wir öffnen die Fensterläden und nach einem Blick in den blauen Himmel und ins helle Licht wagen wir uns nach draußen. Gnadenlos brennt die Sonne auf uns nieder und vom Beton strahlt die Hitze ab, die er gespeichert hat. Es ist wie in einem Backofen und die Temperatur bestimmt das Leben auf dieselbe Weise wie die Schwerkraft – nämlich vollständig.

Calanques, Marseille (S. 146)

SUFIYAN GANGAT/SHUTTERSTOCK ©; GANZ LINKS: DEMAN/SHUTTERSTOCK ©

Und doch bringen diese Sommer viele von uns dazu, freudig aufzustehen. Wer die Stadt im Juli oder August besucht, wird schnell ins Schwitzen kommen. Der Hitze und Schwüle kann man nicht entfliehen, auch nicht drinnen oder im Schatten. Große Schweißtropfen rinnen an deinem Körper herab und zerspringen zu deinen Füßen. Dein Hirn pumpt Blut an die Hautoberfläche, um deine Temperatur zu regulieren und dich kühl und am Leben zu halten.

Du duschst kalt, und weckst das Reptil in dir: Das Wasser auf dem Kopf und im Nacken belebt deinen Kreislauf. Bald darauf machst du dich auf den Weg zur Küste. Du schaust dir die Leute an, die sich auf den Felsen oder auf bunten Sonnenliegen räkeln. Die Temperatur steigt, dein Blick wird verschwommen und dein Denken konfus. Dies ist es wohl, was man unter „zu heiß" versteht – wenn man Entscheidungen triffst, die sich nicht wie die eigenen anfühlen. An diesem Punkt werden deine Gedanken träge und dein Körper läuft heiß.

Wer nicht aus Marseille stammt, mag sich über all die gebräunten, schlanken, halb oder ganz nackten Körper in der Sonne wundern. Dann und wann verschwinden sie im Wasser und tauchen nass und mit neuer Energie wieder auf. Das Ganze hat etwas zeitlos Heidnisches an sich: Man huldigt der Sonne und ihrer Wirkung. Am Nachmittag geht's ebenso meditativ und spirituell weiter: Du selbst wirst zu einem Opfer an die Götter. Die infernalische Hitze zwingt dich dazu, dich in dein Inneres zurückzuziehen. Gedanken verschwinden, und am Ende bist du nur noch eine Stimme, die sagt: „Es ist ja so heiß." Du zweifelst, ob du ein kaltes Bier trinken sollst. Es mag eine Herausforderung sein, doch aus deinen Poren strömt die Reinigungsflüssigkeit deiner inneren Welt – alles Schlechte und Unerwünschte wird weggespült. Du schwitzt fast schon aus deinen Zellen heraus. Dein Körper wird zu einem eigenen Universum.

Du gehst erst ins Wasser, wenn du die brennende Sonne auf deiner Haut nicht mehr aushältst. Wenn du dann in die Farben und die Stille unterhalb der Wasseroberfläche eintauchst, ist das wie eine zweite Geburt. Du kannst alles loslassen. Dich von allem lösen und deiner inneren Stimme vertrauen. Sie wird dich stärken und dich bereit machen, es mit dem Chaos des realen Lebens erneut aufzunehmen – mit einer glühend heißen Stadt mit einer Million lebhafter Menschen.

Einer Stadt, die provokant und aufbrausend, gefühlvoll und mutig ist – ob dir das nun gefällt oder nicht. Der Charakter von Marseille wurde im Feuer geschmiedet.

DIE ORTE, DIE WIR AM LIEBSTEN AUFSUCHEN, UM DER HITZE ZU ENTFLIEHEN, SIND AUCH AM STÄRKSTEN GEFÄHRDET: INDEM WIR DIE NATUR SCHÜTZEN, SCHÜTZEN WIR AUCH UNSERE GESAMTE KULTUR.

In einer solch brütenden Hitze ist es absolut in Ordnung, nichts zu tun. Es wäre unmöglich, unter diesen Bedingungen irgendetwas von irgendwem zu erwarten. Das Leben hat Pause. Es gibt keine Vergangenheit und keine Zukunft, sondern nur diese glühend heiße Gegenwart – einen langen heißen Sommer, in dem du alles andere vergisst und nur mit deinen Freunden lachend am Strand liegst. Einen Sommer, der dich einhüllt wie ein Nebel. Alles wird einfacher und leichter, auch das Essen auf deinem Teller.

Die Orte, die wir am liebsten aufsuchen, um der Hitze zu entfliehen, sind auch am stärksten gefährdet: Indem wir die Natur schützen, schützen wir auch unsere gesamte Kultur. Da es im Sommer oft verboten ist, in die *calanques* zu fahren, solltest du dir die App *Mes Calanques* herunterladen, um an aktuelle Infos zu diesem kostbaren Naturparadies zu kommen. Die App ermutigt dazu, verantwortlich zu handeln, Vorfälle zu melden und Fragen zu stellen. Der Nationalpark ist zu einem Pulverfass geworden – so trocken, dass ein einziger Zigarettenstummel ganze Quadratkilometer an Buschland zerstören kann. Und der wilde Mistral tut das Seine, um das Feuer zusätzlich anzuheizen.

Die Auswirkungen der Hitze auf das Ökosystem werden dir am stärksten bewusst, wenn du vom Strand heimkehrst und in den Nachrichten siehst, wie die Natur vernichtet wird und ganze Regionen von Zerstörung betroffen sind. Der Wetterbericht ist eine einzige Warntafel voller Ausrufungszeichen. Man sieht flüchtende und weinende Menschen mit Tränen in den verrußten Gesichtern. Man sieht Menschen, die verzweifelt gegen die Flammen kämpfen, während aus Flugzeugen tonnenweise Wasser und Brandschutzmittel auf sie herabregnen.

Das passiert jeden Sommer und lässt sich anscheinend nicht verhindern. Marseille schaut Nachrichten, während die Medien am Siedepunkt sind. Diese Stadt wird vom Staat vernachlässigt. Sie ist die ärmste in Frankreich und eine der ärmsten in ganz Europa. Der Sommer war immer der große Gleichmacher, denn alles, was man brauchte, waren ein Hut und ein kaltes Getränk. Jetzt aber droht er uns alle zu verschlingen.

Calanques (S. 146), Marseille

REGISTER

Karte Seite **000**

Karte Seite **000**

T

Karte Seite **000**

HINTER DEN KULISSEN

Redaktionsleitung
AnneMarie McCarthy

Titelbildrecherche
Marc Backwell

Redaktion
Jennifer McCann

Layout
Dermot Hegarty

Kartographie
Bohumil Ptáček

Redaktionsassistenz
Sofie Andersen, Alison Killilea, Kate Mathews, Christopher Pitts

Dank an
Ronan Abayawickrema, Karen Henderson, Darren O'Connell

Es ist stets Rosé-Saison (S. 158) in der Provence und an der Côte d'Azur.

Die Quelle von Fontaine-de-Vaucluse (S. 205) ist die größte Frankreichs und zählt zu den fünf größten Quellen der Welt.

ÜBER DIESES BUCH

Lonely Planet Global Limited
Digital Depot, Roe Lane
(off Thomas Street)
Digital Hub
Dublin 8, D08 TCV4
Ireland

Verlag der deutschen Ausgabe:
MAIRDUMONT
Marco-Polo-Str. 1
73760 Ostfildern

www.lonelyplanet.de
www.mairdumont.com
lonelyplanet-online@mairdumont.com

Provence & Côte d'Azur
5. deutsche Auflage
September 2024,
übersetzt von *Provence & Côte d'Azur, 11th edition,*
Lonely Planet Global Limited

Deutsche Ausgabe
© Lonely Planet Global Limited, Mai 2024

Fotos © wie angegeben 2024

Printed in China

Redaktion und technischer Support:
Eszter Kalmár, Potsdam
(www.lektorat-kalmar.de)

Übersetzung:
Karin Hirmer,
Eszter Kalmár,
Holger Möhlmann

MIX
Paper from responsible sources
FSC® C124385
FSC www.fsc.org

Dieses Buch wurde auf FSC® zertifiziertem Papier gedruckt. FSC® ist ein internationales Zertifizierungssystem für nachhaltigere Waldwirtschaft. Das Holz für dieses Papier kommt aus Wäldern, die verantwortungsvoller bewirtschaftet werden.